RATS를 이용한

Regression Analysis of Times Series

기초 경제시계열분석

Introduction to Economic Time Series using RATS

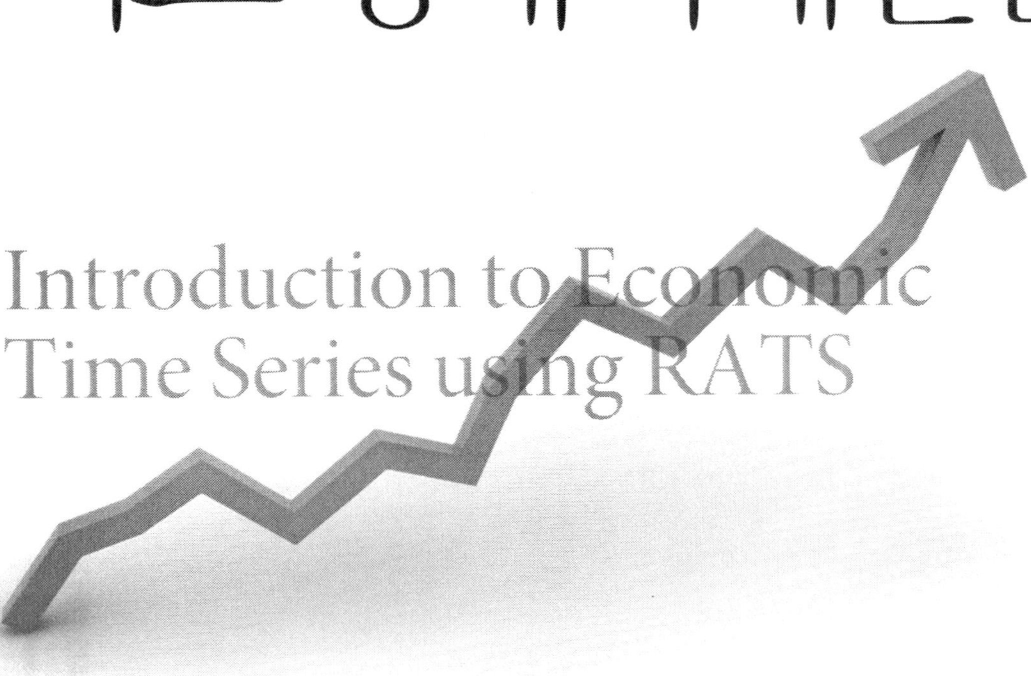

이윤복 | 지음

MEDIA JIPHIL
(주)지필미디어

서 문 Preface

경제시계열분석이란 경제데이터로서 관측되는 경제현상이 시간이 변함에 따라 어떻게 변동하는가를 분석하는데 있어서, 변동 속에 내재된 통계적 규칙성을 파악하려고 하는 학문분야이다. 즉 시계열자료가 주어졌을 때 확률적 시계열모형을 어떻게 작성하고, 시간적 변동구조를 어떻게 설명하며, 장래의 변동의 예측을 어떻게 할 것인가를 다루게 되는 것이다.

본서는 경제시계열분석의 이론과 실증분석 방법을 배우려고 하는 대학의 경제학 및 경영학 학생들과, 현재 금융부문에 종사하면서 필요에 의해서 경제시계열분석 방법을 처음 배우려고 하는 분들을 위해서 저술된 입문서이다. 그렇기 때문에 가능한 한 쉽고 자세하게 설명하려고 노력하였다. 그러므로 그래프를 많이 사용하여 시계열의 변동을 시각적으로 이해하기 쉽도록 하였고, 이론의 전개과정도 왜 그런 결과를 얻게 되었는지를 잘 이해할 수 있도록 자세하게 설명하였다. 또한 경제시계열을 배우는데 있어서 통계학에 관한 지식은 반드시 필요한 부분인데, 통계학과 시계열분석에 필요한 기초이론들을 제1부에 요약하여 두었다.

본서는 경제시계열분석을 Box-Jenkins의 방법론을 중심으로 다루고 있다. 제2부에서는 이론적 기초가 되는 자기회귀(AR)모형, 이동평균(MA)모형, 자기회귀이동평균(ARMA)모형에 관해서 배우고, 제3부에서는 실증분석의 방법론으로서 모형의 식별, 추정, 진단, 예측방법을 다루고 있다.

본서는 경제시계열분석에 관해서 이론뿐만 아니라 실증적으로 분석하는 방법을 다루고 있는데, 실례를 통하여 단계적으로 실증분석을 실시함으로서, 따라 배우는 과정에서 분석기법이 쉽게 이해되도록 의도하고 있다. 제5부에서는 전체적인 Box-Jenkins방법론을 5단계로 나누어 설명하고, ARMA모형, ARIMA모형, 계절 ARIMA모형을 적용하는 실례의 문제를 다루고 있다.

경제시계열모형의 실증분석을 위해서는 통계패키지의 사용이 필수적이다. 본서에서는 RATS를 사용하여 실증분석에 적용하고 있는데, RATS의 사용법에 관한 기초적인 사항과 기본적인 요소 및 경제시계열분석에 필요한 주요한 명령어에 대해서도 소개하였다.

아무쪼록 본서를 통해서 경제시계열분석의 이론과 실증분석에 대한 전반적인 사항을 이해하고, 경제시계열자료를 다루는 데 좋은 길잡이가 되기를 기대한다.

2012년 1월

이 윤 복

차 례 Contents

제1부 시계열분석의 기초

제2부 안정 시계열모형

제3부 Box-Jenkins방법론

제4부 불안정 시계열모형

제5부 RATS를 이용한 실증분석

제6부 RATS사용법의 기초

부록

제 1 부

시계열분석의 기초

시계열을 분석하기 위해서는 통계학에 관한 기초 지식이 필요하다. 그러므로 제1장에서는 확률모형인 시계열모형을 다루는데 필요한 부분을 중심으로 기초적인 사항을 간략하게 다루게 된다. 즉, 확률변수와 기대치, 확률분포 및 가설검정의 방법에 관한 것이 주 내용이 된다.

제2장에서는 시계열분석에 필요한 기초적인 개념을 살펴보게 되는데, 먼저 시계열데이터의 발생 메카니즘에 관해서 살펴보고, 특히 안정성이라는 성질에 대해서 자세히 검토하게 될 것이다. 그리고 시계열모형의 종류와 차수를 결정하는데 가장 중요한 자기상관함수와 편자기상관함수의 성질에 대해서 살펴보게 될 것이다.

Chapter **01**

기초통계학

1.1 확률변수와 기대치

확률변수와 확률분포

일어날 수 있는 결과가 수치화 되고, 그 수치가 각각 어떤 확률을 가질 때, 이 수치를 가지는 변수를 확률변수(random variable)라 한다.

확률변수에는 이산형과 연속형이 있다. 확률변수가 유한한 수치들만을 취할 때 이 확률변수를 이산확률변수(discrete random variable)라 하고, 어떠한 수치의 구간 내에서 어느 값도 취할 수 있을 때 연속확률변수(continuous random variable)라 한다.

어떤 이산확률변수(X라고 나타낸다)가 x_i라는 수치를 가질 확률은 $P(X=x_i)$ 또는 $P(x_i)$로 나타낸다. $P(X=x_i)$ 또는 $P(x_i)$는 각각 수치 x_i에 대해서 확률을 가지므로 확률함수(probability function)라 한다.

이산확률변수 X에 대응해 있는 확률함수 $P(X=x_i)$는 다음의 성질을 가진다.

(1) $P(X=x_i) \geqq 0$ (1.1)

(2) $\sum_{i=1}^{n} P(X=x_i) = 1$ (1.2)

(3) $P(a \le X \le b) = \sum_{a \le x_i \le b} P(X=x_i)$ (1.3)

이산확률변수 X가 취할 수치에 관해서 대응하는 확률의 분포를 이산확률븐포라 하며, 다음과 같이 나타낸다.

X_i	$P(X=x_i)$
x_1	$P(X=x_1)$
x_2	$P(X=x_2)$
·	·
·	·
·	·
x_n	$P(X=x_n)$

예_1.1

주사위를 1회 던져서 나올 눈의 수의 확률분포는 다음과 같이 나타낼 수 있다.

X_i	$P(X=x_i)$
1	1/6
2	1/6
3	1/6
4	1/6
5	1/6
6	1/6

기대치

이산확률변수 X의 평균 또는 (수학적)기대치(expected value)를 $E[X]$로 나타내며, 다음과 같이 정의된다.

$$\begin{aligned} E[X] &= x_1P(X=x_1)+x_2P(X=x_2)+\cdots+x_nP(X=x_n) \\ &= \sum_{I=1}^{n} x_iP(X=x_i) \end{aligned} \tag{1.4}$$

예_1.2

예 1.1에서 주사위를 1회 던질 때의 기대치(평균)는 다음과 같이 구할 수 있다.

$$E[X] = 1 \cdot \frac{1}{6} + 2 \cdot \frac{1}{6} + 3 \cdot \frac{1}{6} + 4 \cdot \frac{1}{6} + 5 \cdot \frac{1}{6} + 6 \cdot \frac{1}{6} = 3.5$$

기대치의 성질

(1) c가 상수이면,

$$E[c] = c \tag{1.5}$$

즉, 상수는 기대치의 영향을 받지 않는다.

(2) c가 상수이고, X가 확률변수이면,

$$E[cX] = c\,E[X] \tag{1.6}$$

즉, 확률변수에 곱하여진 상수는 기대치의 밖으로 나올 수 있다.

(3) X와 Y가 확률변수이면,

$$E[X+Y] = E[X] + E[Y] \tag{1.7}$$

즉, 확률변수 X와 Y의 합에 대한 기대치는 각각의 기대치의 합과 같다.

(4) X와 Y가 서로 독립인 확률변수이면,

$$E[XY] = E[X]E[Y] \tag{1.8}$$

즉, 독립인 두 확률변수 X와 Y의 곱에 대한 기대치는 X와 Y의 각각의 기대치의 곱과 같다

$X_1, X_2, \ \cdots \ , X_n$을 정규모집단 $N(\mu, \sigma^2)$으로부터 추출된 n개의 표본이라 하자. 그러면 표본평균 $\overline{X}$는 다음과 같이 정의 된다.

$$\overline{X} = \frac{1}{n}\sum X$$

예_1.3

이 표본평균 $\overline{X}$의 평균은 기대치의 성질을 이용하여 다음과 같이 구할 수 있다.

$$\begin{aligned} E[\overline{X}] &= E[\frac{1}{n}\sum X] \\ &= E[\frac{1}{n}(X_1 + X_2 + \dots + X_n)] \\ &= \frac{1}{n}[(E(X_1) + E(X_2) + \dots + E(X_n)] \quad \text{[기대치의 성질(2)와 (3)]} \\ &= \frac{1}{n}[\mu + \mu + \dots + \mu] \\ &= \frac{1}{n}[n\mu] \\ &= \mu \end{aligned}$$

분산과 공분산

이산확률변수 X의 분산은 다음과 같이 정의된다.

$$Var(X) = \sum_{i=1}^{n}(x_i - \mu)^2 P(X = x_i) \tag{1.9}$$

여기서 $E[X] = \mu$이다.

이산확률변수 X의 분산은 기대치를 사용하여 다음과 같이 나타낼 수 있다.

$$Var(X) = E[X - E(X)]^2 \tag{1.10}$$

예 1.4

X를 확률변수라 하고 a와 c는 상수라 할 때, $Z = a + cX$도 확률변수가 된다. 이 $Z = a + cX$의 분산은 위의 관계를 이용하여 기대치를 사용하면 다음과 같이 구할 수 있다.

$$\begin{aligned}
Var(Z) &= E[Z - E[Z]]^2 \\
&= E[(a + cX) - E[a + cX]]^2 \\
&= E[a + cX - a - cE[X]]^2 \\
&= E[c(X - E[X])]^2 \\
&= c^2 E[X - E[X]]^2 \\
&= c^2 Var(X)
\end{aligned}$$

분산의 성질

(1) c가 상수이면,

$$Var(c) = 0 \tag{1.11}$$

즉, 일정한 상수 c들의 평균도 c이므로 평균을 중심으로 퍼져 있는 정도를 나타내는 분산은 0이 된다.

(2) X가 확률변수이고 c가 상수이면,

$$Var(cX) = c^2 Var(X) \tag{1.12}$$

즉, 상수 c는 분산의 연산자 Var의 밖으로 나올 때 제곱이 되어 나온다.

(3). X와 Y가 확률변수이면,

$$Var(X + Y) = Var(X) + Var(Y) + 2Cov(X, Y) \tag{1.13}$$

여기서 $Cov(X, Y)$는 X와 Y의 공분산이다. 그리고 X와 Y가 독립인 확률변수이면 $Cov(X, Y) = 0$이 되므로 그 때는 다음과 같이 된다.

$$Var(X+Y) = Var(X) + Var(Y) \tag{1.14}$$

예_1.5

예_1.3으로부터 표본평균 $\overline{X}$의 분산은 분산연산자를 사용하여 다음과 같이 구할 수 있다.

$$\begin{aligned} Var(\overline{X}) &= Var\left(\frac{1}{n}\sum X\right) \\ &= \frac{1}{n^2} Var(X_1 + X_2 + \ldots + X_n) && \text{[분산의 성질(2)]} \\ &= \frac{1}{n^2}[Var(X_1) + Var(X_2) + \ldots + Var(X_n)] && \text{[분산의 성질(3)]} \\ &= \frac{1}{n^2}(\sigma^2 + \sigma^2 + \ldots + \sigma^2) && [Var(X_i) = \sigma^2] \\ &= \frac{n\ \sigma^2}{n^2} \\ &= \frac{\sigma^2}{n} \end{aligned}$$

두 확률변수 X와 Y 사이의 공변관계를 나타내는 공분산(covariance)은 기대치를 사용하여 다음과 같이 나타낼 수 있다.

$$Cov(X, Y) = E[X - E[X]][Y - E[Y]] \tag{1.15}$$

한편 공분산을 다음과 같이 나타내기도 한다.

$$Cov(X, Y) = E[XY] - E[X]E[Y] \tag{1.16}$$

만약 X와 Y가 독립이면 기대치의 성질(4)에 의해서

$$E[XY] = E[X]E[Y]$$

이므로, 그때는 $Cov(X, Y) = 0$이 된다. 그러나 반대로 공분산이 0이라고 하여도 X와 Y가 반드시 독립이라고는 할 수 없다.

예_1.6

단순회귀모형

$$Y_i = \alpha + \beta X_i + u_i \qquad (i = 1, 2, \ \dots \ , \ n)$$

에서 $i \neq j$일 때 확률변수인 오차항 u_i와 u_j의 공분산 $Cov(u_i, u_j)$는 다음과 같이 기대치로 나타낼 수 있다.

$$Cov(u_i, u_j) = E[u_i - E[u_i]][u_j - E[u_j]]$$

여기서 u_i의 기대치가 0이라는 가정이 성립하면, $E[u_i] = 0$, $E[u_j] = 0$이 되므로

$$Cov(u_{i,} u_j) = E[u_i u_j]$$

가 된다.
만약 오차항간에 자기상관(autocorrelation)이 없다고 가정한다면,
$Cov(u_i, u_j) = 0$이 되므로, 이때에는 $E[u_i u_j] = 0$이 된다.

1.2 확률분포

정규분포

연속형 확률분포 중에서 가장 중요하고 또한 가장 잘 알려진 것은 정규분포(normal distribution)이다. 확률변수 X가 다음과 같은 밀도함수를 가질 때 확률변수 X는 정규분포에 따른다고 한다.

$$f(x) = \frac{1}{\sqrt{2\pi\sigma^2}} exp[-\frac{1}{2\pi\sigma^2}(x-\mu)^2] \quad -\infty < x < \infty \tag{1.17}$$

여기서 μ와 σ^2는 모수로서 각각 평균과 분산을 의미한다. 그리고 X가 평균 μ, 분산 σ^2에 따른다는 것을, $X \sim N(\mu, \sigma^2)$로 나타낸다.

정규분포는 통계적 방법에 많이 사용되고 있는 t분포, χ^2분포, F분포와도 밀접한 관계를 가지고 있으며, 그 중에서 가장 기본이 되는 중요한 분포이다.

정규분포의 성질은 다음과 같다.

(1) 밀도함수의 지수부분이 최소가 되는 곳에서, 즉 $x=\mu$에서 최대치 $\frac{1}{\sqrt{2\pi\sigma^2}}$이 된다.

(2) 지수부분이 $(x-\mu)^2$으로 되어 있기 때문에, 평균 μ을 중심으로 좌우대칭이다.

(3) 정규분포는 μ, σ^2의 값에 따라 완전히 기술할 수 있으며, 밀도함수로부터 확률을 계산할 수 있다.

(4) 정규분포는 평균 μ를 중심으로 표준편차 σ와의 사이에 다음과 같은 확률관계가 있다.

$$\begin{aligned} P(\mu-\ \sigma \le X \le \mu+\ \sigma) &= 0.6826 \\ P(\mu-2\sigma \le X \le \mu+2\sigma) &= 0.9540 \\ P(\mu-3\sigma \le X \le \mu+3\sigma) &= 0.9974 \end{aligned} \tag{1.18}$$

즉 정규분포는 $-\infty$로부터 $+\infty$까지 정의되어 있으며, 평균 μ를 중심으로 집중되어 있어 종 모양을 하고 있다.

표준정규분포

정규분포에 따르는 확률변수 X를 다음과 같이 표준화하면,

$$Z=\frac{X-\mu}{\sigma} \tag{1.19}$$

Z는 평균 0, 분산이 1인 표준정규분포에 따른다. 즉 $Z\sim N(0,1)$이다.

이 표준정규분포의 밀도함수는 다음과 같다.

$$f(Z)=\frac{1}{\sqrt{2\pi}}exp(-\frac{1}{2}Z^2) \tag{1.20}$$

표준정규분포의 확률은 이미 계산되어져 통계표로서 제시되어 있다. 그러므로 일반의 정규분포에 따르는 확률변수도 표준화에 의해서 표준정규분포로 변환하여 통계표를 이용하여 확률을 계산할 수 있다.

예_1.7

확률변수 X가 $X \sim N(10,4)$ 일 때
(a) $P(X \le 12)$를 계산하라.

$$X = 12\text{일 때 } Z = \frac{12-10}{2} = 1$$

표준정규분포표로부터 $P(0 \le Z \le 1) = 0.3413$
따라서 $P(X \le 12) = P(Z \le 1) = 0.5 + 0.3413 = 0.8413$

(b) $P(6 \le X \le 12)$를 구하라.

$$X = 6\text{일 때 } Z = \frac{6-10}{2} = -2$$

표준정규분포표로부터 $P(0 \le Z \le 2) = 0.4772$
따라서 $P(6 \le X \le 12) = P(-2 \le Z \le 1) = 0.4771 + 0.3413 = 0.8184$

정규분포의 특성

정규분포에 관한 중요한 정리가 있다.

정리 1.1

$X_1 \sim N(\mu_1, \sigma_1^2)$이고, $X_2 \sim N(\mu_2, \sigma_2^2)$이며 서로 독립일 때 이들의 선형결합 $R = c_1X_1 + c_2X_2$도 다음과 같이 정규분포에 따른다. 여기서 c_1, c_2는 계수이다.

$$R \sim N((c_1\mu_1 + c_2\mu_2), (c_1^2\sigma_1^2 + c_2^2\sigma_2^2)) \tag{1.21}$$

$$R \sim N((c_1\mu_1 + c_2\mu_2), (c_1^2\sigma_1^2 + c_2^2\sigma_2^2)) \tag{1.21}$$

이 정리는 다음과 같이 증명된다.

$$\begin{aligned} E(c_1E_1 + c_2E_2) &= E(c_1X_1) + E(c_2X_2) \\ &= c_1\mu_1 + c_2\mu_2 \end{aligned}$$

$$\begin{aligned} Var(c_1X_1 + c_2X_2) &= Var(c_1X_1) + Var(c_2X_2) \\ &= c_1^2\sigma_1^2 + c_2^2\sigma_2^2 \end{aligned}$$

정리 1.2

n개의 서로 독립인 확률변수 $X_1, X_2, \cdots, X_n$이 동일의 평균 μ, 분산 σ^2을 가질 때, 표본평균 $\overline{X}=\dfrac{\sum X}{n}$는 n이 무한대로 증가하면 $N(\mu, \dfrac{\sigma^2}{n})$에 접근한다. 즉

$$\overline{X} \sim N(\mu, \frac{\sigma^2}{n}) \tag{1.22}$$

이것을 중심극한정리(central limit theorem)라고 한다. 이 정리에서의 중요한 사항은, 확률변수가 정규분포에 따르는지를 불문하고 확률변수의 수 n을 점점 증가시키면 표본평균 $\overline{X}$의 분포는 정규분포에 접근한다는 것이다.

이 정리로부터 다음이 성립한다.

$$Z = \frac{\overline{X} - \mu}{\sigma / \sqrt{n}} \sim N(0,1) \tag{1.23}$$

즉 $\overline{X}$를 정규화하여 Z로 두면 Z는 표준정규분포에 따른다.

χ^2 분포, t분포, F분포

■ χ^2분포

$Z_1, Z_2, \cdots, Z_m$을 서로 독립인 표준정규분포에 따르는 확률변수라 하면,

$$Y = \sum_{i=1}^{m} Z_i^2 = Z_1^2 + Z_2^2 + \cdots + Z_m^2 \tag{1.24}$$

은 자유도 m의 χ^2분포에 따른다. 이것을 $Y \sim \chi_m^2$로 표현한다.

■ χ^2분포의 성질

(1) χ^2분포는 대칭이 아니고 왼쪽으로 치우친 분포를 이룬다. 그러나 자유도가 증가함에 따라 점점 좌우대칭이 되어가고, 극한에서는 정규분포에 접근한다.

(2). χ^2의 평균과 분산은 각각 다음과 같다.

$$E(\chi^2) = m, \; Var(\chi^2) = 2m$$

(3) $Y_1, Y_2, \cdots, Y_k$가 자유도 $n_1, n_2, \cdots, n_k$의 χ^2분포에 따르면, $(Y_1 + Y_2 + \cdots + Y_k)$는 자유도 $(n_1 + n_2 + \cdots + n_k)$의 χ^2분포에 따른다.

■ *t*분포

Z를 표준정규분포에 따르는 확률변수라 하고$(Z \sim N(0,1))$, Y를 자유도 m인 χ^2분포에 따르는 확률변수라 하자. 그리고 서로 독립이라고 하면 다음의 확률변수

$$t = \frac{Z}{\sqrt{Y/m}} \tag{1.25}$$

은 자유도 m의 t분포에 따른다. 이것을 $t \sim t_m$으로 표현한다.

■ *t*분포의 성질

(1) 정규분포와 같이 좌우대칭을 이루며, 정규분포보다 넓게 퍼져있으나 자유도가 증가함에 따라 정규분포에 접근해 간다.

(2) t분포의 평균은 0이고, 분산은 $\dfrac{m}{m-2}$이다.

■ *F*분포

Y_1은 자유도 m_1의 χ^2분포에 따르고, Y_2는 자유도 m_2의 χ^2분포에 따르는 확률변수로서 서로 독립이면,

$$F = \frac{Y_1/m_1}{Y_2/m_2} \tag{1.26}$$

는 자유도 (m_1, m_2)의 F분포에 따른다. 이것을 $F \sim F_{(m_1, m_2)}$로 표현한다.

■ *F*분포의 성질

(1). F분포는 χ^2분포와 같이 대칭이 아니고 왼쪽으로 치우친 분포를 한다. 그러나 자유도 m_1, m_2가 증가함에 따라 정규분포에 접근해 간다.

(2) F분포의 평균 $E(F)$와 분산 $Var(F)$는 각각 다음과 같다

$$E(F) = \frac{m_2}{m_2 - 2} \qquad (m_2 > 2)$$

$$Var(F) = \frac{2(m_1 + m_2 - 2)m_2^2}{(m_2 - 2)^2(m_2 - 4)m_1} \qquad (m_2 > 4)$$

1.3 추정량의 특성

모집단과 추정량

분석대상의 집단을 모집단(population)이라 하며, 모집단이 가지고 있는 특성치를 모수(parameter)라 한다. 모수에는 모평균, 모분산, 모집단의 상관계수 등이 있다. 우리는 이 모수를 알기 위해서 모집단으로부터 표분(sample)을 추출하고 필요한 정보를 조사하여 모집단의 모수에 대해서 결론을 추론한다. 그러므로 표본은 모집단의 특성이나 구조를 잘 반영되도록 추출해야 한다.

지금 모집단의 확률분포를 $F(X)$라 하고, 모집단의 특성치로서의 모수를 θ라고 하자. 그러면 모집단 확률분포는 $F(X/\theta)$와 같이 나타낼 수 있다. 이 모집단으로부터 표본수 n의 표본 $X_1, X_2, \cdots, X_n$을 추출한다고 하자. 그러면 모수 θ의 추정량 $\hat{\theta}$는 다음과 같이 표본관측치의 함수로 주어진다.

$$\hat{\theta} = \hat{\theta}(X_1, X_2, \cdots, X_n) \tag{1.27}$$

이것을 통계량(statistic) 또는 추정량(estimator)이라 한다.

표본이 $X_1 = x_1, X_2 = x_2, \cdots, X_n = x_n$과 같이 수치로서 관측되어지면, 이것들의 표본 관측치의 함수로부터 추정량(통계량)의 수치가 계산된다. 이와 같이하여 계산된 추정량의 수치를 추정치(estimate)라 한다.

모수 θ를 추정하는 방법은 두 가지가 있다. 하나는 추출된 표본에 근거하여 하나의 구간을 추정하여 모수의 진의 값이 이 구간 내에 있을 것으로 추정하는 것이다. 이것을 구간추정(interval estimation)이라 한다. 다른 하나는 추정량을 이용하여 모수의 값이 얼마라고 추정하는 것이다. 이것을 점추정(point estimation)이라 한다.

점추정을 할 경우 어떤 추정량이 좋은 추정량인지 미리 기준을 정할 필요가 있다. 이것에는 표본수가 일정한 경우의 기준으로서 소표본특성(small sample properties)이 있고, 표본수를 무한대로 접근시켰을 때의 기준으로서 대표본특성(large sample properties)이 있다. 전자는 현실적인 기준이 되며, 후자는 수리통계학의 영역에 속하며 점근이론이라고 부른다.

소표본특성

■ 불편성

모수를 θ라 하고 이것을 추정하기 위한 추정량을 $\hat{\theta}$라 할 때,

$$E(\hat{\theta}) = \theta \tag{1.28}$$

가 되면, $\hat{\theta}$를 θ의 불편추정량(unbiased estimator)이라 하고, 이 성질을 불편성(unbiasedness)이라 한다. 그리고 $E(\hat{\theta})$와 θ의 차이를 편의(biase)라 한다.

이 성질은 표본추출을 반복할 때 $\hat{\theta}$의 기대치(평균)가 모수 θ와 일치한다는 것으로 매번의 표본추출에서 얻어진 추정치가 항상 모수와 일치한다는 것은 아니다.

예_1.8

표본평균 $\overline{X}$는 불편추정량인가?

$$\begin{aligned} E(\overline{X}) &= E\left(\frac{X_1 + X_2 + \cdots + X_n}{n}\right) \\ &= \frac{1}{n}[(E(X_1) + \cdots + E(X_n)] \\ &= \frac{1}{n}(\mu_1 + \cdots + \mu_n) \\ &= \mu \end{aligned}$$

그러므로 $\overline{X}$는 불편추정량이다.

선형성

추정량 $\hat{\theta}$이 표본관측치 $X_1, X_2, \cdots, X_n$의 선형함수(1차함수)

$$\hat{\theta} = \sum a_i X_i = a_1 X_1 + a_2 X_2 + \cdots + a_n X_n \tag{1.29}$$

으로 나타내어 질 때 이것을 선형추정량(linear estimator)이라 하고, 이 성질을 선형성(linearity)이라 한다. 여기서 $a_1, a_2, a_3, \cdots, a_n$는 계수이다.

선형성은 추정량의 계산이 복잡하지 않고 간편하게 계산된다는 기준이다.

예_1.9

표본평균 $\overline{X}$는 선형추정량인가?

$$\overline{X} = \frac{\sum_{i=1}^{n} X}{n} = (\frac{1}{n})X_1 + (\frac{1}{n})X_2 + \cdots + (\frac{1}{n})X_n$$

이므로, $\frac{1}{n}$을 계수로하는 표본관측치 X_i와의 1차식으로 나타낼 수 있다. 그러므로 표본평균 $\overline{X}$는 선형추정량이다.

■ 최소분산

만약 $\hat{\theta_1}, \hat{\theta_2}$의 두 추정량이 있을 때 $\hat{\theta_1}$의 분산이 $\hat{\theta_2}$의 분산보다 크지 않다면, 즉

$$Var(\hat{\theta_1}) \le Var(\hat{\theta_2}) \quad (1.30)$$

이면, $\hat{\theta_1}$은 θ의 최소분산(minimum variance) 추정량이라 한다.

만약 어떤 추정량 $\hat{\theta}$이 불편성, 선형성, 최소분산의 성질을 가지면 $\hat{\theta}$를 최량선형불편추정량(best linear unbiased estimator : BLUE)이라 한다. 소표본에서는 BLUE의 기준을 만족하는 추정량이 가장 좋은 추정량이 된다.

대표본특성

■ 점근적 불편성

추정량 $\hat{\theta}$가 다음 조건을 만족하면 점근적 불편추정량(asymptotic unbiased estimator)이라고 하며, 이러한 성질을 점근적 불편성(asymptotic unbiasedness)이라 한다.

$$\lim_{n \to \infty} E(\hat{\theta}) = \theta \quad (1.31)$$

이 성질은 표본수를 점점 증가시켜 무한대에 접근시킬 때, $E(\hat{\theta})$가 점점 모수 θ에 접근해가는 성질이다.

■ 일치성

표본수를 점점 증가시켜 무한대에 접근시킬 때 추정치 $\hat{\theta}$가 진의 모수 θ에 접근할 확률이 1에 접근하면, 이 추정량을 일치추정량(consistent estimator)이라 하고, 이러한 성질을 일치성(consistency)이라 한다.

이 성질은 표본수를 증가시켜감에 따라 추정량의 분산이 0에 접근해가기 때문에 $\hat{\theta}$가 모수 θ에 접근해가는 것이다.

$$\lim_{n\to\infty} P[|\hat{\theta}-\theta| < \epsilon] = 1 \tag{1.32}$$

여기서 $\epsilon > 0$이며, P는 확률이다.

이 성질은 다음과 같이 표현하기도 한다.

$$P\lim_{n\to\infty} \hat{\theta} = \theta \tag{1.33}$$

이 표현은 $\hat{\theta}$의 확률극한이 θ라는 것이다.

점근적 불편추정량은 반드시 일치추정량이라고 할 수 없으며, 또 역으로 일치추정량이 반드시 점근적 불편추정량이라고 할 수 없다. 단지 점근적 불편성을 가지면서 점근적으로 분산이 0에 접근하면 일치추정량이 되는 것이 알려져 있다.

일치추정량은 표본수 n이 작을 때에는 추정치 $\hat{\theta}$가 모수 θ에 접근해 있지 않아도 상관이 없으며 불편추정량이 아니라도 된다. 단지 표본수가 증가할수록 모수에 접근해가면 된다. 그러므로 복잡한 추정량으로 불편성을 가지지 않을 경우, 일치성은 좋은 추정량의 판단기준이 된다.

예_1.10

표본평균 $\overline{X}$는 일치추정량인가?

표본평균 $\overline{X}$는 평균이 μ, 분산이 $\dfrac{\sigma^2}{n}$이므로 정규분포에 따르는 확률변수이다. 즉 $\overline{X} \sim N(\mu, \dfrac{\sigma}{n})$이다. 그러므로 $Var(\overline{X}) = \dfrac{\sigma^2}{n}$은 $n \to \infty$일 때 $Var(\overline{X}) \to 0$가 되므로 일치추정량이다.

■ **점근적 정규성**

표본수를 점점 증가시켜 무한대에 접근시킬 때 추정량의 극한분포가 정규분포에 접근해 가는 성질을 점근적 정규성(asymptotic normality)이라 한다.

1.4 가설검정

통계적 가설검정 방법

표본으로부터 모집단의 모수에 관한 정보에 접근하는 방법은 2가지가 있다. 첫째는 표본으로부터 직접 추정량을 구하여 추정하는 방법이다. 둘째는 모집단의 성질이 미리 가설로서 설정되어, 그 가설이 바른지 어떤지를 판단하기 위해서 표본관찰에 의해서 얻어진 정보를 사용하여 가설을 검정하는 방법이다. 여기서는 두 번째의 가설검정에 대해서 살펴보기로 한다.

통계적 가설검정의 방법은 다음 순서로 실시한다.

(1) 검정하려고 하는 가설인 귀무가설과 대립가설을 설정한다.

(2) 검정의 수단으로 사용하는 검정통계량을 결정하고, 그 통계량에 의해서 검정할 때의 판정기준인 유의수준을 정한다.

(3) 표본을 추출하여 검정을 위한 통계량을 계산하고, 정하여진 판정기준에 비추어 가설의 기각, 채택여부를 결정한다.

귀무가설과 대립가설

검정의 대상이 되는 가설을 귀무가설(null hypothesis)이라 하고, 일반적으로 H_0로 나타낸다. 그리고 귀무가설의 부정명제를 대립가설(alternative hypothesis)이라고 하고, 이것을 H_1으로 나타낸다. 대립가설은 귀무가설이 기각되었을 때 채택되는 가설이다.

귀무가설을 부정하는 것을 "가설을 기각한다"고 하고, 그것을 용인하는 것을 "가설을 채택(수용)한다"고 한다.

일반적으로 귀무가설 H_0는 이 가설이 기각되기를 바라고 설정하는 경우가 많다. 이 경우 H_0는 진(참)이 아닌 가설이 된다. 이때 귀무가설 H_0이 기각되면 대립가설 H_1이 채택된다.

검정통계량과 유의수준

가설이 설정되면 이 가설을 검정할 검정통계량을 결정해야 된다. 검정통계량은 가설의 성질에 따라 정하여 지는데, 일반적으로 계량분석에서는 t통계량, χ^2통계량, F통계량이 사용된다.

t통계량은 평균과 관련이 있는 가설의 경우에 많이 이용되며, 회귀분석의 경우에 회귀계수의 유의성 검정에 이용되고 있다.

F통계량은 두 모형의 비교와 같은 분산비와 관련된 검정에 이용된다

귀무가설을 기각할 것인지 채택할 것인지를 판단하는 기준 값이 임계치(critical values)이다. 귀무가설로부터 임계치를 넘어서는 대립가설의 영역을 기각역(critical region)이라 한다. 이 기각역의 면적을 유의수준(level of significance)이라 한다. 즉 가설이 기각될 확률을 의미한다.

유의수준은 일반적으로 0.1(10%), 0.05(5%), 0.01(1%)의 값이 사용되며, 검정을 실시하기 전에 정하여 진다. 그런데 유의수준은 0.05(5%)를 가장 많이 사용하고 있다. 임계치는 검정통계량이 정해져서 확률분포가 결정되고, 유의수준이 정해지면 통계표로부터 얻을 수 있다.

통계적 검정방법을 다시 정리하면 다음의 순서로 진행된다.

(1) 표본에 의해서 검정통계량의 값이 계산된다.

(2) 검정통계량이 따르는 확률분포와 유의수준에 의해서 임계치가 통계표로부터 얻어진다.

(3) 검정통계량의 값이 임계치보다 큰 기각역에 들어가면 H_0를 기각(H_1를 채택)하고, 채택역에 들어가면 H_0을 채택(H_1을 기각)한다.

가설검정의 예

모평균에 대한 가설검정 문제에서 모평균 μ와 모분산 σ^2이 모두 미지인 경우를 생각하자. 무작위로 추출된 표본 n으로부터 표본평균 $\overline{X}$는 평균이 μ이고 분산이 σ^2/n인 정규분포에 따른다.

지금 귀무가설(H_0)과 대립가설(H_1)을 다음과 같이 설정하기로 한다.

$$H_0 : \mu = \mu_0 \tag{1.34}$$

$$H_1 : \mu \neq \mu_0 \tag{1.35}$$

대립가설이 $\mu \neq \mu_0$이므로, 이 경우는 양측검정을 하게 된다.

표본평균 $\overline{X}$의 분산이 σ^2/n이기 때문에 통계량을 표준화하고, 미지인 σ대신에 표본표준편차 s로 바꾸어 대입하면 검정통계량은 다음과 같이 얻어진다.

$$t = \frac{\overline{X} - \mu}{s/\sqrt{n}} \tag{1.36}$$

이 t통계량은 귀무가설이 진이라는 전제하에 자유도 $n-1$의 t분포에 따른다. 유의수준을 5%(0.05)라 할 때, 임계치 $t_{(n-1,\,0.025)}$는 t분포의 통계표로부터 구할 수 있고

$$|t| > t_{(n-1,\,0.025)} \tag{1.37}$$

이면 귀무가설을 기각한다.

예_1.11

새로운 제조법에 의해서 전구의 수명의 모평균이 120시간이 된다는 귀무가설을 검정하려고 한다. 그러므로 귀무가설(H_0)과 대립가설 (H_1)은 다음과 같이 설정한다.

$$H_0 : \mu = 120$$

$$H_1 : \mu \neq 120$$

이를 검정하기 위해서 25개의 전구를 추출하여 계산한 전구의 평균수명 ($\overline{X}$)은

112시간, 표본표준편차(s)는 25시간이었다. 유의수준 5%에서 가설이 채택될 것인가를 검정하기위해서 t를 구하면,

$$t = \frac{\overline{X} - \mu}{s/\sqrt{n}} = \frac{112 - 120}{25/\sqrt{25}} = -1.6$$

그런데 자유도 24에서의 유의수준 5%가 되는 임계치는 통계표에서 찾아보면 $t_{(24,\,0.025)} = 2.064$이다. 계산된 검정통계량 $t = -1.6$는 임계치의 음수(−)인 $-t_{(24,\,0.025)} = -2.064$보다 작지 않다. 그러므로 귀무가설을 기각할 수가 없다. 이것은 신제품의 수명이 120시간이라는 것을 의미한다.

Chapter 02

시계열분석의 기초개념

2.1 시계열분석이란

우리는 매일 많은 경제통계를 접하고 있다. 그 중에는 이자율, 통화량, 국민총생산 등과 같이 국민경제와 관련된 거시적 통계자료도 있으며, 개별기업의 상품판매량, 수익률, 부채비율 등이나 가계의 수입과 지출에 관련된 미시적 통계자료도 있다. 또한 매 시간의 측정온도, 일별 강우량, 월별 자동차 사고 건수, 연도별 신생아수 등과 같은 사회현상이나 자연현상에 관한 자료도 수없이 많다. 이와 같은 통계자료는 시간(시, 일, 주, 월, 분기, 연 등)의 변화에 따라서 계측되므로 시계열데이터(time series data)라고 부른다. 시계열분석의 목적은 이러한 시계열데이터의 시간적 변화의 발생구조를 통계적 방법으로 규명하여 수학적 모형을 작성하고, 그것에 기초하여 예측을 행하려는데 있다 하겠다.

시계열데이터의 발생과정 시계열데이터를 그래프로 나타내어 보면 그 변동이 어떤 추세나 규칙적인 변동을 나타내는 부분도 있지만 불규칙적인 변동도 함께 있는 경우가 대부분이다. 이와 같은 변동들은 왜 발생하고 어떻게 설명할 수 있는가에 대해서 다음과 같은 두 가지 접근방법이 있다.

첫째는, 인과관계를 설정하여 변동의 원인이 되는 변수를 찾아서 그 변동의 주요한 요인으로 설명하려고 하는 방법이다. 이 방법은 전통적인 계량경제학적 방법으로서 경제이론에 기초한 계량경제모형을 만들어 변동의 요인을 설명하려고 한다.

둘째는, 처음부터 인과관계를 설정하지 않고 변동을 확률적 개념을 사용하여 변수 그 자체의 정보에 기초하여 설명하려고 하는 방법이다. 이 방법이 시계열모형(제1부에서 자세히 다루게 된다) 에 의한 시계열분석의 방법이다. 그러므로 인과관계에 기초하지 않는 시계열분석에서는 시계열데이터의 발생과정을 다음과 같이 확률적인 관계로 상정하고 있다. 단, 우리가 다루려는 시계열분석은 한 변수의 계열만을 대상으로 하는 1변량시계열분석에 초점이 맞추어져 있으므로, 여기서는 한 계열만의 발생과정을 살펴보기로 한다.

지금 현재의 시점(t기)에서 발생하는 시계열데이터 Y_t는 이전 시점($t-1$기)까지의 시계열데이터 자신이 가지고 있는 정보와 현재시점에서의 고유의 우연적 변동을 받아서 발생한다고 본다. 그리고 다음의 시점($t+1$기)에서 발생할 시계열데이터 Y_{t+1}은 현재시점까지의 모든 정보와 다음 시점에서의 고유의 우연적 변동에 의하여 결정되는 것으로 상정하며, 이와 같은 시계열데이터의 발생과정의 기본구조는 이후에도 계속된다고 보는 것이다.

이상과 같은 시계열데이터의 발생과정의 예가 <그림 2.1>에 나타나 있는데, 입력(input)되는 시계열 자신의 과거정보 및 우연적 변동과 출력(output)되는 시계열의 실현변수와의 사이에 경제구조를 나타내는 상자를 통하여 이루어지고 있는 것을 알 수 있다. 그런데, 시계열분석은 이 상자(경제)의 구조가 어떠한지, 또는 그 속의 변수사이의 인과관계가 어떠한지에 관해서는 관심을 두지 않고, 단지 입력변수와 출력변수 사이의 통계적(확률적) 관계에만 관심을 둔다.

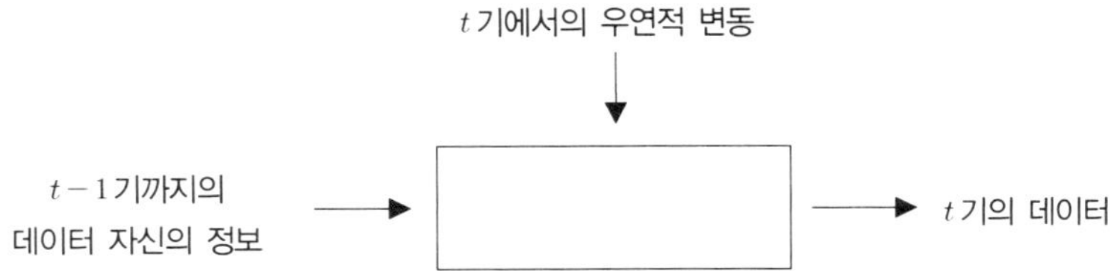

<그림 2.1> 시계열데이터의 발생과정

계량경제모형과 시계열모형 앞에서 시계열의 변동을 설명하는 두 가지 방법으로서 인과관계를 설정하는 것과 확률적 관계를 설정하는 것이 있다고 하였다. 인과관계를 바탕으로 한 방법은 계량경제모형이 그 대표적인 예가 되며, 확률적 관계를 바탕으로 한 방법은 시계열모형이라 할 수 있다. 여기서는 이들 두 가지 방법을 대비하여 각 방법의 특징을 살펴보고, 두 방법의 접점을 모색해 보기로 한다.

우선 인과관계를 바탕으로 하는 계량경제모형을 알아보기 위해 (2.1)식과 같은 케인즈의 절대소득가설을 예로 들어보자. 이때 Y_t는 t기에 있어서 소비를, X_t는 소득을 나타내고, α,β는 일정한 값의 파라메터, u_t는 오차항으로 Y_t를 설명하는데 있어서 X_t 이외의 요인을 나타내는 것이라 하겠다.

$$Y_t = \alpha + \beta X_t + u_t \tag{2.1}$$

이 계량경제모형은 경제이론(소비함수)에 기초하여 설정되어 있는데, β는 한계소비성향으로 $0<\beta<1$의 조건을 가지며, α는 기초소비로서 $\alpha>0$의 조건을 만족하는 것으로 본다. 소비와 소득에 관한 표본자료가 주어지면, 최소자승법 등에 의하여 α와β를 추정하고 모형에 대한 검정을 통과하면 표본기간동안의 소비구조를 나타내는 모형으로서 경제분석이나 예측에 이용될 수 있다.

한편, 시계열모형에 의한 분석에서는 다음과 같은 모형이 설정될 수 있다.

$$Y_t = \alpha + \beta_1 Y_{t-1} + \beta_2 Y_{t-2} + \cdots + \beta_p Y_{t-P} + u_t \tag{2.2}$$

여기서, α, β_1, β_2, $\cdots$, β_p는 일정한 값의 파라메터이고, Y_t와 u_t는 (2.1)에서와 같다. 이 시계열모형은 현재의 소비 Y_t가 소득에 의해서가 아니라, 자신의 과거치 Y_{t-1}, Y_{t-2}, $\cdots$, Y_{t-p}에 의하여 설명되고 있는데, 이런 모형을 자기회귀모형(이 모형에 대해서는 제3장에서 자세히 다룬다)이라 부르며, 시계열모형의 중심적 역할을 하고 있다.

이 모형은 어떤 경제적 이론을 바탕으로 하고 있지 않다. 현재의 소비가 과거의 소비들에 의하여 설명됨으로서 다른 시점간의 관계가 명시적으로 나타나 있으며, 과거시차 p만 정해지면 현재의 소비를 설명하는 시계열구조가 결정되어진다. 다만 오차항 u_t가 이 모형에 포함되어 있는 것은 자신의 과거치 만에 의하여 전적으로 설명되지 못한다는 것을 의미한다.

두 모형은 이상과 같은 기본적인 차이를 가지고 있지만 각각의 모형의 확장에 의하여 그 접점이 모색될 수도 있다.

(2.1)의 계량경제모형은 같은 시점 t에서 인과관계가 설정되어 있으므로 정태적 모형(static model)이라 할 수 있으나, (2.2)의 시계열모형과 같이 시간적 변화를 포함하는 방향으로 확장하면 (2.3)식과 같은 동태적 모형(dynamic model)으로 변환할 수 있다.

$$Y_t = \alpha + \beta X_t + \gamma Y_{t-1} + u_t \tag{2.3}$$

이와 같이 확장된 모형은 시차분포모형으로부터 코익변환(Koyck transformation)을 통하여 도출된 것인데, 설명변수에 시차를 가진 피설명변수(Y_{t-1})가 포함되어 있으므로 시계열모형의 특징이 가미되어 있다.

한편 시계열모형도 두 변량으로 확장하면 다음과 같은 모형을 생각할 수 있다.

$$\begin{aligned} Y_t &= \beta_1 Y_{t-1} + \cdots + \beta_p Y_{t-p} + \gamma_1 X_{t-1} + \cdots + \gamma_p X_{t-p} + u_{1t} \\ X_t &= \delta_1 Y_{t-1} + \cdots + \delta_p Y_{t-p} + \lambda_1 X_{t-1} + \cdots + \lambda_p X_{t-p} + u_{2t} \end{aligned} \tag{2.4}$$

여기서, $\beta_i, \gamma_i, \delta_i, \lambda_i$는 파라메터이고 u_{1t}, u_{2t}는 서로 독립인 오차항 이다. 이 모형은 (2.2)의 1변량의 시계열모형과는 달리 2변량으로 되어 있기 때문에, 자신뿐만 아니라 다른 변수의 과거치도 설명요인으로 포함되어 있다. 그러므로 이 모형은 여러 방정식으로 구성된 계량경제모형의 형태를 하고 있으며, 보다 많은 변수를 포함하는 일반화된 모형으로 확장할 수 있다. 우리는 (2.4)식과 같은 모형을 벡터자기회귀모형(vector autoregressive model)이라 부르며, VAR모형이라고도 한다.

이상의 두 모형의 확장에서 보듯이 오늘날에 있어서는 계량경제모형과 시계열모형은 기본적인 발상의 차이점이 있음에도 불구하고 두 모형의 확장에 의하여 서로의 특성을 공유하는 방향으로 발전해 가고 있는 것을 알 수 있다. 그러므로, 이들을 엄격히 구별하는 것은 의미가 없다고 하겠으며, 두 모형은 경제분석에 있어 서로 보완적 역할을 하고 있다 하겠다.

전통적 시계열분석방법과 Box-Jenkins방법 전통적 시계열분석에서는 t기의 시계열 Y_t를 다음과 같이 4종류의 요인으로 분해한다.

$$Y_t = T_t + C_t + S_t + I_t \quad (\text{가법모형}) \tag{2.5}$$

$$Y_t = T_t \cdot C_t \cdot S_t \cdot I_t \quad (\text{승법모형}) \tag{2.6}$$

여기서 T_t는 추세변동, C_t는 순환변동, S_t는 계절변동, I_t는 불규칙변동을 나타내는 것으로, 관측된 시계열데이터 Y_t의 변동이 이 4종류의 요인에 의하여 발생하는 것으로 보며, (2.5)의 가법형 또는 (2.6)의 승법형 모형으로 관측된다고 상정한다.

전통적 시계열분석방법이 활발히 연구되고 있던 1920년대에 있어서의 중심과제는 경기분석을 순환변동을 통해서 설명하려는데 있었다. 즉 주어진 시계열데이터로부터 추세변동, 계절변동, 불규칙변동을 제거하는 많은 방법들이 고안되어 경기변동을 분석하려 하였다. 그러나 이러한 전통적 시계열분석방법은 미국의 대공황의 예측에 실패함으로서 경제이론을 바탕으로 하지 않은 통계적 방법론에 대한 불신을 초래하여 그 이후 지지를 받지 못했다.

한편, 1970년대에 실용화된 Box-Jenkins방법은 시계열분석에 대한 새로운 방법론을 제시하였다. Box-Jenkins방법을 전통적 시계열분석방법과 비교하면 다음과 같은 점을 지적할 수 있다.

첫째, 분석의 방법을 주파수영역(frequency domain)으로부터 데이터를 직접 관측하는 시간영역(time domain)으로 전환시킨 점을 들 수 있다. 주파수영역분석(스펙트럴분석 이라고도 한다)이란 데이터의 변동을 주기가 다른 많은 삼각함수로 분해하여 데이터의 주기적 특성을 분석하려는 방법으로서 2차 대전을 전후하여 발전된 기법이다.

둘째, 전통적 시계열분석방법에서 4종류로 구분한 변동요인을 처리하는데 있어서, 차분이나 계절차분을 사용하는 방법을 제시하여 이것들을 체계적이고 간단하게 처리하였다는 것이다. 그리고 차분을 통하여 얻은 안정시계열에 자기회귀모형(AR model), 이동평균모형(MA model), 자기회귀 이동평균모형(ARMA model) 을 적용하였는데, 이런 이유로 Box-Jenkins방법을 ARIMA 모형분석이라고 부르기도 한다.

셋째, 모형의 식별, 추정, 진단, 예측의 방법을 일련의 체계로서 확립함으로서 우리들이 시계열분석에 쉽게 접근할 수 있게 되었고, 따라서 실용성을 높였다고 하겠다.

본서에서는 시계열분석을 주로 Box-Jenkins 방법론을 중심으로 해설하고 있으며, RATS를 이용한 실증분석의 실례에서도 이를 적용하고 있다.

2.2 시계열데이터와 확률과정

시계열데이터(time series data)란 앞 절에서 언급했듯이, 시간을 통해서 순차적으로 발생한 관측치의 집합을 의미한다. 관측치의 순서는 시간적 순서를 나타내는 하첨자 t를 사용하여 나타내며, y_t를 이번 기의 관측치라 한다면 y_{t-1}은 1기전의 관측치를, y_{t+1}은 1기후의 관측치를 나타낸다.

지금 시계열데이터를 시점 $t=1, 2, \cdots, T$에 대응해서 관측된 데이터의 집합이라 한다면, (2.7)식과 같이 나타낼 수 있다.

$$\{y_t\}=\{y_1, y_2, \cdots, y_T\} \tag{2.7}$$

그런데, 시계열분석에서는 관측된 $y_1, y_2, \cdots, y_T$의 각 값은 어떤 확률법칙에 따르는 무한의 확률변수열인, $\{Y_t\}$의 시점 $t=1, 2, \cdots, T$에 대응되는 $Y_1, Y_2, \cdots, Y_T$의 실현치

(realization)로 본다.

$$\{Y_t\}=\{\cdots, Y_{-1}, Y_0, Y_1, Y_2, \cdots, Y_T, Y_{T+1}, \cdots\} \tag{2.8}$$

(2.8)식과 같이 시점 t에 대응되는 무한의 확률변수의 집합을 확률과정(stochastic process)이라 부른다. 여기서 "확률(stochastic)"이라는 것은 Y_t가 무작의(random)적으로 발생한다는 의미이고, "과정(process)"이라는 것은 데이터의 발생메카니즘을 의미한다고 보면 된다.

확률과정은 $-\infty$에서 $+\infty$까지의 기간에 걸쳐서 정의되며, 영원히 계속되는 것으로 상정되어 있다. 시계열데이터란 이와 같은 무한의 기간 중에서 $t=1, 2, \cdots, T$에 대응되는 확률변수 Y_1에서 Y_T까지의 하나의 실현치인 것이다. 여기서 하나의 실현치라는 것은 어떤 특정의 시점에 있어서의 실현치는 확률변수(random variable)라는 것을 의미하는데, 같은 확률과정에서 동일의 조건하에서 얻어지는 실현치는 우연히 같을 수는 있지만 매번 새로운 값을 가질 수 있다는 것이다.

한편 일반적으로 시계열데이터는 어떤 규칙성(구조적 특징)을 가지고 있다. 예를 들면, 현재시점의 확률변수가 자신의 과거시점에 의하여 "+"의 영향을 받는지 "−"의 영향을 받는지, 또는 평균의 주위를 변동하는 성질이 어떠한지 등의 규칙성을 가지고 있는 경우가 대부분이다. 이것은 시계열데이터를 발생시킨 원래의 확률적 구조에 규칙성이 있는 것을 의미하며, 이와 같이 규칙성을 가진 확률과정의 구조를 시계열모형(time series model) 이라고도 한다.

그러므로 시계열분석의 목적은 관측된 데이터의 집합 $\{y_1, y_2, \cdots, y_T\}$를 가지고 이 데이터를 발생시킨 확률과정 $\{Y_1, Y_2, \cdots, Y_T\}$의 확률적 구조를, 관측가능한 시계열모형으로 표현하고 특정화(파라메터의 추정) 하여, 그 결과를 이용하여 분석이나 예측을 행하는데 있다 하겠다. 이때 상정되는 대표적인 시계열모형으로서는 앞 절에서도 언급된 자기회귀모형(AR 모형), 이동평균모형(MA 모형), 자기회귀 이동평균모형(ARMA 모형)을 들 수 있다.

2.3 안정성

우리는 앞 절에서 시계열데이터 y_t는 확률변수라 하였다. 확률변수의 성질을 이해하기 위해서는 그 특성치인 평균, 분산, 자기공분산(또는 자기상관)을 알아야 된다. 이것들을 기대치(expected value)를 사용하면 각각 다음과 같이 나타낼 수 있다.

$$E[y_t] \qquad t = 1, 2, \dots, T \tag{2.9}$$

$$Var(y_t) = E[y_t - E[y_t]]^2 \tag{2.10}$$

$$Cov(y_t, y_{t-k}) = E[y_t - E[y_t]][y_{t-k} - E[y_{t-k}]] \tag{2.11}$$

$k \neq 0$, $k = 0, \pm 1, \pm 2, \cdots$ 여기서 k는 시차를 나타낸다.

안정성의 정의 평균, 분산, 자기공분산이 시점에 관계없이 일정하다고 하는 성질을 안정성(stationarity)이라 하는데, 이것을 (2.12), (2.13), 그리고 (2.14)식으로 나타낼 수 있다.

$$E[y_t] = \mu < \infty \qquad t = 1,\ 2,\ \dots,\ T \tag{2.12}$$

$$Var(y_t) = \gamma_0 < \infty \tag{2.13}$$

$$Cov(y_t, y_{t-k}) = \gamma_k \qquad k = 0, \pm 1, \pm 2, \cdots \tag{2.14}$$

위 식의 표현에서 알 수 있듯이 세 특성치는 모두 시점(시간) t에 의존하고 있지 않다. (2.12)식의 평균은 유한한 값 μ를 가지면서 모든 시점에서 동일하며, (2.13)식의 분산도 유한한 값 γ_0를 가지면서 시점과는 관계없이 일정하다. (2.14)식의 자기공분산도 유한하면서 시점 그 자체가 아니라 두 시점 사이의 차이인 k에만 의존하고 있는 것을 알 수 있다. 즉, 자기공분산은 계측되는 시점이 어디냐에 관계없이 시차가 얼마냐에 영향을 받게 되어 있는 것이다. 만약 평균과 분산, 자기공분산이 시점에 따라 다르다면 그 표현법은 μ_t, γ_{0t}, γ_{kt}와 같이 시점 t가 명시적으로 나타나야 되는 것이다.

이렇게 안정성이란 "확률과정이 시점(시간)에 대해서 불변"이라는 성질을 의미하는데, 어떤 확률과정 $\{Y_t\}$가 (2.12)~(2.14)의 조건을 충족하면 이에 대응되는 관측치 집합인 $\{y_t\}$는 안정시계열 데이터라고 한다.

왜 안정성조건이 필요한가 (2.7)식에서 시점 $t = 1,\ 2,\ \dots,\ T$에서 관측된 시계열데이터의 집합을 $\{y_1, y_2, \cdots, y_T\}$라 하였다. 그런데, 이는 각각의 시점 t에서 무수히 많이 얻을 수 있는 데이터의 집합 중에서 하나의 집합이다. 즉, 이것을 첫 번째로 얻은 데이터의 집합이라고 하여 아래첨자 1을 사용하여 다시 나타내면 $\{y_{11}, y_{12}, \cdots, y_{1T}\}$로 표현할 수 있다. 그리고 일반적으로 실제 관측되기는 어렵지만 두 번째의 데이터가 얻어졌다면 그 집합을 $\{y_{21}, y_{22}, \cdots, y_{2T}\}$로 나타낼 수 있다. 이렇게 하여 m 번째의 데이터의 집합은 $\{y_{m1}, y_{m2}, \cdots, y_{mT}\}$로 나타낼 수 있다.

지금 시점 t에서 Y_t의 실현치인 y_t에 대한 평균을 추정하려 한다고 하자. y_t의 평균을 μ라 하면(즉, $E[y_t] = \mu$), 평균의 추정치 $\hat{\mu}$는 다음과 같이 정의된다.

$$\hat{\mu} = \frac{1}{m}\sum_{i=1}^{m} y_{it} \tag{2.15}$$

여기서 y가 의미하는 바는, t시점에서 같은 확률과정으로부터 m 회까지 시계열 데이터를 반복해서 얻고 있는 것을 나타낸다. 즉, 두 번째 첨자인 t는 시점을 의미하고, 첫 번째 첨자인 i는 그 시점에서 데이터가 반복적으로 얻어진 수를 의미하는 것이다. 그러나 현재의 t시점에서의 실현치는 y_{1t}하나밖에 없고, $y_{2t}, \cdots, y_{mt}$의 $m-1$개의 관측치는 얻을 수 없다. 경제적 시계열자료에 있어서는 이와 같이 각 시점에서 하나의 실현치 밖에 얻지 못하는 경우가 대부분이다.

그러므로 (2.15)식에서 평균의 추정치 $\hat{\mu}$는 바로 그 하나의 실현치 y_{1t}가 된다. 이때 분산과 자기공분산은 데이터의 부족에 의하여 추정이 불가능하게 된다. 따라서 하나의 실현치밖에 얻을 수 없는 상황에서 평균, 분산, 자기공분산(또는 자기상관)을 추정할 수 있기 위해서는 데이터의 발생메카니즘인 확률과정에 어떤 제약을 부과할 필요가 있다.

여기서 만약 확률과정에 어떤 추세의 변동이 없다고 한다면, 시점 $t = 1, 2, \ldots, T$에서 y_t의 기대치(평균)는 시점에 관계없이 일정하게 될 것이고, 그러면 각 시점에서의 하나의 실현치 $y_1, y_2, \cdots, y_T$(엄밀하게는 $y_{11}, y_{12}, \cdots, y_{1T}$가 된다)는 같은 기대치를 가지게 되므로, (2.16)식과 같이 이것들의 평균을 구함으로써 시계열과정의 기대치를 추정할 수 있게 된다.

$$\hat{\mu} = \frac{1}{T}\sum_{t=1}^{T} y_t \tag{2.16}$$

즉, 각 시점에서의 기대치가 일정하다는 가정을 둠으로써 비로써 각 시점에서 하나의 관측치 밖에 얻을 수 없는 확률과정의 평균을, 마치 같은 시점에서 여러 표본데이터를 얻은 것처럼 간주하여 평균을 추정할 수 있게 된다는 것이다.

분산에 관해서 살펴보면, 분산도 모든 시점에 있어서 일정하다는 가정이 필요함을 알 수 있다. 분산은 평균을 중심으로 한 변동의 정도를 나타내는 것인데, 만약 분산이 일정하지 않고 각 시점 t에 따라 다르다면, 각 시점에서 하나의 실현치 밖에 얻을 수 없는 상태에서는 분산을 추정할 수 없다. 그리고 두 시점 t와 $t-k$사이의 자기공분산도 시점에 관계없이 일정하다는 가정이 필요하게 된다.

이상과 같이 안정성이라는 조건을 도입함으로써 T기에 걸친 하나씩의 실현치를 마치 같은 확률과정으로부터 생성된 T개의 표본이라고 상정하여 그 확률과정의 평균, 분산, 자기공분산을 추정할 수 있게 해주고 있는 것이다. 앞으로 우리가 다루는 시계열데이터는 안정성을 가진 것으로 가정하여 분석하게 된다. 만약 안정성을 가지고 있지 않을 때에는 여러 방법을 통하여 안정성을 가진 시계열로 변환시킨 다음 분석이 이루어질 것이다.

한편, (2.13)식과 (2.14)식에서는 분산과 자기공분산을 각각 γ_0와 γ_k로 나타내었다. 이와 같은 표현법을 도입하는 것은 사용상의 편리함 때문이다. 즉, 일반적으로 공분산은 두 변수 x_t, y_t 사이의 상호간의 변동관계를 나타내는 지표로서 $Cov(x_t, y_t)$로 나타내는데, 시계열 분석에서는 두 변수가 아니라 하나의 변수인 y_t에서 시차가 $k(k=1, 2, \cdots\ )$만큼 떨어진 같은 변수와의 공분산이므로 자기공분산이라 부르고 있는 것이다. 그러므로 시차가 k만큼 떨어진 상태에서의 자기공변관계를 나타내는 것을 강조하기 위해서 $Cov(y_t, y_{t-k})$를 γ_k로 나타내는 편이 편리하다. 그리고 분산의 경우에는 같은 시점에서의 자기공분산이라 하여 $k=0$이 되므로, $Var(y_t)$를 γ_0와 같은 표현법을 쓰고 있다. 이후에는 이러한 표현법이 주로 사용될 것이다.

직관적방법에 의한 안정성의 판단 제3장부터 5장까지는 시계열모형의 안정성에 관한 조건에 대해서 이론적으로 살펴보고, 그것을 파라메터의 제약조건으로 판단하는 것을 배우게 된다. 그러나 여기서는 직관적인 방법으로 시계열의 그래프를 통해서 판단하는 방법을 보기로 한다.

<그림 2.2>의 (a)는 안정인 시계열을 보여주고 있다. (a)에서의 시계열은 어떤 평균의 주위를 상하 변동하고 있으므로 시점에 관계없이 평균이 일정함을 보여 주고 있다. 그리고 그 변동의 폭도 일정한 것으로 판단되므로 안정성을 가진 시계열이라 판단할 수 있다.

그러나, (b)와 (c)는 불안정적 시계열을 예시하고 있는데, (b)에서는 시계열이 시간이 변함에 따라 우상향으로의 추세를 가지고 있으므로, 평균이 시점 t와 함께 변화하고 있는 것을 보여 주고 있다. (c)에서는 분산이 시간이 변화함에 따라 점점 그 폭이 넓어져 가고 있으므로 분산이 일정하다는 가정을 위반하고 있는 경우가 된다.

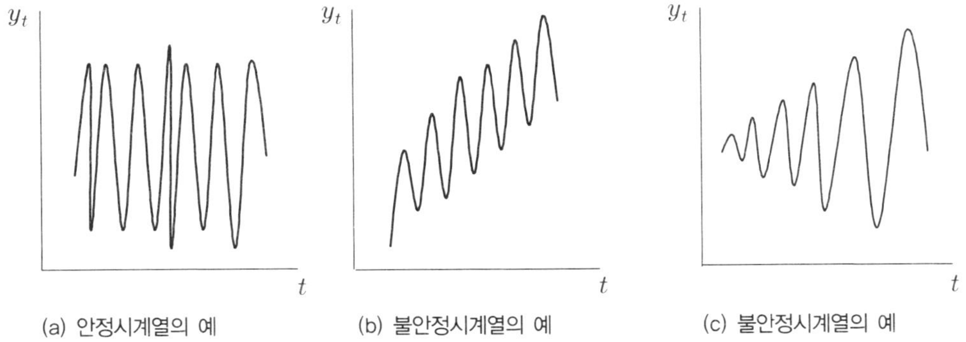

<그림 2.2> 직관적 방법에 의한 안정성의 판단

그러므로, 직관적으로 안정성을 판단할 때, 안정시계열은 일정한 평균의 주위를 규칙성을 가지면서 일정한 폭의 범위 안에서 변동하고 있는 시계열이라고 할 수 있다.

2.4 자기상관함수

자기상관계수의 정의 시차 k의 Y_t와 Y_{t-k} 사이의 자기상관계수(autocorrelation coefficients) ρ_k는 다음과 같이 정의된다.

$$\rho_k = \frac{E\ [(y_t - \mu)(y_{t-k} - \mu)]}{\sqrt{E\ [y_t - \mu]^2}\ \sqrt{E\ [y_{t-k} - \mu]^2}} = \frac{Cov(y_t, y_{t-k})}{\sigma_{y_t}\sigma_{y_{t-k}}} \quad k = 0, \pm 1, \pm 2, \cdots \tag{2.17}$$

자기상관계수 ρ_k는 y_t와 k기 떨어진 y_{t-k} 사이의 "선형관계의 밀접도"를 나타내는 것으로, 보통 통계학에서 배우는 두 변수 사이의 밀접도를 나타내는 상관계수에 해당하는 시계열에서의 지표이다.

(2.17)식에서 안정성이 존재하면 분산이 시점과 관계없이 같다. 따라서 $\sigma_{y_t} = \sigma_{y_{t-k}}$이기 때문에 분모는 $\sigma_{y_t} \cdot \sigma_{y_{t-k}} = \sigma_u^2 = \gamma_0$이 된다. 그러므로 $Cov(y_t, y_{t-k})$를 γ_k로 두면 (2.18)식에서와 같이 공분산을 분산으로 나누어 자기상관을 구할 수 있다.

$$\rho_k = \frac{\gamma_k}{\gamma_0} \tag{2.18}$$

이 자기상관은 정의에 의하여

$$\begin{aligned} &\rho_0 = 1 \\ &-1 < \rho_k < 1 \\ &\rho_k = \rho_{-k} \end{aligned} \qquad (2.19)$$

의 성질을 가진다. 즉, 첫째 식은 시차 0에서의 자기상관은 자신을 자신으로 나누므로 항상 1이 된다는 것이고, 둘째 식은 자기공분산을 분산으로 나누어 기준화하였기 때문에 상관계수처럼 그 값의 범위가 -1에서 $+1$사이의 값을 가진다는 것이다. 그리고 셋째 식은 시차에 대해서 대칭의 성질을 가진다는 것을 의미하므로, 그래프 등으로 자기상관을 나타낼 때에는 시차 k가 양수가 되는 부분만을 나타내는 것이 일반적이다.

한편 시차 $k=1,2,\cdots$ 에 대응하여 자기상관계수 $\rho_1, \rho_2, \ldots$가 도출되므로, 시차와 자기상관계수들은 함수관계로서 파악할 수 있기 때문에, 자기상관함수(autocorrelation function : acf) 또는 Correlogram이라고 한다.

백색잡음 안정적인 확률과정 중에서 가장 간단하면서 중요한 것으로 백색잡음(white noise)이라는 것이 있다.

$$y_t = u_t \qquad (2.20)$$

여기서 u_t는 평균이 0이며, 분산은 σ_u^2이고, 시점이 다른 u_t 사이는 서로 독립의 성질을 가진다. 즉, 모든 자기상관이 0인 확률과정으로, 그 특성치를 정리하면 다음과 같다.

$$\begin{aligned} &E[u_t] = 0 \\ &Var(u_t) = \gamma_0 = \sigma_u^2 \\ &Cov(u_t, u_{t-k}) = \gamma_k = 0 \end{aligned} \qquad (2.21)$$

2.5 편자기상관함수

시계열모형의 분석에 있어서 자기상관 이외에 편자기상관(partial autocorrelation)이라는 중요한 개념이 있는데, 이는 모형의 특징(특히 AR모형의 차수)을 찾는데 중요한 역할을 한다.

편자기상관의 정의 y_t와 시차 k만큼 떨어진 y_{t-k} 사이의 편자기상관 ϕ_{kk}이란, 도중의 $y_{t-1}, y_{t-2}, \cdots, y_{t-k+1}$의 영향을 제거하고 난 후의 y_t와 y_{t-k}의 선형관계의 강도를 나타내는 지표이다.

자기상관과 편자기상관의 관계 자기상관 ρ_k는 주어진 확률과정에 있어서 y_t와 시차가 k만큼 떨어진 y_{t-k} 사이의 관계의 밀접도를 나타내는 지표이다. 그런데, 이 자기상관 ρ_k는 y_t가 다른 시차의 y_{t-k}들과도 관계를 가진다. 제3장에서 다룰 1차의 자기회귀모형 AR(1)을 가지고 예를 들면, AR(1) 모형인 $y_t = \phi_1 y_{t-1} + u_t$ 에서 y_t와 y_{t-1}의 관계가 ϕ_1으로서 관련지어져 있으나 다른 y_{t-k}들 즉, y_{t-2}와 y_{t-3} 등과도 관계를 가진다. 왜냐하면 시점을 t에서 $t-1$로 바꾸어 다시 쓰면, $y_{t-1} = \phi_1 y_{t-2} + u_{t-1}$가 되는데, y_{t-2}는 y_{t-1}을 통해서 y_t와 관련을 맺고 있기 때문이다. 같은 방법으로 ρ_3의 경우는 y_t와 y_{t-3}뿐만 아니라 y_{t-1}와 y_{t-2}의 관계도 함께 계측되는 것이다. 그러므로 다른 모든 요인을 제거한 후, y_t와 y_{t-k}의 영향력(밀접도) 만을 계측하는 지표가 필요하게 되며 이것이 편자기상관인 것이다.

편자기상관의 도출 편자기상관 ϕ_{kk}는 주어진 시계열에 대해서 먼저 자기상관 ρ_k을 구하고 나서 그것들의 연립방정식으로부터 구한다.

$$
\begin{aligned}
&\phi_{11} = \rho_1 \\
&\begin{bmatrix} 1 & \rho_1 \\ \rho_1 & 1 \end{bmatrix} \begin{bmatrix} \phi_{21} \\ \phi_{22} \end{bmatrix} = \begin{bmatrix} \rho_1 \\ \rho_2 \end{bmatrix} \\
&\begin{bmatrix} 1 & \rho_1 & \rho_2 \\ \rho_1 & 1 & \rho_1 \\ \rho_2 & \rho_1 & 1 \end{bmatrix} \begin{bmatrix} \phi_{31} \\ \phi_{32} \\ \phi_{33} \end{bmatrix} = \begin{bmatrix} \rho_1 \\ \rho_2 \\ \rho_3 \end{bmatrix} \\
&\qquad\qquad \vdots
\end{aligned}
\tag{2.22}
$$

즉, 시차 $1(k=1)$의 편자기상관계수 ϕ_{11}는 바로 시차 1의 자기상관계수가 된다. 시차 $2(k=2)$의 편자기상관계수 ϕ_{22}는 위의 2번째 행렬방정식으로부터 크래머의 공식을 이용하면

$$\frac{\begin{vmatrix} 1 & \rho_1 \\ \rho_1 & \rho_2 \end{vmatrix}}{\begin{vmatrix} 1 & \rho_1 \\ \rho_1 & 1 \end{vmatrix}} = \frac{\rho_2 - \rho_1^2}{1 - \rho_1^2}$$

이 된다. 일반화하여 시차 $k(k=1, 2, \cdots)$의 편자기상관계수 ϕ_{kk}는 크래머의 공식을 이용하면 다음과 같이 구할 수 있다.

$$\phi_{kk} = \frac{\begin{vmatrix} 1 & \rho_1 & \ldots & \rho_{k-2} & \rho_1 \\ \rho_1 & 1 & \ldots & \rho_{k-3} & \rho_2 \\ \vdots & \vdots & & \vdots & \vdots \\ \rho_{k-1} & \rho_{k-2} & \cdots & \rho_1 & \rho_k \end{vmatrix}}{\begin{vmatrix} 1 & \rho_1 & \ldots & \rho_{k-2} & \rho_{k-1} \\ \rho_1 & 1 & \ldots & \rho_{k-3} & \rho_{k-2} \\ \vdots & \vdots & & \vdots & \vdots \\ \rho_{k-1} & \rho_{k-2} & \cdots & \rho_1 & 1 \end{vmatrix}} \qquad k = 1, 2, \cdots \tag{2.23}$$

이와 같이 시차 $k=1, 2, \cdots$ 에 대응하여 산출된 $\phi_{11}, \phi_{22}, \cdots$ 의 편자기상관계수열을 만들 수 있는데, 이것을 함수관계로 파악하여 편자기상관함수(partial autocorrelation function : pacf)라 한다.

자기상관함수와 편자기상관함수는 시계열의 안정성의 판단이나 모형의 형(AR, MA, ARMA)과 차수(p, q)를 결정하는데 있어서 중요한 역할을 하게 된다. 그 이론적 성질은 제3장에서 5장까지, 그리고 모형의 형과 차수의 결정방법에 관해서는 제6장의 식별에서 자세히 다루게 된다.

2.6 평균, 분산, 자기공분산 등의 추정

안정성을 가진 시계열데이터 $\{y_1, y_2, \ldots, y_T\}$가 주어졌을 때, 이 데이터를 발생시킨 원래의 확률과정$\{Y_t\}$의 평균, 분산, 자기공분산, 자기상관, 편자기상관을 추정하는 것이 가능하다. 이것들은 다음과 같은 식들에 의하여 추정된다.

$$\hat{\mu} = \bar{y} = \frac{1}{T}\sum_{t=1}^{T} y_t \tag{2.24}$$

$$\hat{\gamma}_0 = \frac{1}{T}\sum_{t=1}^{T}(y_t - \bar{y})^2 \tag{2.25}$$

$$\hat{\gamma}_k = \frac{1}{T}\sum_{t=k+1}^{T}(y_t - \bar{y})(y_{t-k} - \bar{y}) \tag{2.26}$$

(2.24)식은 표본평균, (2.25)식은 표본분산, (2.26)식은 표본자기공분산이다. 또 표본자기상관함수 $\hat{\rho}_0, \hat{\rho}_1, \cdots$ 는 (2.27)식에 의하여 시차 $k = 0, 1, 2, \cdots$ 를 대입하여 추정한다.

$$\hat{\rho}_k = \frac{\hat{\gamma}_k}{\hat{\gamma}_0} \tag{2.27}$$

이 표본자기상관함수 $\hat{\rho}_0, \hat{\rho}_1, \hat{\rho}_2, \cdots$ 는 시계열모형의 안정성을 판단하는데 대단히 중요한 역할을 한다. 즉, k가 증가함에 따라서 $\hat{\rho}_k$가 빠르게 0에 접근하면 원래의 확률과정은 안정성을 가진다고 볼 수 있다.

<그림 2.3>은 표본자기상관함수와 안정성에 대한 몇 가지 예를 나타내고 있다. (a), (b), (c)는 시차 k가 증가함에 따라 표본자기상관계수 $\hat{\rho}_k$가 빠르게 감소해 가는 모양을 보여 주고 있다. (a)는 +의 범위에서, (b)는 진동하면서, 그리고 (c)는 + −를 교대로 바꾸면서 0에 접근하고 있으며, 이들은 안정적인 시계열의 전형적인 예가 된다. 그러나 (d)와 (e)는 불안정적 시계열을 나타낸다. 왜냐하면 (d)는 아주 느린 속도로 감소해 가고 있고, (e)는 오히려 표본자기상관함수가 점점 증가하고 있는 것을 보여 주고 있기 때문이다.

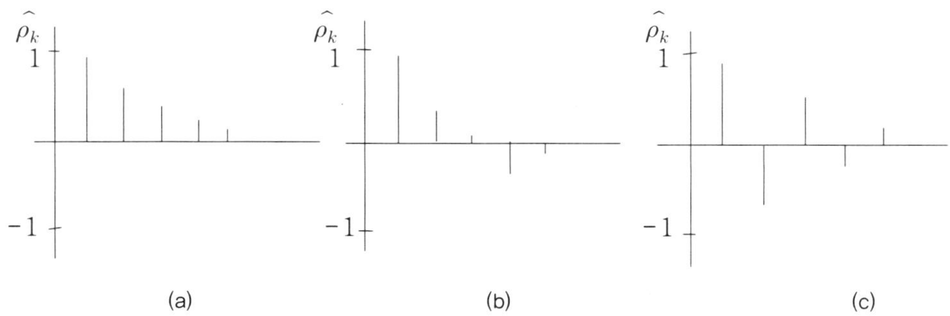

<그림 2.3> 표본자기상관함수와 안정성(계속)

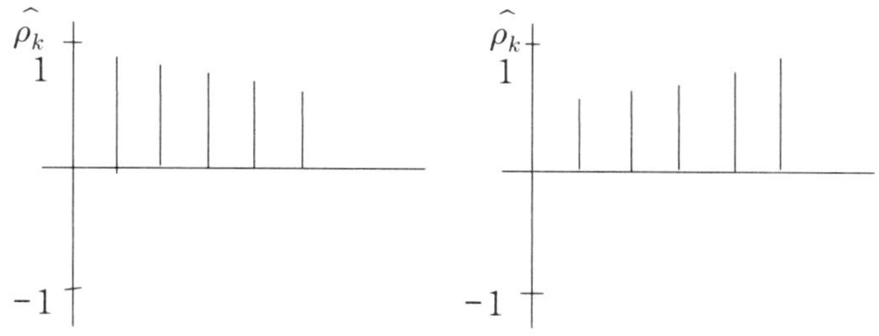

(d) (e)

<그림 2.3> 표본자기상관함수와 안정성

한편, 표본편자기상관함수 $\hat{\phi}_{11}$, $\hat{\phi}_{22}$, $\cdots$ 는 Durbin에 의하여 제안된 (2.28)식에 의하여 구하는 것이 일반적이다.

$$\hat{\phi}_{11} = \hat{\rho}_k$$

$$\hat{\phi}_{kk} = \frac{\hat{\rho}_k - \sum_{j=1}^{k-1} \hat{\phi}_{k-1,j} \; \hat{\rho}_{k-j}}{1 - \sum_{j=1}^{k-1} \hat{\phi}_{k-1,j} \; \hat{\rho}_j} \qquad k = 2, 3, \cdots \tag{2.28}$$

$$\text{단, } \hat{\phi}_{kj} = \hat{\phi}_{k-1,j} - \hat{\phi}_{kk}\hat{\phi}_{k-1,k-j} \qquad k = 3, 4, \cdots, \quad j = 1, 2, \cdots, k-1$$

RATS(Version 8)를 이용한 계산 예 제13장의 "실증분석의 실례 1"에서 사용된 Series A의 시계열데이터에 대해서 RATS(Version 8)를 이용하여 계산한 표본자기공분산($\hat{\gamma}_k$), 표본자기상관($\hat{\rho}_k$), 그리고 표본편자기상관($\hat{\phi}_{kk}$)을 시차 20까지 구한 결과가 <표 2.1>에 나타나 있다. 시차 20까지 그래프로 나타낸 것이 <그림 2.4>의 (a), (b), (c)이다.

이 표에서 계산된 표본자기상관계수를 가지고 안정성의 성질을 판단한다면 다음과 같다. 즉, 시차 1의 자기상관계수 $\hat{\rho}_1$은 0.496이고 $\hat{\rho}_2$는 -0.067로 작아졌다가 $\hat{\rho}_3$, $\hat{\rho}_4$에서는 그 절대값이 약간 증가하나, 다시 시차 5의 $\hat{\rho}_5$로부터 0의 주위를 진동하면서 감소하고 있는 모양이 <그림 2.3>의 (b)와 같은 모양이므로, 안정성을 가진 것으로 판단할 수 있을 것이다.

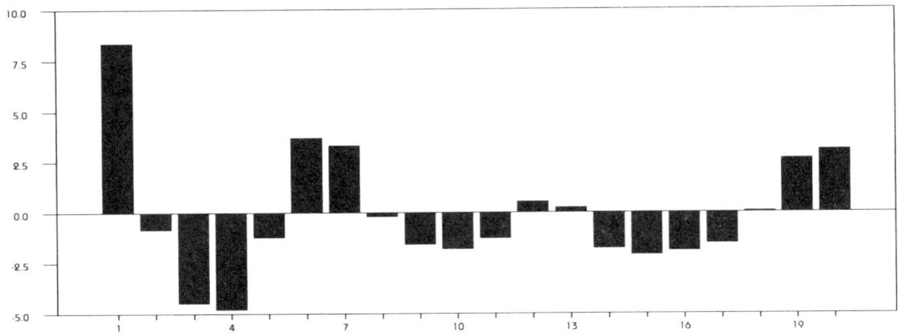

(a) 표본자기공분산의 그래프

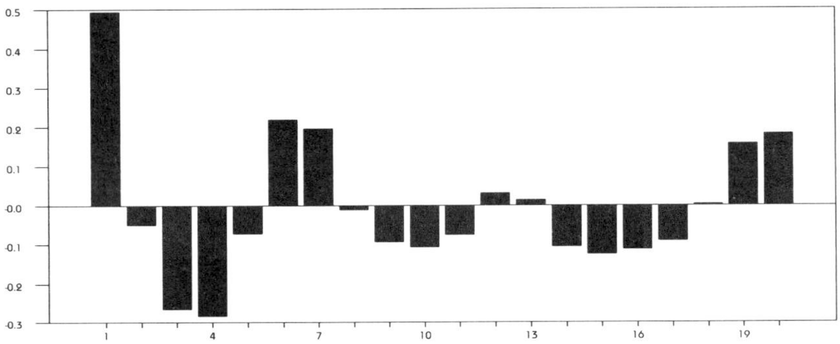

(b) 표본자기상관의 그래프

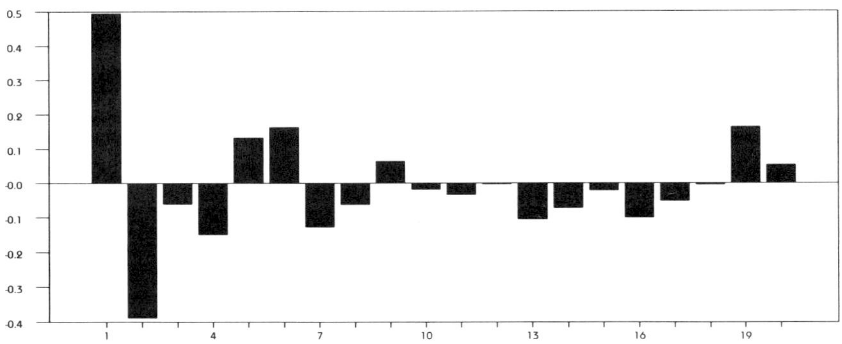

(c) 표본편자기상관의 그래프

<그림 2.4> 표본자기공분산, 표본자기상관, 표본편자기상관의 그래프

<표 2.1> Series A의 표본자기공분산, 표본자기상관 그리고 표본편자기상관

k	1	2	3	4	5	6	7	8	9	10
$\widehat{\gamma_k}$	8.388	−1.126	−4.802	−4.803	−0.794	4.378	3.721	−0.589	−2.373	−2.172
$\widehat{\rho_k}$	0.496	−0.067	−0.284	−0.284	−0.047	0.259	0.220	−0.035	−0.140	−0.128
$\hat{\phi}_{kk}$	0.496	−0.415	−0.050	−0.146	0.159	0.175	−0.136	−0.085	0.067	−0.007

k	11	12	13	14	15	16	17	18	19	20
$\widehat{\gamma_k}$	−1.078	−1.315	0.670	−2.465	−3.292	−2.772	−1.348	1.088	3.555	2.989
$\widehat{\rho_k}$	−0.064	0.078	0.040	−0.146	−0.195	−0.164	−0.080	0.064	0.210	0.177
$\hat{\phi}_{kk}$	−0.037	0.020	−0.151	−0.098	−0.025	−0.126	−0.016	−0.010	0.170	0.052

연습문제

[1] X가 다음과 같은 이산확률분포에 따른다고 할 때, X의 평균 $E(X)$와 분산 $Var(X)$를 구하라.

X_i	$P(X=x_i)$
1	0.1
2	0.2
3	0.3
4	0.4

[2] X와 Y가 확률변수이고 a와 b가 상수일 때 다음을 증명하라.

(1) $Var(X+a) = Var(X)$

(2) $Var(Y+b+a) = Var(Y)$

(3) $Cov(X+a, Y) = Cov(X, Y)$

(4) $Cov((X+a), (Y+b)) = Cov(X, Y)$

[3] X가 $X \sim N(2, 4)$일 때, 다음을 구하라.

(1) $P(2 \leq X \leq 4)$

(2) $P(0 \leq X \leq 2)$

(3) $P(-4 \leq X \leq 6)$

(4) $P(-2 \leq X \leq 2)$

[4] 자유도가 20인 t분포에서 다음의 확률을 구하라.

(1) $P(t < 2.086)$

(2) $P(-1.325 < t)$

(3) $P(1.725 < t < 2.086)$

(4) $P(-1.325 < t < 2.258)$

[5] 통계패키지를 이용하여 다음의 시계열자료 Y_t에 대해서 아래 물음에 답하라

12, 15, 11, 13, 16, 12, 14, 17, 14, 16

(1) 시차 1의 자기상관 $\widehat{\rho_1}$과 시차 2의 자기상관 $\widehat{\rho_2}$를 구하라.

(2) 시차 1의 편자기상관 $\hat{\phi}_{11}$과 시차 2의 편자기상관 $\hat{\phi}_{22}$를 구하라.

(3) 시차 1의 자기공분산 $\widehat{\gamma_1}$과 시차 2의 자기공분산 $\widehat{\gamma_2}$를 구하라.

제2부

안정 시계열모형

제1부의 제1장에서는 시계열에 필요한 통계학의 기초 사항을 살펴보았고, 제2장에서는 시계열에 관한 기본적인 사항들을 살펴보았다. 확률과정이 안정성의 성질을 가질 때 평균, 분산, 자기공분산을 추정할 수 있다는 것도 알 수 있었다. 그런데 안정성을 가진 시계열데이터는 어떤 규칙성을 가지고 있는 경우가 대부분이고, 이것은 확률과정의 다른 시점간의 확률변수들 사이에 어떤 규칙성이 있다는 것을 의미한다. 이와 같이 규칙성을 가진 확률과정을 시계열모형이라 한다. 대표적인 시계열모형으로는 자기회귀모형(AR model), 이동평균모형(MA model), 자기회귀이동평균모형(ARMA model)이 있다. 제2부에서는 이 모형들에 대해서 살펴보게 될 것이다.

제3장에서는 AR모형을 다룬다. AR모형은 실용상 가장 많이 이용되고 있는 모형인데, 그의 통계적 성질, 안정성의 조건 등을 검토해 본다. 제4장에서는 MA모형을 다룬다. MA모형은 실용성은 약하지만 이론적인 의미에서 시계열모형의 기본형이라 할 수 있다. 제5장에서는 AR모형과 MA모형이 혼합된 ARMA모형을 다루게 된다.

Chapter 03

자기회귀모형

3.1 자기회귀모형이란

어떤 시계열데이터의 현재치 y_t가 자신의 과거치들 $y_{t-1}, y_{t-2}, \cdots, y_{t-p}$와 오차항 u_t의 선형관계로 나타낼 수 있을 때, 이 시계열데이터를 자기회귀과정(autoregressive process : AR process) 또는 자기회귀모형(autoregressive model : AR model)이라고 한다. 이때 가장 긴 과거시차 p를 그 모형의 차수라 하고 AR(p)로 나타낸다. (3.1)식은 p차의 AR모형인 AR(p)의 일반식이다.

$$y_t = \alpha + \phi_1 y_{t-1} + \phi_2 y_{t-2} + \cdots + \phi_p y_{t-p} + u_t \tag{3.1}$$

이때 α는 정수항(상수항)이고, $\phi_1, \phi_2, \cdots, \phi_p$는 자기회귀파라메터(autoregressive parameter)이며, u_t는 오차항으로 평균 0과 동일분산 σ_u^2을 가지며 다른 시점 사이에는 서로 독립인 정규확률변수라고 가정한다. 또한 (3.1)식의 오른쪽 항의 y_t의 과거치들인 y_{t-k}와 u_t 사이도 서로 독립이라 가정한다.

AR모형은 시계열모형 중에서 실용상 많이 이용되는데, 그 이유는 첫째, 통상의 선형회귀모형과 같은 형식이므로 해석이 용이하고, 둘째, 다른 시계열모형에 비하여 최소자승법 등 간단한 추정법을 이용할 수 있기 때문이다.

3.2 AR(1) 모형의 성질

1차의 자기회귀모형인 AR(1)의 일반식은 (3.2)식으로 나타낼 수 있다.

$$y_t = \alpha + \phi_1 y_{t-1} + u_t \tag{3.2}$$

이 AR(1) 모형은 항상 안정성을 가지지는 않지만 일정한 조건하에서 안정성을 가지는데, 그 조건이 (3.3)식이다.

$$|\phi_1| < 1 \tag{3.3}$$

이 안정성의 조건이 성립하면 AR(1) 모형은 무한차의 이동평균모형, 즉 MA(∞)로 나타낼 수 있고 평균, 분산, 자기공분산 등도 구할 수 있다. 이에 대한 증명은 제5절에서 다루게 된다. 그런데, 만약 자기회귀 파라메터 ϕ_1이 $|\phi_1| \geqq 1$ 이면 분산은 무한대가 된다. 또한 현재의 y_t는 반복대입을 계속하면 y_t의 과거 값들과 ϕ_1과의 축적된 결과로서 나타나게 되어 있으므로, 시차를 무한대로 접근시키면 y_t의 값은 무한대가 된다. 그러므로 안정성의 조건은 AR(1) 모형이 일정한 평균, 분산, 자기공분산 등을 가지기 위한 필요충분조건이 되는 것이다. 즉, 안정성을 가질 때에만 이들의 추정이 가능하다.

AR(1) 모형의 평균 이 AR(1) 모형의 평균은 (3.2)식의 양변에 기대치를 취하여 얻을 수 있다. 평균을 $E[y_t] = \mu$라 하면

$$\begin{aligned} E[y_t] = \mu &= E[\alpha + \phi_1 y_{t-1} + u_t] \\ &= E[\alpha] + E[\phi_1 y_{t-1}] + E[u_t] \\ &= \alpha + \phi_1 \mu + 0 \qquad (\because E[y_{t-1}] = \mu) \\ &= \alpha + \phi_1 \mu \end{aligned}$$

그러므로 평균 μ는 (3.4)식과 같이 정수항 α와 자기회귀 파라메터 ϕ_1으로 나타낼 수 있다.

$$\mu = \frac{\alpha}{1 - \phi_1} \tag{3.4}$$

AR(1) 모형의 분산 AR(1) 모형의 분산을 구하는데 있어 계산의 간편함을 위해서 확률과정의 평균을 0이라고 가정하기로 하자. 그러면 (3.4)식을 통해 정수항 α는 평균을 의미하므로 0이 되어 없어진다. 이런 가정을 두더라도 논의의 일반성을 잃지 않으며, 이후 모형에서 정수항이 없을 때에는 이 가정이 성립하고 있는 경우가 된다. $\mu=0$인 경우 y_t의 분산은 $Var(y_t)=\sigma_y^2=E[y_t-\mu]^2$이므로, $E[y_t]^2$가 바로 분산이 된다.

$$\begin{aligned} Var(y_t) &= E[y_t]^2 \\ &= E[\phi_1 y_{t-1} + u_t]^2 \\ &= E[\phi_1^2 y_{t-1}^2 + u_t^2 + 2\phi_1 y_{t-1} u_t] \\ &= \phi_1^2 E[y_{t-1}^2] + E[u_t^2] + 2\phi_1 E[y_{t-1} u_t] \\ &= \phi_1^2 \sigma_y^2 + \sigma_u^2 + 0 \\ &(\because E[y_{t-1}^2] = \sigma_y^2,\ y_{t-1}\text{와 } u_t\text{는 서로 독립이므로 } E[y_{t-1}u_t] = 0) \end{aligned}$$

그러므로, 분산의 표현을 γ_0로 나타내면

$$\gamma_0 = \frac{\sigma_u^2}{1-\phi_1^2} \tag{3.5}$$

가 된다. 한편, (3.5)식에서 분산 γ_0는 양수여야 되기 때문에 $1-\phi_1^2>0$의 조건이 성립되어야 된다. 그런데 만약 $\phi_1 = 1$이면 분산은 무한대가 된다. 그러므로 분산이 양수이면서 유한하기 위해서는 자기회귀파라메터 ϕ_1에 (3.3)식과 같은 제약이 부과되어야 된다.

AR(1) 모형의 자기공분산 y_t에서 시차(lag) 1의 자기공분산 $Cov(y_t, y_{t-1}) = \gamma_1$은 다음과 같이 구한다.

$$\begin{aligned} Cov(y_t, y_{t-1}) &= E[y_t - E[y_t]][y_{t-1} - E[y_{t-1}]] \\ &= E[y_t y_{t-1}] \\ &= E[(\phi_1 y_{t-1} + u_t) y_{t-1}] \\ &= E[\phi_1 y_{t-1}^2 + u_t y_{t-1}] \\ &= E[\phi_1 y_{t-1}^2] + E[y_{t-1} u_t] \\ &= \phi_1 \sigma_y^2 + 0 \end{aligned}$$

그러므로, 자기공분산 γ_1은 분산 σ_y^2의 표현을 γ_0로 바꾸어 나타내면 (3.6)식이 된다.

$$\gamma_1 = \phi_1 \gamma_0 \tag{3.6}$$

시차 1의 자기공분산 $Cov(y_t, y_{t-1})$이 $\phi_1\gamma_0$이기 때문에, 시차 1만큼 떨어진 확률변수 사이의 자기공분산 $Cov(y_{t-1}, y_{t-2})$, $Cov(y_{t-2}, y_{t-3})$ 등은 모두 시점 t에 관계없이 $\phi_1\gamma_0$가 된다. 그러므로 시차 2의 y_t와 y_{t-2} 사이의 자기공분산 $Cov(y_t, y_{t-2}) = \gamma_2$는 다음과 같이 구할 수 있다.

$$\begin{aligned} Cov(y_t, y_{t-2}) &= E[y_t - E[y_t]][y_{t-2} - E[y_{t-2}]] \\ &= E[y_t y_{t-2}] \\ &= E[(\phi_1 y_{t-1} + u_t) y_{t-2}] \\ &= E[\phi_1 y_{t-1} y_{t-2} + y_{t-2} u_t] \\ &= \phi_1 E[y_{t-1} y_{t-2}] + E[y_{t-2} u_t] \\ &= \phi_1 \gamma_1 + 0 \end{aligned}$$

여기서 $\gamma_1 = \phi_1\gamma_0$를 대입하면 (3.7)식이 얻어진다.

$$\gamma_2 = \phi_1^2 \gamma_0 \tag{3.7}$$

같은 방법을 적용하여 모든 시차 $k(=1, 2, \cdots)$에 대한 자기공분산 $Cov(y_t, y_{t-k})$는 (3.8)식으로 일반화할 수 있다.

$$\gamma_k = \phi_1^k \gamma_0 \qquad k = 1, 2, \ldots \tag{3.8}$$

AR(1) 모형의 자기상관 y_t와 y_{t-k} 사이의 자기공분산 $Cov(y_t, y_{t-k}) = \gamma_k$를 y_t와 y_{t-k}의 각각의 표준오차 $\sqrt{Var(y_t)}$ 와 $\sqrt{Var(y_{t-k})}$로 나누어주면 자기상관이 된다. 그런데 안정성의 조건이 만족되면 y_t의 분산과 y_{t-1}의 분산이 시간 t에 관계없이 $\sigma_y^2 = \gamma_0$로 서로 같기 때문에 자기공분산 γ_k를 분산 γ_0으로 나누어주는 다음의 (3.9)식에 의하여 자기상관함수 ρ_k를 구할 수 있다.

$$\rho_k = \frac{\gamma_k}{\gamma_0} \qquad k = 0, \pm 1, \pm 2, \cdots \tag{3.9}$$

한편 자기공분산의 정의로부터 $\rho_{-k} = \rho_k$와 같이 대칭의 성질이 있고, $k = 0$일 때 $\rho_0 = 1$이므로 마이너스 부분을 제외하고 $k > 0$ 인 경우만을 고려하면 된다.

AR(1) 모형에서의 자기상관함수는, $\gamma_k = \phi_1^k \gamma_0$을 이용하면 자기회귀파라메터 ϕ_1에 의하여 (3.10)식과 같이 나타낼 수 있다.

$$\rho_k = \phi_1^k \qquad k = 0, 1, 2, \cdots \tag{3.10}$$

3.3 AR(2) 모형의 성질

2차의 자기회귀모형인 AR(2)의 일반식은 (3.11)식으로 나타낼 수 있다.

$$y_t = \alpha + \phi_1 y_{t-1} + \phi_2 y_{t-2} + u_t \tag{3.11}$$

AR(2) 모형도 항상 안정성을 가지지 않고 일정한 조건하에서 안정성을 가지는데, (3.12)식이 그 조건식이 된다.

$$\begin{aligned} &\phi_1 + \phi_2 < 1 \\ &\phi_2 - \phi_1 < 1 \\ &-1 < \phi_2 < 1 \end{aligned} \tag{3.12}$$

AR(2) 모형에 있어서 (3.12)식의 안정성의 조건이 성립하면 MA(∞)으로 나타낼 수 있고 평균, 분산, 자기공분산 등도 구할 수 있다.

AR(2) 모형의 평균 AR(1) 모형의 경우와 마찬가지로 (3.11)식의 양변에 기대치를 취하면 평균을 구할 수 있다.

$$\begin{aligned} E[y_t] &= E[\alpha + \phi_1 y_{t-1} + \phi_2 y_{t-2} + u_t] \\ &= E[\alpha] + E[\phi_1 y_{t-1}] + E[\phi_2 y_{t-2}] + E[u_t] \\ &= \alpha + \phi_1 + \phi_2 \mu \end{aligned}$$

그러므로, 평균 μ는 정수항 α와 자기회귀파라메터 ϕ_1, ϕ_2로 나타낼 수 있다.

$$E[y_t] = \mu = \frac{\alpha}{1 - \phi_1 - \phi_2} \tag{3.13}$$

AR(2) 모형의 분산 (3.11)식에서 AR(1)의 경우처럼 $\mu = 0$라 가정하면 $\alpha = 0$이 되므로, 분산 $Var(y_t)$ $=\gamma_0$는 다음과 같이 구할 수 있다.

$$\begin{aligned} Var(y_t) &= E[y_t - \mu]^2 = E[y_t]^2 \\ &= E[y_t(\phi_1 y_{t-1} + \phi_2 y_{t-2} + u_t)] \\ &= \phi_1 E[y_t y_{t-1}] + \phi_2 E[y_t y_{t-2}] + E[y_t u_t] \\ &= \phi_1\gamma_1 + \phi_2\gamma_2 + \sigma_u^2 \end{aligned}$$

위 식의 마지막 항에서$E[y_t u_t]=\sigma_u^2$이 되는 것은

$$\begin{aligned} E[y_t u_t] &= E[(\phi_1 y_{t-1} + \phi_2 y_{t-2} + u_t)u_t] \\ &= E[\phi_1 y_{t-1}u_t] + E[\phi_2 y_{t-2}u_t] + E[u_t^2] \end{aligned}$$

에서 y_{t-1}와 u_t, y_{t-2}와 u_t가 서로 독립이기 때문에 $E[y_{t-1}u_t]=E[y_{t-2}u_t]=0$이 되고, $E[u_t^2]=\sigma_u^2$이기 때문이다. 그러므로 위 식의 양변을 γ_0로 나누어서 정리하면, 다음 식으로 분산을 나타낼 수 있다.

$$\gamma_0 = \frac{\sigma_u^2}{1-\phi_1\rho_1-\phi_2\rho_2} \tag{3.14}$$

AR(2) 모형의 자기공분산과 자기상관 y_t의 시차 k의 자기공분산 $Cov(y_t, y_{t-k})=\gamma_k$는 다음과 같이 구할 수 있다.

$$\begin{aligned} Coy(y_t, y_{t-k}) &= E[y_t y_{t-k}] \\ &= E[(\phi_1 y_{t-1} + \phi_2 y_{t-2} + u_t)y_{t-k}] \\ &= \phi_1 E[y_{t-1}y_{t-k}] + \phi_2 E[y_{t-2}y_{t-k}] + E[y_{t-k}u_t] \\ &= \phi_1\gamma_{k-1} + \phi_2\gamma_{k-2} + 0 \end{aligned}$$

그러므로 이것을 정리하면 자기공분산 γ_k는 (3.15)식이 된다.

$$\gamma_k = \phi_1\gamma_{k-1} + \phi_2\gamma_{k-2} \tag{3.15}$$

한편 시차 k의 자기상관 ρ_k는 자기공분산 γ_k를 분산 γ_0으로 나누어 주면 구할 수 있다. 즉,

$$\rho_k = \frac{\gamma_k}{\gamma_0} = \phi_1 \rho_{k-1} + \phi_2 \rho_{k-2} \tag{3.16}$$

(3.16)식을 이용하여 ρ_1과 ρ_2를 자기회귀파라메터 ϕ_1과 ϕ_2로 나타내면 다음과 같다. $\rho_0 = 1$과 $\rho_k = \rho_{-k}$를 이용하여 $k = 1, 2$를 대입하면, 다음이 얻어지고

$$\rho_1 = \phi_1 \rho_0 + \phi_2 \rho_1$$
$$\rho_2 = \phi_1 \rho_1 + \phi_2 \rho_0$$

이것을 정리하면 (3.17)식에서와 같이 ρ_1, ρ_2는 ϕ_1, ϕ_2를 이용하여 나타낼 수 있다.

$$\rho_1 = \frac{\phi_1}{1 - \phi_2}$$
$$\rho_2 = \frac{\phi_1^2}{1 - \phi_2} + \phi_2 \tag{3.17}$$

이 결과를 (3.14)식의 분산 γ_0에 대입하면, 분산도 AR(2) 모형의 자기회귀파라메터 ϕ_1과 ϕ_2로 기술된다.

$$\gamma_0 = \frac{(1 - \phi_2)\sigma_u^2}{(1 + \phi_2)(1 - \phi_2^2 - \phi_1^2)} \tag{3.18}$$

3.4 AR(p) 모형의 성질

p차의 자기회귀모형인 AR(p)의 일반식은 (3.1)식으로 나타내었다.

$$y_t = \alpha + \phi_1 y_{t-1} + \phi_2 y_{t-2} + \cdots + \phi_p y_{t-p} + u_1 \tag{3.1}$$

안정성을 가지는 AR(p) 모형의 평균, 분산, 자기공분산, 자기상관을 구하는데 있어서, 평균은 (3.1)식의 양변에 기대치를 취하면 쉽게 구할 수 있으나 분산, 자기공분산, 자기상관은 AR(1) 모형과 AR(2) 모형의 경우처럼 간단하지 않고 자기회귀파라메터 $\phi_1, \phi_2, \cdots \phi_p$ 들의 복잡한 함수형으로 표현된다.

(3.1)식에 기대치를 취하면 평균은

$$\begin{aligned}\mu = E[y_t] &= E[\alpha] + \phi_1 E[y_{t-1}] + \cdots + \phi_p E[y_{t-p}] + E[u_t] \\ &= \alpha + \phi_1 \mu + \cdots + \phi_p \mu\end{aligned}$$

가 되고, 이것을 정리하면 (3.19)식과 같이 구해진다.

$$\mu = \frac{\alpha}{1-\phi_1-\phi_2-\cdots-\phi_p} \tag{3.19}$$

그리고 분산은 아래의 식과 같이 자기공분산의 함수로 나타낼 수 있다.

$$\begin{aligned}\gamma_0 = E[y_t - E[y_t]]^2 &= E[y_t]^2 \\ &= E[y_t(\phi_1 y_{t-1} + \phi_2 y_{t-1} + \cdots + u_t)] \\ &= \phi_1 E[y_t y_{t-1}] + \phi_2 E[y_t y_{t-2}] + \cdots + \phi_p E[y_t y_{t-p}] + E[y_t u_t] \\ &= \phi_1 \gamma_1 + \phi_2 \gamma_2 + \cdots + \phi_p \gamma_p + \sigma_u^2\end{aligned}$$

위 식의 양변을 γ_0로 나누어 정리하면 분산 γ_0을 (3.20)식과 같이 자기상관들로 나타낼 수 있다.

$$\gamma_0 = \frac{\sigma_u^2}{1-\phi_1\rho_1-\phi_2\rho_2-\cdots-\phi_p\rho_p} \tag{3.20}$$

한편 자기공분산의 일반식 γ_k는 (3.21)식으로 정의되는데,

$$\begin{aligned}\gamma_k &= E[y_t - E[y_t]][y_{t-k} - E[y_{t-k}]] \\ &= E[y_t y_{t-k}] \\ &= E[(\phi_1 y_{t-1} + \phi_2 y_{t-2} + \cdots + \phi_p y_{t-p} + u_t) y_{t-k}] \\ &= \phi_1 E[y_{t-1} y_{t-k}] + \phi_2 E[y_{t-2} y_{t-k}] + \cdots + \phi_p E[y_{t-p} y_{t-k}] + E[u_t y_{t-k}]\end{aligned} \tag{3.21}$$

이 식에 $k = 1, 2, \cdots, p$를 대입하면 (3.22)식 체계가 얻어진다. 이 식의 전개에서 마지막 항이 $E[u_t y_{t-k}] = 0$이므로, 분산에서의 경우와는 다르게 σ_u^2항이 없어진다.

$$\begin{aligned}\gamma_1 &= \phi_1 \gamma_0 + \phi_2 \gamma_1 + \cdots + \phi_p \gamma_{p-1} \\ \gamma_2 &= \phi_1 \gamma_1 + \phi_2 \gamma_0 + \cdots + \phi_p \gamma_{p-2} \\ &\vdots \\ \gamma_p &= \phi_1 \gamma_{p-1} + \phi_2 \gamma_{p-2} + \cdots + \phi_p \gamma_0\end{aligned} \tag{3.22}$$

(3.22)식 체계의 양변을 γ_0으로 나누면 p개의 자기상관이 도출되며, 이 (3.23)식 체계를

Yule-Walker방정식이라고도 부른다.

$$\begin{aligned} \rho_1 &= \phi_1 + \phi_2\rho_1 + \cdots + \phi_p\rho_{p-1} \\ \rho_2 &= \phi_1\rho_1 + \phi_2 + \cdots + \phi_p\rho_{p-2} \\ &\vdots \\ \rho_p &= \phi_1\rho_{p-1} + \phi_2\rho_{p-2} + \cdots + \phi_p \end{aligned} \tag{3.23}$$

위의 (3.23)식 체계는 AR모형의 파라메터 ϕ_k와 확률과정의 자기상관 또는 자기공분산을 연결해주는 중요한 관계를 나타내주고 있다. 그러므로 AR모형의 추정에 있어서 확률과정의 자기상관함수를 먼저 구하고 나서 파라메터 ϕ_k를 (3.23)식과 같은 연립방정식체계로부터 구할 수도 있다.

한편 고차($k \geqq p$)의 자기상관은 다음 식으로부터 구할 수 있다.

$$\rho_k = \phi_1\rho_{k-1} + \phi_2\rho_{k-2} + \cdots + \phi_p\rho_{k-p} \qquad (k \geqq p) \tag{3.24}$$

3.5 AR모형의 다른 표현법

지금까지 AR모형의 평균, 분산, 자기공분산, 자기상관을 기대치를 이용하여 도출해 보았다. 여기에서는 AR모형의 y_t를 자신의 과거치로 반복해서 대입함으로써, 오차항과 자기회귀파라메터로 나타내어보고, 앞에서의 논의에서 전제로 하였던 안정성의 조건 등을 검토해 보기로 한다. 이를 위해 가장 간단한 AR(1) 모형을 예로 들어보기로 한다.

AR모형은 항상 안정성을 가지지는 않는다. 일정한 조건하에서 안정성을 가지는데, AR(1) 모형에서는 그 조건이 (3.3)식이 되는 것을 보았다. 이 조건을 얻기 위해서 식을 전개하면 다음과 같다. 즉, AR(1) 모형

$$y_t = \alpha + \phi_1 y_{t-1} + u_t$$

에서 $t-1$ 시점에서의 y_{t-1}은, $y_{t-1} = \alpha + \phi_1 y_{t-2} + u_{t-1}$이므로 이 관계식을 위 식의 오른쪽 항의 y_{t-1}에 대입하여 이 과정을 k 번째까지 계속 반복하면 (3.25)식이 구하여진다.

$$\begin{aligned} y_t &= \alpha + \phi_1(\alpha + \phi_1 y_{t-2} + u_{t-1}) + u_t \\ &= \alpha + \phi_1\alpha + \phi_1 u_{t-1} + u_t + \phi_1^2 y_{t-2} \end{aligned}$$

$$= (\alpha + \phi_1\alpha) + (\phi_1 u_{t-1} + u_t) + \phi_1^2(\alpha + \phi_1 y_{t-3} + u_{t-2})$$
$$= (\alpha + \phi_1\alpha + \phi_1^2\alpha) + (u_t + \phi_1 u_{t-1} + \phi_1^2 u_{t-2}) + \phi_1^3 y_{t-3}$$
$$\vdots$$
$$y_t = \alpha\sum_{i=0}^{k}\phi_1^i + \sum_{i=0}^{k}\phi_1^i u_{t-i} + \phi_1^{k+1} y_{t-k-1} \tag{3.25}$$

(3.25)식은 현재의 y_t가 자기회귀파라메터 ϕ_1과 과거의 오차항 u_{t-k}의 영향을 받는 형식으로 표현되어 있다. 그러므로 k가 무한대로 접근함에 따라 현재의 y_t가 일정한 값을 가지기 위해서는 (3.3)의 조건이 필요하게 된다. 그렇지 않으면 ϕ_1^k, ϕ_1^{k+1}이 무한대에 접근하여 y_t가 무한대가 되기 때문이다.

(3.25)식에서 k가 무한대로 접근할 때, 만약 (3.3)의 조건(안정성의 조건)이 충족된다면 ϕ_1^{k+1}이 0에 접근하여 오른쪽의 마지막 항은 0이 되어 없어지고, 첫째 항은 무한등비수열의 합으로서 $\alpha/(1-\phi_1)$이 되므로 (3.26)식이 되는데,

$$y_t = \alpha/(1-\phi_1) + \sum_{i=0}^{\infty}\phi_1^i u_{t-i} \tag{3.26}$$

여기서 $\mu = \alpha/(1-\phi_1)$, $\theta_1 = -\phi_1$, $\theta_1 = -\phi_1^2$, $\cdots$ 로 두면, (3.26)식은 제4장에서 다루는 무한차의 MA모형인 (3.27)식으로 나타낼 수 있다.

$$y_t = \mu + \mu_t - \theta_1 u_{t-1} - \theta_2 u_{t-2} - \cdots \tag{3.27}$$

즉, AR(1)에 있어서 안정성의 조건이 성립하면 MA(∞)로 나타낼 수 있는 것을 보여주고 있다. 이것은 AR(p) 모형에서도 성립한다.

한편 (3.26)식을 이용하면 평균, 분산, 자기공분산도 구할 수 있다.

$$\mu = E[y_t] = E[\alpha/(1-\phi_1) + \sum_{i=0}^{\infty}\phi_1^i u_{t-i}]$$
$$= \alpha/(1-\phi_1) + \sum_{i=0}^{\infty}\phi_1^i E[u_{t-i}]$$
$$= \alpha/(1-\phi_1) \tag{3.28}$$

$$\gamma_0 = E[(y_t-\mu)^2] = E[\alpha/(1-\phi_1) + \sum_{i=0}^{\infty}\phi_1^i u_{t-i} - \alpha/(1-\phi_1)]^2$$

$$= E[\sum_{i=0}^{\infty}\phi_1^i u_{t-i}]^2 = \sum_{i=0}^{\infty}\phi_1^{2i}E[u_{t-i}^2]$$

$$= \sigma^2(\sum_{i=0}^{\infty}\phi_1^{2i}) = \sigma^2/(1-\phi_1^2) \tag{3.29}$$

$$\gamma_1 = Cov(y_t, y_{t-1}) = E[y_t - E[y_t]][y_{t-1} - E[y_{t-1}]]$$

$$= E[(\sum_{i=0}^{\infty}\phi_1^i u_{t-i})(\sum_{i=0}^{\infty}\phi_1^i u_{t-1-i})]$$

$$= \sigma^2\phi_1/(1-\phi_1^2) = \phi_1[\sigma^2/(1-\phi 1_1^2)] = \phi_1\gamma_0 \tag{3.30}$$

3.6 특성방정식의 근과 안정성의 조건

시차연산자에 의한 시계열의 표현 시차연산자(lag operator) L은 시계열의 표현을 간단하게 해줌으로써 편리하게 사용할 수 있으며 다음과 같이 정의된다.

$$L^k y_t = y_{t-k} \qquad (k = 1, 2, \cdots) \tag{3.31}$$

그러므로, $L^1 y_t = y_{t-1}$, $L^2 y_t = y_{t-2}$, $L^3 y_t = y_{t-3}, \cdots$ 이 되며, 연산관계의 완결을 위하여$L^0 = 1$ 로 둔다. 즉, $L^0 y_t = y_t$가 된다. 한편 시차연산자는 후방전위연산자(backward shift operator)라고도 하며, L대신에 B를 사용하는 경우도 있다.

AR(p) 모형의 경우, 시차연사자 L을 이용하여 시차다항식(lag polynomial)을 정의함으로써 모형을 간단하게 표현할 수 있다. 즉, (3.1)식의 AR(p) 모형은 y_t들을 왼쪽으로 모아

$$y_t - \phi_1 y_{t-1} \cdots - \phi_p y_{t-p} = u_t \tag{3.32}$$

로 나타낼 수 있는데, 시차연산자 L을 사용하면 왼쪽 항은 $(1-\phi_1 L - \cdots - \phi_p L^p)y_t$이 된다. 여기서 자기회귀의 시차다항식을 다음과 같이 (3.33)식으로 정의하면

$$\phi(L) = 1 - \phi_1 L - \cdots - \phi_p L^p \tag{3.33}$$

(3.32)식의 AR(p)모형은 (3.34)식으로 간단히 나타낼 수 있다.

$$\phi(L)y_t = u_t \tag{3.34}$$

단, 여기서는 간편함을 위해서 평균 μ를 0으로 가정하였다. 그러므로 정수항도 $\alpha = 0$이 되어 모형에서 제거되어 있다.

특성근에 의한 안정성의 조건 이 시차연산자의 표현을 이용함으로써 AR모형의 안정성의 조건을 특성방정식을 통하여 AR모형의 파라메터의 제약으로서 다음과 같이 나타낼 수 있다.

지금 AR(p) 모형에서 시차다항식을 이용하면, (3.34)식으로 나타낼 수 있고, 이 식을 y_t에 대해서 다시 정리하면

$$y_t = \phi^{-1}(L)u_t \tag{3.35}$$

가 된다. 단 $\phi^{-1}(L)$은 다음이 성립하는 시차다항식이다.

$$\phi(L)\phi^{-1}(L) = 1 \tag{3.36}$$

여기서 y_t가 안정성을 가지기 위해서는 $\phi^{-1}(L)$가 수렴해야 된다. 그러기 위해서는 다음의 특성방정식(characteristic equation)

$$1 - \phi_1 Z - \phi_2 Z^2 - \cdots - \phi_p Z^p = 0 \tag{3.37}$$

의 p개의 특성근(characteristic roots)이 모두 단위원(unit circle)의 밖에 존재해야 되며, 절대치로서 1보다 커야 된다. 이 조건은 AR모형의 파라메터의 제약조건으르 표현된다.

AR(1) 모형의 경우 그 조건은 (3.3)식으로 주어졌으며, AR(2) 모형의 경우는 (3.12)식이었다. 한편, AR(p) 모형의 경우는 안정성에 대한 파라메터의 제약조건의 표현이 간단하지 않으나, 다만 필요조건으로서는 다음과 같이 되는 것이 알려져 있다.

$$\phi_1 + \phi_2 + \cdots + \phi_p < 1 \tag{3.38}$$

3.7 AR모형의 편자기상관함수

AR모형에서의 편자기상관의 성질 p차의 AR(p) 모형에서 편자기상관은 다음과 같은 성질이 있다.

$$\phi_{kk} = 0 \qquad k = p+1, p+2, \cdots \tag{3.39}$$

즉, AR(p) 모형의 편자기상관은 $(p+1)$기 이후에서는 절단(cut-off)되므로 AR모형의 차수를 알 수 있는 중요한 지표가 되는 것이다.

AR(1)의 경우를 예를 들어 보기로 한다.

편자기상관의 도출식인 (2.22)식으로부터 편자기상관계수 ϕ_{11}, ϕ_{22}를 자기상관으로 나타내면

$$\begin{aligned}\phi_{11} &= \rho_1 \\ \phi_{22} &= \frac{\rho_2 - \rho_1^2}{1-\rho_1^2}\end{aligned}$$

이다. AR(1)에서의 경우 자기상관을 구하는 (3.10)식으로부터

$$\rho_1 = \phi_1, \quad \rho_2 = \phi_1^2$$

이므로, 이것을 위 식에 대입하여 편자기상관계수 ϕ_{11}, ϕ_{22}를 구하면, 각각

$$\begin{aligned}\phi_{11} &= \rho_1 = \phi_1 \neq 0 \\ \phi_{22} &= \frac{\phi_1^2 - \phi_1^2}{1-\phi_1^2} = 0\end{aligned} \tag{3.40}$$

이 되며, $k=3$ 이후의 편자기상관계수도 모두 0이 된다. 즉, AR(1)의 경우 차수 1보다 큰 시차의 편자기상관계수는 (3.41)식과 같이 모두 0이 되는 것을 알 수 있다.

$$\phi_{22} = \phi_{33} = \phi_{44} = \cdots = 0 \tag{3.41}$$

한편 AR(2)의 경우에는 ϕ_{11}와 ϕ_{22}는 0이 아니나, $k=3$ 이후의 편자기상관계수는 모두 0이 된다. 즉

$$\phi_{33} = \phi_{44} = \phi_{55} = \cdots = 0 \tag{3.42}$$

이 되어, 이 경우도 AR의 차수 2보다 큰 시차의 편자기상관계수가 모두 0이 되는 것을 알 수 있다.

이와 같이 AR모형에서의 편자기상관계수는 AR모형의 차수보다 큰 시차에서는 모두 0이 되며, 그러므로 (3.39)식이 성립하는 것이다.

AR모형의 자기상관과 편자기상관의 예 지금까지 AR모형에서의 편자기상관의 성질에 관하여 살펴보았다. AR모형에서의 편자기상관의 특징은 차수보다 큰 시차에서 0이 되어 절단되는 성질을 가지고 있었다. 앞 절에서 살펴본 자기상관의 성질과 함께 AR(1) 모형과 AR(2) 모형에 있어서 자기회귀파라메터 ϕ_1, ϕ_2의 구체적인 값과 부호에 따라서 자기상관과 편자기상관이 어떤 값을 가지며 어떤 모양으로 변화하는가를 살펴보기로 한다.

<그림 3.1>은 AR(1) 모형에 있어서 $\phi_1 = +0.8$과 $\phi_1 = -0.8$일 때의 자기상관함수 ρ_k와 편자기상관함수 ϕ_{kk}가 시차 $k=5$까지 도시되어 있다. 두 경우 모두 편자기상관에서, 차수가 2 이상일 때 편자기상관계수가 $\phi_{22} = \phi_{33} = \cdots = 0$이 되는 것을 알 수 있으며, 자기회귀파라메터 ϕ_1의 부호에 따라서 0이 아닌 시차 1의 편자기상관계수 ϕ_{11}의 부호가 결정되는 것을 알 수 있다. 한편, 두 경우 모두 자기회귀파라메터가 안정성의 조건을 만족하고 있으므로 시차가 증가함에 따라서 자기상관계수 ρ_k도 점점 0에 접근해 가는 것을 볼 수 있다. 그런데 여기서도 ϕ_1의 부호에 따라서, $\phi_1 > 0$의 경우는 ρ_k가 +의 영역에서 0에 접근해가고 있으나, $\phi_1 < 0$의 경우는 자기상관계수의 부호가 교대되면서 0에 접근해 가는 것을 나타내고 있다.

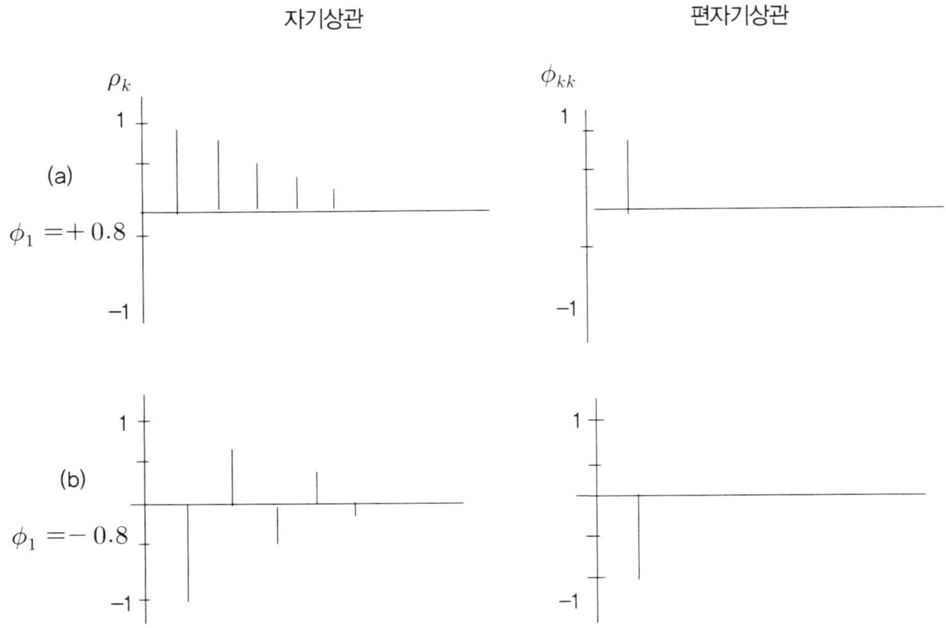

<그림 3.1> AR(1) 모형의 자기상관과 편자기상관의 예

<그림 3.2>는 AR(2) 모형에 있어서 ϕ_1, ϕ_2의 부호에 대한 네 가지 경우에 대해서 자기상관함수와 편자기상관함수가 도시되어 있다. 이 경우에 있어서는 2차의 AR모형이므로 시차 3부터의 편자기상관계수가 0이라는 것을 알 수 있다. 즉, $\phi_{33} = \phi_{44} = \cdots = 0$이다. 그런데, 0이 아닌 ϕ_{11}, ϕ_{22}의 값과 부호는 두 자기회귀파라메터 ϕ_1, ϕ_2에 따라 다르게 나타나는 것을 알 수 있다. 즉, ϕ_1, $\phi_2>0$ 이면 ϕ_{11}, $\phi_{22}>0$ 이고, ϕ_1, $\phi_2<0$ 이면 ϕ_{11}, $\phi_{22}<0$ 이다. 그리고 두 자기회귀파라메터의 부호가 서로 다르면 편자기상관계수도 각각 다른 부호를 가지게 되는 것을 보여주고 있다.

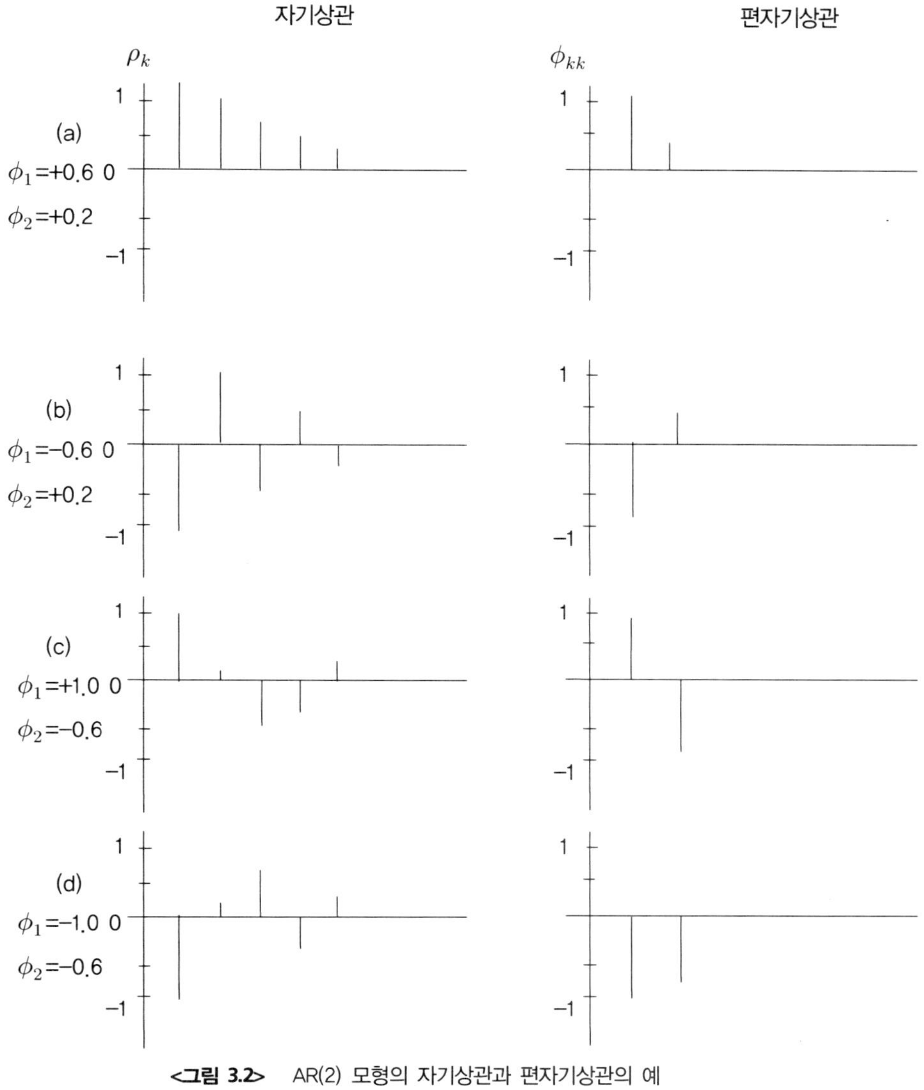

<그림 3.2> AR(2) 모형의 자기상관과 편자기상관의 예

그런데, 위의 예에서 AR(1)에서는 시차 2 이상에서, AR(2)에서는 시차 3 이상에서 편자기상관계수가 0의 값을 가지는 것은 진의 모형(p가 알려져 있는 경우)에서이며, 표본에서는 반드시 0의 값을 가진다고 볼 수 없고, 0에 가까운 어떤 값을 가지게 된다. 그러므로 식별의 단계에서 0으로 간주될 수 있는 차수가 어디냐를 검정하여 AR의 차수를 결정하는데 표본 편자기상관계수가 이용될 수가 있는 것이다.

Chapter 04

이동평균모형

4.1 이동평균모형이란

어떤 시계열데이터의 현재치 y_t가 현재시점의 오차항 u_t와 과거의 확률적 오차항들 $u_{t-1}, u_{t-2}, \cdots, u_{t-q}$에 의하여 나타낼 수 있을 때, 이 시계열데이터를 이동평균과정(moving average process : MA process) 또는 이동평균모형(moving average model : MA model)이라고 한다. 그리고 이때 가장 긴 과거의 오차항의 차수 q를 그 모형의 차수라 하고 MA(q)로 나타낸다.

$$y_t = \mu + u_t - \theta_1 u_{t-1} - \theta_2 u_{t-2} \cdots - \theta_q u_{t-q} \tag{4.1}$$

여기서 μ는 상수항으로서 평균을 의미하고, $\theta_1, \theta_2, \cdots, \theta_q$는 이동평균파라메터이며, u_t는 자기회귀모형에서처럼 평균 0, 동일분산 σ_u^2을 가지며 다른 시점 간에는 서로 독립인 정규확률변수라고 가정한다.

위 식은 y_t가 현재시점으로부터 q기 전까지의 오차항에 $1, -\theta_1, -\theta_2, \ldots, -\theta_q$를 가중치로 하는 가중합(加重合)의 형태로 되어 있지만, 일반적인 가중평균에서처럼 가중치들의 합이 1이 될 필요는 없다. 그리고 계수 θ_k의 부호가 마이너스로 되어있는 것은 관례에 따른 것으로 특별한 의미는 없다.

4.2 MA(1) 모형의 성질

1차의 MA모형인 MA(1)의 일반식은 (4.2)식으로 나타낼 수 있다.

$$y_t = \mu + u_t - \theta_1 u_{t-1} \tag{4.2}$$

MA(1) 모형의 평균 MA(1) 모형의 평균은 (4.2)식의 양변에 기대치를 취하여 얻을 수 있다.

$$\begin{aligned} E[y_t] &= E[\mu + u_t - \theta_1 u_{t-1}] \\ &= E[\mu] + E[u_t] - E[\theta_1 u_{t-1}] \\ &= \mu + 0 - \theta_1 0 \end{aligned}$$

그러므로 평균 μ는 (4.2)식의 상수항 그 자체가 된다.

$$E[y_t] = \mu \tag{4.3}$$

MA(1) 모형의 분산 (4.2)식에서 양변에 평균 μ를 빼고 제곱을 하여 기대치를 취하면 분산 $Var(y_t) = \gamma_0$을 구할 수 있다. 즉,

$$\begin{aligned} Var(y_t) &= E[y_t - \mu]^2 \\ &= E[\mu_1 - \theta_1 u_{t-1}]^2 \\ &= E[u_t^2 + \theta_1^2 u_{t-1}^2 - 2\theta_1 u_t u_{t-1}] \\ &= E[u_t^2] + \theta_1^2 E[u_{t-1}^2] - 2\theta_1 E[u_t u_{t-1}] \\ &= \sigma_u^2 + \theta_1^2 \sigma_u^2 + 2\theta_1 0 \end{aligned}$$

그러므로 분산 γ_0은 (4.4)식이 된다.

$$\gamma_0 = (1 + \theta_1^2)\sigma_u^2 \tag{4.4}$$

MA(1) 모형의 자기공분산과 자기상관 y_t와 y_{t-1}사이의 자기공분산 $Cov(y_t, y_{t-1}) = \gamma_1$은 다음과 같이 구한다.

$$\begin{aligned} Cov(y_t,\ y_{t-1}) &= E[y_t - \mu][y_{t-1} - \mu] \\ &= E[u_t - \theta_1 u_{t-1}][u_{t-1} - \theta_1 u_{t-2}] \\ &= E[u_t u_{t-1} - \theta_1 u_t u_{t-2} - \theta_1 u_{t-1}^2 + \theta_1^2 u_{t-1} u_{t-2}] \\ &= E[u_t u_{t-1}] - \theta_1 E[u_t u_{t-2}] - \theta_1 E[u_{t-1}^2] + \theta_1^2 E[u_{t-1} u_{t-2}] \end{aligned}$$

그러므로,

$$\gamma_1 = -\theta_1 \sigma_u^2 \tag{4.5}$$

또, y_t와 y_{t-2} 사이의 자기공분산 $Cov(y_t, y_{t-2}) = \gamma_2$는 0이 된다.

$$\begin{aligned} Cov(y_t,\ y_{t-2}) &= E[y_t - \mu][y_{t-2} - \mu] \\ &= E[u_t - \theta_1 u_{t-1}][u_{t-2} - \theta_1 u_{t-3}] \\ &= E[u_t u_{t-2} - \theta_1 u_t u_{t-3} - \theta_1 u_{t-1} u_{t-2} + \theta_1^2 u_{t-1} u_{t-3}] \\ &= E[u_t u_{t-2}] - \theta_1 E[u_t u_{t-3}] - \theta_1 E[u_{t-1} u_{t-2}] + \theta_1^2 E[u_{t-1} u_{t-3}] \\ &= 0 \end{aligned}$$

즉, 오차항들의 곱에 있어서 같은 시점의 곱이 없고 다른 시점에서의 곱만 있기 때문에 이것들의 기대치가 모두 0이 되고 그 전체합이 0이 된다. 그러므로, MA(1) 모형에서는 차수 1 보다 큰 시차 k에 대해서 다음이 성립한다.

$$\gamma_k = Cov(y_t,\ y_{t-k}) = 0 \qquad k > 1 \tag{4.6}$$

한편, 자기상관함수는 자기공분산을 분산으로 나누어 구하므로 (4.4), (4.5), (4.6)으로부터 다음과 같이 구할 수 있다.

$$\rho_k = \frac{\gamma_k}{\gamma_0} = \begin{cases} \dfrac{-\theta_1}{1+\theta_1^2} & k = 1 \\ 0 & k > 1 \end{cases} \tag{4.7}$$

AR모형에서는 차수보다 큰 시차 k에 대해서 편자기상관이 0이 되어 절단되는 성질이 있었다. MA모형에서는 그와는 반대로 자기상관이 차수보다 큰 시차 k에 대해서 (4.7)식에서 보는 바와 같이 0이 되어 절단되는 성질을 가지고 있는 것을 알 수 있다. 이 성질은 나중에 시계열데이터로부터 모형을 식별할 때 MA모형의 차수를 결정하는데 좋은 지표가 된다.

4.3 MA(2) 모형의 성질

2차의 MA모형인 MA(2)의 일반식은 (4.8)식으로 나타낼 수 있다.

$$y_t = \mu + u_t - \theta_1 u_{t-1} - \theta_2 u_{t-2} \tag{4.8}$$

MA(2) 모형의 평균 MA(2) 모형의 평균은 (4.8)식의 양변에 기대치를 취하여 구할 수 있다.

$$\begin{aligned} E[y_t] &= E[\mu + u_t - \theta_1 u_{t-1} - \theta_2 u_{t-2}] \\ &= E[\mu] + E[u_t] - \theta_1 E[u_{t-1}] - \theta_2 E[u_{t-2}] \\ &= \mu \end{aligned}$$

즉, MA(1) 에서와 같이 상수항 그 자체가 평균이 된다.

$$E[y_t] = \mu \tag{4.9}$$

MA(2) 모형의 분산 $y_t - \mu = u_t - \theta_1 u_{t-1} - \theta_2 u_{t-2}$의 양변을 제곱하여 기대치를 취하면 분산 $Var(y_t) = \gamma_0$이 구하여진다.

$$\begin{aligned} Var(y_t) &= E[y_t - \mu]^2 \\ &= E[u_t - \theta_1 u_{t-1} - \theta_2 u_{t-2}]^2 \\ &= E[u_t^2 + \theta_1^2 u_{t-1}^2 + \theta_2^2 u_{t-2}^2 - 2\theta_1 u_t u_{t-1} - 2\theta_2 u_t u_{t-2} + 2\theta_1\theta_2 u_{t-1} u_{t-2}] \\ &= E[u_t^2] + \theta_1^2 E[u_{t-1}^2] + \theta_2^2 E[u_{t-2}^2] - 2\theta_1 E[u_t u_{t-1}] - 2\theta_2 E[u_t u_{t-2}] \\ &\qquad + 2\theta_1\theta_2 E[u_{t-1} u_{t-2}] \\ &= \sigma_u^2 + \theta_1^2 \sigma_u^2 + \theta_2^2 \sigma_u^2 \end{aligned}$$

그러므로 분산 γ_0은 다음 식이 된다.

$$\gamma_0 = (1+\theta_1^2+\theta_2^2)\sigma_u^2 \tag{4.10}$$

MA(2) 모형의 자기공분산과 자기상관 시차 1의 y_t와 y_{t-1} 사이의 자기공분산 $Cov(y_t, y_{t-1}) = \gamma_1$은 다음과 같이 구한다.

$$\begin{aligned} Cov(y_t,\ y_{t-1}) &= E[y_t-\mu][y_{t-1}-\mu] \\ &= E[u_t-\theta_1 u_{t-1}-\theta_2 u_{t-2}][u_{t-1}-\theta_1 u_{t-2}-\theta_2 u_{t-3}] \\ &= E[-\theta_1 u_{t-1}^2+\theta_1\theta_2 u_{t-2}^2+u_t u_{t-1}+\ \cdots\ ] \\ &= -\theta_1\sigma_u^2+\theta_1\theta_2\sigma_u^2 \end{aligned}$$

그러므로 γ_1은

$$\gamma_1 = (-\theta_1+\theta_1\theta_2)\sigma_u^2 \tag{4.11}$$

이 되며, 같은 방법으로 $Cov(y_{t,} y_{t-2}) = \gamma_2$ 를 구하면

$$\begin{aligned} Cov(y_{t,} y_{t-2}) &= E[y_t-\mu][y_{t-2}-\mu] \\ &= E[u_t-\theta_1 u_{t-1}-\theta_2 u_{t-2}][u_{t-2}-\theta_1 u_{t-3}-\theta_2 u_{t-4}] \\ &= E[-\theta_2 u_{t-2}^2+u_t u_{t-2}+\cdots\ ] \\ &= -\theta_2\sigma_u^2 \end{aligned}$$

이 된다. 그런데, $k>2$의 자기공분산 $Cov(y_t, y_{t-k}) = \gamma_k$는 오차항의 곱에 있어서 같은 시점의 곱이 없기 때문에 기대치가 모두 0이 된다. 즉, MA(2) 모형에서는 차수 2보다 큰 k에 대해서 다음이 성립한다.

$$\gamma_k = Cov(y_{t,} y_{t-k}) = 0 \qquad\qquad k>2 \tag{4.12}$$

한편 자기상관함수는 자기공분산을 분산으로 나누어 구하므로 (4.10), (4.11), (4.12)로부터 (4.13)식과 같이 구할 수 있다.

$$\rho_k = \frac{\gamma_k}{\gamma_o} = \begin{cases} \dfrac{-\theta_1(1-\theta_2)}{1+\theta_1^2+\theta_2^2} & k=1 \\ \dfrac{-\theta_2}{1+\theta_1^2+\theta_2^2} & k=2 \\ 0 & k>2 \end{cases} \tag{4.13}$$

4.4 MA(q) 모형의 성질

q차의 이동평균모형 MA(q)은 앞에서 (4.1)식으로 나타낸 바가 있다.

$$y_t = \mu + u_t - \theta_1 u_{t-1} - \theta_2 u_{t-2} - \cdots - \theta_q u_{t-q} \tag{4.1}$$

MA(q) 모형의 평균은 (4.1)식에 기대치를 취하면, MA(1), MA(2) 모형에서와 같이 상수항 μ 자체가 된다.

$$E[y_t] = \mu \tag{4.14}$$

분산은 $y_t - \mu = u_t - \theta_1 u_{t-1} - \theta_2 u_{t-2} - \cdots - \theta_q u_{t-q}$의 양변을 제곱하여 기대치를 취하여 구할 수 있는데,

$$\begin{aligned} Var(y_t) &= E[y_t - \mu]^2 \\ &= E[u_t - \theta_1 u_{t-1} - \cdots - \theta_q u_{t-q}]^2 \\ &= E[(u_t^2 + \theta_1^2 u_{t-1}^2 + \cdots + \theta_q^2 u_{t-q}^2) + (-2\theta_1 u_1 u_{t-1} - \cdots)] \\ &= \sigma_u^2 + \theta_1^2 \sigma_u^2 + \cdots + \theta_q^2 \sigma_u^2 \end{aligned}$$

그러므로 분산 γ_0은 (4.15)식으로 얻는다.

$$\gamma_0 = (1 + \theta_1^2 + \theta_2^2 + \cdots + \theta_q^2)\sigma_u^2 \tag{4.15}$$

한편 시차 k의 자기공분산 $Cov(y_t, y_{t-k}) = \gamma_k$는

$$\begin{aligned} \gamma_k &= E[y_t - \mu][y_{t-k} - \mu] \\ &= E[u_t - \theta_1 u_{t-1} - \cdots - \theta_q u_{t-q}][u_{t-k} - \theta_1 u_{t-k-1} - \cdots - \theta_q u_{t-q-k}] \end{aligned}$$

이 되는데, k가 시차 q보다 크면 오차항의 곱에 있어서 같은 시점의 곱이 없기 때문에 기대치를 취하면 모두 0이 된다. 그러므로 자기공분산은 다음과 같이 된다.

$$\gamma_k = \begin{cases} (-\theta_k + \theta_1\theta_{k+1} + \cdots + \theta_{q-k}\theta_q)\sigma_u^2 & k = 1, 2, \cdots, q \\ 0 & k > q \end{cases} \tag{4.16}$$

한편, (4.16)의 자기공분산과 (4.15)의 분산으로부터 자기상관함수는 다음과 같이 도출된다.

$$\rho_k = \begin{cases} \dfrac{-\theta_k + \theta_1\theta_{k+1} + \cdots + \theta_{q-k}\theta_q}{1+\theta_1^2 + \cdots + \theta_q^2} & k = 1, 2, \cdots, q \\ 0 & k > q \end{cases} \tag{4.17}$$

지금까지 MA모형의 평균 μ, 분산 γ_0, 그리고 자기공분산 γ_k 를 구하여 보았다. 그런데 모두 시간 t에 의존하지 않았다. 그러므로 MA모형은 차수 q가 유한한 경우에는 항상 안정성을 가지고 있는 것을 알 수 있다. 그러나 MA(∞)일 경우는 분산 γ_0 이 무한대의 값을 가질 가능성이 있으므로, 일정한 조건이 필요하다. 즉, $y_t = \mu + u_t - \Sigma\theta_i u_{t-i}$ 에서 안정성을 가지기 위해서는(일정한 분산이 되기 위해서) $\sum\psi_i^2 < \infty$ 의 조건이 성립해야 한다. 여기서 무한대의 경우를 구별하는 의미에서 계수 θ_i를 ψ_i로 사용하고 있다.

왜냐하면 MA(q)일 때, $\gamma_0 = (1+\theta_1^2+\theta_2^2+\cdots+\theta_q^2)\sigma^2$ 이므로, MA(∞)에서 대응되는 분산이 $\gamma_0 = (1+\theta_1^2+\theta_2^2+\cdots)\sigma^2$ 이기 때문에 θ_i를 ψ_i로 바꾸어 주면, $\gamma_0 = [1+(\psi_1^2+ + \psi_2^2+\cdots)]\sigma^2$ 이 유한한 값을 가져야만 되기 때문이다. 그러므로, 다음의 조건이 필요하게 된다.

$$\psi_1^2 + \psi_2^2 + \cdots < \infty \tag{4.18}$$

4.5 MA모형의 다른 표현법

안정성의 조건을 만족하는 p차의 자기회귀모형 AR(p)이 무한대의 MA(∞) 모형으로 나타낼 수 있었듯이, q차의 이동평균모형 MA(q)가 어떤 조건하에서는 AR(∞) 모형으로 나타낼 수 있다. 이것을 MA모형의 가역성(invertibility)이라 하고, 그 조건을 가역성의 조건이라 한다.

이 조건은 아래와 같이 반복 대입에 의하여 얻을 수도 있다. 즉, MA(1) 모형을 예로 들어 보면, $y_t = \mu + u_t - \phi_1 u_{t-1}$을 u_t로 나타내고, u_{t-1}을 다시 시간 $t-1$의 관계로서 대입하면 다음 식이 된다.

$$\begin{aligned} u_t &= -\mu + \theta_1 u_{t-1} + y_t \\ &= -\mu + \theta_1(-\mu + \theta_1 u_{t-2} + y_{t-1}) + y_t \end{aligned}$$

$$= -\mu - \theta_1\mu + \theta_1^2 u_{t-2} + y_t + \theta_1 y_{t-1}$$

같은 방법으로 u_{t-k-1}까지 반복 대입하면 (4.19)식이 된다.

$$u_t = -\mu - \theta_1\mu + y_t + \theta_1 y_{t-1} + \theta_1^2(-\mu + \theta_1 u_{t-3} + y_{t-2})$$
$$= -\mu - \theta_1\mu - \theta_1^2\mu + y_t + \theta_1 y_{t-1} + \theta_1^2 y_{t-2} + \theta_1^3 u_{t-3}$$
$$\vdots$$
$$u_t = -u(1 + \theta_1 + \theta_1^2 + \cdots + \theta_1^k) + y_t + \theta_1 y_{t-1} + \theta_1^2 y_{t-2} + \cdots + \theta_1^k y_{t-k} + \theta_1^{k+1} u_{t-k-1} \qquad (4.19)$$

여기서 만약 $|\theta_1| < 1$의 조건이 주어지면 $k \to \infty$일 때 $\theta_1^{k+1} \to 0$이므로 마지막 항이 없어지고 첫 번째 항도 어떤 값에 수렴하게 되어 (4.20)식이 된다.

$$u_t = -\mu \sum_{i=0}^{k} \theta_1^i + y_t + \sum_{i=1}^{k} \theta_1^i y_{t-i} \qquad (4.20)$$

이것을 다시 y_t로 나타내면 (4.21)식이 되는데,

$$y_t = \mu \sum_{i=0}^{k} \theta_1^i - \sum_{i=1}^{k} \theta_1^i y_{t-i} + u_i$$
$$= \mu/(1-\theta_1) - \theta_1 y_{t-1} - \theta_1^2 y_{t-2} - \cdots + u_t \qquad (4.21)$$

여기서 $\alpha = \mu/(1-\theta_1)$, $\phi_1 = -\theta_{1,}\phi_2 = -\theta_1^2$ 등으로 두면 (4.21)식은 (4.22)식이 되어, AR(∞)으로 표현될 수 있음을 알 수 있다.

$$y_t = \alpha + \phi_1 y_{t-1} + \phi_2 y_{t-2} + \cdots + u_t \qquad (4.22)$$

이렇게 MA(1)→AR(∞)로 변환될 수 있는 조건은

$$|\theta_1| < 1 \qquad (4.23)$$

인데, 이것을 MA(1) 모형에서의 가역성의 조건이라 한다.

한편 MA(2) 모형에 있어서의 가역성의 조건은 (4.24)식이 되며, 이 조건이 만족되면 MA(2)→AR(∞)로 변환될 수 있다.

$$\theta_1 + \theta_2 < 1$$
$$\theta_2 - \theta_1 < 1 \qquad (4.24)$$

$$-1 < \theta_2 < 1$$

4.6 특성방정식의 근과 가역성의 조건

AR모형에서 시차연산자의 표현을 이용하여 안정성의 조건을 특성방정식을 통하여 파라메터의 제약조건을 도출하였듯이, 여기서는 MA모형의 가역성의 조건을 도출해 보기로 한다.

MA(q) 모형의 경우 (4.1)식을 다시 나타내면(상수항은 제외되어 있다)

$y_t = (1 - \theta_1 L - \cdots - \theta_q L^q)u_t$ 이 되는데, 여기서 이동평균 시차다항식을 다음과 같이 정의하면,

$$\theta(L) = 1 - \theta_1 L - \cdots - \theta_q L^q \tag{4.25}$$

MA(q) 모형은 (4.26)식으로 나타낼 수 있다.

$$y_t = \theta(L)u_t \tag{4.26}$$

이것을 다시 u_t로 정리하면

$$u_t = \theta^{-1}(L)y_t \tag{4.27}$$

가 된다. 여기서 y_t가 가역성을 가지기(역 변환을 하기) 위해서는 $\theta^{-1}(L)$이 수렴하지 않으면 안 된다. 그러기 위해서는 다음의 특성방정식

$$1 - \theta_1 Z - \theta_2 Z^2 - \cdots - \theta_q z^q = 0 \tag{4.28}$$

의 q개의 특성근이 모두 단위원의 밖에 존재해야 되며, 절대치로서 1보다 커야 된다. 이 조건은 MA모형의 파라메터의 제약조건으로 표현된다. 그리고 파라메터제약의 이 조건은 앞 절에서 반복계산으로 도출한 결과와 같은 것을 알 수 있다. 즉, MA(1) 모형의 가역성의 조건은 (4.23)식이고 MA(2) 모형의 가역성의 조건은 (4.24)식이 된다.

4.7 MA모형의 자기상관과 편자기상관

AR모형에서 자기상관과 편자기상관을 검토하였는데, 시차가 증가함에 따라서 자기상관은 서서히 감소하고, 편자기상관은 차수보다 높은 시차에서 절단이 되는 것을 보았다. 이러한 성질을 이용하여 순수한 AR모형의 경우, 편자기상관이 어느 차수에서 절단되는지를 기준으로, AR모형의 차수 p를 결정하는데 이용할 수 있었다. MA모형에서는 AR모형에서와는 반대로 편자기상관은 서서히 감소하고, 자기상관은 차수보다 높은 시차에서 절단되는 성질을 가지고 있다. 그러므로 순수한 MA모형의 경우, 자기상관이 어느 시차에서 절단되는지를 기준으로 MA모형의 차수 q를 결정하는데 이용할 수 있다. <그림 4.1>은 MA(1) 모형에 있어서 θ_1가 -0.8, $+0.8$일 때의 자기상관함수와 편자기상관함수가 시차 $k=5$까지 도시되어 있다. 두 경우 모두 AR(1) 모형에서와는 반대로 자기상관에서 시차가 2 이상일 때 0의 값을 가지는 것을 볼 수 있다. 즉, $\rho_2 = \rho_3 = \cdots = 0$이 된다. 그런데 θ_1의 부호에 따라서 시차 1의 자기상관계수 ρ_1의 부호도 달라지고, 시차가 증가함에 따라서 편자기상관이 감소해가면서 0으로 접근해 가는 모양도 다른 것을 알 수 있다.

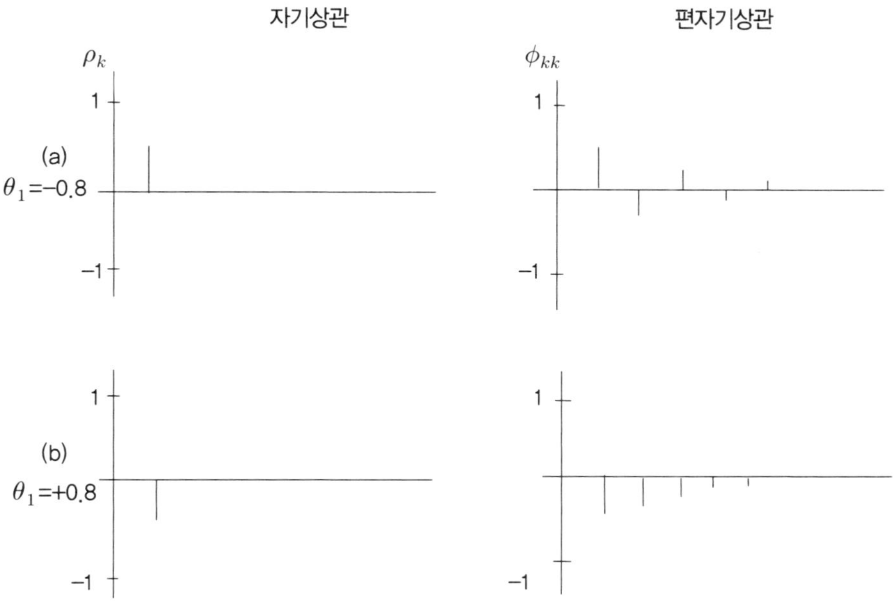

<그림 4.1> MA(1) 모형의 자기상관과 편자기상관의 예

<그림 4.2>는 MA(2) 모형에 있어서 θ_1, θ_2의 부호에 대한 네 가지 경우에 대해서 자기상관함수와 편자기상관함수가 도시되어 있다. 이 경우에 있어서도 모형의 차수 2보다 큰 시차의 자기상관이 0이 되는 것을 보여주고 있다. 즉, $\rho_3 = \rho_4 = \cdots = 0$이 된다. 그런데 시차 1, 2의 자기상관계수인 ρ_1, ρ_2의 값과 부호는 θ_1, θ_2의 값과 부호에 따라 다르다는 것을 알 수 있으며, 편자기상관의 경우도 시차가 증가함에 따라서, 각각 다른 모양으로 0에 접근해 가고 있는 것을 보여주고 있다.

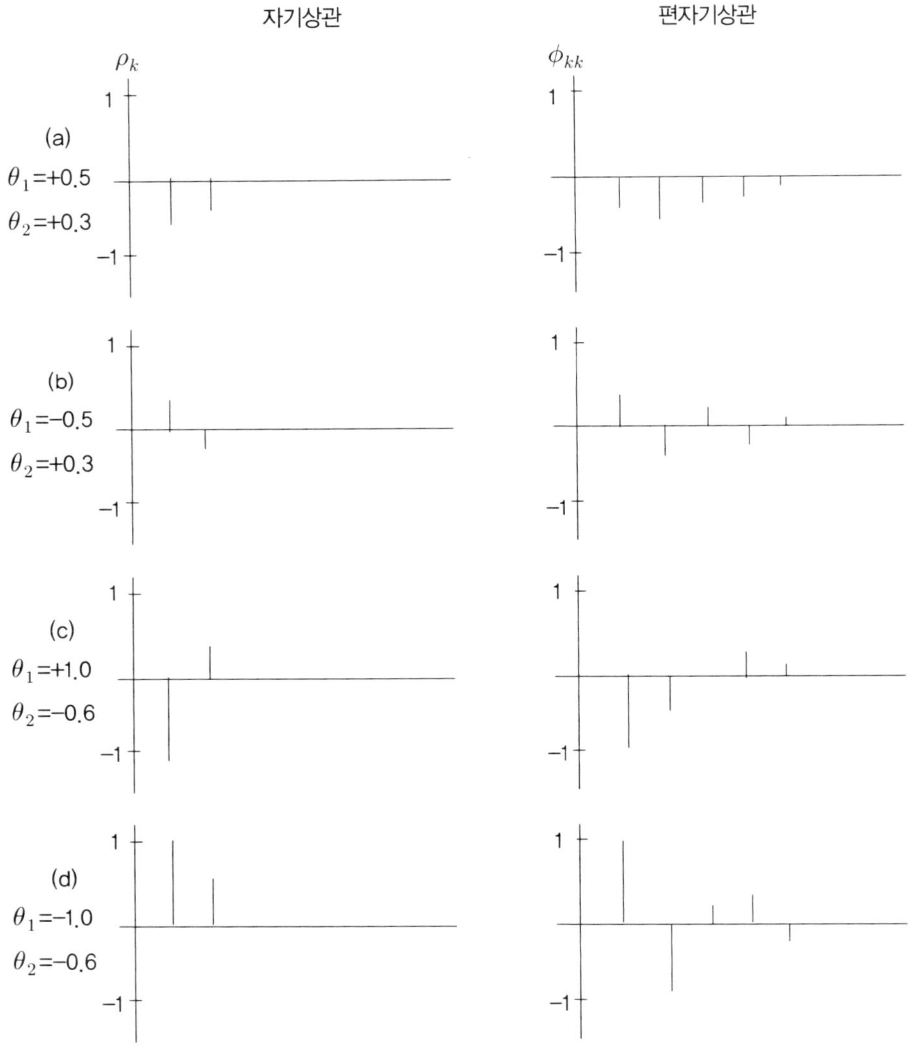

<그림 4.2> MA(2) 모형의 자기상관과 편자기상관의 예

이상 MA(1) 모형과 MA(2) 모형의 자기상관과 편자기상관의 성질을 그림으로 살펴보았는데, 모형의 차수보다 큰 시차의 자기상관이 모두 0이 되었다. 그러나 이것은 진의 모형이 가지는 성질이며, 표본관측치를 사용하여 표본자기상관을 구해 보면, 차수보다 큰 시차에서 항상 0의 값을 가지지는 않고 0에 가까운 값을 가지는 것을 알 수 있다. 그러므로 그 값들이 0으로 간주될 수 있는지 어떤지를 검정해 보아야 된다.

Chapter 05

자기회귀 이동평균모형

5.1 자기회귀 이동평균모형이란

어떤 시계열데이터의 현재치 y_t가 자신의 과거치 $y_{t-1}, y_{t-2}, \cdots, y_{t-p}$와 오차항 u_t, 그리고 과거의 오차항 $u_{t-1}, u_{t-2}, \cdots, u_{t-q}$에 의하여 나타낼 수 있을 때, 이 시계열데이터를 자기회귀 이동평균과정(autoregressive moving average process : ARMA process) 또는 자기회귀 이동평균모형(autoregressive moving average model : ARMA model)이라 한다. 그리고 이때 가장 긴 AR의 차수 p와 MA의 차수 q를 이 ARMA모형의 차수라 하고 ARMA(p, q)로 나타낸다. (5.1)식은 ARMA(p, q)의 일반식이다.

$$y_t = \alpha + \phi_1 y_{t-1} + \cdots + \phi_p y_{t-p} + u_t - \theta_1 u_{t-1} - \cdots - \theta_q u_{t-q} \tag{5.1}$$

이 모형은 p차의 AR(p) 모형과 q차의 MA(q) 모형의 합으로 나타나 있기 때문에 두 모형의 성질을 공유하고 있다. ARMA모형의 안정성은 AR부분에 의하여 결정되고 가역성은 MA부분에 의하여 결정된다. 즉, 안정성의 조건을 만족하는 ARMA모형은 MA(∞)모형으로 변환될 수 있고, 가역성의 조건을 만족하는 ARMA모형은 AR(∞)모형으로 변환될 수 있다. 그러므로 이 성질을 역으로 이용하면 ARMA모형의 유용성은 비교적 낮은 차수의 p, q에 의해서 상당히 복잡한 확률과정을 설명할 수 있는 점에 있다고 하겠다.

5.2 ARMA(1,1) 모형의 성질

ARMA모형으로서 가장 간단한 것은 (5.2)식으로 표현된 ARMA(1,1)이다.

$$y_t = \alpha + \phi_1 y_{t-1} + u_t - \theta_1 u_{t-1} \tag{5.2}$$

이 모형의 안정성의 조건은 AR 부분에 의해서, 가역성의 조건은 MA 부분에 의해서 결정되며, 두 조건을 나타내면 (5.3)식이 된다.

$$\begin{aligned} &\text{안정성의 조건} \quad : \quad |\phi_1| < 1 \\ &\text{가역성의 조건} \quad : \quad |\theta_1| < 1 \end{aligned} \tag{5.3}$$

위의 안정성의 조건이 성립하면 평균, 분산, 자기공분산 등을 추정할 수 있고 무한차의 MA모형으로 표현된다. 또한 가역성의 조건이 성립하면 무한차의 AR모형으로 변환시킬 수 있다.

ARMA(1,1) 모형의 평균 이 ARMA(1,1) 모형의 평균은 (5.2)식에 기대치를 취하여 구할 수 있는데,

$$\begin{aligned} E[y_t] &= E[\alpha + \phi_1 y_{t-1} + u_t - \theta_1 u_{t-1}] \\ &= E[\alpha] + \phi_1 E[y_{t-1}] + E[u_t] - \theta_1 E[u_{t-1}] \end{aligned}$$

여기서 $E[y_t] = E[y_{t-1}] = \mu$이므로, ARMA(1,1)의 평균은 AR(1) 모형의 평균과 같은 (5.4)식이 된다.

$$\mu = \frac{\alpha}{1 - \phi_1} \tag{5.4}$$

ARMA(1,1) 모형의 분산 계산의 간편함을 위해서 $\mu = 0$을 가정하기로 한다. 그러면 $\alpha = 0$이 되고, y_t는 평균인 0의 주위를 변동하는 것으로 계측된다.

$$\begin{aligned} Var(y_t) &= E[y_t - \mu]^2 \\ &= E[y_t]^2 \\ &= E[\phi_1 y_{t-1} + u_t - \theta_1 u_{t-1}]^2 \\ &= E[\phi_1^2 y_{t-1}^2 + u_t^2 + \theta_1^2 u_{t-1}^2 + 2\phi_1 y_{t-1} u_t \end{aligned}$$

$$- 2\phi_1\theta_1 y_{t-1}u_{t-1} - 2\theta_1 u_t u_{t-1}]$$
$$= \phi_1^2 E[y_{t-1}^2] + E[u_t^2] + \theta_1^2 E[u_{t-1}^2] + 2\phi_1 E[y_{t-1}u_t]$$
$$- 2\phi_1\theta_1 E[y_{t-1}u_{t-1}] - 2\theta_1 E[u_t u_{t-1}]$$

그런데, $E[y_{t-1}^2] = \gamma_0$, $E[y_{t-1}u_t] = 0$, $E[y_{t-1}u_{t-1}] = \sigma_u^2$ 이므로,

$$Var(y_t) = \gamma_0 = \phi_1^2\gamma_0 + \sigma_u^2 + \theta_1^2\sigma_u^2 - 2\phi_1\theta_1\sigma_u^2$$

그러므로 분산 γ_o은 파라메터 ϕ_1과 θ_1로 나타내면 (5.5)식이 된다.

$$\gamma_0 = \frac{(1+\theta_1^2 - 2\phi_1\theta_1)\sigma_u^2}{1-\phi_1^2} \tag{5.5}$$

ARMA(1,1) 모형의 자기공분산 y_t와 시차 1의 y_{t-1} 사이의 자기공분산 $Cov(y_t, y_{t-1}) = \gamma_1$은 다음과 같이 구한다.

$$\begin{aligned} Cov(y_t, y_{t-1}) &= E[y_t - \mu][y_{t-1} - \mu] \\ &= E[y_t y_{t-1}] \\ &= E[(\phi_1 y_{t-1} + u_t - \theta_1 u_{t-1})y_{t-1}] \\ &= E[\phi_1 y_{t-1}y_{t-1} + u_t y_{t-1} - \theta_1 u_{t-1}y_{t-1}] \\ &= \phi_1 E[y_{t-1}^2] + E[u_t y_{t-1}] - \theta_1 E[u_{t-1}y_{t-1}] \\ &= \phi_1\gamma_0 + 0 - \theta_1\sigma_u^2 \end{aligned}$$

위의 식의 γ_0에 (5.5)식의 결과를 대입하면, (5.6)식과 같이 γ_1을 파라메터 ϕ_1과 θ_1로 나타낼 수 있다.

$$\gamma_1 = \frac{(1-\phi_1\theta_1)(\phi_1 - \theta_1)\sigma_u^2}{1-\phi_1^2} \tag{5.6}$$

같은 방법으로 시차 2의 y_t와 y_{t-2}사이의 자기공분산 $Cov(y_t, y_{t-2}) = \gamma_2$는

$$\begin{aligned} Cov(y_t, y_{t-2}) &= E[y_t - \mu][y_{t-2} - \mu] \\ &= E[y_t y_{t-2}] \\ &= E[(\phi_1 y_{t-1} + u_t - \theta_1 u_{t-1})y_{t-2}] \\ &= E[\phi_1 y_{t-1}y_{t-2}] + E[u_t y_{t-2}] - \theta_1 E[u_{t-1}y_{t-2}] \\ &= \phi_1\gamma_1 + 0 - \theta_1 0 \end{aligned}$$

이 된다. 위의 식에서 보면, MA의 차수인 1보다 큰 시차 2의 자기공분산에서는 MA 부분의 영향력이 없어지고 AR 부분의 영향력만 남아있는 것을 알 수 있다. 그러므로 시차 k의 y_t와 y_{t-k} 사이의 자기공분산 $Cov(y_t, y_{t-k})$은 (5.7)식으로 일반화하여 나타낼 수 있다.

$$\gamma_k = \phi_1 \gamma_{k-1} \qquad k \geqq 2 \tag{5.7}$$

ARMA(1,1) 모형의 자기상관 시차 1의 자기상관 ρ_1은 (5.6)식의 자기공분산 γ_1을 (5.5)식의 분산 γ_0으로 나누어주면 (5.8)식과 같이 구할 수 있다.

$$\rho_1 = \frac{(1-\phi_1\theta_1)(\phi_1-\theta_1)}{1+\theta_1^2-2\phi_1\theta_1} \tag{5.8}$$

한편, 시차 2 이상의 자기상관을 일반화하여 나타내면 (5.7)식으로부터 (5.9)식이 도출된다.

$$\rho_k = \phi_1 \rho_{k-1} \qquad k \geqq 2 \tag{5.9}$$

5.3 ARMA(p,q) 모형의 성질

ARMA(p,q) 모형의 평균은 AR(p) 모형의 평균과 같다.

$$E[y_t] = \mu = \frac{\alpha}{1-\phi_1-\phi_2-\cdots-\phi_p} \tag{5.10}$$

분산 γ_0은 (5.11)식으로 구하여지는데, { }의 부분은 MA부분을 포함하고 있기 때문에 발생하는 항이 된다.

$$\begin{aligned}\gamma_0 &= \phi_1\gamma_1 + \phi_2\gamma_2 + \cdots + \phi_p\gamma_p + \sigma_u^2 \\ &\quad - \{\phi_1 E[y_t u_{t-1}] + \phi_2 E[y_t u_{t-2}] + \cdots + \phi_q E[y_t u_{t-q}]\}\end{aligned} \tag{5.11}$$

한편 자기공분산 γ_k와 자기상관 ρ_k는 쉽게 구할 수 없고 복잡한 과정을 거쳐 구하는데, (5.12), (5.13)식이 각각 자기공분산, 자기상관을 구하는 식이다.

$$\gamma_k = \phi_1\gamma_{k-1} + \phi_2\gamma_{k-2} + \cdots + \phi_p\gamma_{k-p} \qquad k \geqq q+1 \tag{5.12}$$

$$\rho_k = \phi_1\rho_{k-1} + \phi_2\rho_{k-2} + \cdots + \phi_p\rho_{k-p} \qquad k \geqq q+1 \tag{5.13}$$

(5.12), (5.13)식에서 알 수 있는 것과 같이 MA의 차수 q보다 큰 시차의 자기공분산, 자기상관은 MA부분의 영향을 받지 않고 순수한 AR부분만의 영향을 받고 있는 것으로 되어 있다.

시차연산자에 의한 ARMA(p,q) 모형의 표현 ARMA(p,q) 모형을 시차다항식(lag polynomial)을 정의하여 간단하게 표현해보도록 하자. ARMA(p,q)의 일반식인 (5.1)식은 상수항을 제외하면 다음과 같이 나타낼 수 있는데,

$$y_t - \phi_1 y_{t-1} \cdots - \phi_p y_{t-p} = u_t - \theta_1 u_{t-1} \cdots - \theta_q u_{t-q} \tag{5.14}$$

시차연산자 L을 사용하면 왼쪽 항은 $(1-\phi_1 L - \cdots - \phi_p L^p)y_t$으로 나타낼 수 있고, 오른쪽 항은$(1-\theta_1 L - \cdots - \theta_q L^q)u_t$으로 나타낼 수 있다. 여기서 시차다항식을 다음과 같이 (5.15)식으로 정의하면

$$\begin{aligned} \phi(L) &= 1-\phi_1 L - \cdots - \phi_p L^p \\ \theta(L) &= 1-\theta_1 L - \cdots - \theta_q L^q \end{aligned} \tag{5.15}$$

ARMA(p,q) 모형은 (5.16)식으로 간단하게 표현된다.

$$\phi(L)y_t = \theta(L)u_t \tag{5.16}$$

5.4 ARMA모형의 자기상관과 편자기상관

ARMA(1,1) 모형의 자기상관과 편자기상관의 예 앞의 두 장에서 자기상관함수와 편자기상관함수를 도출하여 그 성질을 살펴보았다. 안정성을 가지는 순수한 AR모형에서는 차수보다 큰 시차에서 편자기상관이 0의 값을 가지고, 순수한 MA모형에서는 그와는 반대로 차수보다 큰 시차에서 자기상관이 0의 값을 가지는 것을 보았다. 그러나 ARMA모형은 자기상관이나 편자기상관의 어느 쪽도 차수보다 높은 시차에서 0의 값을 가지는 절단되는 성질을 가지지 않고 0으로 접근해 가는 성질을 가지고 있다.

<그림 5.1>은 ARMA(1,1) 모형에 있어서 ϕ_1과 θ_1의 값과 부호에 대한 네 가지 경우에 대해서 자기상관함수와 편자기상관함수가 시차 $k=5$까지 도시되어 있다. 그림에서 보는

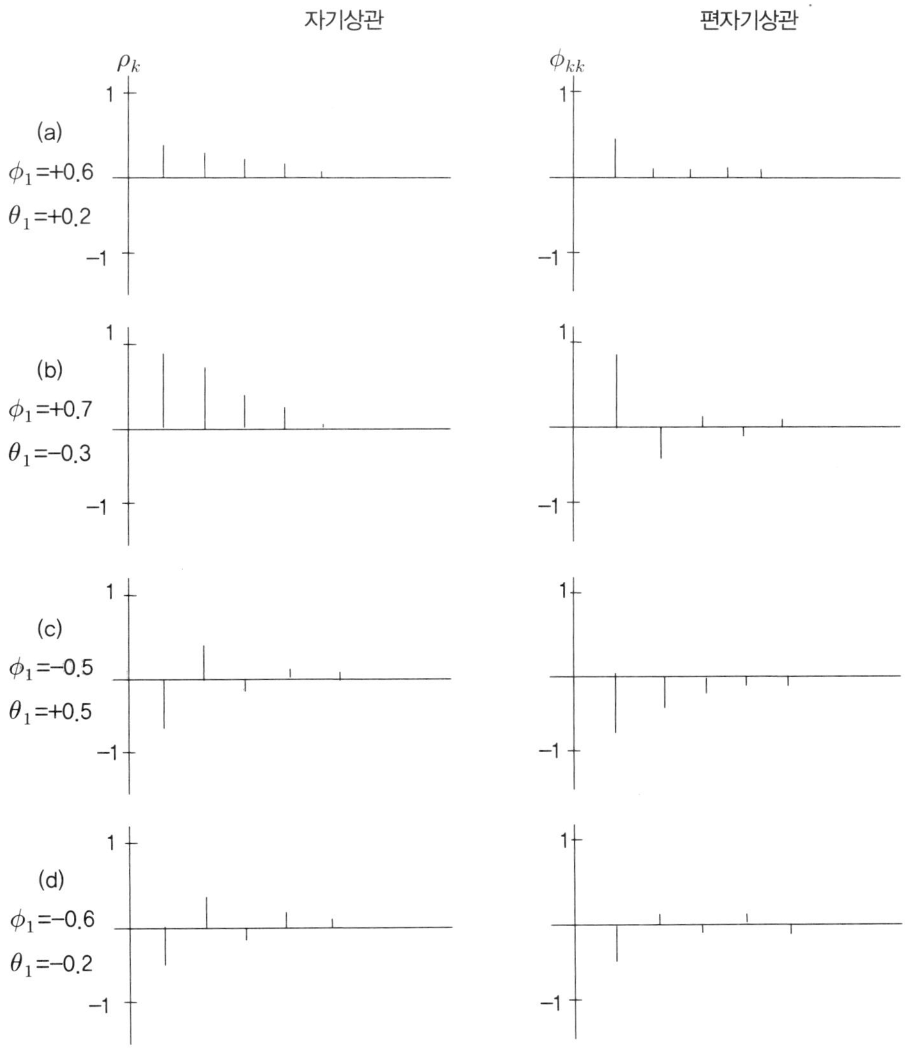

<그림 5.1> ARMA(1,1) 모형의 자기상관과 편자기상관의 예

바와 같이 모든 경우에 있어서 자기상관과 편자기상관이 0이 되는 현상은 보이지 않는다. 단지 ϕ_1과 θ_1의 값과 부호에 따라서 0으로 접근해 가는 모양을 달리하고 있는 점이 다르다고 하겠다. (a)에서는 두 계수가 +로서 $\phi_1 = 0.6$, $\theta_1 = 0.2$인 경우인데, 자기상관함수와 편자기상관함수가 모두 +의 영역에서 0에 접근해 가고 있으나, (d)와 같이 $\phi_1 = -0.6$, $\theta_1 = -0.2$인 경우는 부호를 교대로 바꾸어 진동해가면서 0에 접근해 가고 있는 것을 볼 수 있다.

이것은 시차 1의 자기상관계수를 구하는 (5.8)식에 의하면, 두 파라메터의 절대치와 부호에 따라서 자기상관계수 ρ_1이 결정된다. 시차 2 이상의 자기상관계수는 (5.9)식에서 정의되어 있는 바와 같이, MA의 파라메터 θ_1과는 관계없이 ρ_1에 자기회귀파라메터 ϕ_1을 계속해서 곱해 가는 것이므로, ϕ_1의 절대치가 1보다 작은 한 시차 2 이상의 자기상관계수 ρ_k는 점점 절대치가 작아지면서 0에 접근해 간다. 그러나 ϕ_1의 부호에 따라서 그 모양이 달라지는데 $\phi_1>0$ 이면 시차 1의 자기상관계수 ρ_1과 같은 부호로 0에 접근해 가지만, $\phi_1<0$ 이면 부호를 교대로 변환하면서 0에 접근해 가게 된다. (a), (b)는 ϕ_1이 0.6, 0.7로서 $\phi_1>0$ 의 경우이므로 $\rho_1>0$ 이 되어 시차 2 이상에서 $\rho_k>0$ 이 되는 것을 보여 주고 있다. 그러나, (c), (d)는 ϕ_1이 -0.5, -0.6으로서 $\phi_1<0$ 의 경우이므로 $\rho_1<0$ 이 되어 시차 2 이상에서 ρ_k의 부호가 교대로 바뀌게 되는 것을 알 수 있다.

한편 $\phi_1=+0.6$, $\theta_1=+0.2$인 것은 $y_t=0.6y_{t-1}+u_t-0.2u_{t-1}$의 모형을 의미한다. 즉, (5.2)식에서 관례상 MA계수는 $-$로서 정의 되어 있기 때문에 θ_1 자체는 +이지만 모형으로 나타낼 때는 $-$의 형태가 된다.

AR, MA, ARMA모형의 자기상관과 편자기상관의 비교 지금까지 AR, MA, ARMA의 성질을 검토하였는데, 각각의 모형은 자기상관과 편자기상관에서 각각 다른 변화의 양상을 보이고 있는 것을 알 수 있다.

<표 5.1>는 이것을 정리한 것이다. 이 성질을 이용하면 우리가 얻은 시계열이 어떤 확률과정에 따르는가를 알 수 있는 좋은 근거가 될 수 있다. 이 문제는 식별에서 다루게 될 것이므로 그때 다시 논의하기로 한다.

<표 5.1> AR, MA, ARMA 모형의 자기상관함수와 편자기상관함수

모형	자기상관함수	편자기상관함수
AR(p)	빠르게 0으로 접근	시차 $p+1$ 이후 절단
MA(q)	시차 $q+1$ 이후 절단	빠르게 0으로 접근
ARMA(p, q)	빠르게 0으로 접근	빠르게 0으로 접근

Part 02

연습문제

[1] AR(1) 모형이 다음과 같다고 하자.

$Y_t = 10 + 0.5\,Y_{t-1} + u_t$

그리고 $Var(u_t) = \sigma_u^2 = 1$이다.

(a) 평균 $E(Y_t) = \mu$를 구하라.

(b) Y_t의 분산 γ_0를 구하라.

(c) 시차 1의 자기공분산 $Cov(Y_t,\ Y_{t-1}) = \gamma_1$을 구하라.

(d) 시차 1의 자기상관 ρ_1을 구하라.

(e) 시차 2의 자기상관 ρ_2을 구하라.

[2] 모형을 시차연산자 L을 사용해서 나타내어라.

(a) $Y_t = 0.8\,Y_{t-1} + 0.3\,Y_{t-2} + u_t$

(b) $Y_t = u_t - 0.5u_{t-1}$

(c) $Y_t = 0.2\,Y_{t-1} + u_t - 0.7u_{t-1} + 0.8u_{t-2}$

[3] 다음의 AR(2) 과정은 안정성의 조건이 성립하는가?

(a) $Y_t = 0.8\,Y_{t-1} - 0.3\,Y_{t-2} + u_t$

(b) $Y_t = 1.0\,Y_{t-1} + 0.7\,Y_{t-2} + u_t$

[4] 다음의 MA(2) 과정은 가역성의 조건이 성립하는가?

(a) $Y_t = u_t - 0.6u_{t-1} - 0.3u_{t-2}$

(b) $Y_t = u_t - 1.6u_{t-1} + 0.4u_{t-2}$

[5] 다음의 AR(1) 모형 $Y_t = \alpha + \phi_1 Y_{t-1} + u_t$에서 $\alpha \neq 0$이며, 평균을 μ라 하자. 그리고 새로운 모형 $Z_t = Y_t - \mu$를 정의할 때 Z_t의 평균 $E(Z_t)$를 구하라.

제3부

Box-Jenkins 방법론

제2부에서는 안정시계열인 AR, MA, ARMA모형의 기본적인 성질에 관해서 논하였다. 주어진 시계열데이터를 가지고 시계열분석을 한다는 것은, 시계열데이터를 AR, MA, ARMA모형에 적용하여 적합한 모형을 선정하는 것을 말한다. 그런데 제2부에서 논한 ARMA(p, q) 모형은 그 구조인 차수 p와 q를 알고 있다는 전제하에서 논의된 것이다. 그러므로 실제의 모형을 작성하는데 있어서는 진의 구조인 p와 q를 알지 못하므로 모형작성의 수순과 방법이 중요하게 된다. 제2부에서는 모형의 작성방법으로서 Box-Jenkins의 방법론을 중심으로 살펴본다.

제6장에서는 표본자기상관과 표본편자기상관을 이용하여 모형을 식별하는 방법을 검토한다. 제7장에서는 최우추정법을 중심으로 식별된 모형의 추정방법을 설명하고, 제8장에서는 추정된 모형이 좋은 모형인지 아닌지를 오차항의 독립성의 가정을 중심으로 진단하는 방법을 알아보도록 한다. 그리고 제9장에서는 예측문제를 다루는데, 좋은 예측의 조건, 실용적인 예측법, 예측력의 평가방법에 대해 살펴보도록 한다.

Chapter 06

식 별

6.1 식별이란

식별(Identification)이란, 주어진 시계열데이터를 이용하여 표본자기상관함수와 표본편자기상관함수를 계산하고, 이것을 근거로 하여 이 시계열데이터를 생성시켰다고 상정되는 모형의 형(AR, MA, ARMA)과 차수(p, q)를 결정하는 것을 말한다. 앞의 제3장으로부터 제5장까지 이미 배운 바와 같이 AR, MA, ARMA모형은 각각 자기상관과 편자기상관에서 독특한 성질을 가지는 것으로 나타났는데, 본 장에서는 이것을 역으로 이용하는 것이다. 또한 여기에서 차수의 결정은 "절약의 원리(principle of parsimony)"에 입각하여 낮은 차수의 p, q를 정하는 것을 기본이념으로 한다.

차수 p와 q가 알려진 진의 모형에 있어서 낮은 차수의 AR, MA, 그리고 ARMA모형과 그의 자기상관함수와 편자기상관함수에 대한 관계를 앞의 제3장과 제4장, 그리고 제5장에서 이론적으로 살펴보고, 그래프로 나타내어 보았다. 즉, AR(1) 모형과 AR(2) 모형의 경우는 각각 제3장의 <그림 3.1>과 <그림 3.2>에서, MA(1) 모형과 MA(2) 모형의 경우는 각각 제4장의 <그림 4.1>과 <그림 4.2>에서 그 성질을 그래프로 나타내어 보았다. 이에 의하면 AR모형에서는 편자기상관이 차수보다 높은 시차에서 0의 값을 가지는 절단되는 성질을 가지고 있는 것을 알 수 있었고, MA모형에서는 그와는 반대로 자기상관이 차수보다 높은 시차에서 0의 값을 가지는 절단되는 성질을 보여주었다. ARMA(1,1) 모형의 경우는 제5장의 <그림 5.1>에서 나타난 것처럼 자기상관과 편자기상관이 절단되는 성질을 가지지 않고 서서히 0에 접근해 가는 성질을 보여 주었다.

<표 6.1>은 모형을 식별하는데 이용하기 위해서, 앞에서 살펴본 주요한 다섯 시계열 모형에 대해서 자기상관과 편자기상관의 특징을 정리한 것이다. 이 표에서 나타난 특징들을 <표 6.1> 내의 각 모형의 아래에 표시된 "참조 그림"과 대비하여 보면 이해하는데 도움이 될 것이다.

<표 6.1> 주요한 다섯 시계열 모형의 자기상관과 편자기상관의 특징

모 형	자기상관	편자기상관
AR(1) <그림 3.1>	기하급수적으로 감소. $\phi_1>0$ 이면 +영역에서 시작. $\phi_1<0$ 이면 −영역에서 시작하여 부호가 교대로 바뀐다.	차수 1에서 스파이크(돌출). 차수 2이상에서 절단되어 0이 된다. $\phi_1>0$ 이면 스파이크는 +. $\phi_1<0$ 이면 스파이크는 −.
AR(2) <그림 3.2>	기하급수적 또는 진동하면서 감소. ϕ_1, ϕ_2의 값과 부호에 의존하여 네 종류의 모양을 보인다.	차수 1과 2에서 스파이크. 차수 3 이상은 절단되어 0이 된다.
MA(1) <그림 4.1>	차수 1에서 스파이크. 차수 2이상에서 절단되어 0이 된다. $\theta_1<0$이면 스파이크는 +. $\theta_1>0$이면 스파이크는 −.	기하급수적으로 감소. $\theta_1>0$이면 −영역에서 시작. $\theta_1<0$이면 +영역에서 시작하여 부호가 교대로 바뀐다.
MA(2) <그림 4.2>	차수 1과 2에서 스파이크. 차수 3이상은 절단되어 0이 된다.	기하급수적 또는 진동하면서 감소. θ_1, θ_2의 값과 부호에 의존하여 네 종류의 모양을 보인다.
ARMA(1,1) <그림 5.1>	차수 1부터 기하급수적으로 감소. $\phi_1>0$이면 ρ_k의 부호는 동일. $\phi_1<0$이면 ρ_k의 부호는 교대로 바뀐다. ρ_1의 부호는 $(\phi_1-\theta_1)$의 부호와 같다.	차수 1부터 기하급수적으로 감소. $\phi_{11}=\rho_1$이다. $\theta_1>0$이면 ϕ_{kk}의 부호는 모두 같다. $\theta_1<0$이면 ϕ_{kk}의 부호는 교대로 바뀐다.

6.2 자기상관과 편자기상관의 이론치와 표본치

주어진 데이터가 안정시계열로의 변환이 이루어지고 나면, 다음 단계는 그 데이터를 생성시켰다고 상정되는 모형을 식별하는 것이다. 이것을 위해서는 앞의 절에서 살펴본 여러 모형과 그 모형의 자기상관, 편자기상관과의 성질을 이용하여 식별에 적용하게 된다. 그런

데 이 경우 진의 자기상관과 편자기상관은 알 수 없으므로 주어진 데이터로부터 계산된 표본자기상관과 표본편자기상관을 이용하지 않으면 안 된다. 그러나 표본치를 사용할 경우 앞에서 살펴본 시계열모형과 자기상관, 편자기상관과의 이론적 관계와는 완전히 일치하지 않는 것을 알 수 있을 것이다. 왜냐하면, 우리가 가지고 있는 데이터는 확률과정의 하나의 실현치로서, 모집단에서의 하나의 표본을 의미하기 때문에 진의 모형에서의 관계를 나타낸 시계열모형의 자기상관, 편자기상관과는 다르기 때문이다.

예를 들면, 진의 AR(2) 모형에서는 시차 3 이상에서 편자기상관이 0이 되어 절단되었다. 그러나 AR(2) 과정에서 생성된 데이터를 이용하여 표본편자기상관함수를 구해보면, 시차 3 이상에서 0의 값을 가지지 않고 0에 가까운 어떤 값을 가지게 되는 것을 알 수 있다. 즉, 이들 표본편자기상관함수의 값은 추정치이므로 진의 편자기상관함수의 값과는 일치하지 않고 표본오차를 가지게 되기 때문이다. 그러므로 이들 값들에 대한 검정이 필요하게 된다. 즉, 그 값들이 통계적으로 0으로 간주될 수 있는지를 검토하는 것이 바로 검정이라 할 수 있다.

<그림 6.1>에서 <그림 6.3>까지는 <표 6.1>에서 설명된 모형 중에서 세 가지 시계열모형을 택하여, 인공적으로 생성시킨 데이터를 사용하여 구한 표본자기상관과 표본편자기상관의 예를 나타낸 것이다. 두 경우를 비교함으로써 이론적 관계와 표본에서의 관계가 어떠한가를 이해하는데 도움이 될 것이다.

<그림 6.1>은 $\phi_1 = 1.0$, $\phi_2 = -0.6$과 상수항 $\alpha = 2$를 가지는 AR(2) 과정으로부터 인공적으로 데이터를 생성시켜 데이터의 그래프 (a), 표본자기상관함수 (b), 표본편자기상관함수 (c)를 나타낸 것이다. 이 표본자기상관함수와 표본편자기상관함수의 변동의 모양은 진의 관계를 나타내는 <그림 3.2>의 (d)와 대비하여 볼 수 있는데, 표본자기상관은 $\widehat{\rho_1} > 0$으로 시작하여 진동하면서 감소해 가는 모양을 보여주고 있으므로, 진의 자기상관과 상당히 비슷한 변동의 모양에 따르고 있는 것을 알 수 있다.

그러나, 편자기상관에 대해서는 진의 관계와 표본에서의 관계가 약간 다른 것을 알 수 있다. 즉, 진의 관계를 나타낸 <그림 3.2>의 (d)의 경우에서는 시차 3부터 0의 값을 가지면서 절단되어 있는데 비하여, 표본편자기상관은 시차 1과 2에서는 각각 $\hat{\phi}_{11} > 0$, $\hat{\phi}_{22} < 0$으로 진의 관계에서처럼 상대적으로 큰 값을 나타내고 있으나, 시차 3 이상에서 0이 되지 않고 어떤 값들을 가지고 있는 것을 알 수 있다. 그러므로 시차 3 이상의 표본편자기상관의 값들이 0으로 간주될 수 있는지를 검정할 필요가 있는 것이다.

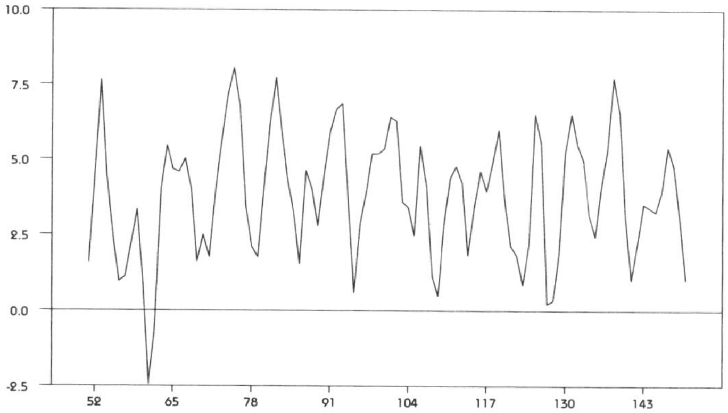

(a) 데이터의 그래프

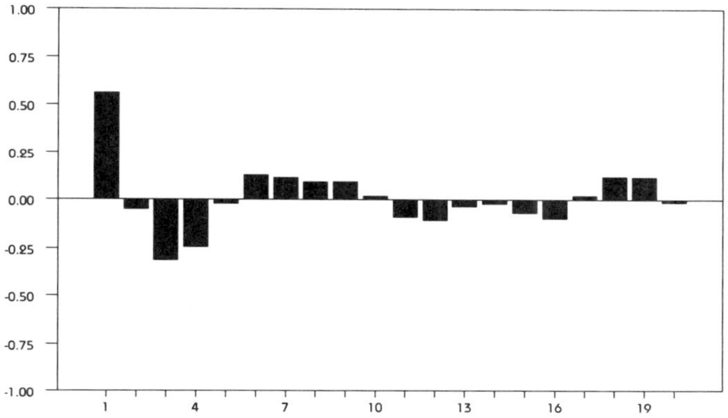

(b) 표본자기상관함수의 그래프

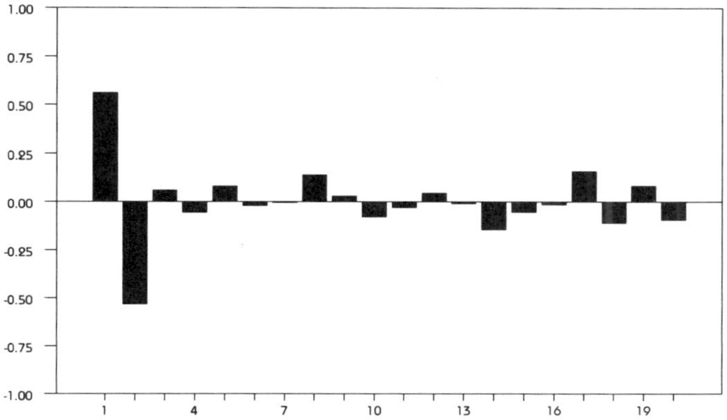

(c) 표본편자기상관함수의 그래프

<그림 6.1> 표본 AR(2) 과정의 실현치 : $y_t = 2.0 + 1.0y_{t-1} - 0.6y_{t-2} + u_t$

<그림 6.2>는 $\theta_1 = -0.8$과 $\alpha = 0$을 가지는 MA(1) 과정으로부터 인공적으로 데이터를 생성시켜 데이터의 그래프 (a), 표본자기상관함수 (b), 표본편자기상관함수 (c)를 나타낸 것이다. 이 표본자기상관함수와 표본편자기상관함수의 변동의 모양은 <그림 4.1>의 (a)의 경우와 대비하여 볼 수 있다. 표본편자기상관은 $\theta_1 < 0$이므로, 시차 1에서 $\hat{\phi}_{11} > 0$이고 시차 2에서 $\hat{\phi}_{22} < 0$으로서, 시차가 증가함에 따라 교대로 부호가 바뀌면서 진의 편자기상관 ϕ_{kk}의 변동의 모양과 상당히 비슷한 감소의 모양을 보여주고 있다. 그러나 표본자기상관에서 보면, 진의 자기상관처럼 시차 1의 표본자기상관은 $\hat{\rho_1} > 0$이나, 시차 2 이상에서는 절단되어 0이 되지 않고 어떤 값들을 가지고 있는 것을 알 수 있다. 그러므로 이 경우도 시차 2 이상의 표본자기상관이 0으로 간주할 수 있는가를 검정할 필요가 있는 것이다.

<그림 6.3>은 $\phi_1 = -0.6$, $\theta_1 = -0.2$와 $\alpha = 0$을 가지는 ARMA(1.1) 과정으로부터 인공적으로 데이터를 생성시켜 데이터의 그래프 (a), 표본자기상관함수 (b), 표본편자기상관함수 (c)를 나타낸 것이다. 이 표본자기상관함수와 표본편자기상관함수의 변동의 모양은 <그림 5.1>의 (d)와 대비하여 보면 된다.

<그림 6.3>에서 표본자기상관은 $\hat{\rho_1} < 0$, $\hat{\rho_2} > 0$이면서 시차가 증가함에 따라 교대로 부호가 바뀌면서 점점 감소해 가는데, 이는 <그림 5.1>의 경우처럼 진의 자기상관함수의 변동의 모양과 상당히 비슷한 것을 보여주고 있다. 표본편자기상관함수에서도 시차 1의 표본편자기상관이 $\hat{\phi}_{11} < 0$이며, 상대적으로 큰 값을 가지고 나머지는 작은 값을 가지고 감소해 가고 있으므로, 이것도 <그림 5.1>의 진의 편자기상관함수의 변동의 모양과 상당히 비슷한 것을 알 수 있다.

ARMA모형에서는 자기상관이나 편자기상관에서 절단되는 성질이 없으므로 AR, MA 모형에서처럼 진의 자기상관이나 편자기상관이 0이라는 검정을 할 수는 없다. 그러나, <그림 5.1>에서 볼 수 있는 것처럼 AR파라메터 ϕ와 MA파라메터 θ의 부호와 값에 따라서, 표본에서의 시차 1 또는 2에서 어떤 규칙적인 변동의 모양을 보이고 있으므로, 그러한 성질을 이용할 수 있을 것이다. ARMA의 경우 식별은 상당한 숙련이 요구된다고 하겠다.

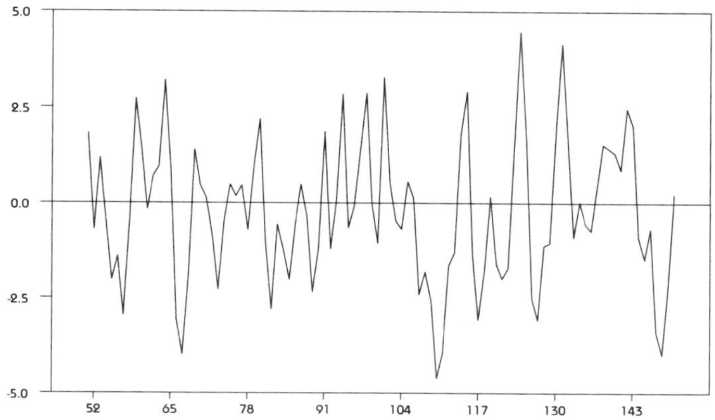

(a) 데이터의 그래프

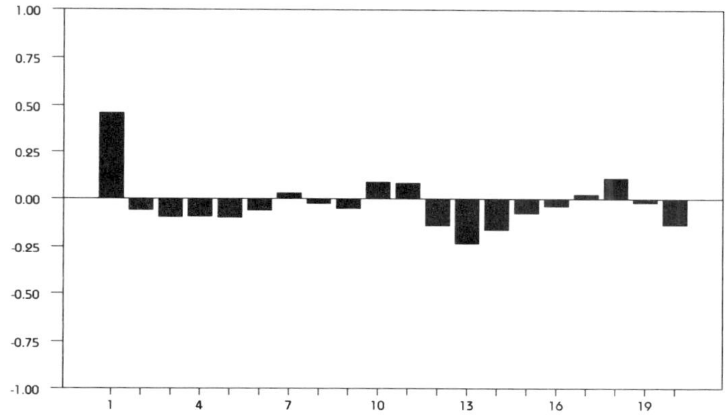

(b) 표본자기상관함수의 그래프

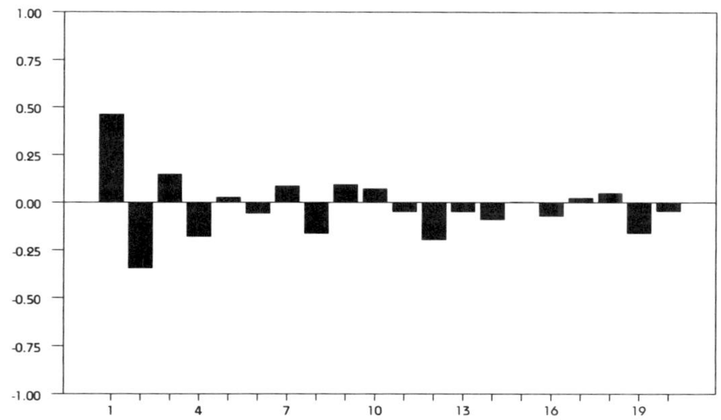

(c) 표본편자기상관함수의 그래프

<그림 6.2> 표본 MA(1) 과정의 실현치 : $y_t = u_t + 0.8u_{t-1}$

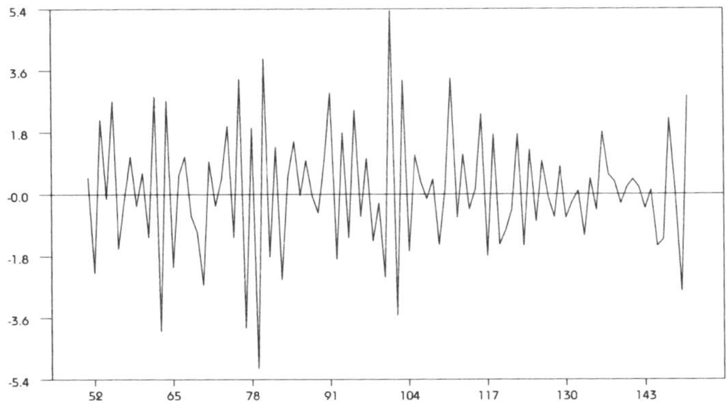

(a) 데이터의 그래프

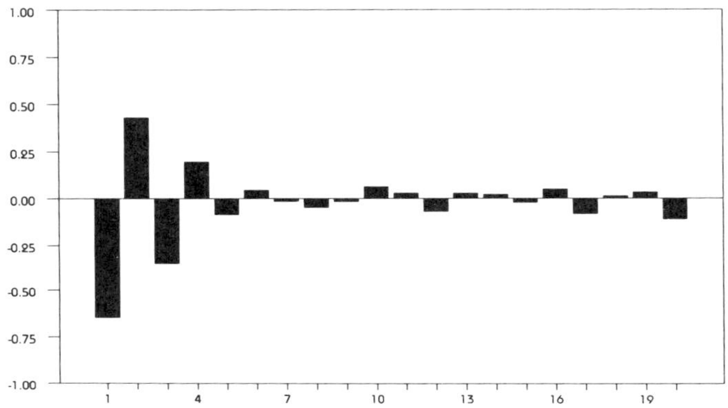

(b) 표본자기상관함수의 그래프

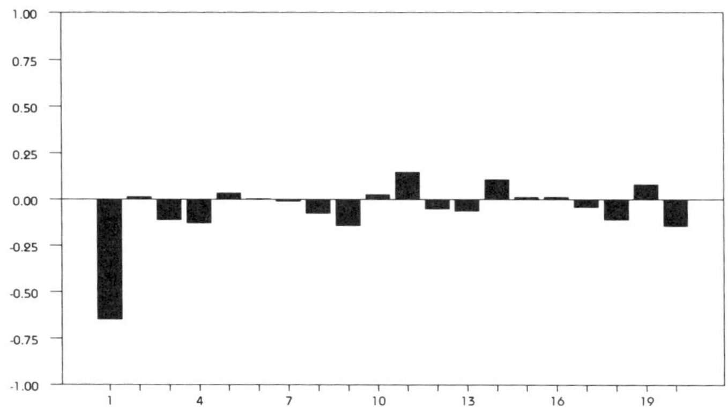

(c) 표본편자기상관함수의 그래프

<그림 6.3> 표본 ARMA(1,1) 과정의 실현치 : $y_t = -0.6y_{t-1} + u_t + 0.2u_{t-1}$

6.3 표본자기상관

만약 진의 자기상관 ρ_k가 0이면, 표본자기상관 $\widehat{\rho_k}$는 표본수를 점점 증가시켜감에 따라 정규분포에 따르는 것으로 알려져 있다.

Bartlett(1946)는 진의 모형이 MA(q)일 때, q보다 큰 시차 k에 대해서 표본자기상관 $\widehat{\rho_k}$의 표준오차가 근사적으로 (6.1)식과 같이 나타낼 수 있는 것을 보여주었다.

$$Var(\widehat{\rho_k}) \sim [1+2(\rho_1^2+\rho_2^2+\cdots+\rho_q^2)]/T \qquad k>q \tag{6.1}$$

한편 (6.1)식에서 진의 자기상관 ρ를 추정된 자기상관 $\hat{\rho}$로 바꾸어 놓으면 (6.2)식이 된다.

$$\widehat{Var}(\widehat{\rho_k}) = [1+2(\widehat{\rho_1}^2+\widehat{\rho_2}^2+\cdots+\widehat{\rho_q}^2)]/T \tag{6.2}$$

그러므로 표본자기상관의 표준오차는 $\widehat{\sigma_{\hat{\rho}}} = \sqrt{(1+2\sum\widehat{\rho_i}^2)/T}$ 이기 때문에, 이것에 의하여 $\rho_k=0$이 되는 귀무가설(H_0)과 대립가설(H_1)

$$H_0 \ : \ \rho_k = 0 \tag{6.3}$$

$$H_1 \ : \ \rho_k \neq 0$$

에서, 검정통계량은 t통계량으로

$$t_{\widehat{\rho_k}} = \widehat{\rho_k} / \ \widehat{\sigma_{\hat{\rho}}} \tag{6.4}$$

이 된다.

한편 유의수준 $\alpha = 0.05$일 때

$|\ t_{\widehat{\rho_k}}\ | \geq 1.96$이면, $\rho_k = 0$의 귀무가설은 기각되고,

$|\ t_{\widehat{\rho_k}}\ | < 1.96$이면, $\rho_k = 0$의 귀무가설이 채택된다. (6.5)

여기에서 표본자기상관의 분산은 근사적으로 구한 값이므로, 0.05의 유의수준의 임계치를 1.96 대신 2.0을 쓰는 편이 일반적이다. <그림 6.4>는 진의 자기상관이 0으로 간주되는 t분포의 검정구간을 나타낸 그림이다.

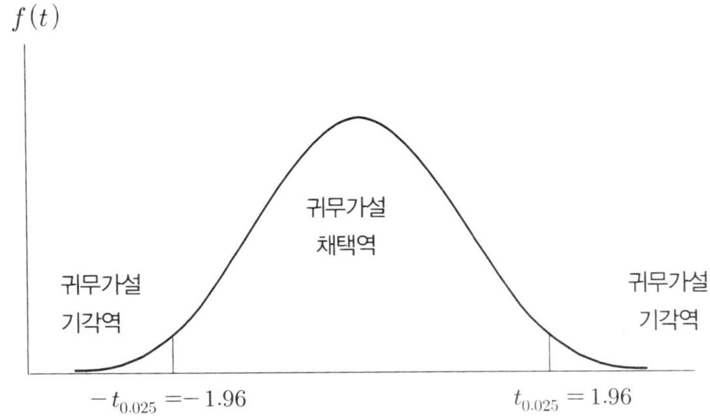

<그림 6.4> 자기상관의 t 검정

자기상관의 검정 예 여기서 검정에 사용하는 시계열데이터는 "Series A"이다. 식별에 관한 보다 자세한 해설이나 계산프로그램의 작성 등에 관해서는 제15장 제2절의 "모형의 식별"에서 다루기로 한다.

"Series A"의 표본자기상관($\widehat{\rho_k}$), 표본자기상관의 표준오차($\widehat{\sigma_{\hat{\rho}_k}}$), t값($t_{\hat{\rho}_k}$), 그리고 자기상관이 0이라고 간주될 수 있는 95% 검정구간의 상한과 하한이 시차 1에서 6까지 <표 6.2>에 나타나 있다. 이들의 계산은 표본자기상관이 먼저 구하여지면(제2장 <표 1.1>에서 시차 20까지의 표본자기상관과 표본편자기상관이 계산되어져 있다.) 표준오차가 구하여지고, 다시 각 시차의 표본자기상관계수를 표준오차로 나누면 t값이 얻어진다. 95% 검정구간은 표준오차를 2배하여 상한으로 하고, 상한에 "−"를 부여하여 하한으로 한다.

<표 6.2> 자기상관의 검정을 위한 여러 계산 값

k	1	2	3	4	5	6
$\widehat{\rho_k}$	0.494	−0.050	−0.265	−0.283	−0.072	0.219
$\widehat{\sigma_{\hat{\rho}_k}}$	0.100	0.122	0.122	0.128	0.134	0.134
$t_{\hat{\rho}_k}$	4.939	−0.406	−2.165	−2.216	−0.538	1.630
$2\widehat{\sigma_{\hat{\rho}_k}}$	0.200	0.244	0.244	0.256	0.268	0.269
$-2\widehat{\sigma_{\hat{\rho}_k}}$	−0.200	−0.244	−0.244	−0.256	−0.268	−0.269

먼저 표본자기상관이 구하여진 상태에서 표준오차를 계산하면 다음과 같다.

시차 1일 때의 표준오차 $\hat{\sigma}_{\hat{\rho}_1}$은 (6.2)식으로부터 $k=1$이므로 $q=0$이 되어 0.1이 된다.

$$\hat{\sigma}_{\hat{\rho}_1} = \sqrt{\frac{1}{T}} = \sqrt{\frac{1}{100}} = 0.1$$

시차 2일 때의 표준오차 $\hat{\sigma}_{\hat{\rho}_2}$는 $k=2$이므로, $q=1$까지의 표본자기상관인 $\hat{\rho}_1$을 사용하여 계산하면 0.122가 되고,

$$\hat{\sigma}_{\hat{\rho}_2} = \sqrt{\frac{1+2\hat{\rho}_1^2}{T}} = \sqrt{\frac{1+2(0.494)^2}{100}} = 0.122$$

시차 3일 때의 표준오차 $\hat{\sigma}_{\hat{\rho}_3}$은 $k=3$이므로, $q=2$까지의 표본자기상관 $\hat{\rho}_1$과 $\hat{\rho}_2$를 사용하면,

$$\widehat{\sigma}_{\hat{\rho}_3} = \sqrt{\frac{1+2(\hat{\rho}_1^2+\hat{\rho}_2^2)}{T}} = \sqrt{\frac{1+2(0.494^2+(-0.050^2))}{100}} = 0.122$$

와 같이 구하여진다. 이와 같은 방법으로 이후의 시차 6까지의 표준오차를 계산한 결과가 <표 6.2>에 나타나 있다.

다음으로 각 시차에서의 t값은 표본자기상관을 표준오차로 나누어 구하는데,

$$t_{\hat{\rho}_1} = \frac{\hat{\rho}_1}{\hat{\sigma}_{\hat{\rho}_1}} = \frac{0.494}{0.100} = 4.939$$

$$t_{\hat{\rho}_2} = \frac{\hat{\rho}_2}{\hat{\sigma}_{\hat{\rho}_2}} = \frac{-0.050}{0.122} = -0.406$$

와 같이 차례로 구한다. 이렇게 구한 t값들을 보면 시차 1에서는 4.939로서 유의수준 0.05에서 임계치인 2.0보다 크며, 시차 3, 4에서 각각 하한의 임계치인 −2.0보다 작으므로, 시차 1, 3, 4에서는 (6.3)식의 자기상관이 0이라는 귀무가설을 기각하고 있다. 그러므로 이 경우 시차 5에서부터 자기상관이 0이 되어 절단되는 가능성을 고려해 볼 수도 있겠으나, 시차 2에서 $t=-0.406$이 되어 귀무가설이 기각되지 못하므로, 자기상관이 진동하면서 빠른 속도로 감소해 가는 성질을 나타낸 것이라고 판단하는 것이 타당할 것 같다.

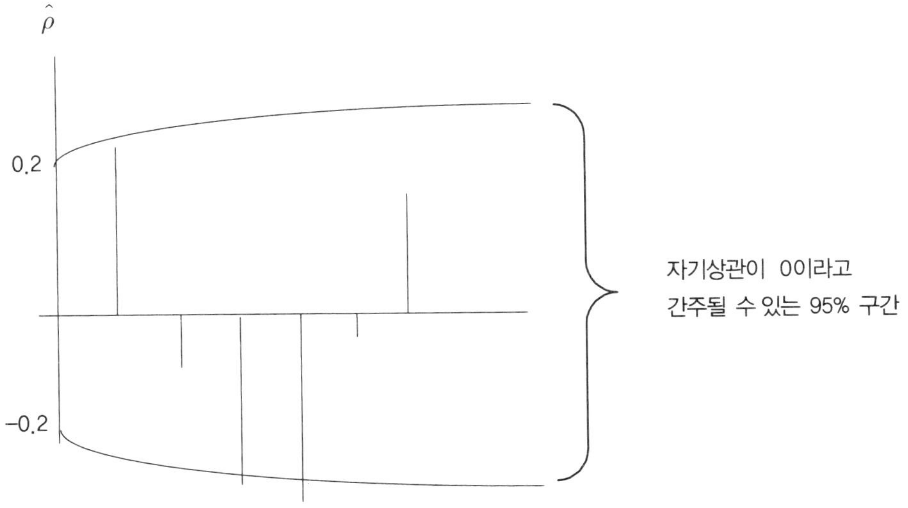

<그림 6.5> 그림에 의한 표본자기상관의 검정

한편 표본자기상관의 표준오차를 2배하여 각 시차에서 표본자기상관이 0이라고 간주될 수 있는 95% 검정구간의 상한과 하한을 구한 것이 <표 6.2>의 $2\widehat{\sigma_{\hat{\rho}}}$와 $-2\widehat{\sigma_{\hat{\rho}}}$ 로 나타나 있고, 표본자기상관계수와 함께 그림으로 나타낸 것이 <그림 6.5>이다.

표본자기상관의 각 시차에 대한 표준오차는, 표준오차의 정의식의 성질상 시차가 증가함에 따라 조금씩 증가하게 되어있으므로, 그림에서의 검정구간도 조금씩 넓어져 가는 것을 알 수 있다. 이 그림에서 각 시차의 표본자기상관이 상하의 검정구간 안에 있으면 $\rho_k = 0$으로 간주될 수 있다는 것을 의미한다.

한편 이 그림에 의한 결과도 앞에서의 t값의 결과와 마찬가지로 시차 1, 3, 4에서 검정구간을 벗어나 있다. 그러나 그림에서도 알 수 있듯이 전체적인 모양이 자기상관이 시차 5부터 절단된다고 하기보다는 빠르게 진동하면서 감소해 가는 성질을 나타낸 것이라 판단하는 편이 좋을 것 같다. 그러므로 이 시계열을 생성시킨 MA과정의 식별은 자기상관 만에 의하여 판단하기 어려우며, 편자기상관의 검정결과와 정보량기준에 의한 결과를 함께 고려하기로 한다.

6.4 표본편자기상관

만약 진의 편자기상관 ϕ_{kk}이 0이면, 표본편자기상관 $\hat{\phi}_{kk}$는 표본수를 점점 증가시켜 감에 따라 정규분포를 따르는 것으로 알려져 있다.

Quenouille(1949)는 진의 모형이 AR(p)일 때, 표본편자기상관 $\hat{\phi}_{kk}$의 표준오차는 (6.6)식인 것으로 나타내었다.

$$\hat{\sigma}_{\hat{\phi}_{kk}} = 1/\sqrt{T} \qquad k = p+1,\ p+3, \cdots \tag{6.6}$$

위의 표준오차는 진의 차수 p나 다른 통계량에 의존하지 않고 일정한 것이 특징이다. 그러므로 $\phi_{kk} = 0$가 되는 귀무가설의 검정은 (6.7)식으로 표현되며, 검정통계량은 (6.8)식이 된다.

$$H_0:\ \phi_{kk} = 0 \tag{6.7}$$

$$H_1:\ \phi_{kk} \neq 0$$

$$t_{\hat{\phi}_{kk}} = \hat{\phi}_{kk}/(1/\sqrt{T}) \tag{6.8}$$

그러므로 유의수준이 0.05일 때, $|\, t_{\hat{\phi}_{kk}} \,| \geq 1.96$ 이면 $\phi_{kk} = 0$이 되는 귀무가설은 기각된다. 그러나 이 경우도 임계치로서 1.96대신 2를 사용하는 것이 일반적이다.

편자기상관의 검정 예 다시 시계열데이터 "Series A"를 사용하여 예를 들어보기로 한다. 표본편자기상관은 제2장의 <표 2.1>에서 계산되어져 있는 것을 사용하기로 한다.

각 시차에 있어서의 표본편자기상관의 표준오차는 시차에 관계없이 표본수 T에만 의존하므로, 표본수가 100인 이 시계열의 경우는 0.1이 된다.

$$\hat{\sigma}_{\hat{\rho}_{kk}} = \frac{1}{\sqrt{T}} = \frac{1}{\sqrt{100}} = 0.1$$

표본편자기상관계수를 표본편자기상관의 표준오차로 나누면 t값이 구하여지고, 표준오차를 2배하여 편자기상관 ϕ_{kk}가 0으로 간주될 수 있는 95%구간(유의수준 0.05)의 상한을 구하고, 여기에 "−"를 부여하여 하한을 구한다. <표 6.3>에 표본편자기상관, 표본편자기상관의 표준오차, t값, 그리고 유의수준 0.05에서의 검정구간의 상한과 하한이 시차 1부터

6까지 나타나 있다.

<표 6.3>에 의하면 모든 시차에서 표준오차가 0.1이므로 시차 1의 t값이 4.949가 되어 2.0보다 크고, 시차 2의 t값은 −3.882로서 −2.0보다 작으므로 각각 개별검정에서 귀무가설을 기각하고 있다. 시차 3이후의 t값들은 −2.0과 +2.0사이에 있으므로 $\phi_{kk}=0$의 귀무가설을 기각하지 못하고 있다. 이상의 검정결과로부터 시차 3이후는 절단되었다고 판단되므로, 이 데이터를 생성시킨 확률과정을 AR부문을 고려할 때 AR(2) 과정으로부터 생성되었다고 판단할 수 있다.

<표 6.3> 편자기상관의 검정을 위한 여러 계산 값

k	1	2	3	4	5	6
$\hat{\phi}_{kk}$	0.494	−0.388	−0.060	−0.149	0.133	0.163
$\hat{\sigma}_{\hat{\phi}_{kk}}$	0.100	0.100	0.100	0.100	0.100	0.100
$t_{\hat{\phi}_{kk}}$	4.949	−3.882	−0.605	−1.489	1.326	1.627
$2\hat{\sigma}_{\hat{\phi}_{kk}}$	0.200	0.200	0.200	0.200	0.200	0.200
$-2\hat{\sigma}_{\hat{\phi}_{kk}}$	−0.200	−0.200	−0.200	−0.200	−0.200	−0.200

한편 <그림 6.6>은 표본편자기상관과 표본편자기상관의 표준오차의 2배의 범위를 동시에 나타낸 것이다. 표준오차가 시차에 관계없이 0.1로 일정하므로 유의수준 0.05에서 $\phi_{kk}=0$이라 간주되는 2배의 범위인 −0.2~0.2가 수평으로 나타나 있다. 그런데 시차 1, 2의 편자기상관계수만이 이 범위를 벗어나 있으므로, 그림에 의한 이 결과는 t값에 의한 검정결과와 같은 것임을 알 수 있다.

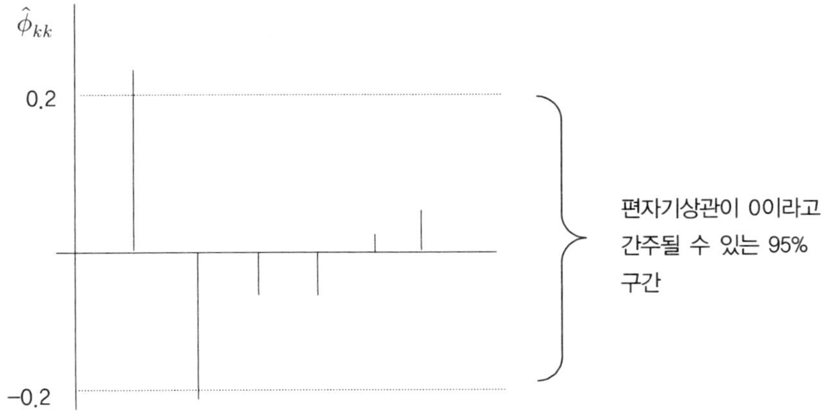

<그림 6.6> 그림에 의한 표본편자기상관의 검정

6.5 정보량기준에 의한 모형의 선택

Box-Jenkins 방법에 의한 모형의 선택방법(식별)은 표본자기상관과 표본편자기상관에 의하여 결정되는데, 이 방법을 사용하기 위해서는 판단에 상당한 숙련이 필요하게 되며, 또한 복수의 모형이 선택될 수도 있다. 이 경우 어떤 모형이 최선인가를 판정하는 것은 대단히 어려운 문제가 아닐 수 없다.

이와 같은 난점을 해소할 수 있는 한 방법으로서, 정보량기준에 의한 모형의 선택방법이 있다. 이 방법은 추정치를 사용했을 때의 예측의 효율성 또는 우도함수의 최대화원리에 기초하고 있는데, Box-Jenkins 방법의 식별의 보조수단으로서 많이 이용되고 있다.

정보량기준의 대표적인 것으로는 Akaike의 AIC(Akaike's Information Criterion)와 Schwarz의 SBIC(Schwarz's Bayesian Information Criterion)가 있으며, 다음과 같이 정의된 정보량기준을 최소로 하는 차수 p와 q를 선정하게 된다.

$$AIC = T\log(\hat{\sigma}^2) + 2(p+q) \tag{6.9}$$

$$SBIC = T\log(\hat{\sigma}^2) + (p+q)\log T \tag{6.10}$$

여기서, $\hat{\sigma}^2$은 모형의 오차항의 분산의 추정치이며, T는 표본수, p와 q는 AR과 MA의 차수이다.

한편 자기회귀모형 AR(p)의 AIC와 SBIC의 값과 최선의 차수 p^*와의 관계를 나타낸 것이 <그림 6.7>이다. 이 그림에서 보는 바와 같이 AR의 차수가 최선의 차수 p^*에 접근해 가면서 AIC와 SBIC의 값이 작아져서 p^*에서 가장 낮게 되는 것을 보여주고 있다. 그러나 실제로 ARMA모형을 적용하여 최선의 차수 p^*와 q^*를 선정하려고 하면, <그림 6.7>과 같이 완전한 2차곡선(p와 q의 두 요인이 될 때는 AIC와 SBIC는 곡면을 나타내게 된다.)의 형태를 나타내지 않는 경우가 많으며, 부분적인 최소점들을 포함하는 경우가 보다 일반적이다. 이때에는 그런 부분적인 최소점들도 검토해야 될 것이다.

한편, 두 정보량기준을 분해해 보면 두 부분으로 구성되어 있는 것을 알 수 있다.

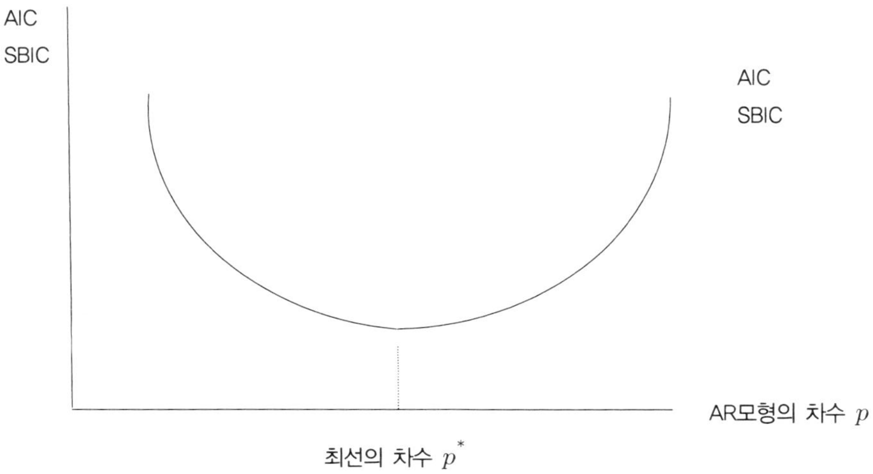

<그림 6.7> AR(p)의 AIC와 SBIC의 값과 최선의 차수 p^*와의 관계

첫째 부분($T \cdot \log(\hat{\sigma}^2)$)은 두 정보량기준에 공통된 부분으로 추정된 모형의 분산의 자연대수에 표본수를 곱한 것인데, 표본수 T는 차수가 변하더라도 일정하기 때문에 이 부분의 값은 분산의 크기에 의하여 결정되게 되어 있다. 그런데 일반적으로 분산은 파라메터를 많이 포함한 모형일수록 작아지는 경향을 나타내므로 결국 AR과 MA의 차수가 높을수록(추정할 파라메터의 수가 많을수록) 낮아지는 경향을 보이게 된다

둘째 부분($2(p+q)$와 $(p+q)\log T$)은 첫째 부분과는 반대로 파라메터를 많이 포함하면 값이 커지게 되므로, 일종의 벌점을 부과하는 부분으로 이해할 수 있는데, AIC보다는 SBIC에서 그 정도가 강하게 나타난다. 그러므로 AIC는 AR과 MA의 차수가 높은 모형이 선정되는 경향이 있는데 비하여 SBIC는 상대적으로 낮은 차수의 모형이 선정되는 경향이 있다고 알려져 있다.

AIC와 SBIC의 계산 예 시계열데이터 "Series A"를 이용하여 정보량기준인 AIC와 SBIC, 그리고 관련된 값들을 계산해보기로 한다.

<표 6.4>는 AR과 MA의 차수를 0에서 3까지 변환시켜가면서 모두 16경우에 대한 AIC 및 SBIC, 그리고 이들의 성질을 알기 위한 구성요인들을 계산한 표이다. 이 표에 의하면 AIC의 최소치는 ARMA(3,2)일 때 671.89이고, SBIC의 최소치는 ARMA(3,0)일 때 685.52로서 모형의 차수가 서로 일치하지 않고 있다.

<표 6.4> 정보량기준과 구성요인들의 계산 값

AR의 차수	MA의 차수	AIC	SBIC	$T \cdot \log(\hat{\sigma}^2)$	$2(p+q)$	$(p+q)\log T$
0	0	745.28	747.89	743.28	2.00	4.61
0	1	707.82	713.04	703.82	4.00	9.21
0	2	707.57	715.39	701.57	6.00	13.82
0	3	708.57	718.99	700.57	8.00	18.42
1	0	711.83	717.02	707.83	4.00	9.19
1	1	700.39	708.17	694.39	6.00	13.79
1	2	699.47	709.85	691.47	8.00	18.38
1	3	691.87	704.84	681.87	10.00	22.98
2	0	681.65	689.41	675.65	6.00	13.75
2	1	683.61	693.95	675.61	8.00	18.34
2	2	685.17	698.10	675.17	10.00	22.92
2	3	685.24	700.75	673.24	12.00	27.51
3	0	675.22	685.52	667.22	8.00	18.30
3	1	677.05	689.92	667.05	10.00	22.87
3	2	671.89	687.34	659.89	12.00	27.45
3	3	679.83	697.85	665.83	14.00	32.02

T는 표본수, p와 q는 각각 AR과 MA의 차수, $\hat{\sigma}^2$은 분산의 추정치이다.

그러므로 이 두 모형을 검토대상으로 한다. 그리고 두 정보량기준은 ARMA(2,0)에서 부분적으로 낮은 값을 가지고 있으므로 이 모형도 검토의 대상이 될 수 있을 것이다. 특히 이 모형은 앞 절의 표본자기상관과 표본편자기상관에 의한 식별에서는 최선의 모형으로 선정된 것이다. 그러므로 표본자기상관과 표본편자기상관에 의한 식별의 결과와 정보량기준

에 의한 결과를 종합적으로 고려해보면, 단일의 모형이 식별되지는 않았지만 AR(2), ARMA(3,0), ARMA(3,2)의 모형들이 선정될 수 있고, 이들 중에서 진단을 통해서 최종적인 모형이 선정될 것이다.

한편 <표 6.4>의 계산결과로부터 AIC와 SBIC의 구성요인을 살펴보면, 5번째 열이 $T\cdot\log(\hat{\sigma}^2)$로서 분산에 의한 결정요인이 강한 부분인데, 정해진 AR의 차수에 대해서 MA의 차수가 증가함에 따라 그 값이 작아지는 경향을 나타내고 있다. 6번째 열과 7번째 열은 각각 $2(p+q)$, $(p+q)\log(T)$로서 AIC와 SBIC의 파라메터를 증가시키는 데에 대한 벌점부분이 되는데, SBIC의 값이 AIC보다 상대적으로 크기 때문에 SBIC의 벌점부분이 더 큰 비중을 차지하고 있는 것을 알 수 있다. 이 표에서 $p+q$의 수치는 상수항이 포함된 것으로, 원래의 $p+q$보다 1만큼 추가되어 표시되어 있다. 그리고 정보량기준의 계산은 RATS 메뉴얼의 예제 프로그램에서처럼, 분산대신 잔차의 자승합을 사용한 결과이다.

Chapter 07

추 정

7.1 추정이란

추정이란 식별된 모형의 파라메터를 결정하는 것을 말한다. 식별이 시계열의 여러 모형 중에서 우리가 분석하려는 시계열데이터를 생성시켰다고 생각되는 가장 적합한 모형의 형(AR, MA, ARMA)과 그의 차수(p, q)를 결정하는 것이라 한다면, 추정은 식별에 의하여 선정된 모형에 대한 p개의 자기회귀파라메터 $\phi_1, \phi_2, \cdots, \phi_p$와 q개의 이동평균파라메터 $\theta_1, \theta_2, \cdots, \theta_q$의 값을 결정하는 것을 말한다. 시계열모형의 추정방법은 기본적으로는 최우법이 이용된다. 그러나 AR모형의 경우에는 비교적 간단한 다른 추정법도 이용되고 있다.

이하에서는 먼저 최우추정법의 원리에 대해서 단순회귀모형을 예로 들어 간단히 설명하고, AR모형의 여러 추정법과 MA모형과 ARMA모형의 최우추정법에 대해서 설명하기로 한다.

7.2 최우추정법의 원리

(7.1)식의 단순회귀모형에서 파라메터 α, β, σ^2의 최우추정량을 구하는 방법을 생각해 보기로 한다.

$$Y_i = \alpha + \beta X_i + u_i \qquad i = 1, 2, \cdots, T \tag{7.1}$$

여기서 각각의 Y_i는 평균 $\alpha + \beta X_i$와 분산 σ^2을 가지며 정규분포를 한다고 가정하면, 즉 $Y_i \sim N(\alpha + \beta X_i,\ \sigma^2)$이면, 각각의 밀도함수(density function)는 다음과 같이 된다.

$$P(Y_i \mid \alpha, \beta, \sigma^2) = \frac{1}{\sqrt{2\pi\sigma^2}} exp\left[-\frac{1}{2\sigma^2}(Y_i - \alpha - \beta X_i)^2\right] \tag{7.2}$$

그러므로 주어진 파라메터 α, β, σ^2 하에서의 이들의 표본 $Y_1, Y_2, \cdots, Y_T$가 동시에 추출되는 결합밀도함수(joint density function)는 Y_i가 서로 독립이라는 가정하에 (7.3)식으로 나타낼 수 있다.

$$\begin{aligned} P(Y_1, Y_2, \cdots, Y_T \mid \alpha, \beta, \sigma^2) &= P(Y_1)P(Y_2)\cdots P(Y_T) \\ &= \left[\frac{1}{\sqrt{2\pi\sigma^2}}\right]^T \exp\left[-\frac{1}{2\sigma^2}\sum_{i=1}^{T}(Y_i - \alpha - \beta X_i)^2\right] \end{aligned} \tag{7.3}$$

이 (7.3)식에서 관점을 바꾸어 표본관측치 $Y_1, Y_2, \cdots, Y_T$가 주어졌을 때 파라메터 α, β, σ^2을 변수로 생각하는 우도함수(likelihood function)로 변환하면

$$\begin{aligned} &L(\alpha, \beta, \sigma^2 \mid Y_1, Y_2, \cdots, Y_T) \\ &\quad = \left[\frac{1}{\sqrt{2\pi\sigma^2}}\right]^T \exp\left[-\frac{1}{2\sigma^2}\sum_{i=1}^{T}(Y_i - \alpha - \beta X_i)^2\right] \end{aligned} \tag{7.4}$$

로 나타낼 수 있다. 즉, 우도함수 L은 미지의 파라메터 α, β, σ^2의 함수가 되며, $(\alpha, \beta, \sigma^2)$의 한 쌍의 조합에 따라서 우도의 크기 L이 결정된다.

여기서 α, β, σ^2을 구하는 최우추정법이란 우도함수 L을 최대로 하는 α, β, σ^2을 구하는 문제가 된다. 이를 위해서는 세 미지 파라메터의 각각에 대해서 우도함수를 미분하여 0으로 두고 연립방정식을 풀면 된다. 그런데 최우추정량을 구하는 통상의 방법은 우도함수에 자연대수를 취한 대수우도함수 $\log L$을 각각의 파라메터로 미분하여 0으로 두고 구하고 있다. 즉, 우도함수(7.4)식에 자연대수를 취하면

$$\begin{aligned} \log L(\alpha, \beta, \sigma^2 \mid Y_1, Y_2, \cdots, Y_T) &= -\frac{T}{2}\log 2\pi - \frac{T}{2}\log\sigma^2 \\ &\quad - \frac{1}{2\sigma^2}\sum_{i=1}^{T}(Y_i - \alpha - \beta X_i)^2 \end{aligned} \tag{7.5}$$

이 되고, 이 식에서 각각의 파라메터에 대해서 (7.6)식과 같이 미분하여 0으로 두어서 최우추정량을 얻는 것이다.

$$\frac{\partial(\log L)}{\partial\alpha}=0, \quad \frac{\partial(\log L)}{\partial\beta}=0, \quad \frac{\partial(\log L)}{\partial\sigma^2}=0 \tag{7.6}$$

한편 표기를 간단히 하기 위해서 표본관측치를 하나의 열벡터 $\boldsymbol{Y_T}=(Y_1, Y_2, \cdots, Y_T)'$로 나타내고, 파라메터도 하나의 열벡터 $\boldsymbol{\beta}=(\alpha, \beta, \sigma^2)'$로 나타내면 (7.5)식의 우도함수는 (7.7)식으로 간단히 표현된다.

$$\log L(\boldsymbol{\beta} \mid \boldsymbol{Y_T})=-\frac{T}{2}\log 2\pi-\frac{T}{2}\log\sigma^2-\frac{1}{2\sigma^2}\sum_{i=1}^{T}(Y_i-\alpha-\beta X_i)^2 \tag{7.7}$$

이와 같이 벡터를 사용하여 나타내면 (7.6)식의 세 파라메터에 대한 미분조건도 (7.8)식과 같이 하나의 식으로 나타낼 수 있으며, 이것을 우도방정식(likelihood equations)이라 한다. 여기서 **0**은 영벡터이다.

$$\frac{\partial(\log L)}{\partial\boldsymbol{\beta}}=\mathbf{0} \tag{7.8}$$

7.3 AR모형의 추정

AR모형의 최우추정법 p차의 AR모형 AR(p)를 생각하기로 하자.

$$y_t=\phi_1 y_{t-1}+\phi_2 y_{t-2}+\cdots+\phi_p y_{t-p}+u_t \tag{7.9}$$

논의를 간단하게 하기 위해서 평균을 $0(\mu=0)$이라 가정한다. 그러면 상수항 α도 0이 되므로 (7.9)식과 같이 나타낼 수 있을 것이다. 만약 원래의 데이터가 상수항을 포함하는 경우에도 $y_1, y_2, \cdots, y_T$는 원래의 데이터 $z_1, z_2, \cdots, z_T$에서 그의 평균에 대한 편차로 변환된 데이터라고 상정하면 된다.

한편 $\boldsymbol{y_T}=(y_1, y_2, \cdots, y_T)'$를 관측치벡터, $\boldsymbol{\phi}=(\phi_1, \phi_2, \cdots, \phi_p)'$를 자기회귀파라메터의 벡터라 하고, $\sigma^2\boldsymbol{V_T}$를 $\boldsymbol{y_T}$의 분산공분산행렬이라고 하자. 그러면 관측치의 결합밀도함수는 다음과 같이 나타낼 수 있다.

$$P(\boldsymbol{y_T}|\boldsymbol{\phi}, \sigma^2) = (2\pi\sigma^2)^{-\frac{T}{2}} |\boldsymbol{V_t}|^{-\frac{1}{2}} \exp\left\{-(2\sigma)^{-1}\boldsymbol{y_T}' \boldsymbol{V_T^{-1}} \boldsymbol{y_T}\right\} \tag{7.10}$$

이 밀도함수에 자연대수를 취하면

$$\log P(\boldsymbol{y_T} \mid \boldsymbol{\phi}, \ \sigma^2) = -\frac{T}{2}\log 2\pi - \frac{T}{2}\log\sigma^2 - \frac{1}{2}\log|\boldsymbol{V_T}| - \frac{1}{2\sigma^2}\boldsymbol{y_T}' \boldsymbol{V}_T^{-1}\boldsymbol{y_T} \tag{7.11}$$

가 된다. 이 밀도함수를 다루기 쉬운 형태로 나타내기 위해서 예측오차의 분해를 실시하면 (7.12)식이 도출된다.

$$\log P(\boldsymbol{y_T} \mid \boldsymbol{\theta}, \sigma^2) = \sum_{t=p+1}^{T} \log(y_t/y_{t-1}, \cdots, y_1) + \log P(\boldsymbol{y_p}) \tag{7.12}$$

단, $\boldsymbol{y_p}$는 $\boldsymbol{y_p} = (y_1, \cdots, y_p)'$로서 p는 AR의 차수

(7.12)식의 오른쪽의 둘째 항 $P(\boldsymbol{y_p})$는 최초의 p개의 관측치 $\boldsymbol{y_p}$의 결합분포의 대수이고, 첫째 항은 $p+1$에서 T까지의 오차항 $u_{p+1}, \cdots, u_T$의 결합분포의 대수라고 해석할 수 있다. 그러므로 만약 $\boldsymbol{y_p}$의 분산공분산행렬이 $\sigma^2 \boldsymbol{V_p}$로 나타내어 질 때 (7.12)식의 대수우도함수는 다음의 (7.13)식이 된다.

$$\begin{aligned}\log L(\boldsymbol{\phi}, \ \sigma^2 \mid \boldsymbol{y_T}) = &-\frac{T}{2}\log(2\pi) - \frac{T}{2}\log\sigma^2 - \frac{1}{2}\log|\boldsymbol{V_p}| \\ &- \frac{1}{2\sigma^2}\left\{\boldsymbol{y_p}' \boldsymbol{V}_p^{-1}\boldsymbol{y_p} + S(\boldsymbol{\phi})\right\}\end{aligned} \tag{7.13}$$

$$\text{단,} \quad S(\boldsymbol{\phi}) = \sum_{t=p+1}^{T} (y_t - \phi_1 y_{t-1} -, \cdots, -\phi_p y_{t-p})^2$$

최우추정량 최우추정량은 (7.13)식을 $\boldsymbol{\phi}$와 σ^2에 관해서 미분하여 0으로 두어서 구할 수 있다. 즉, (7.14)식에 의해서 $\phi_1, \phi_2, \cdots, \phi_p$에 관한 p개의 방정식과 σ^2에 관한 1개의 방정식으로 된 $p+1$개의 방정식체계를 풀어서 구한다.

$$\frac{\partial \log L}{\partial \boldsymbol{\phi}} = \boldsymbol{0} \qquad \frac{\partial \log L}{\partial \sigma^2} = 0 \tag{7.14}$$

이와 같이 하여 구하여지는 (엄밀한)최우추정량((exact) maximum likelihood

estimator)은 비선형체계로부터 구해야 되므로 반복계산 방법에 의한 수치적 최적화의 기법을 이용하고 있다.

한편 비선형의 계산은 쉬운 것이 아니며, 공분산 $\log|\boldsymbol{V_p}|$의 미분도 복잡하기 때문에 보다 간단한 방법이 이용되고 있다. 즉, (7.13)식에서 $\log|\boldsymbol{V_p}|$항과 $\boldsymbol{y_p}'\boldsymbol{V_p}^{-1}\boldsymbol{y_p}$항을 무시하여 다음과 같은 근사적인 우도함수 (7.15)를 생각할 수 있다.

$$\log L(\boldsymbol{\phi},\ \sigma^2 \mid \boldsymbol{y_T}) \approx -\frac{T}{2}\log\sigma^2 - \frac{1}{\sigma^2}S(\boldsymbol{\phi}) \tag{7.15}$$

이 근사적 우도함수를 최대화하는 것은 $S(\boldsymbol{\phi})$ 를 최소화하는 것과 같으므로

$$\frac{\partial S(\boldsymbol{\phi})}{\partial \boldsymbol{\phi}} = \mathbf{0} \tag{7.16}$$

을 풀어 구한 것을 조건부 최우추정량(conditional maximum likelihood estimator) 또는 조건부 최소자승추정량(conditional least squares estimator)이라고 부르고 있다.

이 조건부 최우추정량은 최초의 p개의 데이터 $y_1, y_2, \cdots, y_p$ 를 고정된 것이라고 상정하고 있는데, (7.16)식은 통상의 최소자승추정에서 잔차의 자승합을 최소로 하는 정규방정식을 구하는 방법과 같은 것을 알 수 있다. 즉, AR모형의 추정에 있어서는 통상의 최소자승법은 최우법의 특수한 경우(조건부)라고 해석할 수 있다.

AR(1) 모형의 예

$$y_t = \phi_1 y_{t-1} + u_t \tag{7.17}$$

(7.17)식의 AR(1) 모형의 분산은 (3.5)식으로부터 $\gamma_0 = \sigma^2/(1-\phi_1^2)$이고, 벡터 $\boldsymbol{y_p}'$와 $\boldsymbol{y_p}$도 하나의 원소만으로 구성되어 있기 때문에 바로 y_1이 된다. 그러므로 $\boldsymbol{y_p}'\boldsymbol{V_p}^{-1}\boldsymbol{y_p} = y_1(1-\phi_1^2)y_1 = (1-\phi_1^2)y_1^2$이 된다. 따라서 AR(1) 모형에서의 (7.13)에 대응되는 대수우도함수는 (7.18)식으로 나타낼 수 있다.

$$\begin{aligned}\log L = &-\frac{T}{2}\log 2\pi - \frac{T}{2}\log\sigma^2 + \frac{1}{2}\log(1-\phi_1^2)\\ &-\frac{1}{2}\sigma^2(1-\phi_1^2)y_1^2 - \frac{1}{2\sigma^2}\sum_{t=2}^{T}(y_t - \phi_1 y_{t-1})^2\end{aligned} \tag{7.18}$$

AR(1) 모형의 엄밀한 최우추정량은 (7.18)식을 ϕ_1에 관해서 미분하여 0으로 두어 구한다.

한편 조건부 최우추정량은 (7.18)식에서 오른쪽의 마지막 항에 대한 미분을 0으로 놓아 구하면 (7.19)식이 되는데, 이것은 통상의 최소자승추정량과 같은 것임을 알 수 있다.

$$\widehat{\phi_1} = \sum_{t=2}^{T} y_t y_{t-1} / \sum_{t=2}^{T} y_{t-1}^2 \tag{7.19}$$

최소자승추정법

최소자승추정이란 잔차의 자승합이 최소가 되도록 파라메터를 추정하는 방법이다. AR(p) 모형의 최소자승추정은 T개의 표본관측치 중에서 최초의 p개의 표본관측치 $y_1, y_2, \cdots, y_p$를 확률변수의 실현치로서가 아니라 고정된 상수로 간주하고 $y_{p+1}, y_{p+2}, \cdots, y_T$만을 확률변수의 실현치로 보고 여기에 통상적인 최소자승법을 적용하여 얻는다. 즉, 잔차의 자승합을 $S(\boldsymbol{\phi})$라 하면, 최소자승추정량 $\hat{\boldsymbol{\phi}}$는 (7.20)식을 최소로 하는 $\hat{\boldsymbol{\phi}}$를 구하는 것이 된다.

$$S(\boldsymbol{\phi}) = \sum_{t=p+1}^{T} (y_t - \phi_1 y_{t-1} - \cdots - \phi_p y_{t-p})^2 \tag{7.20}$$

이것은 앞에서 본 AR모형의 대수우도함수를 최대화하여 얻은 조건부 최우추정량과 같은 것임을 알 수 있다. 최소자승추정량 $\hat{\boldsymbol{\phi}} = (\widehat{\phi_1}, \widehat{\phi_2}, \cdots, \widehat{\phi_p})'$는 행렬을 사용하여 표현하면 다음과 같이 나타낼 수 있다.

$$\hat{\boldsymbol{\phi}} = (X_p{}' X_p)^{-1} X_p{}' \boldsymbol{y_p} \tag{7.21}$$

$$\text{단,}\quad \boldsymbol{y_p} = \begin{pmatrix} y_{p+1} \\ y_{p+2} \\ \vdots \\ y_T \end{pmatrix} \qquad X_p = \begin{pmatrix} y_p & y_{p-1} & \cdots & y_1 \\ y_{p+1} & y_p & \cdots & y_2 \\ \vdots & \vdots & & \vdots \\ y_{T-1} & y_{T-2} & \cdots & y_{T-p} \end{pmatrix}$$

AR(1) 모형의 예

$t=1$ 시점에서 오차항 u_1을 나타내면, $p=1$이므로 $u_1 = y_1 - \phi_1 y_0$가 되어 y_0는 관측불능이 된다. 그러므로 최초의 관측치 y_1은 고정된 값으로 간주하고 $y_2, \cdots, y_T$를 확률변수의 실현치로 본다. 따라서 잔차의 자승합 $S(\phi_1)$은 $t=2$에서 $t=T$까지의 합으로 된다.

$$S(\phi_1) = \sum_{t=2}^{T}(y_t - \phi_1 y_{t-1})^2 \tag{7.22}$$

한편 최소자승추정량을 구하는 (7.21)식으로부터 $\boldsymbol{y_1} = (y_2, y_3, \cdots, y_T)'$ 이고 $X_1 = (y_1, y_2, \cdots, y_{T-1})'$ 이므로 (7.22)식이 계산되고, (7.23)의 최소자승추정치 $\hat{\phi}_1$이 도출된다.

$$(X_1' X_1)^{-1} = \left(\sum_{t=2}^{T} y_{t-1}^2\right)^{-1}, \quad X_1' \boldsymbol{y_1} = \sum_{t=2}^{T} y_t y_{t-1}, \quad \hat{\phi}_1 = \sum_{t=2}^{T} y_t y_{t-1} / \sum_{t=2}^{T} y_{t-1}^2 \tag{7.23}$$

Yule-Walker 추정법 제3장에서 순수한 AR(p) 모형에 있어서 자기상관함수 $\rho_1, \rho_2, \cdots, \rho_p$와 파라메터 $\phi_1, \phi_2, \cdots, \phi_p$사이에 중요한 관계를 나타내는 Yule-Walker 방정식을 도출하였다. 즉 (3.23)식을 다시 나타내면 다음과 같다.

$$\begin{aligned} \rho_1 &= \phi_1 + \phi_2\phi_1 + \cdots + \phi_p\rho_{p-1} \\ \rho_2 &= \phi_1\rho_1 + \phi_2 + \cdots + \phi_p\rho_{p-2} \\ &\vdots \\ \rho_p &= \phi_1\rho_{p-1} + \phi_2\phi_{p-2} + \cdots + \phi_p \end{aligned} \tag{3.23}$$

그러므로 이 식의 자기상관 $\rho_k (k = 1, 2, \cdots, p)$를 표본자기상관 $\hat{\rho}_k$로 바꾸어 주어서 AR모형의 파라메터 ϕ_k를 추정할 수 있다. 추정된 파라메터를 $\tilde{\phi}_1$, $\tilde{\phi}_2$, $\cdots$, $\tilde{\phi}_p$라 하면, 다음과 같은 방정식체계를 풀어 구할 수 있다.

$$\begin{pmatrix} 1 & \hat{\rho}_1 & \cdots & \hat{\rho}_{p-1} \\ \hat{\rho}_1 & 1 & \cdots & \hat{\rho}_{p-2} \\ \vdots & \vdots & & \vdots \\ \hat{\rho}_{p-1} & \hat{\rho}_{p-2} & & 1 \end{pmatrix} \begin{pmatrix} \tilde{\phi}_1 \\ \tilde{\phi}_2 \\ \vdots \\ \tilde{\phi}_p \end{pmatrix} = \begin{pmatrix} \hat{\rho}_1 \\ \hat{\rho}_2 \\ \vdots \\ \hat{\rho}_p \end{pmatrix} \tag{7.24}$$

위의 방정식체계로부터 구하여진 $\tilde{\phi}_1, \tilde{\phi}_2, \cdots, \tilde{\phi}_p$를 Yule-Walker 추정량이라고 부르고 있는데, AR모형의 최우추정의 초기치로서 이용하는 경우가 많다.

AR(1) 모형의 경우는 $\tilde{\phi}_1$이 바로 시차 1의 표본자기상관이 된다.

$$\hat{\phi}_1 = \hat{\rho}_1 \tag{7.25}$$

AR(2) 모형의 경우는 이하의 순서로서 구할 수 있다. 즉, (7.26)식으로부터

$$\begin{pmatrix} 1 & \hat{\rho}_1 \\ \hat{\rho}_1 & 1 \end{pmatrix}\begin{pmatrix} \tilde{\phi}_1 \\ \tilde{\phi}_2 \end{pmatrix} = \begin{pmatrix} \hat{\rho}_1 \\ \hat{\rho}_2 \end{pmatrix} \tag{7.26}$$

크래머의 법칙을 이용하여 구하면 다음과 같다.

$$\tilde{\phi}_1 = \frac{\hat{\rho}_1(1-\hat{\rho}_2)}{1-\hat{\rho}_1^2} \qquad \tilde{\phi}_2 = \frac{\hat{\rho}_2 - \hat{\rho}_1^2}{1-\hat{\rho}_1^2} \tag{7.27}$$

한편 Yule-Walker 추정량과 최소자승추정량을 비교해 보면, 표본수 T가 클 때에는 같아지지만 표본수가 작을 때에는 차이가 나게 된다. 또한 Yule-Walker 추정량은 안정성의 조건을 만족하지만 최소자승추정량은 반드시 안정성의 조건을 만족한다고는 할 수 없는 점이 다르다 하겠다.

AR모형의 추정의 예 앞장의 식별에서 시험적 모형으로 선정된 것 중에서 AR(2) 모형을 추정하는 문제를 생각해 보자.

1) AR모형의 추정에 있어서 조건부최우추정량은 최소자승추정량과 같다. 이 모형은 2차의 AR모형이므로 y_1과 y_2를 고정된 값으로 보고, 추정은 y_3부터 y_{100}까지의 98개의 데이터에 의해서 실시된다. 이 데이터의 경우 파라메터의 추정치는 3번의 반복계산에 의해서 수렴되었는데, 추정된 최종결과는 다음과 같다. 단, ( )은 표준오차를 나타낸다.

$$\begin{aligned} y_t &= 20.0779 + \underset{(0.0911)}{0.7067} y_{t-1} - \underset{(0.0912)}{0.4058} y_{t-2} \\ R^2 &= 0.3892 \qquad SEE = 3.2228 \end{aligned}$$

2) Yule-Walker 추정법에 의한 추정은 (7.27)식으로부터 구할 수 있는데, 추정된 결과는 다음과 같다.

$$y_t = 20.0712 + 0.6856 y_{t-1} - 0.3882 y_{t-2}$$

7.4 MA, ARMA모형의 추정

MA모형의 최우추정법 q차의 MA모형인 MA(q)의 대수우도함수는 이동평균파라메터의 벡터를 $\boldsymbol{\theta}=(\theta_1,\theta_2,\cdots,\theta_p)'$ 라고 두고, $\boldsymbol{W_p}$는 AR(p) 모형의 대수우도함수인 (7.13)식의 $\boldsymbol{V_p}$에 대응되는 분산공분산행렬이라 할 때, 다음과 같이 도출된다.

$$\log L(\boldsymbol{\theta},\sigma^2 \mid \boldsymbol{y_T}) \approx -\frac{T}{2}\log\sigma^2 + \frac{1}{2}\log|\boldsymbol{W_p}| - \frac{1}{2\sigma^2}\{S(\boldsymbol{\theta})+S(\boldsymbol{\theta})^*\} \tag{7.28}$$

$$\text{단,}\quad S(\boldsymbol{\theta})=\sum_{t=1}^{T}u_t^2,\qquad S(\boldsymbol{\theta})^*=\sum_{t=1-q}^{0}u_t^2$$

엄밀한 최우추정량은 (7.28)식의 우도를 최대로 하는 $\boldsymbol{\theta}$를 구하면 된다. 그런데 MA모형을 추정하는 데는 기본적으로 두 가지 어려움이 있다. 첫째는 잔차의 자승합을 구하기 위해서는 표본기간을 벗어난 과거의 $u_0, u_{-1},\cdots,u_{1-q}$가 필요한데 이 값들은 관측불능이다. 그러므로 이 값들(초기치)을 적당한 방법으로 구해주지 않으면 안 된다. 둘째는 잔차의 자승합이 AR모형의 경우처럼 선형이 아니라는 점이다. 그러므로 직접적으로 선형추정법을 적용시킬 수 없고 비선형을 선형으로 바꾸어 주어야 한다. 이 문제들을 순차적으로 보기로 한다.

(7.28)식의 대수우도함수에서 오차항의 과거의 값인 $u_{1-q}, u_{2-q},\cdots,u_0$이 초기치로서 포함되어 있는 것을 알 수 있다. 즉, MA(q) 모형으로부터 오차항 u_t를 $t=1$에서 나타내면 (7.29)식이 되므로,

$$u_1 = y_1+\theta_1 u_0+\theta_2 u_{-1}+\cdots+\theta_q u_{1-q} \tag{7.29}$$

여기서 $u_0, u_{-1},\cdots,u_{1-q}$는 관측불능이기 때문에 가공의 오차항이 되는 것이다. 최우법의 추정에 있어서는 이 과거의 오차항에 대한 값을 정해주어야 된다.

이 초기치의 설정에 관한 하나의 방법은 Box-Jenkins가 제안한 방법으로서 관측치 $y_1, y_2,\cdots,y_t$를 이용하여 $u_0, u_{-1},\cdots,u_{1-q}$에 대한 예측치를 산출하는 방법인데, 이것을 역예측(back forecasting)이라고 부르고 있다.

또 하나의 방법은 과거의 오차항을 전부 0으로 두는 방법이다. 즉,

$$u_0=u_{-1}=\cdots=u_{1-q}=0 \tag{7.30}$$

이다. 이는 관측치 T가 클 때에는 초기치의 영향이 없어지기 때문에 많이 이용하는 방법이다.

한편 (7.28)의 대수우도함수에서 $\boldsymbol{W_p}$와 $S(\boldsymbol{\theta})^*$의 항을 무시하면 (7.31)의 근사적 우도함수가 된다.

$$\log L(\boldsymbol{\theta}, \sigma^2 \mid \boldsymbol{y_T}) \approx -\frac{T}{2}\log\sigma^2 - \frac{1}{2\sigma^2}S(\boldsymbol{\theta}) \tag{7.31}$$

이 근사적 우도함수를 최대로 하는 추정량을 조건부 최우추정량이라 한다. 그런데 이 우도함수를 최대로 하는 것은 (7.31)식의 마지막 항인 오차항 $S(\boldsymbol{\theta})$를 최소로 하는 것과 같으므로, 이 최우추정치는 최소자승추정치와 일치한다.

ARMA모형의 최우추정법 ARMA모형의 추정은 MA모형의 추정의 확장으로서 생각할 수 있다. 초기치 문제에 있어서도 과거의 오차항 뿐만 아니라 과거의 관측치까지 필요하게 되어 있다. 이 문제를 살펴보면, ARMA(p,q) 모형으로부터 $t=1$에서의 오차항 u_1은

$$u_1 = y_1 - \phi_1 y_0 - \cdots - \phi_p y_{1-p} + \theta_1 u_0 + \theta_2 u_{-1} + \cdots + \theta_a u_{1-q} \tag{7.32}$$

이 된다. 이 식에서는 과거의 오차항 $u_0, u_{-1}, \cdots, u_{1-q}$뿐만 아니라 과거의 관측치 $y_0, y_{-1}, \cdots, y_{1-p}$까지도 포함하고 있는 것을 알 수 있다. 그러므로 이 관측되고 있지 않는 과거치에 대한 문제를 해결해야만 된다. MA모형의 경우와 같이 역예측의 방법으로 예측치를 구하여 대입하거나, 또는 모든 과거의 오차항과 과거의 관측치를 0으로 두어 최우추정량을 구할 수도 있다.

한편 ARMA모형의 근사적 우도함수는 MA모형의 (7.31)식의 우도함수에 대응하여 나타내면 다음과 같다.

$$\log L(\boldsymbol{\phi},\ \boldsymbol{\theta},\ \sigma^2 \mid \boldsymbol{y_T}) \approx -\frac{T}{2}\log\sigma^2 - \frac{1}{2}\sigma^2 S(\boldsymbol{\theta}, \boldsymbol{\phi}) \tag{7.33}$$

단, $S(\boldsymbol{\theta}, \boldsymbol{\phi}) = \sum_{t=1}^{T}\widehat{u^2} = \sum_{t=1}^{T}(y_t - \phi_1 y_{t-1} - \cdots - \phi_p y_{T-p} + \theta_1 u_{t-1} + \cdots + \theta_q u_{t-q})^2$

이 우도함수가 최대로 되는 추정량 $\boldsymbol{\phi}$, $\boldsymbol{\theta}$가 조건부 최우추정량이 되며, 초기치를 모두 0으로 두고 있는 것을 알 수 있다.

Gauss-Newton법에 의한 비선형추정 AR모형의 최우추정에서 조건부 최우추정은 선형성을 가지도록 단순화가 가능했지만 MA, ARMA모형의 추정에 있어서는, 조건부 최우추정의 경우에 있어서도 여전히 비선형의 문제가 남는다. 그러므로 직접적으로 선형추정법을 적용시킬 수 없고 비선형을 선형으로 바꾸어 주어야 된다. 이러한 변환은 기본적으로 Taylor전개를 이용하여 비선형을 근사적인 1차식으로 만들어 주고, 그 다음으로 일정한 값의 수렴치가 얻어질 때까지 반복적으로 계산하는 Gauss-Newton법을 이용하여 파라메터 $\boldsymbol{\phi}$, $\boldsymbol{\theta}$를 추정하는 것이 일반적이다.

MA(1) 모형의 예

MA(1) 모형의 경우를 예로 들어 비선형추정의 방법을 생각해 보기로 한다. MA(1) 모형으로부터 잔차는 (7.34)식으로 나타낼 수 있다.

$$u_t = y_t + \theta_1 u_{t-1} \qquad t = 1, 2, \cdots, T \tag{7.34}$$

한편 이 MA(1) 모형의 조건부 최우추정량은 MA(q) 모형에서의 (7.31)식으로부터 유추하면 $\boldsymbol{\theta}$가 하나의 이동평균파라메터 θ_1을 가지므로 (7.34)식에 대한 잔차의 자승합을 나타내는 (7.35)식을 최소로 하는 θ_1을 구하면 되는 것이다.

$$S(\theta_1) = \sum_{t=1}^{T} u_t^2 = \sum_{t=1}^{T} (y_t + \theta_1 u_{t-1})^2 \tag{7.35}$$

그러므로, 이 식을 미분하여 0으로 놓아 구하면 된다. 그러나 이 (7.35)식에서 u_t는 θ_1의 1차함수가 아니므로 선형회귀모형에서처럼 간단한 정규방정식을 구할 수가 없다. 왜냐하면, y_t는 θ_1에 의존하지 않지만 u_t는 θ_1에 의존해 있다. 그러므로 1기 앞의 $t-1$시차의 u_{t-1}도 θ_1에 의존하고 있기 때문에, 따라서 u_t는 θ_1의 1차함수가 아니다. 이런 관계로부터 (7.35)식을 θ_1에 관해서 미분해도 오른쪽 두 번째 항의 $\theta_1 \cdot u_{t-1}$은 둘 다 θ_1의 함수이므로 두 함수의 곱의 형태가 되어 (7.36)식에서와 같은 미분이 얻어진다.

$$\frac{\partial u_t}{\partial \theta_1} = u_{t-1} + \theta_1 \frac{\partial u_{t-1}}{\partial \theta_1} \qquad t = 1, 2, \cdots, T \tag{7.36}$$

그러므로 사전에 u_t를 θ_1의 1차함수로서 근사시킬 필요가 있다.

이 비선형추정과정은 다음과 같이 진행된다. 먼저 잔차 u_t를 파라메터 θ_1의 초기 상정치 $\theta_{1,0}$의 주위에서 Taylor전개한다.

$$u_t = u_{t,0} + Z_{t,0}(\theta_1 - \theta_{1,0}) + \text{고차의 항} \tag{7.37}$$

여기서 $u_{t,0}$은 u_t를 초기치 $\theta_{1,0}$으로 평가한 잔차이고, $Z_{t,0}$은 u_t를 θ_1으로 미분한 것을 $\theta_{1,0}$으로 평가한 것이다. 만약 초기 상정치 $\theta_{1,0}$이 θ_1의 진의 값에 가까우면 Taylor전개식에서 2차 이상의 고차의 항은 무시할 수 있으므로, u_t는 θ_1의 1차함수에 근사시킬 수 있는 것이다. 이 식을 (7.38)식의 잔차의 자승합의 식에 대입하여 θ_1에 관해서 미분하여 0으로 놓고 최소자승추정치를 구한다.

$$S(\theta_1) = \sum_{t=1}^{T} u_t^2 = \sum_{t=1}^{T} \{u_{t,0} + Z_{t,0}(\theta_1 - \theta_{1,0})\}^2 \tag{7.38}$$

이렇게 구한 추정치를 $\hat{\theta}_{1,1}$이라 하면 이 추정치는 최종적인 추정치를 얻는 과정 중의 첫 번째의 잠정적인 추정치가 되는 것이다. 이번에는 $\hat{\theta}_{1,1}$의 주위에서 다시 Taylor전개를 하여 앞에서와 같은 순서와 방법으로 선형화된 방정식에 회귀분석을 행하여 두 번째의 추정치 $\hat{\theta}_{1,2}$를 얻는다. 이 과정은 k 번째의 추정치 $\hat{\theta}_{1,k}$가 미리 정하여진 수렴조건을 만족할 때까지 반복적으로 진행되며, 이 때 최종적으로 얻어진 $\hat{\theta}_{1,k}$를 θ_1에 대한 조건부 최우추정치로 보는 것이다.

이 방법은 ARMA 모형에서도 적용되며, 파라메터가 많아도 아무런 문제가 없다. 다만 모든 경우에 있어서 반드시 파라메터의 추정치가 최종적으로 수렴한다고는 말할 수 없다. 이런 경우는 파라메터의 초기 상정치를 바꾸어 볼 필요가 있을 것이다.

ARMA모형의 추정의 예 앞장의 식별에서 시험적 모형으로 선정된 것 중에서 ARMA(3,2) 모형을 추정하는 문제를 생각해보자. ARMA모형은 MA부분이 포함되어 있으므로 이것을 어떻게 처리하느냐에 따라 추정치가 조금씩 다를 수 있다. 우리가 사용하는 패키지 RATS에서는 이 문제를 다루는데 있어서 (7.30)식과 같이 오차항을 전부 0으로 가정하여 추정하고 있다. 이 데이터에 의한 ARMA(3,2) 모형의 추정에서는 Gauss-Newton법에 의한 50번의 반복계산에 의해서도 파라메터의 값이 수렴되지 않았는데, 추정결과를 나타내면 다음과 같다.

$$\begin{aligned} y_t = 6.900 &- \underset{(0.153)}{0.590} y_{t-1} + \underset{(0.098)}{0.515} y_{t-2} - \underset{(0.098)}{0.219} y_{t-3} + u_t - \underset{(0.186)}{1.415} u_{t-1} - \underset{(0.166)}{0.355} u_{t-2} \\ R^2 &= 0.440 \qquad SEE = 3.146 \end{aligned}$$

Chapter 08

진 단

8.1 진단이란

진단(diagnostic checking)이란 식별에 의해서 모형이 선정되어져서, 파라메터가 추정되어 구조가 확정된 모형이 바른지 아닌지를 판단하는 것을 말한다. 만약 모형이 바르다면 모형의 오차항인 u_t가 다른 시점의 u_t와는 독립으로 계열상관이 없어야 된다. 즉, $k>0$에 대해서 $E[u_t u_{t-k}]=0$의 성질을 만족해야 된다. 그러므로 판정방법으로서는 일반적으로 추정결과를 이용하여 잔차를 산출하고, 이 잔차를 이용하여 오차항이 계열적으로 독립인지 아닌지의 통계적 검정을 행하는 것이다. 만약 오차항이 계열적으로 독립이라면 k기 떨어진 u_t들은 서로 무상관이 된다.

잔차를 이용한 오차항의 독립성의 검정은, 잔차의 자기상관을 이용하여 t검정과 χ^2검정을 하게 되며, 다음을 검정하는 것이다.

$$\rho_1 = \rho_2 = \cdots = \rho_m = 0 \tag{8.1}$$

한편 진단이란 시계열분석의 전 과정을 통해서 최선의 모형을 선정하는 작업이므로, 기본적으로는 오차항의 독립성 검정에 의하여 실시되지만, 여기에 더하여 추정에 있어서의 여러 결과도 검토되어야만 될 것이다. 그런 의미에서 파라메터의 유의성검정, 파라메터 사이의 상관관계, 모형의 적합도 등도 함께 검토되어야 될 것이다.

8.2 잔차자기상관의 t검정

제6장의 식별에서 논한 자기상관의 t검정을 잔차에 적용하는 방법이다. 한편 잔차자기상관의 표준오차는 모든 k에 대해서, (8.2)식으로 표현되는 것으로 알려져 있다.

$$\hat{\sigma}_{\rho_k} = 1/\sqrt{T} \qquad k = 1, 2, \cdots \tag{8.2}$$

그러므로 검정은 (8.3)식과 같은 귀무가설(H_0)과 대립가설(H_1)이 설정되고,

$$\begin{aligned} H_0 &: \ \rho_k = 0 \\ H_1 &: \ \rho_k \neq 0 \end{aligned} \tag{8.3}$$

이 때 검정통계량은 (8.4)식이 된다

$$t_{\hat{\rho}_k} = \hat{\rho}_k / (1/\sqrt{T}) \tag{8.4}$$

검정은 각 차수 $k = 1, 2, \cdots$ 에 대해서 각각 시행하면 된다. <그림 8.1>에서처럼 유의수준을 0.05로 하면, 표준오차의 두 배의 범위에 포함되는가를 검정하는 것이다. 그러나 여기서 지적되고 있는 문제의 하나는, 위의 표준오차 $1/\sqrt{T}$ 는 잔차로부터 산출되는 $\hat{\rho}_k$의 표준오차 보다 일반적으로 크다는 것이다. 왜냐하면 진의 파라메터를 알 수 없어서 추정치를 사용하였기 때문이다. 그러므로 이러한 사실로부터 $\rho_k = 0$이 되는 가설이 필요 이상으로 채택되기 쉽게 되어 있다. 이러한 이유로 유의수준 0.05의 근사적인 임계치로서 2.0을 사용하는 대신에 차수가 1, 2, 3 일 때는 1.25를, 그 이상일 때는 1.6을 사용하여야 된다는 주장도 있다.

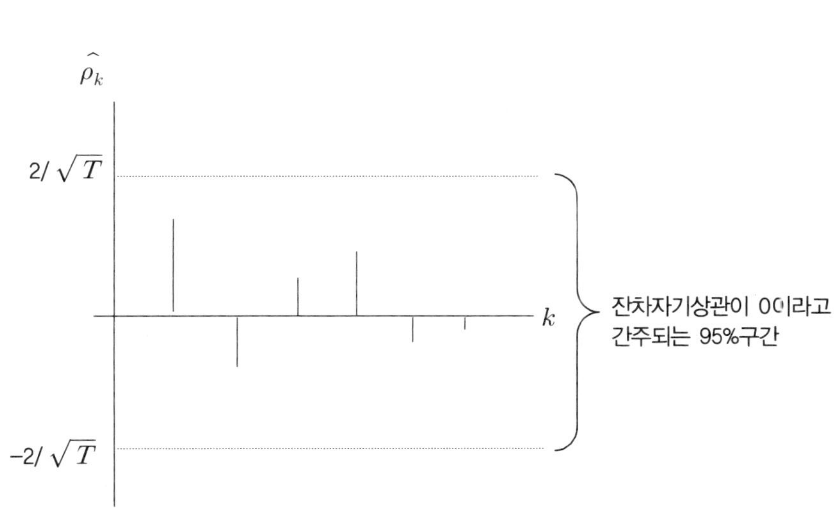

<그림 8.1> 잔차자기상관의 t 검정

t검정의 예 "실증분석의 실례 1"의 "Series A"를 사용하여 2차의 자기회귀모형 AR(2)를 추정하고 그 잔차를 이용하여 추정된 모형의 진단을 실시하기로 한다.

AR(2) 모형의 표본잔차의 자기상관은 <표 13.8>에 시차 25까지 나타나 있는데, 그 중에서 시차 6까지의 표본잔차의 자기상관($\hat{\rho}_k$)과 표본잔차자기상관의 표준오차($\hat{\sigma}_k$), t값 ($t_{\hat{\rho}_k}$)을 정리한 결과가 <표 8.1>에 나타나 있다. 표본수가 100이므로 각 시차에서의 표준오차는 시차에 관계없이 모두 0.1이 된다. t값은 (8.4)식을 이용하여 각 시차에서 표본잔차의 자기상관을 표준오차로 나누어 구한 것이다.

<표 8.1>에 의하면 t값이 모든 시차에서 -2.0에서 $+2.0$사이에 있으므로 잔차자기상관이 0이라는 귀무가설을 유의수준 0.05에서 기각하지 못하고 있다. 시차 1, 2, 3에서 유의수준 0.05의 임계치를 1.25로 적용하더라도 귀무가설을 기각하지 못하고 있다. 다만 시차 4이상에서 임계치를 1.6으로 적용하면 시차 6에서 t값이 1.745가 되므로 귀무가설이 기각되고 있다.

<표 8.1> Series A의 표본잔차의 자기상관, 표준오차, t값

k	1	2	3	4	5	6
$\widehat{\rho_k}$	0.006	−0.043	0.095	−0.088	−0.110	0.175
$\widehat{\sigma_k}$	0.1	0.1	0.1	0.1	0.1	0.1
$t_{\widehat{\rho_k}}$	0.055	−0.431	0.954	−0.881	−1.099	1.745

한편, <그림 8.2>는 시차 20까지의 표본잔차의 자기상관계수(RACF)와 잔차자기상관이 0으로 간주되는 95% 구간(표준오차의 2배)의 하한(RLOWER)과 상한(RUPPER) (−0.2, +0.2) 을 동시에 나타낸 것이다. 시차가 20까지의 경우도 표본잔차의 자기상관계수가 이 범위 안에 포함되어 있으므로 개별시차에 대한 t검정을 통과하고 있다고 하겠다.

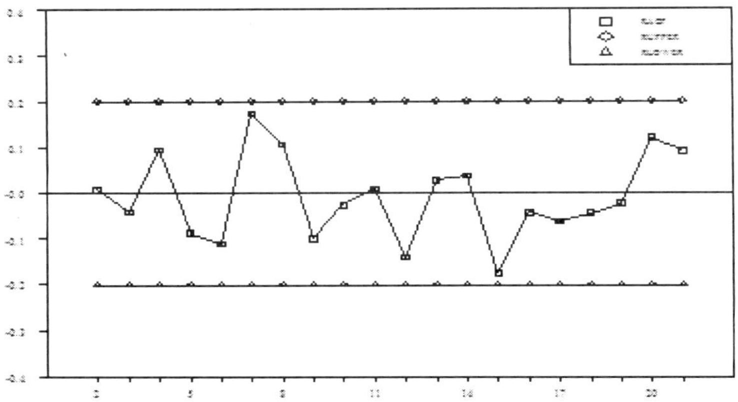

<그림 8.2> Series A 의 잔차자기상관의 t검정

8.3 잔차자기상관의 χ^2검정 : Box-Pierce Q

t검정은 개별 차수의 각각에 대해서 잔차자기상관을 검정하는 방법이다. 그러나 앞에서도 언급한 것처럼 이 방법은 약간의 난점이 있기 때문에 χ^2검정이 유효한 것으로 알려져 있다. χ^2검정방법은 t검정처럼 잔차자기상관을 개별적으로 검정하는 것이 아니라, 한꺼번에 m개의 잔차자기상관을 검정(portmanteau test)하는 방법이다. 즉, 전체검정을 하는

것이다.

Box-Pierce(1970)에 의하면, 모형이 바르게 특정화되어 있으면 잔차자기상관 $\widehat{\rho_k}$는 그 자신들이 서로 무상관이며 평균 0, 분산 $1/T$의 정규분포에 따르는 확률변수가 된다고 하였다. 즉, $\widehat{\rho_k} \sim N(0, 1/T)$이 된다는 것이다. 그러므로 m개의 잔차자기상관 $\widehat{\rho_1}, \widehat{\rho_2}, \cdots, \widehat{\rho_m}$으로부터 만들어지는 통계량 Q는

$$Q = T\left[\hat{\rho}_1^2 + \cdots + \hat{\rho}_m^2\right] = T\sum \hat{\rho}_i^2 \tag{8.5}$$

평균이 0, 분산 $1/T$을 가지는 독립된 정규확률변수의 제곱합으로 되어 있으므로, 자유도 $m-p-q$의 χ^2의 근사적인 분포에 따른다고 하였다.

Box-Pierce는 이 통계량 Q의 자유도가, 잔차자기상관의 수인 m이 아니고 $m-p-q$ (p, q는 ARMA(p,q)의 AR, MA의 차수)라고 하였다. 왜냐하면 잔차는 ARMA(p,q)로부터 추정을 한 후에 산출되므로, 자유도는 이들의 차수 p, q로 조정해 주어야 되기 때문이다. 그러므로 (8.6)식의 귀무가설(H_0)과 대립가설(H_1)

$$H_0: \ \rho_1 = \rho_2 = \cdots = \rho_m = 0 \tag{8.6}$$

H_1: 전부는 0이 아니다

에 대해서, 검정통계량 (8.5)식의 판정은 유의수준을 $\alpha = 0.05$라고 한다면, (8.7)식에 의해서 행한다.

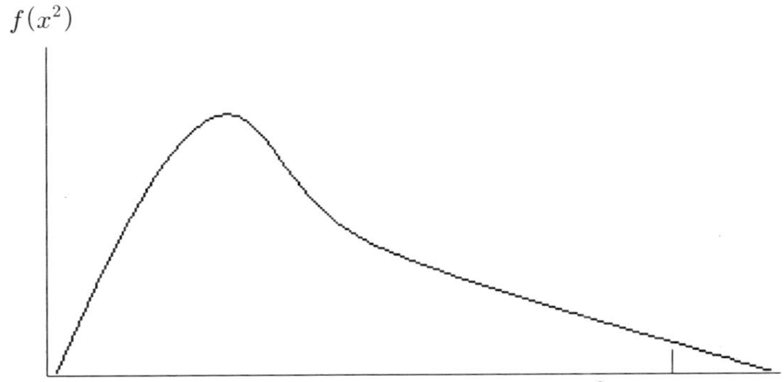

<그림 8.2> 잔차자기상관의 χ^2 검정

i) $Q > \chi^2_{(m-p-q, 0.05)}$이면 귀무가설을 기각 (8.7)

ii) $Q \leq \chi^2_{(m-p-q, 0.05)}$이면 귀무가설을 채택

i)에서, 귀무가설이 기각된다는 것은, 자기상관에 어떤 특정의 변화의 패턴이 존재하고 있는 것을 말하며, 이것은 모형의 오차항이 서로 무상관이 아니라는 것을 의미한다.

ii)에서, 귀무가설이 채택된다는 것은, 검정통계량을 계산하기 위해서 사용된 m개의 잔차자기상관은 전체로서 0이라고 볼 수 있음을 의미한다. 즉, 잔차자기상관으로 판단할 때, 모형의 오차항은 서로 무상관이라고 할 수 있다.

Box-Pierce Q 통계량의 χ^2 검정의 예

Box-Pierce Q 통계량을 산출하기 위해서 시차 25까지의 표본잔차의 자기상관 $\widehat{\rho_1}, \widehat{\rho_2}, \cdots, \widehat{\rho_{25}}$를 사용하면 Q 통계량은 18.757이 된다.

$$\begin{aligned} Q &= T[\hat{\rho}_1^2 + \hat{\rho}_2^2 + \cdots + \hat{\rho}_{25}^2] \\ &= 100[(0.006)^2 + (-0.043)^2 + \cdots + (-0.086)^2] \\ &= 18.757 \end{aligned}$$

여기서 $m = 25$, $p = 2$, $q = 0$이므로 자유도는 $m - p - q = 25 - 2 = 23$이 된다. 수표로부터 자유도 23의 χ^2분포의 확률이 0.10, 0.05, 0.01이 되는 임계치는 각각 32.01, 35.17, 41.64가 되는데, 계산된 Box-Pierce Q 통계량이 18.757로 이들 보다 작다. 그러므로 유의수준 0.05에서는 물론이고 0.10에서도 잔차자기상관이 전체로서 0이라는 귀무가설을 기각할 수 없다. 한편 Q =18.757은 자유도 23에서의 확률이 0.715가 된다.

8.4 잔차자기상관의 χ^2검정 : Ljung-Box Q

Box-Pierce Q 통계량은 표본수 T가 클 때에는 χ^2 분포에 잘 따르는 것으로 알려져 있지만, 표본수 T가 적을 때에는 좋은 근사를 나타내지 못하는 것으로 알려져 있다. 그러므로 표본수가 적을 때에는 아래와 같이 정의된 Ljung-Box Q 통계량을 사용하여 검정한다. 한편, Ljung-Box Q를 수정된 Box-Pierce 통계량이라고도 한다.

$$\begin{aligned} Q &= T(T+2)\{\hat{\rho}_1^2/(T-1) + \hat{\rho}_2^2/(T-2) + \cdots + \hat{\rho}_m^2/(T-m)\} \\ &= T(T+2)\left\{\sum_{k=1}^{m} \widehat{\rho}_k^2/(T-k)\right\} \end{aligned} \tag{8.8}$$

이 Ljung-Box Q 통계량의 검정도 문제점이 있는데, 그것은 표본수 T와 잔차자기상관의 수 m에 민감하게 반응하는 성질을 가지고 있기 때문이다. 그러므로 어떤 m을 선택하느냐에 따라서 판정결과가 달라지는 경우도 있다. 이런 이유로 대개 실증분석에서는 단일의 m을 사용하지 않고, 복수의 m을 사용하는 경우가 많다. 이 문제는 Box-Pierce Q 통계량의 검정에도 적용된다.

Ljung-Box Q 통계량의 χ^2 검정의 예

Box-Pierce Q 통계량의 산출에 사용된 시차 25까지의 표본잔차의 자기상관을 이용하여 Ljung-Box Q 통계량을 계산하면 21.921이 된다.

$$\begin{aligned} Q &= T(T+2)\{\hat{\rho}_1^2/(T-1)+\hat{\rho}_2^2/(T-2)+\cdots+\hat{\rho}_{25}^2/(T-25)\} \\ &= 100(102)(0.006)^2/(99)+(-0.043)^2/(98)+\cdots+(-0.086)^2/(75) \\ &= 21.921 \end{aligned}$$

앞 절에서 본 바와 같이 자유도 23에서의 유의수준 0.10에서의 임계치가 32.01이었으므로, 21.9211은 이 임계치보다 작다. 그러므로 유의수준 0.10에서도 잔차자기상관이 전체로서 0이라는 귀무가설을 기각할 수 없다. 한편 Q=21.9211은 자유도 23에서의 확률이 0.525가 된다.

이상에서 AR(2) 모형에 대한 진단을 오차항의 독립성에 대한 검정을 통하여 실시해 보았다. 표본잔차의 자기상관을 이용한 개별검정(t검정)과 전체검정(Box-Pierce Q와 Ljung-Box Q에 대한 χ^2검정)을 실시한 결과, AR(2) 모형은 진단을 통과하였으며, 이것은 Series A의 시계열을 생성시킨 시계열모형이 AR(2)가 된다는 것을 의미하는 것이다.

8.5 추정된 모형의 적합도 평가

표준적인 회귀분석에서 추정결과로 산출되는 여러 통계량들은 추정된 모형을 판단하는데 기준이 된다. 시계열분석에서도 마찬가지로 추정결과로 산출되는 여러 통계량들은 진단에 있어서 좋은 기준이 될 것이다. 몇 가지 통계량들을 검토해보기로 한다.

결정계수 R^2 시계열데이터의 전 변동 중에서 모형에 의하여 설명되는 부분의 자승합의 비율이 결정계수인 것은 표준적인 선형회귀식에서와 같다. 그러므로 R^2의 값이 클수록 높은 결정력을 나타낸다고 할 수 있다. 그러나 시계열모형에 있어서의 R^2에 대해서는 주의해야 할 점이 있다. 시계열모형에서의 R^2는 회귀계수 ϕ, θ에는 의존하지만 오차의 분산(σ_u^2)에는 의존하지 않는다. 그러므로 모형이 잘 설정되었는데도 불구하고 R^2의 값이 작게 나타날 수도 있기 때문에 R^2의 값이 모형의 선정에 대한 절대적인 기준이 될 수 없다.

또한 종속변수가 다른 모형들의 R^2를 비교하는 것도 좋지 않으며, 같은 종속변수라 하더라도 안정성을 가지기 위한 변수변환이 다를 경우에도 R^2에 의한 평가기준은 잘못된 판단을 할 수가 있으므로 R^2의 해석에 주의하여야 할 것이다.

파라메터의 유의성 검정 추정된 파라메터의 유의성 검정에서 모집단의 파라메터가 0이라는 귀무가설이 기각되지 않는다면, 모형에 있어서 그 파라메터의 변수는 적합하지 않다는 것을 의미한다. 그러므로 그 변수를 제거하여 모형이 재 식별되어야 한다.

변수의 제거와 추가에 의한 모형의 비교 식별된 모형에서 파라메터를 제거하여 모형이 적절한가를 검토하는 것도 모형선정의 하나의 방법이 된다. 예를 들면, AR(3) 모형이 식별에 의하여 선정되어 추정되었다고 한다면, 시차 3의 파라메터를 제거한 AR(2) 모형을 추정해 보는 것이다. 만약 시차 3의 파라메터가 여분의 변수의 파라메터로서 모형에 도입되어 있다면, 파라메터의 유의성 검정에서 점추정치의 절대치가 표준오차의 두 배를 넘지 못할 것이다. 이때는 AR(2) 모형이 AR(3) 모형에 비하여 좋은 모형으로 선정될 수 있다. 그런데 앞에서의 예처럼 유의하지 않는 파라메터가 시차가 가장 높은 변수의 파라메터일 때는 그 변수를 제거하면 되지만 그렇지 않을 때에는 어느 변수를 제거하는 것이 좋은지를 적절한 방법으로 정하여야 된다. 만약 파라메터의 추정치 사이에 높은 상관이 존재하고 유의하지 않는 파라메터가 시차가 가장 높은 파라메터와 상관관계를 가진다면, 시차가 높은 변수를 제거하여 모형을 평가하는 편이 좋을 것이다.

한편 식별에 의하여 선정된 모형에 파라메터를 추가하여 모형이 개선되었는지를 검토해 보는 것도 좋은 방법이 된다. 만약 파라메터를 추가하여 추정한 결과 파라메터의 유의성의 문제가 발생하던지, 추정치간의 상관관계가 새롭게 높게 나타난다면 변수의 추가는 적절치 못한 것이 된다.

여기서 변수를 추가할 때 주의해야 할 점이 있는데, 그것은 자기회귀파라메터와 이동평균파라메터를 동시에 추가할 때 발생하는 문제이다.

지금 AR(1) 모형을 예로 들면,

$$(1-\phi_1 L)y_t = u_t \tag{8.9}$$

에서 $(1-L)$을 (7.9)식의 양변에 곱하면 (8.10)식이 된다.

$$(1-L)(1-\phi_1 L)y_t = (1-L)u_t \tag{8.10}$$

(8.10)식은 (8.9)식에 비하여 양변에 공통인수 $(1-L)$을 곱한 형태로서 이들 사이는 아무런 차이도 없다. 그런데 (8.10)식을 풀어서 나타내면 파라메터에 제약이 부과된 ARMA(2,1) 모형인 (8.11)식이 되는 것이다.

$$y_t = (\phi_1 + 1)y_{t-1} - \phi_1 y_{t-2} + u_t - u_{t-1} \tag{8.11}$$

한편 AR(1) 모형에서 AR에서의 시차 2의 파라메터 ϕ_2와 MA에서의 시차 1의 θ_1을 동시에 추가하면 ARMA(2,1) 모형

$$y_t = \phi_1 y_{t-1} + \phi_2 y_{t-2} + u_t - \theta_1 u_{t-1} \tag{8.12}$$

이 된다. 따라서 (8.12)식을 추정하는 것은 원래의 AR(1) 모형과 아무런 차이가 없는 (8.11)식을 추정하는 결과가 된다. 이와 같은 결과는 자기회귀파라메터와 이동평균파라메터를 동시에 추가할 때 발생할 수 있으므로, 어느 한쪽만을 추가해야 된다는 사실을 의미한다.

한편 추정된 모형의 적합도에 대한 평가는 제5부의 "실증분석의 실례"의 해당부분을 참조하기 바란다. Series A에 대한 경우는 제13장의 제4절에서 다루고 있다.

Chapter 09

예 측

9.1 예측이란

주어진 관측치로부터 시계열모형이 식별되고 파라메터가 추정되어져서 모형에 대한 진단을 통과하면, 다음 단계는 추정된 모형을 이용하여 예측을 실시하게 된다.

지금 $t=1,2,\cdots,T$ 기까지의 관측치 $\{y_1, y_2, \dots, y_T\}$가 주어져 있을 때 이 관측치를 이용하여 $T+h(h\geq 1)$기의 y_{T+h}를 예측하는 문제를 생각해보기로 한다. 예측은 가능한 한 진의 값에 가까울수록 좋은 예측이라 할 수 있다. 즉, 진의 값과 예측치의 차이인 예측오차가 작을수록 좋은 예측이 된다. 그러면 좋은 예측이 되기 위해서는 어떤 조건이 성립되어야 하는가?

$T+h$기에 있어서 진의 미래치 y_{T+h}의 예측치를 $\hat{y}_{T+h}$로 나타내기로 하자. 그러면 예측오차 e_{T+h}는

$$e_{T+h} = y_{T+h} - \hat{y}_{T+h} \tag{9.1}$$

가 된다. 이 예측오차는 예측치 $\hat{y}_{T+h}$가 표본에 따라서 달라지는 확률변수이므로, 그 기대치(expected value)가 최소가 되는 것이 좋다. 즉 (9.2)식의 예측오차의 분산

$$E[e_{T+h}]^2 = E[y_{T+h} - \hat{y}_{T+h}]^2 \tag{9.2}$$

이 최소가 되는 $\hat{y}_{T+h}$가 바람직한 예측치가 된다는 것이며, 이 성질을 만족시키는 예측량 $\hat{y}_{T+h}$는 최소평균자승오차(MMSE : minimum mean squared error) 예측량이 된다. 즉, $\hat{y}_{T+h}$를 y_{T+h}의 최소평균자승오차 예측량이라 할 때, 적어도 $E[y_{T+h} - \hat{y}_{T+h}]^2$는 다른 모든 예측량의 평균자승오차보다는 크지 않게 된다는 것이다. 이때 $\hat{y}_{T+h}$는 y_{T+h}의 조건부기대치(conditional expectation)가 되며 다음과 같이 나타내기로 한다.

$$\hat{y}_{T+h} = E[y_{T+h} \mid y_T, y_{T-1}, \cdots, y_1] \tag{9.3}$$

여기서 조건부기대치란 모든 관측치에 관한 정보를 이용한(조건이 부여된) 기대치를 말한다.

9.2 최소평균자승오차

최소평균자승오차의 성질을 가지는 예측치 $\hat{y}_{T+h}$를 구해보고, 이것이 y_{T+h}의 조건부기대치가 되는 것을 보기로 한다.[1)]

임의의 ARMA(p,q) 과정은 안정성의 조건이 성립되면 다음과 같이 무한차의 MA과정으로 나타낼 수 있다.

$$y_t = \psi_0 u_t + \psi_1 u_{t-1} + \cdots = \sum_{j=0}^{\infty} \psi_j u_{t-j} \tag{9.4}$$

여기서 평균 μ는 0으로 가정하여 모형에서 제외되어 있으며, $\psi_0 = 1$ 이고 ψ_j는 시차연산자 L을 사용하여 나타내었을 때, (5.16)식으로부터

$$y_t = \phi^{-1}(L)\theta(L)u_t \tag{9.5}$$

으로 나타낼 수 있으므로

$$\theta^{-1}(L)\theta(L)u_t = \psi(L)u_t = \psi_0 u_t + \psi_1 u_{t-1} + \cdots \tag{9.6}$$

에 의하여 정하여지는 계수가 된다. 그러므로 $T+h$기의 y_{T+h}는

1) 예측에 관한 자세한 사항은 Pindyck and Rubinfeld(1991) pp.516-518, 또는 Harvey(1981)의 pp.157-160을 참조할 것.

$$
\begin{aligned}
y_{T+h} &= (\psi_0 u_{T+h} + \psi_1 u_{T+h} + \cdots + \psi_{h-1} u_{T+1}) + (\psi_h u_T + \psi_{h+1} u_{T-1} + \cdots) \\
&= (\psi_0 u_{T+h} + \psi_1 u_{T+h} + \cdots + \psi_{h-1} u_{T+1}) + \sum_{j=0}^{\infty} \psi_{h+j} u_{T-j} \qquad (9.7)
\end{aligned}
$$

로 나타낼 수 있다. (9.7)식의 오른쪽 부분은, 두 번째 항이 과거의 무한대의 시점으로부터 표본기간 T시점까지의 정보를 포함하고 있는 부분이고, 첫 번째 항은 미래의 정보를 포함하고 있는 부분으로 구성되어 있는 것임을 알 수 있다.

한편 예측치 $\hat{y}_{T+h}$는 T시점까지 만의 정보를 이용하고 있으므로 추정이 가능한 오차항 $u_t, u_{t-1}, \cdots$ 의 가중합으로 나타낼 수 있다.

$$
\hat{y}_{T+h} = \psi_h^* u_T + \psi_{h+1}^* u_{T-1} + \cdots = \sum_{j=0}^{\infty} \psi_{h+1}^* u_{T-j} \qquad (9.8)
$$

(9.8)식의 가중치(계수)ψ_{h+j}^*는 예측치 $\hat{y}_{T+h}$가 최소평균자승오차를 가지도록 적합하게 정하여지는 것으로 한다. 그러면 예측오차는 (9.7)식에서 (9.8)식을 뺀 것으로서, (9.9)식이 되고

$$
e_{T+h} = (\psi_0 u_{T+h} + \cdots + \psi_{h-1} u_{T+1}) + \sum_{j=0}^{\infty} (\psi_{h+j} - \psi_{h+j}^*) u_{T-j} \qquad (9.9)
$$

예측오차의 평균자승오차(분산)는 오차항의 가정으로부터 시차가 다른 오차항의 곱은 0이 되므로($E[u_i u_j] = 0, i \neq j$), (9.10)식이 될 것이다.

$$
\begin{aligned}
E[e_{t+h}]^2 &= E[y_{T+h} - \hat{y}_{T+h}]^2 \\
&= (\psi_0^2 + \psi_1^2 + \cdots + \psi_{h-1}^2)\sigma_u^2 + \sum_{j=0}^{\infty} (\psi_{h+j} - \psi_{h+j}^*)^2 \sigma_u^2 \qquad (9.10)
\end{aligned}
$$

(9.10)식에서 가중치 ψ_{h+j}^*가 진의 가중치 ψ_{h+j}와 일치하면 평균자승오차는 최소가 된다. 이것은 최적인 예측치 $\hat{y}_{T+h}$는 y_{T+h}의 조건부기대치가 되는 것을 의미한다. 즉, $T+h$기의 예측치 $\hat{y}_{T+h}$가 T기까지의 정보 만에 의존하므로 표본기간 T를 넘는 미래의 오차항 $u_{T+h}, \cdots, u_{T+1}$의 기대치는 모두 0이 되고, u_T, $u_{T-1}, \cdots$ 의 오차항은 추정된 잔차 $\hat{u}_T, \hat{u}_{T-1}, \cdots$ 를 이용하면, y_{T+h}의 최소평균자승오차의 예측치 $\hat{y}_{T+h}$는 (9.11)식과 같이 y_{T+h}의 조건부기대치가 된다는 것이다.

$$\hat{y}_{T+h} = \sum_{j=0}^{\infty} \psi_{h+j} \hat{u}_{T-j} = E[y_{T+h} \mid y_T, y_{T-1}, \cdots, y_1] \tag{9.11}$$

또한 예측오차의 분산은 (9.12)식이 된다

$$E[e_{T+h}]^2 = (1 + \psi_1^2 + \cdots + \psi_{h-1}^2)\sigma_u^2 \tag{9.12}$$

9.3 최적예측과 예측오차

앞 절에서 y_{T+h}의 최소평균자승오차의 예측치 $\hat{y}_{T+h}$를 구하여 보았는데, 이렇게 구한 $\hat{y}_{T+h}$를 최적예측(optimal prediction)이라고도 한다. 최적예측의 의미는 더 이상 예측오차를 줄일 수 없는 상태에서의 예측을 말한다. 이 최적예측과 예측오차의 문제를 AR(1) 모형을 이용하여 예를 들어보기로 한다.

AR(1) 모형의 최적예측 $T+h$기의 미래치 y_{T+h}는 AR(1) 모형에 $t = T+1, T+2, \cdots, T+h$까지를 순차적으로 대입함으로써 구할 수 있다.

$$\begin{aligned} y_{T+1} &= \phi_1 y_T + u_{T+1} \\ y_{T+2} &= \phi_1 y_{T+1} + u_{T+2} = \phi_1(\phi_1 y_T + u_{T+1}) + u_{T+2} \\ &= \phi_1^2 y_T + \phi_1 u_{T+1} + u_{T+2} \end{aligned} \tag{9.13}$$

그러므로 $T+h$에서의 미래치는 (9.14)식으로 나타낼 수 있는데, 이것은 파라메터 ϕ_1과 마지막 관측치인 y_T, 그리고 예측시점까지의 미래의 오차항으로 구성되어 있다.

$$\begin{aligned} y_{t+h} &= \phi_1 y_{T+h-1} + u_{T+h} \\ &= \phi_1^h y_T + (\phi_1^{h-1} u_{T+1} + \cdots + u_{T+h}) \end{aligned} \tag{9.14}$$

(9.14)식으로 도출된 구조를 y_{T+h}의 진의 구조라 하면, 첫 번째 항의 파라메터 ϕ_1과 관측치 y_T는 이미 알고 있는 값이므로 계산이 가능하다. 그러나 두 번째 항은 미래의 오차항이므로 주어진 관측치로부터는 계산이 불가능하다. 그래서 이 두 부분을 나누면 (9.15)식이 되는데, (9.16)식은 점예측치가 되고 (9.17)식은 예측오차가 된다.

$$y_{T+h} = \hat{y}_{T+h} + e_{T+h} \tag{9.15}$$

$$\hat{y}_{T+h} = \phi_1^h y_T \tag{9.16}$$

$$e_{T+h} = u_{T+h} + \phi_1 u_{T+h-1} + \cdots + \phi_1^h u_{T+1} \tag{9.17}$$

(9.16)식의 점예측치는 (9.17)식에서 예측오차가 모두 미래의 오차항만으로 구성되어 있기 때문에 조정이 불가능한 상태에 있어, 예측오차를 더 이상 줄일 수 없으므로 최적예측이 된다. 한편 만약 AR(1) 모형에 상수항 α가 도입되면 (9.16)식은 상수항과 관련된 항이 추가되어 $\hat{y}_{T+h}$는 (9.18)식이 된다.

$$\hat{y}_{T+h} = \alpha(1 + \phi_1 + \cdots + \phi_1^{h-1}) + \phi_1^h y_T \tag{9.18}$$

여기서 예측기간을 무한대로 접근시키면 즉, $h \to \infty$이면, ϕ_1은 안정성을 가질 때 $-1 < \phi_1 < 1$이므로 $\phi_1^h \to 0$이 되고, 추가된 항은 무한등비수열의 합으로 계산되므로 $\mu = \alpha/(1-\phi_1)$이 된다. 그러므로 $\hat{y}_{T+h}$는 평균 μ에 접근하게 된다.

예측오차의 평균과 분산 예측오차의 통계적 성질을 알기 위해서 기대치를 이용하여 평균과 분산을 구해보면 다음과 같다.

$$\begin{aligned} E[e_{T+h}] &= E[u_{T+h} + \phi_1 u_{T+h-1} + \cdots + \phi_1^{h-1} u_{T+1}] \\ &= E[u_{T+h}] + \phi_1 E[u_{T+h-1}] + \cdots + \phi_1^{h-1} E[u_{T+1}] = 0 \end{aligned} \tag{9.19}$$

$$\begin{aligned} Var(e_{T+h}) &= E[e_{T+h} - E[e_{T+h}]]^2 = E[e_{T+h}]^2 \\ &= E[u_{T+h}^2 + \phi_1^2 u_{T+h-1}^2 + \cdots + \phi_1^{2(h-1)} u_{T+1}^2] \\ &= (1 + \phi_1^2 + \cdots + \phi_1^{2(h-1)})\sigma^2 \end{aligned} \tag{9.20}$$

위의 예측오차의 분산을 나타낸 식 (9.20)에서 알 수 있는 바와 같이, 예측오차의 분산은 예측기간이 증대함에 따라서($h \to \infty$) 반드시 체증한다. 즉, 예측시점이 표본기간으로부터 멀어질수록 예측오차가 커진다.

한편 $h \to \infty$일 때의 예측오차의 분산은

$$\lim_{h \to \infty} Var(e_{T+h}) = \frac{\sigma^2}{1-\phi_1^2} \tag{9.21}$$

가 되어 (3.5)식인 y_t의 분산(γ_0) 그 자체가 되는 것을 알 수 있다.

예측의 신뢰구간 최적예측은 점예측을 의미한다. 그러므로 보다 의미 있는 예측을 하기 위해서는 예측의 신뢰구간을 구할 필요가 있다. 여기서 오차항이 정규분포에 따른다는 가정을 두면 최적예측은 예측오차의 평균이 0이므로 평균 y_{T+h}, 분산 σ^2_{T+h} $(= Var(e_{T+h}))$의 정규분포에 따르게 된다. 만약 신뢰도를 95%로 하면 $T+h$기의 최적 예측의 신뢰구간은 (9.22)식의 범위가 된다.

$$\hat{y}_{T+h} \pm 1.96\hat{\sigma}_{T+h} \tag{9.22}$$

예측오차의 분산은 h가 증가함에 따라 점점 크게 되므로, 신뢰구간도 예측기간의 증대와 함께 범위가 넓어지게 된다.

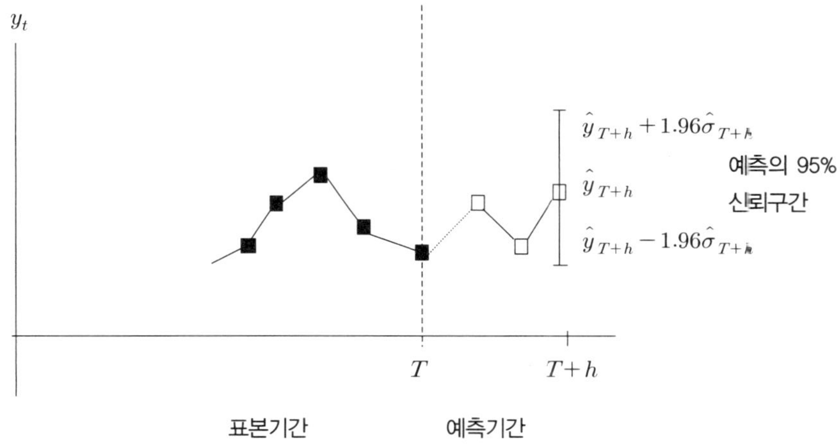

<그림 9.1> 점예측과 예측의 신뢰구간

한편 오차항의 분산의 추정치 $\hat{\sigma}^2$는 추정에 의하여 계산된 잔차의 자승합으로부터 (9.23)식에 의하여 구할 수 있다. 여기서 $T-p-q$는 자유도가 된다.

$$\hat{\sigma}^2 = \frac{1}{T-p-q}\sum_{t=1}^{T}\hat{u}_t^2 \tag{9.23}$$

9.4 각 모형에서의 최적예측의 계산

지금까지 y_{T+h}의 최적예측치로서 최소평균자승오차의 성질을 가지는 예측치 $\hat{y}_{T+h}$를 구해보고, 이것이 y_{T+h}의 조건부기대치가 되는 것을 보았다. 이 절에서는 보다 실용적인 측면에서 최적예측과 예측오차의 분산을 도출하는 방법을 검토해 보기로 한다. 여기서는 정수항을 포함하는 모형을 대상으로 하였다.

AR모형 먼저 AR(1)의 경우를 예로 들면, 1기 앞의 $T+1$기의 진의 예측치 y_{T+1}은

$$y_{T+1} = \alpha + \phi_1 y_T + u_{T+1} \tag{9.24}$$

이 된다. 여기서 $\hat{y}_{T+1}$은 y_{T+1}의 최적예측으로, 조건부기대치로서 구할 수 있다. 즉, 관측치로부터의 모든 정보를 이용하면 y_T는 알려져 있고, 파라메터 α, ϕ_1은 진의 값이 알려져 있다고 가정하므로 그대로 이용할 수 있다. 그런데, $T+1$기의 오차항 u_{T+1}은 미래의 오차항이므로, 현재시점에서 알 수 없기 때문에 기대치가 0이라고 가정하면($E[u_{T+1}]=0$), $u_{T+1}=0$이 되어 최적예측은

$$\hat{y}_{T+1} = E[y_{T+1} \mid y_T, y_{T-1}, \cdots, y_1] = \alpha + \phi_1 y_T \tag{9.25}$$

가 된다. 같은 방법으로 2기 앞의 최적예측치 $\hat{y}_{T+2}$는

$$\hat{y}_{T+2} = \alpha + \phi_1 y_{T+1} + u_{T+2} \tag{9.26}$$

로부터 $u_{T+2}=0$이고, y_{T+1}은 현재시점에서 관측되지 않으므로 $T+1$기의 최적예측치 $\hat{y}_{T+1}$을 대신 대입하면

$$\begin{aligned}\hat{y}_{T+2} &= E[y_{T+2} \mid y_T, y_{T-1}, \cdots, y_1] \\ &= \alpha + \phi_1 \hat{y}_{T+1} \\ &= \alpha + \phi_1(\alpha + \phi_1 y_T) \\ &= \alpha + \phi_1 \alpha + \phi_1^2 y_T \end{aligned} \tag{9.27}$$

이 된다. 이와 같이 순차적으로 예측치를 구하여 가면, $T+h$기의 최적예측치는 다음과 같이 (9.28)식으로 구할 수 있다.

$$\hat{y}_{T+h} = E[y_{T+h} \mid y_t, y_{T-1}, \cdots, y_1]$$
$$= \alpha + \phi_1 \hat{y}_{T+h-1}$$
$$= \alpha(1 + \phi_1 + \cdots + \phi_1^{h-1}) + \phi_1^h y_T \tag{9.28}$$

여기서 $h \to \infty$이면 $\hat{y}_{T+h}$는 y_T의 평균값 μ에 접근해 가는 것을 (9.18)식에서 본 바와 같다. 이것은 예측기간 h가 크게 되면 최선의 예측은 y_T의 평균자체가 된다는 것을 의미한다.

한편 p차의 자기회귀모형 AR(p)에서는 1기 앞의 $T+1$기의 진의 예측치 y_{T+1}은

$$y_{T+1} = \alpha + \phi_1 y_T + \phi_2 y_{T-1} + \cdots + \phi_p y_{T-p+1} + u_{T+1} \tag{9.29}$$

인데, 가정에 의하여 파라메터 $\alpha, \phi_1, \cdots, \phi_p$와 관측치 $y_T, y_{T-1}, \cdots, y_{T-P+1}$은 알려져 있으나 1기 앞의 오차항 u_{T+1}은 미지수이다. 그러므로 예측시점에서의 오차항의 기대치가 0이라는 가정을 이용하여 $u_{T+1} = 0$으로 두면, y_{T+1}의 최적예측치 $\hat{y}_{T+1}$은 (9.30)식으로 구하여진다.

$$\hat{y}_{T+1} = E[y_{T+1} \mid y_T, y_{T-1}, \cdots, y_1]$$
$$= \alpha + \phi_1 y_T + \phi_2 y_{T-1} + \cdots + \phi_p y_{T-p+1} \tag{9.30}$$

이와 같은 방법으로 순차 대입해 가면, p차의 AR모형의 h 기 앞의 최적예측치는 다음과 같다.

$$\hat{y}_{T+1} = E[y_{T+h} \mid y_T,\ y_{T-1},\ \cdots,\ y_1]$$
$$= \alpha + \phi_1 \hat{y}_{T+h-1} + \phi_2 \hat{y}_{T+h-2} + \cdots + \phi_p \hat{y}_{T+h-p} \tag{9.31}$$

단, (9.31)식에서 $\widehat{y_t}$에서는 표본기간내의 경우는 관측치를 대입하고 표본기간을 벗어날 때에는 그전의 최적예측치를 대입하면 되는 것이다. 어쨌든 차수 p가 유한한 AR(p) 모형의 예측에 있어서는 p개의 최근의 관측치 $y_T, y_{T-1}, \cdots, y_{T-P+1}$이 출발치로서 필요하게 된다는 것을 알 수 있다. AR(1) 에서의 출발치는 1개로서 마지막 관측치인 y_T가 된다.

한편 AR(1)에서 $T+1$기에서의 예측오차는

$$e_{T+1} = y_{T+1} - \hat{y}_{T+1}$$
$$= (\alpha + \phi_1 y_{T+1} + u_{T+1}) - (\alpha + \phi_1 y_T) = u_{T+1} \tag{9.32}$$

이 되므로 예측오차의 분산은

$$Var(e_{r+1}) = E[u_{t+1}]^2 = \sigma_u^2 \tag{9.33}$$

가 된다. 같은 방법으로 $T+2$기에서와 $T+h$기에서의 예측오차의 분산은 각각 다음과 같다.

$$Var(e_{T+2}) = E[u_{T+2}]^2 = (1+\phi_1^2)\sigma_u^2 \tag{9.34}$$

$$Var(e_{T+h}) = E[u_{T+h}]^2 = (1+\phi_1^2 + \cdots + \phi_1^{2(h-1)})\sigma_u^2 \tag{9.35}$$

한편 $h \to \infty$일 때 예측오차의 분산이 y_t의 분산에 접근해 가는 성질은 (9.21)식에서 검토한 바와 같다.

MA모형 먼저 1차의 MA(1) 모형 $y_t = \mu + u_t - \theta_1 u_t$에서 1기 앞의 $T+1$기의 진의 예측치 y_{T+1}은 (9.36)식이 된다.

$$y_{T+1} = \mu + u_{T+1} - \theta_1 u_T \tag{9.36}$$

(9.36)식에서 파라메터 μ, θ_1은 알려져 있고, 표본기간내의 오차항 u_T는 알 수 있는 값으로 가정하고 있기 때문에, 이식에서 u_{T+1}만 미지이다. 그러므로 $E[u_{T+1}] = 0$의 가정을 이용하여 $u_{T+1} = 0$으로 두면, 최적예측치는 (9.37)식이 된다. 여기서 $\hat{u}$는 오차항 u_T의 잔차를 나타낸다.

$$\hat{y}_{T+1} = E[y_{T+1} \mid y_T, y_{T-1}, \cdots, y_1] = \mu - \theta_1 \hat{u}_T \tag{9.37}$$

2기 앞의 $T+2$기의 y_{T+2}의 진의 예측치는 (9.38)식이 되는데,

$$y_{T+2} = \mu + u_{T+2} - \theta_1 u_{T+1} \tag{9.38}$$

여기서 $u_{T+2} = u_{T+1} = 0$으로 두면, 최적예측은 (9.39)식으로 구할 수 있다.

$$\hat{y}_{T+2} = E[y_{T+2} \mid y_T, y_{T-1}, \cdots, y_1] = \mu \tag{9.39}$$

이후 $T+h$기까지 모두 (9.39)식과 같이 평균 μ가 최적예측치가 된다. 즉, MA(1) 모형에서의 최적예측은 $T+1$기만 어떤 예측치를 가지고 $T+2$기부터는 모두 MA(1) 모형의 평균값이 된다는 것이다. 이 성질은 MA(q) 모형에서도 같다. 즉, MA(q) 모형에서 예측기간 h가 크게 될수록 예측을 구성하는 항이 하나씩 줄어들고, $(q+1)$기 앞 이상의 예측은 모두 MA모형의 평균 μ가 최적예측이 되는 것이다. 그러므로 MA(q) 모형의 최적예측은

(9.40)식이 된다.

$$\begin{aligned}
\hat{y}_{T+1} &= \mu - \theta_1\hat{u}_T - \theta_2\hat{u}_{T-1}\cdots - \theta_q\hat{u}_{T-q+1} \\
\hat{y}_{T+2} &= \mu \qquad\quad - \theta_2\hat{u}_{T-1}\cdots - \theta_q\hat{u}_{T-q+2} \\
\hat{y}_{T+q} &= \mu \qquad\qquad\qquad\qquad - \theta_q\hat{u}_T \\
\hat{y}_{T+h} &= \mu \qquad\qquad\qquad\qquad\qquad (h \geq q+1)
\end{aligned} \tag{9.40}$$

한편 MA(1)에서의 예측오차는 (9.41)식이므로, 예측오차의 분산은 (9.42)식이 된다.

$$\begin{aligned}
e_{T+1} &= y_{T+1} - \hat{y}_{T+1} \\
&= (\mu + u_{T+1} - \theta_1 u_T) - (\mu - \theta_1\hat{u}_T) = u_{T+1}
\end{aligned} \tag{9.41}$$

$$Var(e_{T+1}) = E[u_{T+1}]^2 = \sigma_u^2 \tag{9.42}$$

$T+2$기 이후 $T+h$기까지의 분산은

$$Var(e_{T+h}) = E[u_{T+h} - \theta_1 u_{T+h-1}]^2 = (1+\theta_1^2)\sigma_u^2 \tag{9.43}$$

이 되며, y_t의 분산 그 자체가 되는 것을 알 수 있다. 즉, MA모형의 경우 차수보다 큰 시차 h에 대해서는 바로 그 모형의 분산에 접근해 간다.

ARMA모형 ARMA(1.1) 모형에서 $T+1$기의 진의 예측치는 (9.44)식이 된다.

$$y_{T+1} = \alpha + \phi_1 y_T + u_{T+1} - \theta_1 u_T \tag{9.44}$$

여기서 파라메터 α, ϕ_1, θ_1과 마지막 관측치 y_T, 그리고 오차항 u_T는 기지이고, 미래의 오차항 u_{T+1}만이 미지이다. 그러므로 $E[u_{T+1}] = 0$의 가정을 이용하여 $u_{T+1} = 0$으로 두면, 최적예측은 (9.45)식이 된다.

$$\hat{y}_{T+1} = E[y_{T+1} \mid y_T, y_{T-1}, \cdots, y_1] = \alpha + \phi_1 y_T - \theta_1\widehat{u_T} \tag{9.45}$$

$T+2$기의 진의 예측치 y_{T+2}는

$$y_{T+2} = \alpha + \phi_1 y_{T+1} + u_{T+2} - \theta_1 u_{T+1} \tag{9.46}$$

이 된다. 이 식에서 파라메터 α, ϕ_1, θ_1은 기지이고, y_{T+1}은 최적예측치 $\hat{y}_{T+1}$을 대입하면, $u_{T+1} = u_{T+2} = 0$의 가정으로부터 최적예측은 (9.47)식이 된다.

$$\hat{y}_{T+2} = E[y_{T+1} \mid y_T, y_{T-1}, \cdots, y_1] = \alpha + \phi_1 \hat{y}_{T+1} \tag{9.47}$$

즉, 예측시점 $T+2$기에 있어서는 MA부분의 차수 1보다 클 경우가 되며, 이때에는 최적예측식에서 MA부분의 요인이 없어지고 AR부분의 요인만이 남게 된다. 그러므로 이 이후 $T+h$기의 최적예측은 (9.48)식이 된다.

$$\hat{y}_{T+h} = \alpha + \phi_1 \hat{y}_{T+h-1} \tag{9.48}$$

한편 $T+1$, $T+2$기의 예측오차의 분산은 다음과 같다.

$$Var(e_{T+1}) = \sigma_u^2 \tag{9.49}$$

$$Var(e_{T+2}) = [(\phi_1 - \theta_1)^2 + 1]\sigma_u^2 \tag{9.50}$$

AR모형과 ARMA모형의 예측의 비교 앞장에서 다룬 Series A에 대한 AR(2) 모형과 ARMA(3,2) 모형의 예측을 비교하여 나타내어보기로 한다.

추정된 두 모형으로부터 101기부터 110기까지 10기의 추정치를 얻은 결과는 <그림 9.2>에 나타나 있다. □표시는 표본치로서 91기부터 100기까지가 나타나 있고, ◇표시가 AR(2)의 예측치이며, △표시가 ARMA(3,2)의 예측치이다.

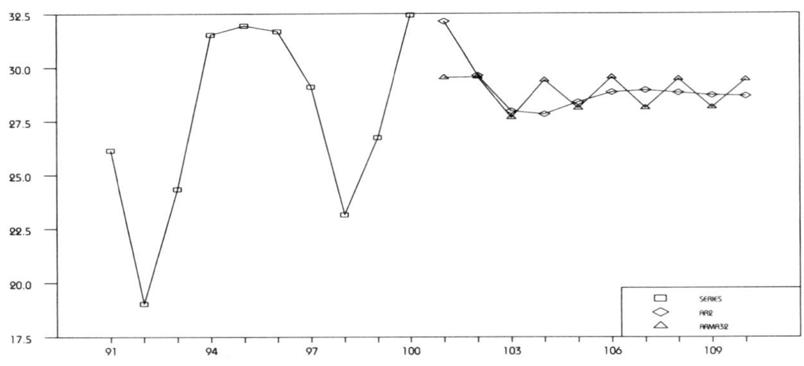

<그림 9.2> AR(2) 모형과 ARMA(3, 2) 모형의 예측치의 비교

그림에 의하면, AR(2)의 예측치는 빠른 속도로 평균에 수렴해 가는 것을 알 수 있으며, 반면 ARMA(3,2)의 예측치는 상하로 변동하면서 진행하고 있는 점이 비교된다. 두 모형의

어느 쪽이 정확한 예측을 하는지는 실제치와의 비교에 의해서만 판정되기 때문에, 여기서는 예측의 우열을 가릴 수 없다고 하겠다. AR(2) 모형의 예측에 관한 보다 자세한 사항은 제13장 "실증분석의 실례 1"의 제5절에서 다루고 있다.

9.5 예측력의 평가

시계열모형에 의한 분석의 가장 중요한 목적중의 하나는 예측에 있다고 하겠다. 그러므로 아무리 진단을 잘 통과하여 통계적으로 적합한 모형이라 하더라도 예측의 정확도가 떨어지면 모형의 현실적응력이라는 측면에서 유용한 모형이 될 수 없을 것이다.

진단은 모형이 여러 "통계적 성질"을 만족하는지 아닌지를 가리는 기준에 의하여 실시되는 것에 비하여, 예측은 "예측능력"이라고 하는 실제적인 기준에 근거하고 있다. 그런 의미로서 진단과 예측은 별개의 기준에 의하여 논의되지만 궁극적으로는 "최선의 모형의 선정"이라는 공동목표를 가지고 있는 것이다. 그러므로 이 두 기준을 동시에 만족하는 모형이 우리들이 구하는 최선의 모형이라고 평가할 수 있을 것이다.

예측력을 평가하는 데는 예측치와 실제치(관측치)와의 차이가 얼마나 작은가에 따라서 측정되며, 여기서의 분석에서는 여러 지표 중에서 세 가지의 지표를 사용하여 측정하려고 한다.

RMSE RMSE는 평균자승오차의 제곱근(Root Mean Square Error)으로 다음과 같이 정의된다.

$$RMSE = \sqrt{\frac{1}{h}\sum_{t=1}^{h}(\hat{y_t} - y_t)^2} \tag{9.51}$$

단, y_t : 실제치, $\hat{y_t}$: 예측치, h : 예측기간

이 지표는 예측치($\hat{y_t}$)와 실제치(y_t)와의 차이의 자승에 대한 평균값을 구하고 그것의 제곱근을 구하는 것으로 정의되어 있다. 즉, 실제치를 중심으로 예측치가 얼마만큼 떨어져 있는가를 전체 예측기간에 대한 평균으로 그 밀접도를 측정하고 있다.

그런데 이 지표는 예측치와 실제치와의 차이는 측정되지만 그 정도가 어떤지는 알 수

없는 문제점을 가지고 있다. 이 문제를 시정하여 서로 비교가 가능한 백분비로 나타낸 지표가 PRMSE이다.

PRMSE PRMSE는 백분비 평균자승오차의 제곱근(Percentage Root Mean Square Error)으로서 다음과 같이 정의된다.

$$PRMSE = 100 \times \sqrt{\frac{1}{h}\sum_{t=1}^{h}\left(\frac{\hat{y_t} - y_t}{y_t}\right)^2} \tag{9.52}$$

이 지표는 예측치와 실제치와의 차이를 실제치를 기준으로 한 상대적 차이를 백분비로 나타내어 주고 있으므로, RMSE에 비하여 예측오차의 상대적 크기를 알 수 있는 것이 장점이다.

위의 두 지표 RMSE와 PRMSE는 작은 값을 가질수록 예측력이 높은 것을 나타내므로 다른 모형들 사이의 예측력을 비교할 때 유용하게 사용할 수 있다. 그러나 어떤 범위의 값을 가져야만 되는지에 관해서는 아무런 정보를 제공해 주지 못한다. 그러므로 모형의 예측력을 자체의 값에 의해서 검정할 수 있는 지표가 필요하게 된다.

추정기간과 예측기간의 변동비 다음과 같이 정의되는 z_1은 예측기간 동안의 예측치의 변동의 크기(RMSE)와 추정기간 동안의 오차의 변동의 크기($\hat{\sigma}$)를 대비시켜 예측의 성과를 검정할 수 있는 통계량이다.[2)]

$$z_1 = \frac{h(RMSE)^2}{\hat{\sigma}^2} \tag{9.53}$$

즉, 예측기간 동안의 RMSE가 추정기간 동안의 오차의 변동의 크기(σ)에 비하여 크지 않다면, 예측이 잘 이루어 졌다고 생각할 수 있을 것이다. 그러므로 귀무가설을 (9.54)식으로 설정하면,

H_0 : 모형의 예측성과는 모형의 추정에서의 성과와 같다. (9.54)
(예측력이 높다)

(9.55)식과 같은 관계를 상정할 수 있고

2) Pokorny (1992) pp.319-322 참조.

$$\frac{RMSE}{\sigma} = 1 \tag{9.55}$$

이의 양변을 제곱하고 여기에 예측기간의 수 h를 곱하면 (9.56)식이 된다.

$$\frac{\sum_{t=1}^{h}(y_t - \hat{y_t})^2}{\sigma^2} = h \tag{9.56}$$

만약 귀무가설 H_0가 진이라면, 이 식의 왼쪽 항은 그 기대치가 h에 접근하게 될 것이다. 여기서 분산(σ^2)을 추정된 불편분산($\hat{\sigma}^2$)으로 대체하여 다시 정리하면 검정통계량 (9.53)식이 도출되는 것이다.

검정에 있어서 z_1은 자유도 h(예측기간의 수)의 χ^2분포에 따르므로, 유의수준 0.05에서

$$z_1 > \chi^2_{h,0.05} \tag{9.57}$$

이면 (9.54)식의 귀무가설 H_0가 기각된다.

한편 예측력의 평가에 대한 실증분석의 예는 제15장의 제5절에서 다루고 있으므로 그곳을 참고하기 바란다.

Part 03

연습문제

[1] 부록에 있는 "Series C"의 시계열데이터를 사용하여 다음의 물음에 답하라.

(1) 표본자기상관($\widehat{\rho_k}$), 표본자기상관의 표준오차($\hat{\sigma}_{\hat{\rho}_k}$), t값($t_{\hat{\rho}_k}$), 그리고 자기상관의 95% 검정구간의 상한($2\hat{\sigma}_{\hat{\rho}_k}$)과 하한($-2\hat{\sigma}_{\hat{\rho}_k}$)을 $k=6$까지 구하여 다음 표에 기입하여라.

k	1	2	3	4	5	6
$\widehat{\rho_k}$						
$\hat{\sigma}_{\hat{\rho}_k}$						
$t_{\hat{\rho}_k}$						
$2\hat{\sigma}_{\hat{\rho}_k}$						
$-2\widehat{\sigma}_{\hat{\rho}_k}$						

(2) 표본편자기상관($\hat{\phi}_{kk}$), 표본편자기상관의 표준오차($\hat{\sigma}_{\hat{\phi}_{kk}}$), t값($t_{\hat{\phi}_{kk}}$), 그리고 편자기상관의 95% 검정구간을 나타내는 상한($2\hat{\sigma}_{\hat{\phi}_{kk}}$), 하한($-2\hat{\sigma}_{\hat{\phi}_{kk}}$)을 $k=6$까지 구하여 다음 표에 기입하여라.

k	1	2	3	4	5	6
$\hat{\phi}_{kk}$						
$\hat{\sigma}_{\hat{\phi}_{kk}}$						
$t_{\hat{\phi}_{kk}}$						
$2\hat{\sigma}_{\hat{\phi}_{kk}}$						
$-2\hat{\sigma}_{\hat{\phi}_{kk}}$						

(3) 다음의 3모형이 부록의 “Series C”에 대한 시험적 모형으로 선정되었다.

모형 1 : $MA(1)$

모형 2 : $MA(2)$

모형 3 : $ARMA(1,1)$

각각의 모형에 대해서 추정을 하고, 잔차를 이용하여 다음을 구하라.

(a) Box-Pierce Q 검정

(b) Ljung-Box Q 검정

(c) 계수의 유의성 검정

(단, (a), (b)의 검정에는 잔차의 자기상관을 k=25까지 구하여 사용할 것)

[2] 부록의 “Series H”의 시계열데이터를 사용하여, 다음의 물음에 답하라.

(1) 표본자기상관($\widehat{\rho_k}$), 표본자기상관의 표준오차($\hat{\sigma}_{\hat{\rho}_k}$), t값($t_{\hat{\rho}_k}$), 그리고 자기상관의 95% 검정구간의 상한($2\hat{\sigma}_{\hat{\rho}_k}$)과 하한($-2\hat{\sigma}_{\hat{\rho}_k}$)을 $k=6$까지 구하여 다음 표에 기입하여라.

k	1	2	3	4	5	6
$\widehat{\rho_k}$						
$\hat{\sigma}_{\hat{\rho}_k}$						
$t_{\hat{\rho}_k}$						
$2\hat{\sigma}_{\hat{\rho}_k}$						
$-2\widehat{\sigma}_{\hat{\rho}_k}$						

(2) 표본편자기상관($\hat{\phi}_{kk}$), 표본편자기상관의 표준오차($\hat{\sigma}_{\hat{\phi}_{kk}}$), t값($t_{\hat{\phi}_{kk}}$), 그리고 편자기상관의 95% 검정구간을 나타내는 상한($2\hat{\sigma}_{\hat{\phi}_{kk}}$), 하한($-2\hat{\sigma}_{\hat{\phi}_{kk}}$)을 $k=6$까지 구하여 다음 표에 기입하여라.

k	1	2	3	4	5	6
$\hat{\phi}_{kk}$						
$\hat{\sigma}_{\hat{\phi}_{kk}}$						
$t_{\hat{\phi}_{kk}}$						
$2\hat{\sigma}_{\hat{\phi}_{kk}}$						
$-2\hat{\sigma}_{\hat{\phi}_{kk}}$						

(3) 다음의 3모형이 "Series H"에 대한 시험적 모형으로 선정되었다.

모형 1 : $AR(2)$

모형 2 : $AR(3)$

모형 3 : $ARMA(1,1)$

각각의 모형에 대해서 추정을 하고, 잔차를 이용하여 다음을 구하라.

(a) Box-Pierce Q 검정

(b) Ljung-Box Q 검정

(c) 계수의 유의성 검정

(단, (a), (b)의 검정에는 잔차의 자기상관을 $k=25$까지 구하여 사용할 것)

제4부

불안정 시계열모형

지금까지 제2부와 제3부에서는 안정성을 가진 시계열만을 상정하여 논의하여 왔다. 그러나 경제자료를 다루는 현실세계에서는 평균의 변화, 분산의 변화, 그리고 계절성, 등의 요인에 의해서 불안정적인 시계열이 보다 일반적이다. 이러한 불안정성의 문제해결을 위한 하나의 방법으로서, Box-Jenkins가 주장하여 널리 이용되고 있는 차분(difference)을 통한 안정화의 방법이 있다. 평균의 변화는 주로 시간을 통하여 일정한 경향을 가지는 추세(Trend)로서 나타나는 것이 일반적이며, 그러므로 차분을 취해 줌으로써 추세를 제거할 수 있다. 또한 주기적으로 변하는 계절적 요인도 계절차분을 취해 줌으로써 계절성을 제거한 안정시계열로 만들 수 있다.

이와 같이 Box-Jenkins에 의하여 확립된 차분을 통한 시계열의 분석방법은, 다루기가 간편하고 단기예측에 좋은 성과를 거두고 있어 오늘날 경제자료의 시계열분석에 가장 많이 이용되고 있다.

제10장에서는 ARIMA모형의 성질을 살펴보고, 평균과 분산의 변동요인을 각각 차분의 방법과 변수변환의 방법으로 처리하는 문제를 다룬다. 제11장에서는 계절 ARIMA모형을 다루기로 한다.

Chapter 10

ARIMA모형

10.1 ARIMA모형의 기초

지금까지의 연구결과에 의하면, 약간의 경우를 제외하고는 대부분의 경제시계열이 안정성을 가지지 못하고 있는 것으로 알려지고 있다. 또한 그러한 시계열들은 대개의 경우 한번 또는 두 번의 차분을 취해 줌으로써 안정시계열로 변환되는 것으로 알려져 있다. 이 절에서는 먼저 차분연산자를 정의하여 불안정 시계열의 안정화의 문제와 시계열모형의 표현법에 대해서 살펴보기로 한다.

차분연산자의 정의 다음과 같이 시차연산자(lag operator) L을 이용하여 차분연산자(difference operator) ∇를 (10.1)식과 같이 정의한다.

$$\nabla = 1 - L \tag{10.1}$$

이런 경우 원래의 시계열 y_t를 각각 한 번과 두 번 차분을 취한다는 것은 원래의 시계열 자료가 다음과 같이 변환되는 것을 의미한다.

$$\nabla y_t = (1-L)y_t = y_t - y_{t-1}$$
$$\nabla^2 y_t = (1-L)^2 y_t = (1-2L+L^2)y_t = y_t - 2y_{t-1} + y_{t-2}$$

한편 한 번 차분을 취한 데이터를 원래의 시계열데이터와 비교해서 나타내면 다음과 같다.

$$
\begin{array}{llllllll}
t & : 1, & 2, & 3, & \cdots & T-1, & T \\
y_t & : y_1, & y_2, & y_3, & \cdots & y_{T-1}, & y_T \\
\nabla y_t & : y_2-y_1, & y_3-y_2, & y_4-y_3, & \cdots & y_{T-1}-y_{T-2} & y_T-y_{T-1} \\
\nabla y_t & : \nabla y_2, & \nabla y_3, & \nabla y_4, & \cdots & \nabla y_{T-1}, & \nabla y_T
\end{array}
\tag{10.2}
$$

지금 확률과정 $\{y_t\}$가 d 차의 차분에 의해서(즉, d 번 차분을 취하여) 안정시계열 $\{z_t\}$가 되었다면, y_t 를 d 차의 동차의 불안정과정(homogeneous nonstochastic process of order d)이라 하고 (10.3)식으로 나타낸다.

$$z_t = \nabla^d y_t \tag{10.3}$$

앞으로 우리가 다루는 불안정시계열은 차분을 통해서 안정시계열로 변환되는 동차적 불안정시계열을 의미하는 것으로 한다. 한편, $\{z_t\}$는 $\{y_t\}$보다 데이터의 크기가 차분의 횟수 만큼인 d개 줄어들어 $n-d$개가 된다는 것을 (10.2)식으로부터 알 수 있다.

ARIMA모형 d 번의 차분을 취한 후의 z_t가 평균 0의 ARMA(p, q) 모형에 따른다면, (9.4)식으로 나타낼 수 있다.

$$
\begin{aligned}
z_t = {} & \phi_1 z_{t-1} + \phi_t z_{t-2} + \cdots + \phi_p z_{t_p} + u_t - \\
& \theta_1 u_{t-1} - \theta_2 u_{t-2} - \cdots - \theta_q u_{t-q}
\end{aligned}
\tag{10.4}
$$

(10.4)식은 시차다항식을 사용하면 (10.5)식으로도 표현된다.

$$\phi(L) z_t = (L) u_t \tag{10.5}$$

단, $\phi(L) = 1 - \phi_{1L} - \cdots - \phi_p L^p$, $\theta(L) = 1 - \theta_1 L - \cdots - \theta_q L^q$

z_t를 기준으로 (10.4), (10.5)식으로 나타내었으나 원래의 시계열인 y_t를 기준으로 하여 (10.5)식에 (10.3)식을 대입하면 보다 일반화된 식으로 나타낼 수 있다.

$$\phi(L) \nabla^d y_t = \theta(L) u_t \tag{10.6}$$

이것을 자기회귀 적분 이동평균모형(autoregressive integrated moving average model)이라고 부르고, ARIMA(p, d, q) 모형으로 표기한다. 여기서 d=차분의 수, p=AR의 차수, q=MA의 차수를 나타내고, 불안정인 시계열이 d 번 차분을 취하고 난 후 안정적인 ARMA(p, q) 모형이 된다는 것을 의미한다.

한편 때로는 (10.7)식처럼 (10.6)식에 상수항이 포함되어 있는 편이 시계열자료의 움직임을 잘 나타낼 때가 있다.

$$\phi(L)\nabla^d y_t = \alpha + \theta(L)u_t \tag{10.7}$$

이때 ARIMA모형의 상수항 α는 AR, MA, ARMA에서의 상수항의 역할과 다르며, 또한 z_t계열의 평균을 의미하지도 않는다.

그러면 ARIMA모형에서 상수항의 역할이 어떠한가를 보기로 하자. 지금 한 번의 차분 $(d=1)$을 취하여 시계열 $\{y_t\}$가 평균 0의 ARMA(p,q) 모형에 따르는 안정시계열 $\{z_t\}$로 변환되었다고 하자. 그리고 여기에 평균 μ를 포함하면

$$\nabla y_t = \mu + z_t \tag{10.8}$$

로 나타낼 수 있다. 여기에 y_t의 초기치를 $y_0 = 0$으로 두고 y_1, $y_2, \cdots, y_t$로 풀어쓰면

$$\begin{aligned} y_1 - y_o = \mu + z_1 \text{에서} \quad y_1 &= \mu + z_1 \\ y_2 - y_1 = \mu + z_2 \text{에서} \quad y_2 &= (\mu + z_1) + \mu + z_2 \\ &= 2\mu + z_1 + z_2 \\ &\vdots \\ y_t - y_{t-1} = \mu + z_t \text{에서} \quad y_t &= t\mu + z_1 + z_2 + \cdots + z_t \end{aligned} \tag{10.9}$$

가 된다. (10.9)식으로부터 y_t는 안정시계열 $\{z_t\}$에 있어서 $z_1, z_2, \dots, z_t$의 합으로 나타낼 수 있으므로 1계의 적분과정(integrated process)에 따른다고 말하며, ARIMA의 I(integrated)의 의미는 바로 이 성질을 지적한 것이다.

한편 각 y_t에서의 평균은 z_t의 평균이 0에 따른다고 하였으므로 $(E[z_t]=0)$, (10.9)식의 각각에 기대치를 취하면

$$E[y_t] = t\mu \tag{10.10}$$

가 되어, y_t는 평균이 일정한 μ가 아니라 시간 t 에 따라서 $t\mu$로 증가하는 모형이 되는 것이다. 즉, 적분과정에 상수항이 포함되어 있을 경우 평균은 시간에 따라서 증가하는 결정적인 선형추세를 가지는 모형이 되므로, ARIMA모형을 분석할 경우 상수항의 존재 유무가 큰 차이를 나타낸다고 할 수 있다.

ARIMA 모형의 표현방식 ARIMA모형을 분해해보면 원래의 시계열 자료가 어떻게 변환되었는가를 알 수 있다.

예) $ARIMA(1,1,1)\ process$

$(1-\phi_1 L)\nabla y_t = (1-\theta_1 L)u_t$

$(1-\phi_1 L)(1-L)y_t = (1-\theta_1 L)u_t$

$(1-L-\phi_1 L+\phi_1 L^2)y_t = (1-\theta_1 L)u_t$

그러므로, $y_t = (1+\phi_1)y_{t-1} - \phi_1 y_{t-2} + u_t - \theta_1 u_{t-1}$

예) $ARIMA(2,1,0)\ process$

$(1-\phi_1 L-\phi_2 L^2)\nabla y_t = u_t$

$(1-\phi_1 L-\phi_2 L^2)(1-L)y_t = u_t$

$(1-\phi_1 L-\phi_2 L^2-L+\phi_1 L^2+\phi_2 L^3)y_t = u_t$

그러므로, $y_t = \phi_1 y_{t-1} + \phi_2 y_{t-2} + y_{t-1} - \phi_1 y_{t-2} - \phi_2 y_{t-3} + u_t$

$\quad = (\phi_1+1)y_{t-1} + (\phi_2-\phi_1)y_{t-2} - \phi_2 y_{t-3} + u_t$

한편 ARIMA의 표현법을 이용하면 AR, MA, ARMA와 같은 다른 시계열모형도 함께 나타낼 수 있어 편리하게 사용할 수도 있다.

예) $ARIMA(1,0,1) \rightarrow ARMA(1,1)$

$ARIMA(1,0,0) \rightarrow AR(1)$

$ARIMA(0,0,1) \rightarrow MA(1)$

즉, $d=0$ 일 때 ARIMA$(p,0,q)$는 ARMA(p,q)가 되므로 안정시계열을 ARIMA의 표현법으로서도 나타낼 수 있어 보다 일반적인 표현법이라고 볼 수도 있다.

10.2 안정시계열로의 변환

추세의 제거와 차분이 가지는 의미 앞 절에서 보았듯이 어떤 추세를 가지는 불안정시계열은 여러 차례의 차분을 실시하여 안정시계열로 변환할 수 있다고 가정하자.

많은 경제데이터는 어떤 추세를 따라서 움직이는 특징이 있다. 이러한 현상은 실업률이나 이자율과 같은 변화율을 나타내는 데이터 보다도, GDP 등과 같은 수준을 나타내는 변수에 보다 많이 나타나고 있다. 그러나 다행스럽게도 불안정성을 가지는 대개의 경제통계자료는 한 번의 차분($d=1$), 또는 두 번의 차분($d=2$)으로 어느 정도 안정화시킬 수 있는 것으로 알려져 있다. 물론 주가변동 등과 같이 확률적 요인이 큰 데이터는 보다 높은 차분의 회수가 요구된다.

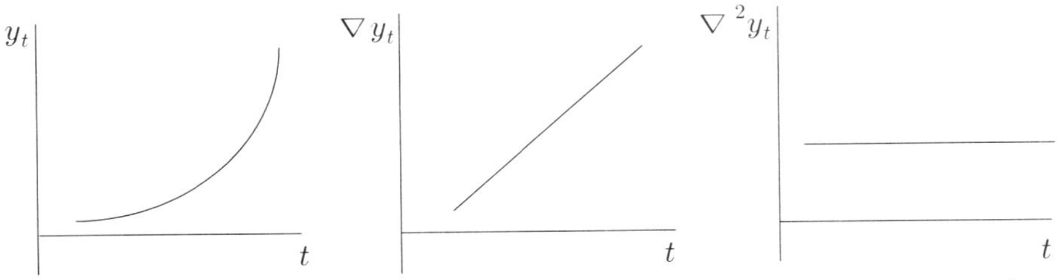

원 시계열(y_t) 1차 차분 시계열(∇y_t) 2차 차분 시계열($\nabla^2 y_t$)

<그림 10.1> 원 시계열과 차분의 효과

차분을 취하는 것이 원래의 자료를 변환시키는 데에 있어서 어떤 의미를 가지는가를 예를 들어보자. 지금 원래의 데이터가 비선형 추세를 가진다고 하고 { 1, 6, 15, 28, 45, 66, 91, …… }으로 변하는 자료의 계열이라 하면, 처음의 차분을 취하면 { 5, 9, 13, 17, 21, 25, … }가 되어 증가추세를 가지는 직선의 형태를 취한다. 여기서 다시 차분을 취하면 { 4, 4, 4, 4, … }가 되어 추세가 없어지고 일정한 값을 가지는 수평선이 되어 있는 것을 알 수 있다. 이와 같은 차분의 효과를 그림으로 나타낸 것이 <그림 10.1>이다. 이상의 예로부터 유추할 수 있는 것은, 한 번 차분을 취하여 안정성을 가지는 경우 그 시계열은 어떤 추세를 가지는 직선의 형태를 하고 있다고 볼 수 있으며, 두 번 차분을 취하여 안정성을 가지는 경우는 2차 곡선의 형태를 하고 있다고 볼 수 있다. 이러한 원리를 이용한다면 원 자료의 움직임을 그래프로 나타내어 차분의 횟수를 정하는데 이용할 수 있을 것이다.

이분산의 제거 안정시계열의 조건으로서 일정분산의 성질이 요구된다. 만약 분산이 시간을 통해서 일정하지 않으면 파라메터의 추정에 나쁜 영향을 주게 될 뿐만 아니라, 예측의 정도에도 영향을 미치게 된다.

분산을 일정하게 하기 위한 자료의 변환에는 몇 가지 방법이 있다. 이러한 방법을 사용하는데 있어서의 기본적인 출발점은, 원 자료를 그래프로 나타내었을 때 전 기간에 걸쳐서 분산이 일정하게 되도록 변환하는 것이다.

이러한 변환 방법에 일반적으로 가장 많이 쓰이는 것은 대수변환과 제곱근변환이다. 대수변환은 (10.11)식과 같이 원 계열에 자연대수를 취하여 얻는다.

$$z_t = \log(y_t) \tag{10.11}$$

대수변환은 분산이 평균에 비례해 변하거나, 평균이 일정 비율로 증가 또는 감소할 때 유효한 것으로 알려져 있다. 또한 대수를 취한 데이터에 한 번의 차분을 취하면 (10.12)식과 같이 되어, 원래의 데이터를 근사적으로 전기 대비 변화율(성장률)로 변환시켜 주는 것이 된다.

$$z_t - z_{t-1} = \log(y_t) - \log(y_{t-1}) \fallingdotseq (y_t - y_{t-1})/y_{t-1} \tag{10.12}$$

한편 (10.13)식과 같은 제곱근 변환은 원 데이터와 대수변환의 중간정도의 변환을 보여준다. 그러므로 원 자료를 도시하여 본 후 적당한 방법을 선택하면 된다.

$$z_t = \sqrt{y_t} \tag{10.13}$$

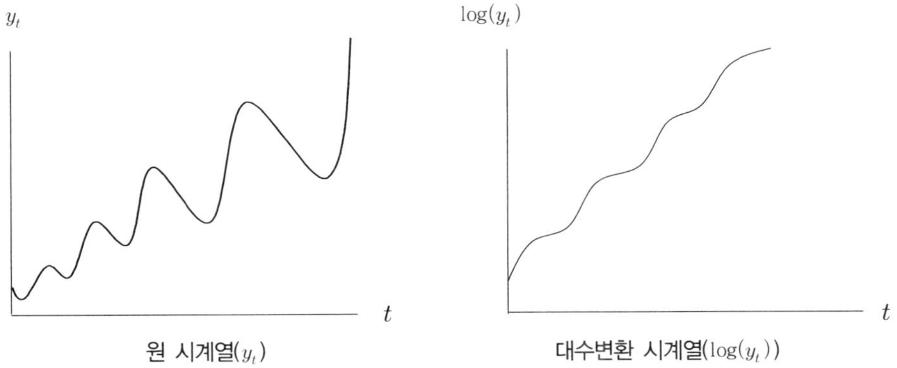

<그림 10.2> 대수변환의 효과

10.3 ARIMA모형의 방법론

원래의 시계열 $\{y_t\}$가 불안정성을 가지고 (10.3)식($z_t = \nabla^d y_t$)처럼 d번의 차분을 취한 $\{z_t\}$가 안정성을 가지면, ARIMA모형의 식별, 추정, 진단, 예측의 문제는 원래의 시계열 $\{y_t\}$가 아니라 $\{z_t\}$에 대해서 지금까지의 ARMA모형에서의 방법을 그대로 적용하면 된다.

ARIMA모형의 식별 식별에서의 기본적인 판정기준은 표본자기상관과 표본편자기상관이었다. y_t가 d번의 차분을 취하고 난 후 안정시계열 z_t로 변환된다면, y_t의 표본자기상관은 느린 속도로 0에 접근해 갈 것이다. 그러므로 식별은 안정시계열 z_t의 표본자기상관과 표본편자기상관에 의하여 행하여야 된다. z_t에 관한 식별의 방법은 제6장에서 안정시계열 y_t에 관해서 행한 순서와 방법을 그대로 적용하면 된다.

<그림 10.3>은 제14장의 "실증분석의 실례 2"에서 예로든 불안정시계열(Series G)의 그래프(a)와 그의 표본자기상관함수(b)를 나타낸 것이다. 표본자기상관함수는 아주 느린 속도로 진동하면서 0에 접근해 가는 것을 알 수 있는데, 이러한 변화의 모양은 불안정적인 시계열의 표본자기상관함수의 전형적인 모양이라고 하겠다.

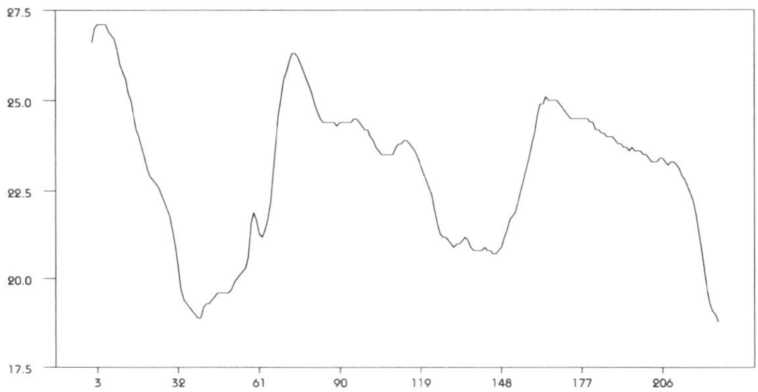

(a) y_t의 그래프

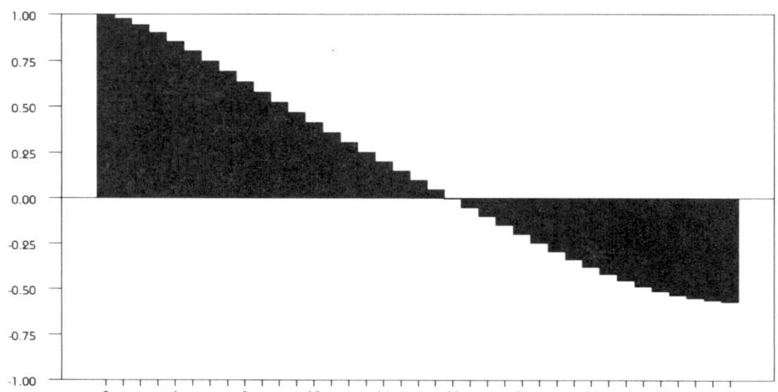

(b) y_t의 표본자기상관함수의 그래프

<그림 10.3> Series G(y_t)와 표본자기상관함수의 예

<그림 10.4>는 불안정시계열인 Series G를 한번 차분하여 안정화되었다고 판단되는 시계열($z_t = \nabla y_t$)의 그래프(a)와 그의 표본자기상관함수(b)의 그래프이다. 이 표본자기상관함수는 빠른 속도로 0에 접근해 가고 있으므로, 직관적으로 판단할 때 이 표본자기상관을 산출한 시계열은 안정성을 가진 시계열이라고 판단할 수 있다.

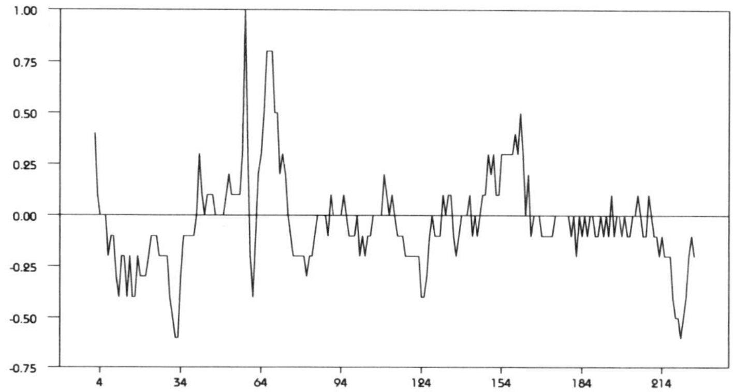

(a) $z_t = \nabla y_t$의 그래프

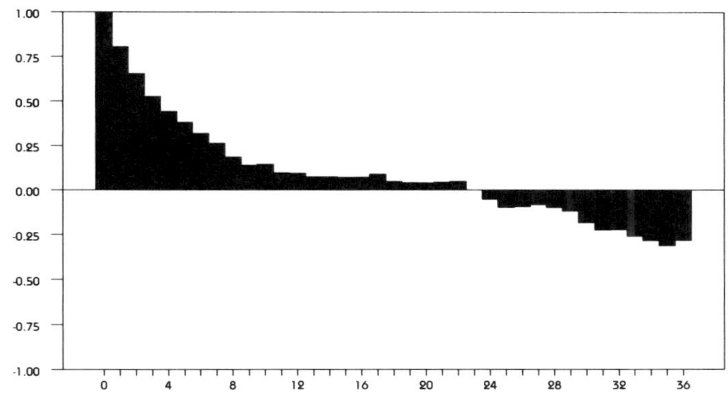

(b) z_t의 표본자기상관함수의 그래프

<그림 10.4> $z_t = \nabla y_t$와 표본자기상관함수의 예

ARIMA모형의 추정 및 진단 ARIMA모형에서의 추정의 문제도 ARMA모형에서의 추정방법을 그대로 적용하면 된다. 즉, 안정화된 (10.4)식의 시계열 z_t에 제7장의 ARMA모형에서의 추정방법을 그대로 적용하면 된다는 것이다. 이때 추정에 사용되는 표

본수는 차분의 수만큼 적은 $n-d$가 된다.

ARIMA모형의 추정의 예로서 시계열데이터 Series G의 경우를 예로 들어보기로 한다. 식별된 모형(Series G의 식별에 관해서는 제14장의 제2절에서 다루고 있다.) 중에서 두 모형 ARIMA(1,1,0)과 ARIMA(2,2,1)의 추정결과는 다음과 같다.

$$(1-0.81L)\nabla y_t = u_t$$
$$(0.04)$$
$$t\ (21.17)$$
$$R^2 = 0.66 \qquad SEE = 0.13$$

$$(1-0.79L+0.04L^2)\nabla^2 y_t = (1+0.95L)u_t$$
$$(0.08)\ (0.06) \qquad\qquad (0.03)$$
$$t\ (10.49)(-0.64) \qquad\qquad (-30.36)$$
$$R^2 = 0.07 \qquad SEE = 0.14$$

두 모형을 비교해 보기 위해서 Box-Pierce Q 통계량과 Ljung-Box Q 통계량을 24개의 표본잔차의 자기상관을 사용하여 계산하면, 다음과 같다.

$ARIMA(1,1,0)$ 모형의경우

$$\text{Box}-\text{Pierce}\,Q = 27.78(0.22)$$
$$\text{Ljung}-\text{Box}\,Q = 29.94(0.15)$$

$ARIMA(2,2,1)$ 모형의경우

$$\text{Box}-\text{Pierce}\,Q = 29.36(0.11)$$
$$\text{Ljung}-\text{Box}\,Q = 31.66(0.06)$$

Q 통계량의 값 뒤의 ( )안은 유의수준을 나타내는 확률값이다. ARIMA(1,1,0) 모형의 경우는 자유도가 23이 되며, 그때의 통계량의 값 27.78과 29.94가 각각 0.22, 0.15의 확률을 나타낸다. 그러므로 χ^2검정의 결과는 두 모형 모두에서 잔차자기상관이 전체로서 0이라는 귀무가설을 유의수준 0.05에서 기각하지 못하고 있으므로 진단을 통과하고 있다.

ARIMA(2,2,1) 모형의 경우는 자유도가 21이 되며, 두 Q 통계량의 값 29.36, 31.66은 각각 0.11, 0.06의 확률을 나타내고 있다. 그러므로 귀무가설을 유의수준 0.05에서 기각하지 못하고 있으므로 역시 진단을 통과하고 있다.

한편 파라메터의 유의성 검정에서는 ARIMA(1,1,0)의 경우 하나뿐인 1차의 AR파라메터는 t값이 21.17로 모집단에서 파라메터가 0이라는 귀무가설을 기각하고 있는데,

ARIMA(2,2,1)의 경우는 세 파라메터 중에서 2차의 MA 파라메터의 유의성 검정에서 t값이 -0.64가 되어 귀무가설을 기각하지 못하고 있다. 이 모형들의 추정과 진단에 관한 자세한 내용은 제14장의 제3절 및 제4절을 참고하기 바란다.

ARIMA모형의 예측 ARIMA모형의 예측은 일반적 ARMA모형에서와 마찬가지로 그 AR 부분인 $\phi(L)\nabla^D$에 의하여 영향을 받는다. 즉, (10.6)식 $\phi(L)\nabla^d y_t = \theta(L)u_t$에서

$$\xi(L) = \phi(L)\nabla^d \tag{10.14}$$

로 두면,

$$\xi(L)y_t = \theta(L)u_t \tag{10.15}$$

로 되어 (10.15)식에 통상의 ARMA모형의 예측방법을 적용하면 된다. 이때의 AR 부분은 차분 부분 $\nabla^d = (1-L)^d$와 결합하여 확장된 $\xi(L)$로 되어 있는데, 이 $\xi(L)$이 차분 부분 ∇^d만으로 되어 있는지, 또는 AR 부분까지를 포함하고 있는지에 따라서 커다란 차이를 보인다.

먼저 ARIMA모형의 확장된 AR 부분인 $\xi(L)$가 차분 부분인 ∇^d만을 포함 할 경우의 예측의 특징을 살펴보기로 하자. 평균 μ를 포함하는 ARIMA(0,1,1) 모형의 경우를 예로 들면, $\nabla y_t = \mu + (1-\theta_1 L)u_t$이므로 $\xi(L) = \nabla = 1-L$이 되어 $\xi(L)$ 부분은 차분 부분 ∇만을 포함하게 된다. 이것을 y_t로 나타내면,

$$y_t = \mu + y_{t-1} + u_t - \theta_1 u_{t-1} \tag{10.16}$$

가 된다. 여기서 최적예측은 출발치가 y_T, u_T이므로 다음과 같이 구하여진다.

$$\begin{aligned} \hat{y}_{T+1} &= \mu + y_T + u_{T+1} - \theta_1 u_T = \mu + y_T - \theta_1 u_T \\ \hat{y}_{T+2} &= \mu + \hat{y}_{T+1} = 2\mu + y_T - \theta_1 u_T \\ \hat{y}_{T+h} &= \mu + \hat{y}_{T+h-1} = h\mu + y_T - \theta_1 u_T \end{aligned} \tag{10.17}$$

이상과 같이 ARIMA모형의 확장된 AR 부분인 $\xi(L)$가 차분 부분인 ∇^d만을 포함할 경우, $T+h$기의 최적예측치 $\hat{y}_{T+h}$는, 평균이 $h\mu$에 따르는 선형추세를 가지게 되고, 출발치의 영향은 MA 부분의 차수인 q에 대해서 $h \geq q$의 범위에서는 항상 동일하다는 것을 알 수 있을 것이다.

다음으로 확장된 AR 부분인 $\xi(L)$가 차분 부분인 ∇^d에 AR 부분인 $\phi(L)$ 까지 포함하고 있는 경우를 예로 들어보기로 하자. ARIMA(1,1,1) 모형의 경우를 예로 들면, $\xi(L)$은 차분 부분과 AR 부분을 동시에 포함하게 된다. 그리고

$$\xi(L) = (1-\phi_1 L)(1-L) = 1-(1+\phi_1)L+\phi_1 L^2 \tag{10.18}$$

이므로, 이것을 y_t로 나타내면

$$y_t = \mu + (1+\phi_1)y_{t-1} - \phi_1 y_{t-2} + u_t - \theta_1 u_{t-1} \tag{10.19}$$

가 된다. 여기서 최적예측은 출발치가 y_T, y_{T-1}, u_T,이므로 다음과 같이 구하여진다.

$$\begin{aligned} \hat{y}_{T+1} &= \mu + (1+\phi_1)y_T - \phi_1 y_{T-1} - \theta_1 u_T \\ \hat{y}_{T+2} &= \mu + (1+\phi_1)\hat{y}_{T+1} - \phi_1 y_T \end{aligned} \tag{10.20}$$

(10.20)식에서 알 수 있듯이, $T+h$기의 최적예측 $\hat{y}_{T+h}$는 상당히 복잡하게 되기 때문에 여기서는 도출과정을 생략하지만, 다음과 같이 설명할 수 있다. 즉 확장된 AR 부분인 $\xi(L)$가 차분 부분인 ∇^d뿐만 아니라 AR 부분인 $\phi(L)$까지 포함하고 있으면, 최적예측은 약간 복잡하게 된다. 즉 평균의 변화도 선형이 아니게 되고 출발치의 영향도 예측기간의 증대에 따라서 감소하지 않고 남게 된다. 또한 예측오차의 분산도 예측기간의 증대에 따라서 일정한 값에 수렴하지 않고 계속 증가하기 때문에 예측의 신뢰구간도 예측기간의 증대와 함께 점점 크게 된다. 그러므로 ARIMA모형은 장기예측에는 적합하지 않다고 할 수 있겠다.

예측치의 비교

확장된$\xi(L)$가 차분 부분인∇^d에 AR 부분인 $\phi(L)$을 포함하고 있는 경우와 포함하고 있지 않는 경우에 대해서 예측치의 비교를 해보기로 한다.

앞에서의 Series G를 예로 들면, 예측모형으로서 AR 부분을 포함하지 않는 ARIMA(0,1,2) 모형과 AR 부분을 포함하는 ARIMA(2,1,0) 모형을 비교해 보기로 한다. 이 두 모형이 선정된 것은 식별과 진단의 결과와는 무관하며 단순히 비교를 위하여 선정된 것이다.

<그림 10.5>는 Series G의 마지막 5개의 관측치(222기부터 226기까지)와 두 모형의 예측치를 20기(227기부터 246기까지)까지 구하여 동시에 나타낸 것이다. △로 표시된 AR

부분을 포함하지 않는 ARIMA(0,1,2) 모형의 예측치는 MA의 차수가 2이므로 3기후인 229기부터는 평균값의 수준에 접근해 있는 것을 알 수 있다. ◇로 표시된 AR 부분을 포함하는 ARIMA(2,1,0) 모형의 예측치는 출발치의 영향이 계속 남아 있어 변화의 모양이 다른 것이 비교된다고 하겠다.

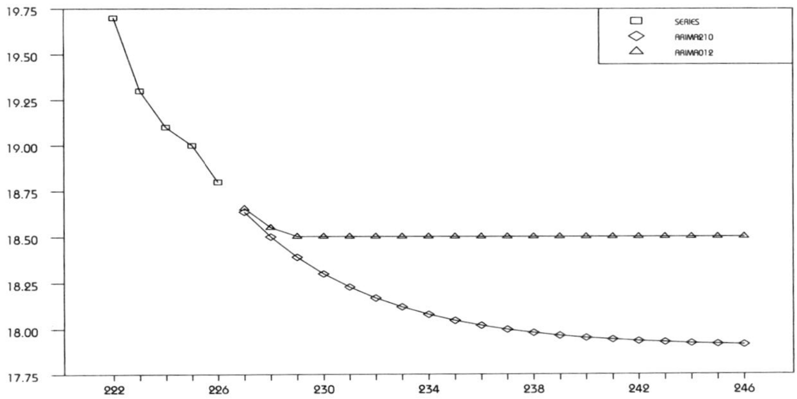

<그림 10.5> 예측치의 비교

Chapter 11

계절 ARIMA모형

11.1 계절변동과 계절차분

계절변동 분기별이나 월별로 관측된 시계열데이터에 있어서는 대개 계절적인 변동의 양상이 나타나게 되는 경우가 많다. 즉, 어떤 분기나 월별을 중심으로 시계열데이터가 정점과 저점을 가지고 있으며, 이러한 현상이 매년 계속해서 반복적으로 발생하는 경향이 있는 것이다. 예를 들면, 청량음료 제품의 판매고는 여름에 피크를 이루고 겨울에는 감소하는 것이 일반적이며, 난방기기의 판매고는 여름 기간 동안은 낮은 수준을 보이나 겨울 기간 동안은 피크를 이룰 것이다. 그리고 이러한 현상은 매년 반복적으로 발생한다. 그러므로 이와 같은 시계열데이터를 시계열모형에 적용시키려 할 때는, 지금까지 도입한 연속하는 데이터 사이의 상관뿐만 아니라, 연속하는 연도의 분기나 월별사이의 상관을 설명하는 것도 중요하게 된다. 이런 이유로 계절변동을 가지는 시계열데이터에서는 일반차분 뿐만 아니라 계절차분도 필요하게 되는 것이다.

<그림 11.1>의 (a), (b)는 계절적인 변동을 나타내는 시계열데이터를 예로 든 것이다. (a)는 미국의 주택건설 데이터(부록의 시계열 자료모음의 Series J 이며, 제15장의 "실증분석의 실례 3"에서 다루고 있다.)를 그래프로 나타낸 것이고, (b)는 국제항공 여객수(Series K)를 그래프로 나타낸 것이다. 두 데이터 모두 월차 데이터이므로 12기(1년)를 주기로 계절적인 변동을 나타내 보이면서 우상향으로의 장기적 추세에 따라서 변동하고 있음을 알 수 있다.

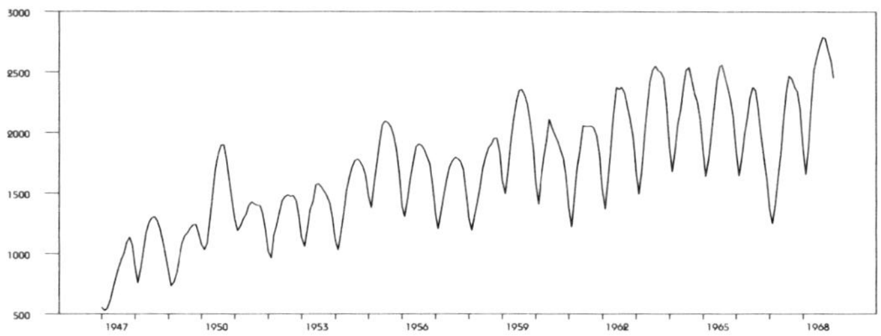

(a) 미국의 주택건설 데이터의 그래프

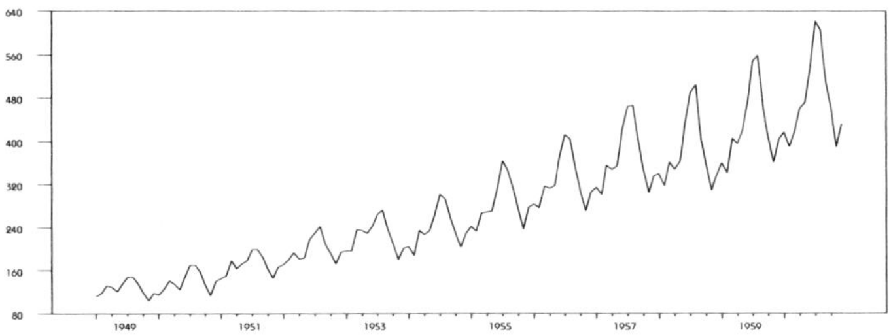

(b) 국제항공 여객수 데이터의 그래프

<그림 11.1> 계절변동 시계열데이터의 예

계절차분의 정의 계절성이 극히 규칙적일 경우는 미리 데이터에 대해서 계절차분(seasonal difference)을 취함으로써 계절변동을 제거할 수 있다. 여기서 계절성의 주기를 s라고 하면(월별 데이터의 경우 $s=12$, 분기별 데이터의 경우 $s=4$), 계절차분은 다음과 같이 정의된다.

$$\nabla_S = 1 - L^S \tag{11.1}$$

보다 일반적으로는 계절차분을 D번 취할 수도 있다.

$$\nabla_S^D = (1 - L^{S})^D \tag{11.2}$$

원래의 시계열 $\{y_t\}$에서 일반차분을 d번 취하고 계절차분을 D번 취하여 안정시계열 $\{z_t\}$로 변환되었다면 이를 다음과 같이 나타낼 수 있다.

$$z_t = \nabla^d \nabla_S^D y_t \tag{11.3}$$

<그림 11.2>의 (a)는 미국의 주택건설 데이터(y_t)의 표본자기상관함수를 시차 36까지 구하여 그래프로 나타낸 것이다. 이 표본자기상관함수의 그래프는 시차 12, 24, 36에서 큰

값을 가지고 주기성을 보이면서 점점 감소해 가는 모양이 뚜렷하므로, 계절성을 가진 전형적인 월별 데이터의 특성을 잘 보여주고 있다고 하겠다. <그림 11.2>의 (b)는 이 데이터를 일반차분 1회($d=1$), 계절차분 1회($D=1$) 실시하여 안정시계열로 변환되었다고 생각되는, 변환된 데이터 $z_t = \nabla\nabla_{12}y_t$의 표본자기상관함수를 시차 36까지 구하여 그래프로 나타낸 것이다. 이 변환된 데이터의 표본자기상관함수는, 우선 계절성이 제거되어 있는 것을 알 수 있다. 즉, 12기를 주기로 하는 반복적인 변동의 모양이 없어져 있는 것이다. 다음으로 y_t에 비하여 절대치로서 빠르게 진동하면서 감소해 가는 것을 보여주고 있는데, 이것은 일반차분을 취함으로써 우상향으로의 추세를 제거한 결과라고 생각할 수 있다.

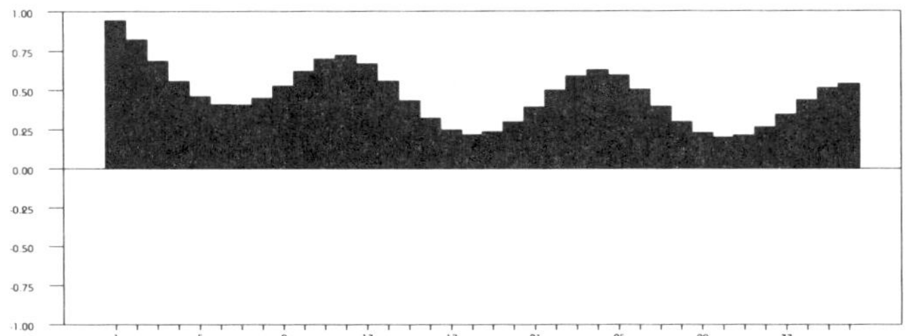

(a) y_t의 표본자기상관함수의 그래프

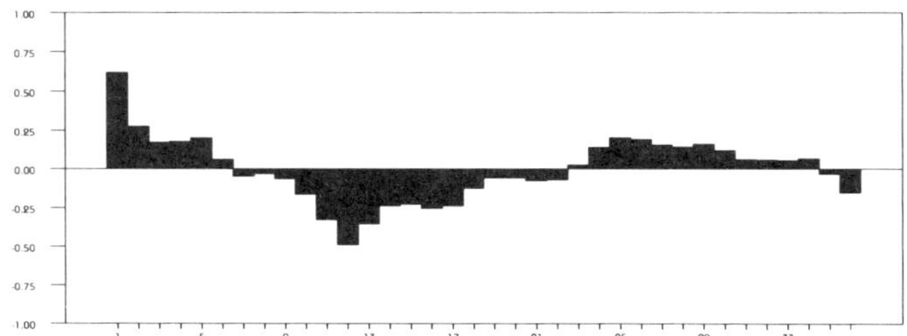

(b) $\nabla\nabla_{12}y_t$의 표본자기상관함수의 그래프

<그림 11.2> 계절변동 데이터의 표본자기상관함수

11.2 계절변동모형

실제의 계절변동의 성질을 가지는 데이터는 (11.3)식에서처럼 계절차분만으로 계절변동의 요인이 모두 제거되지 않는 경우가 많다. 즉 계절차분에 의한 계절변동의 제거는 규칙적인 계절변동 요인은 제거해주나 불규칙적인 계절변동은 제거해주지 못하기 때문에 그대로 남게 된다는 것이다. 그러므로 남아있는 불규칙적인 요인을 처리하여야 한다. 이러한 경우 계절적 ARMA모형을 생각할 수 있을 것이다.

계절변동 자기회귀모형 일반차분을 d회, 계절차분을 D회 취함으로써 안정화된 시계열 z_t가 1년 전의 같은 기의 값 z_{t-s}와 확률오차항 u_t의 선형함수로 나타낼 수 있을 때, 이 시계열데이터는 1차의 계절변동 자기회귀모형에 따른다고 말한다. 즉,

$$z_t - \Phi_1 z_{t-s} = u_t \tag{11.4}$$

이다. 이것을 시차연산자를 사용하면

$$(1 - \Phi_1 L^s) z_t = u_t \tag{11.5}$$

로 표현되며, 여기서 Φ_1은 계절변동 자기회귀파라메터이다. 이 모형은 통상적으로 SAR(1) (seasonal autoregressive model) 모형이라고 부른다.

보다 일반적인 계절변동 자기회귀모형은 P차의 계절변동 자기회귀모형으로 다음과 같이 나타낸다.

$$(1 - \Phi_1 L^s - \Phi_2 L^{2s} - \cdots - \Phi_p L^{Ps}) z_t = u_t \tag{11.6}$$

여기서

$$\Phi(L^s) = 1 - \Phi_1 L^s - \Phi_2 L^{2s} - \cdots - \Phi_P L^{Ps} \tag{11.7}$$

로 두면 (11.6)식은 간단히 (11.8)식으로 표현된다.

$$\Phi(L^s) z_t = u_t \tag{11.8}$$

계절변동 이동평균모형 안정시계열 데이터의 현재치 z_t가 현재 시점의 확률오차항 u_t와 s기 전의 u_{t-s}로서 나타낼 수 있을 때, 1차의 계절변동 이동평균모형에 따른다고 한다. 즉,

$$z_t = u_t - \Theta_1 u_{t-s} \tag{11.9}$$

이며, 시차연산자를 사용하여 나타내면 (11.10)식이 된다.

$$z_t = (1 - \Theta_1 L^s) u_t \tag{11.10}$$

여기서 Θ_1은 계절변동 이동평균파라메터이다. 이 모형은 통상적으로 SMA(1)(seasonal moving average model) 모형이라고 부른다. 이 모형을 일반화하여 Q차의 계절변동 이동평균모형으로 나타내면 다음과 같다.

$$z_t = \Theta(L^s) u_t \tag{11.11}$$

단, $\Theta(L^s)$는 다음과 같은 시차다항식이다.

$$\Theta(L^s) = 1 - \Theta_1 L^s - \Theta_2 L^{2s} - \cdots - \Theta_Q L^{Qs} \tag{11.12}$$

혼합 계절변동모형 계절변동 자기회귀과정과 계절변동 이동평균과정의 성질을 함께 가지는 모형을 생각할 수 있으며, 이것을 혼합 계절변동모형이라고 한다.

$$\Theta(L^s) z_t = \Theta(L^s) u_t \tag{11.13}$$

이 모형은 통상적으로 ARIMA$(P, D, Q)s$ 또는 SARIMA(P, D, Q)로 나타내며 P, D, Q, s는 앞에서 본 것과 같이 다음을 의미하고 있다.

P = 계절변동 자기회귀모형의 차수

D = 계절차분의 수

Q = 계절변동 이동평균모형의 차수

s = 계절변동의 주기

한편 혼합 계절변동모형 중에서 가장 간단한 것은 $P=1$, $Q=1$의 경우로서 SARIMA $(1, D, 1)$모형이다.

$$(1-\phi_1 L^s)z_t = (1-\Theta_1 L^s)u_t \tag{11.14}$$

승법형 계절변동모형 지금까지 계절변동을 중심으로 한 계절변동모형을 살펴보았다. 그런데 계절변동의 성질을 가지는 통상의 시계열데이터는 계절성만으로는 모두가 설명되지 않고 ARIMA모형과의 결합된 형태로 표현되는 것이 일반적이다. 그러므로 (11.13)에서 정의된 계절변동모형에 (11.5)식으로 정의된 ARIMA모형을 승법적으로 결합함으로써, 계절성을 고려한 가장 일반적인 ARIMA모형을 도입할 수 있다.

$$\phi(L)\Phi(L^s)\nabla^d\nabla_s^D y_t = \theta(L)\Theta(L^s)u_t \tag{11.15}$$

단, $\phi(L)$, $\theta(L)$은 (10.5)식의 정의로부터, $\Phi(L^s)$, $\Theta(L^s)$는 각각 (11.7)과 (11.12)에서 정의되어 있다.

이 모형은 계절적 ARIMA(Seasonal ARIIMA 또는 SARIMA) 모형이라고 부르며, 간단히 다음과 같이 두 종류로 표현된다.

$$\begin{aligned}&\text{ARIMA}(p,d,q) \times (P,D,Q)s\\ &\text{SARIMA}(p,s,q) \times (P,D,Q)\end{aligned} \tag{11.16}$$

(11.15)식의 승법적 계절변동모형 중에서 가장 간단한 모형의 하나는 $p=1$, $P=1$일 때이며 $s=12$로 두면, ARIMA(1,0,0) × $(1,0,0)_{12}$로 표현된다.

$$(1-\phi_1 L)(1-\Phi_1 L^{12})y_t = u_t \tag{11.17}$$

이 모형의 안정성의 조건은 (11.18)식과 같다.

$$|\phi_1| < 1 \quad \text{그리고} \quad |\Phi_1| < 1 \tag{11.18}$$

또 다른 간단한 모형은 $q=1$, $Q=1$ 일 때의 ARIMA(0,0,1)×$(0,0,1)_{12}$이다.

$$y_t = (1-\theta_1 L)(1-\Theta_1 L^{12})u_t \tag{11.19}$$

이 모형의 가역성의 조건은 (11.20)식이 된다.

$$|\theta_1| < 1 \quad \text{그리고} \quad |\Theta_1| < 1 \tag{11.20}$$

11.3 계절변동모형의 자기상관함수와 편자기상관 함수

앞 절에서는 계절변동모형을 소개하고, 순수한 계절변동 자기회귀모형(11.8)과 계절변동 이동평균모형(11.11), 그리고 혼합 계절변동모형(11.13)을 나타내어 보았다. 이들 계절변동모형에 있어서 자기상관함수와 편자기상관함수의 성질은 계절변동 주기의 배수기에 0이 아닌 어떤 값으로 나타나는 것을 제외하고는 안정시계열 모형에서 검토한 자기상관함수와 편자기상관함수의 성질과 같다고 할 수 있다.

그러나 실제적으로 계절변동 시계열데이터를 시계열 모형화 할 때 계절변동 파라메터뿐만 아니라 비계절변동 파라메터도 함께 가지는 승법형 계절변동모형(11.15)이 일반적인 모형이 된다고 하였다. 그런데 이 승법형 계절변동모형에 있어서의 자기상관함수와 편자기상관함수는 많은 경우의 수가 존재하기 때문에 제2부의 안정시계열 모형에서처럼 간단하지가 않다. 그러므로 여기서는 특수한 경우의 계절변동모형에 관한 자기상관함수와 편자기상관함수에 대해서만 검토해 보기로 한다.[1]

승법형 계절변동 자기회귀모형 승법형 계절변동 자기회귀모형 중에서 가장 간단한 것은, 주기를 12로 두면 앞에서 소개된 (11.17)식으로 표현되는 ARIMA(1,0,0)×(1,0,0)$_{12}$ 모형이다.

$$(1-\phi_1 L)(1-\Phi_1 L^{12})y_t = u_t$$

이 모형은 다음의 (11.20)식으로도 나타낼 수 있다.

$$y_t = \phi_1 y_{t-1} - \Phi_1 y_{t-12} - \phi_1 \Phi_1 y_{t-13} + u_t \tag{11.20}$$

이 (11.17)식 모형의 자기상관함수는 ϕ_1과 Φ_1이 각각 $|\phi_1|<1$, $|\Phi_1|<1$의 안정성의 조건이 성립되면 빠르게 0에 접근하면서 감소해 가는 움직임을 나타내게 될 것이다. 한편 편자기상관함수는 (11.20)식에서 보는 바와 같이 최고 시차가 13이므로 시차 14이후에서 절단되어 0이 되는 것을 알 수 있다.

<그림 11.3>은 순수한 AR 파라메터 ϕ_1이 각각 +0.8, −0.8 일 때와 계절 AR파라메터 Φ_1이 각각 +0.8, −0.8일 때의 모두 네 경우의 자기상관함수와 편자기상관함수의 변화 예를 보여주고 있다. 자기상관함수는 안정시계열에서의 순수한 AR모형의 경우에서처럼 점점

1) 여기에서의 논의는 Vandaele (1984) 을 참고하고 있다.

감소해 가는 것을 보여주고 있는데, 주기 $s=12$의 근방에서 그 절대치가 큰 값을 가지는 것을 알 수 있다. 그리고 주기의 배수기인 시차 24와 36에서도 이런 현상이 반복되고 있는 것이다. 그런데, 자기상관이 감소해 가는 모양은 $\phi_1>0$ 일 때는 시차 1의 자기상관계수 ρ_1 이 $\rho_1>0$ 이면서 12를 주기로 점점 감소해 가는데 비하여, $\phi_1<0$ 일 때는 시차 1의 자기상관계수가 $\rho_1<0$ 이면서 부호가 교대로 바뀌면서 12를 주기로 감소해 가는 것을 보여주고 있다. 이때 계절 AR의 파라메터 Φ_1의 부호에 따라서 변화모양이 다른 것도 알 수 있다.

한편, 편자기상관함수는 네 경우 모두 시차 14 이후에 절단되어 있는 것을 알 수 있다. 즉, $\phi_1>0$ 일 때는 시차 1의 편자기상관계수 ϕ_{11}이 $\phi_{11}>0$ 이고, $\phi_1<0$ 이면 $\phi_{11}<0$ 로 되어있다. 여기서도 계절AR 파라메터 Φ_1의 부호에 따라서 변화모양이 다른 것도 자기상관의 경우와 같다.

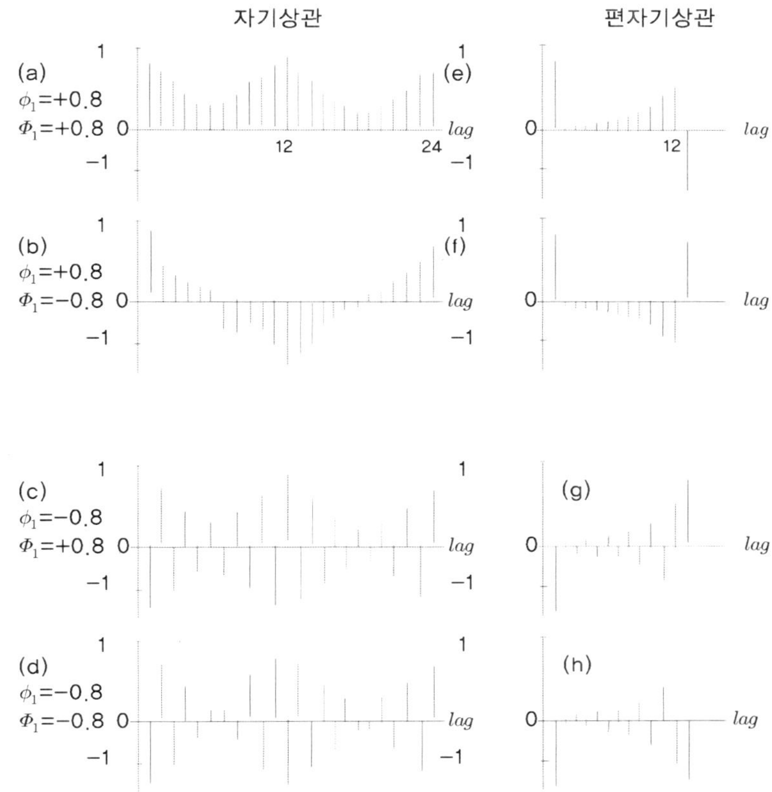

<그림 11.3> AR(1) × SAR(1) 계절변동모형의 자기상관함수와 편자기상관함수

승법형 계절변동 이동평균모형 승법형 계절변동 이동평균모형 중에서 가장 간단한 것은, 주기를 $s=12$로 두면 앞에서 소개된 (11.19)식으로 표현되는 ARIMA(0,0,1) ×(0,0,1)$_{12}$모형이다.

$$y_t = (1-\theta_1 L)(1-\Theta_1 L^{12})u_t$$

이 모형은 다음의 (11.21)식으로도 나타낼 수 있다.

$$y_t = u_t - \theta_1 u_{t-1} - \Theta_1 u_{t-12} + \theta_1 \Theta_1 u_{t-13} \tag{11.21}$$

즉 (11.19)의 승법형 모형은 u_{t-13}의 파라메터가 u_{t-1}의 파라메터와 u_{t-12}의 파라메터의 곱과 같다는 제약조건이 부과된 13차의 이동평균모형으로서 해석할 수 있는 것을 의미한다.

이동평균모형의 자기상관함수는 모형의 차수에 1을 더한 시차에서부터 절단되어 0이 되는 성질이 있으므로, 이 승법형 모형에서는 시차 14부터 0이 될 것이다. 한편, 이 모형의 편자기상관함수는 파라메터 θ_1과 Θ_1이 각각 가역성의 조건 $|\theta_1|<1$, $|\Theta_1|<1$을 만족하면 무한차의 자기회귀과정으로 나타낼 수 있으므로, y_t의 시차가 크게 될수록 절대치가 감소해 가는 성질을 가진다. 그러므로 이 승법형 계절변동 이동평균모형의 편자기상관함수의 변화는 절단되지 않고 점점 감소해 가는 모양이 될 것이다.

<그림 11.4>는 순수한 MA 파라메터 θ_1이 각각 +0.8, −0.8일 때와 계절MA파라메터 Θ_{11}이 각각 +0.8, −0.8일 때의 네 경우의 자기상관함수와 편자기상관함수의 변화 예를 보여주고 있다. 자기상관함수에 있어서는 주기가 12이므로 시차 12에서 절대치가 큰 값을 나타내 보이고 있으며, 전후의 시차 11, 13에서 대칭의 값을 가지지만 시차 14부터는 절단되어 0이 되는 것을 알 수 있다. 그리고 시차 1의 자기상관계수 ρ_1은 순수한 MA 파라메터 θ_1만에 의하여 영향을 받으며, ρ_{12}는 계절MA 파라메터 Θ_1만에 의하여 영향을 받는 특징을 가지고 있다. 즉, $\theta_1<0$ 일 때 $\rho_1>0$ 이 되고, $\theta_1>0$ 일 때 $\rho_1<0$ 이 되며, $\Theta_1<0$ 일 때 $\rho_{12}>0$ 이나 $\Theta_1>0$ 일 때는 $\rho_{12}<0$ 가 되는 것을 보여주고 있는 것이다.

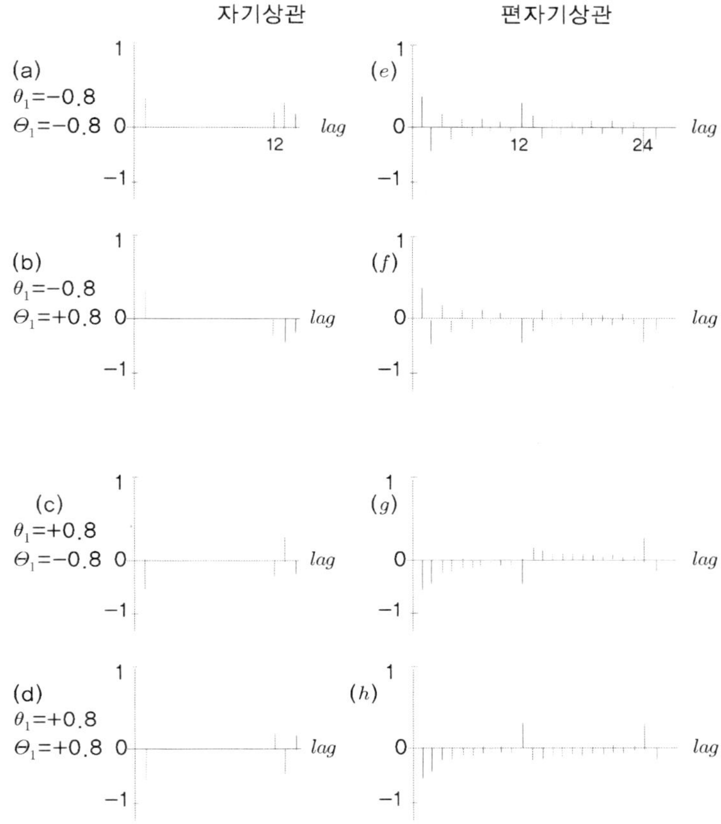

<그림 11.4> MA(1)×SMA(1) 계절변동모형의 자기상관함수와 편자기상관함수

한편, 편자기상관은 네 경우 모두 절단되지 않고 점점 감소해 가는 것을 알 수 있는데, 그 감소의 모양은 θ_1, Θ_1의 크기와 부호에 따라서 다른 것도 쉽게 알 수 있다.

승법형 모형의 일반적 특징 지금까지 가장 간단한 계절변동모형의 자기상관함수와 편자기상관함수의 예를 들어보았다. 앞에서도 언급하였지만 승법형 계절변동모형의 자기상관함수와 편자기상관함수의 정확한 변화모양을 일반화하기는 대단히 어려운 문제이다. 그래서 우리가 승법형 계절변동모형을 데이터에 적용하여 식별할 때 이용할 수 있는 기본적인 특징을 간단히 정리하면 <표 11.1>과 같다.

이 표에서 자기상관함수와 편자기상관함수의 특징을 데이터로부터 계산되는 표본자기상관함수, 표본편자기상관함수와 비교함으로써 시험적인 승법형 모형의 식별을 실시하는데 이용할 수 있을 것이다.

<표 11.1> 계절변동모형의 자기상관함수와 편자기상관함수

계절변동의 주기 $= s$

모형	자기상관함수	편자기상관함수
AR(p), 계절AR(P)	빠르게 감소	시차 $p+sP$이후절단
MA(q), 계절MA(Q)	시차 $q+sQ$이후 절단	빠르게 감소
혼합모형	빠르게 감소	빠르게 감소

한편 계절 ARIMA모형의 실증분석의 예는 제15장의 "실증분석의 실례 3"에서 다루고 있으므로 그곳을 참조하기 바란다.

Part 04

연습문제

[1] 부록의 "Series I"의 시계열데이터를 사용하여 다음의 물음에 답하라

(1) 자기상관($\widehat{\rho_k}$)과 자기상관의 95% 구간을 나타내는 상한($2\hat{\sigma}_{\hat{\rho}_k}$)과 하한($-2\hat{\sigma}_{\hat{\rho}_k}$)을 $k=12$까지 그래프를 그려라.

(2) 편자기상관($\hat{\phi}_{kk}$)과 편자기상관의 95% 구간을 나타내는 상한($2\hat{\sigma}_{\hat{\phi}_{kk}}$)과 하한($-2\hat{\sigma}_{\hat{\phi}_{kk}}$)을 $k=12$까지 그래프를 그려라.

(3) 1차 차분(∇y_t)의 그래프를 그려라.

(4) 1차 차분(∇y_t)의 자기상관과 자기상관의 95% 구간을 나타내는 상한과 하한을 $k=12$까지 그래프를 그려라.

(5) 1차 차분(∇y_t)의 편자기상관과 편자기상관의 95% 구간을 나타내는 상한과 하한을 $k=12$까지 그래프를 그려라.

[2] 부록의 "Series I"에 대해서 다음의 3모형이 시험적 모형으로 선정되었다.

모형 1 : $ARIMA(1,1,0)$
모형 2 : $ARIMA(0,1,1)$
모형 3 : $ARIMA(1,1,1)$

각각의 모형에 대해서 추정을 하고, 잔차를 이용하여 다음을 검정하라.

(1) Box-Pierce Q 검정
(2) Ljung-Box Q 검정
(3) 계수의 유의성 검정
(단, (1), (2)의 검정에서는 잔차의 자기상관을 k=12까지 구하여 사용할 것)

[3] 부록의 "Series K"의 시계열데이터에 자연대수를 취한 시계열을 y_t라 할때, 다음의 물음에 답하라

(1) $\nabla\nabla_{12}y_t$의 그래프를 그려라

(2) $\nabla\nabla_{12}y_t$의 자기상관($\widehat{\rho_k}$)과 자기상관의 95% 구간을 나타내는 상한과 하한을 $k=48$까지 그래프를 그려라.

(3) $\nabla\nabla_{12}y_t$의 편자기상관($\hat{\phi}_{kk}$)과 편자기상관의 95% 구간을 나타내는 상한과 하한을 $k=48$까지 그래프를 그려라.

[4] "Series K"의 시계열데이터에 자연대수를 취한 시계열을 y_t라 할 때, 다음의 2모형이 시험적 모형으로 선정되었다.

모형 1 : $ARIMA(0,1,1)\times(0,1,1)_{12}$

모형 2 : $ARIMA(2,1,1)\times(0,1,1)_{12}$

각각의 모형에 대해서 추정을 하고, 잔차를 이용하여 다음을 검정하라.

(1) Box-Pierce Q 검정

(2) Ljung-Box Q 검정

(3) 계수의 유의성 검정

(단, (1), (2)의 검정에서는 잔차의 자기상관을 $k=12$, 24의 두 경우에 대해서 검정한다.)

제5부
RATS를 이용한 실증분석

앞에서 배운 시계열모형의 이론적 성질을 바탕으로 하여 실증적 분석기법을 통계패키지 RATS(Version 8.0)를 이용하여 분석하는 방법을 다루어 보기로 한다.

여기서 제시된 프로그램은 가장 단순한 형태로 작성되었으며, 가능한 한 생략된 부분이 없도록 하여 작성된 프로그램을 그대로 RATS에서 실행시킬 수 있도록 하였다. 한편 RATS 프로그램을 작성하기 위한 기본적인 사항은 제6부에서 다루고 있으므로, 먼저 그 부분을 읽어보기 바란다. 실행프로그램의 작성 및 내용의 해설은 시계열분석에서 사용되는 명령어의 사용방법을 중심으로 해설하였다.

제12장에서는 시계열모형의 실증분석의 순서와 방법에 관해서, RATS를 이용하는 방법을 중심으로 간략하게 살펴본다. 제13장에서는 실증분석의 실례로서 ARMA모형을 다루고, 제14장에서는 ARIMA모형을 다룬다. 그리고 제15장에서는 계절변동이 포함된 SARIMA모형의 예를 다루는데, 예측의 평가에 대해서도 검토하게 될 것이다. 제18장에서는 시계열분석에 이용되는 RATS명령어만을 모아 해설하고 있다.

Chapter 12

실증분석의 순서와 방법

지금까지 제2부와 제3부에서는 시계열모형의 기본적 성질, 추정방법, 예측문제, 식별과 진단 등에 대해서 주로 이론적 측면을 중심으로 논하였다. 그리고 제4부에서는 불안정적 시계열을 차분의 방법을 통하여 안정시계열로 변환하는 방법을 살펴보았고, 아울러 계절적 요인의 처리 등에 관해서도 살펴보았다.

이 장에서는 앞에서 살펴본 시계열모형의 이론적 성질을 이용하면서, 주어진 시계열데이터로부터 모형을 작성해 가는 실증분석의 순서와 방법에 대해서, Box-Jenkins(1976)의 방법을 중심으로 5단계로 나누어 설명하기로 한다. <그림 12.1>은 Box-Jenkins의 방법에 대한 전체적인 흐름을 나타낸 것이다. 각 단계별 과정을 설명하면서 각 단계별 작업을 실행시키는 RATS의 명령어에 대해서도 간단히 소개하기로 한다. 이 명령어들의 구조와 내용은 제18장에서 자세히 설명하고 있으므로, 실증분석을 실시하기 전에 그곳을 먼저 정리해 두는 것도 좋은 방법이라고 생각된다.

12.1 제1단계 : 예비적 분석

시계열분석에 이용되는 자료는 안정성이라는 통계적 성질을 가져야 된다. 그러므로 실증분석의 제1단계는 자료를 입력하여 그래프로 나타내어 봄으로써 모형을 식별하기 전에 안정화를 위해서 어떤 변환 등을 실행할 것인가를 검토해야 된다.

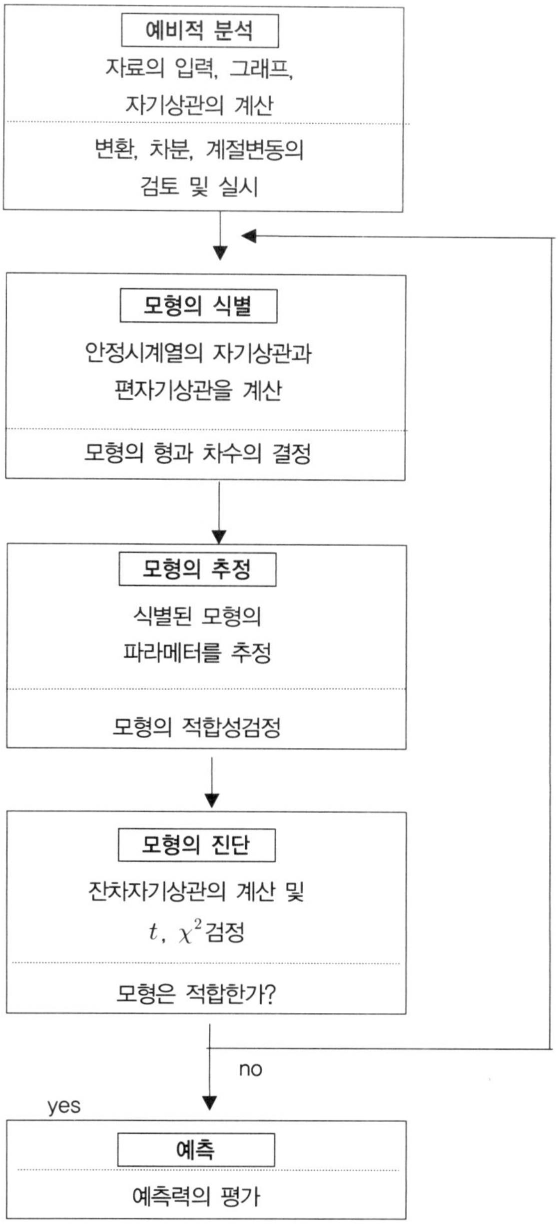

<그림 14.1> Box-Jenkins 방법의 흐름도

1. 어떤 추세나 계절성이 존재한다면 일반차분이나 계절차분을 실시하여 안정시계열로 변환시킬 수 있다. 경제시계열인 경우 차분은 대개 1회 또는 2회로서 충분할 것이다.
2. 분산이 시간의 변화에 따라 변한다면 일정한 분산을 얻기 위해서 대개 자연대수변환이나 제곱근변환 등을 실시하여 분산의 불안정성을 제거할 수 있다. 그러나 경우에 따라서는 더 복잡한 변환도 고려될 수 있다.
3. 시계열에 대한 안정성의 판단을 자기상관함수를 구하여 실시한다. 안정시계열의 자기상관함수는 시차가 증가함에 따라서 빠른 속도로 감소해 가는 성질을 가지고 있으므로, 그래프로 나타내어 보면 직관적으로 판단하는데 도움이 될 것이다.

RATS에서 데이터의 그래프를 그리게 하는 명령어로서는 **graph**가 있다. 일반차분과 계절차분은 명령어 **diffference**를 사용하며, 자연대수변환은 명령어 **log**, 그리고 제곱근변환을 비롯한 기타의 변환은 **set** 명령어로서 실행할 수 있다. 자기상관은 **correlate** 명령어에 의하여 실행된다.

12.2 제2단계 : 모형의 식별

차분이나 대수변환 등과 같은 필요한 변환에 의하여 구하여진 안정시계열에 대해서 AR과 MA의 차수 p, q(계절 시계열모형일 때는 계절 AR, MA차수인 P, Q도 포함된다)를 특정화하는 단계이다. 즉 ARIMA모형의 일반형으로부터 하나 또는 여러 개의 적당하다고 판단되는 시험적 모형(tentative model)을 선정하는 단계이다. 선정의 기준은 시계열모형이 가지는 자기상관과 편자기상관에 대한 이론적 성질로부터 이것을 역으로 이용한다. 즉 주어진 자료로부터 구한 표본자기상관과 표본편자기상관을 이용하여 결정하게 된다. 이때 p와 q의 차수는 “절약의 원리”에 의하여 가능한 한 낮은 차수를 선정하는 편이 좋다.

표본자기상관과 표본편자기상관에 의해서 모형을 식별하는 것은 고도의 숙련이 요구되어지기 때문에 보조적인 역할로서 정보량기준(information criterion)에 의한 방법도 널리 이용되고 있다. 여기서의 분석에서는 그 중에서 Akaike의 AIC와 Schwarz의 SBIC를 이용하게 될 것이다.

RATS에서 표본자기상관과 표본편자기상관은 앞에서 언급한 명령어 **correlate**와 그의 옵션을 사용하여 구한다. 옵션 **partial**을 사용하여 표본편자기상관을 구할 수 있고, 옵션

stderrs를 사용하여 표본자기상관의 표준오차도 구할 수 있으므로 자기상관과 편자기상관이 0이라고 간주될 수 있는 구간도 계산하여 차수의 결정에 이용하게 될 것이다.

식별을 위한 보조적 수단으로서 구하여지는 정보량기준의 AIC와 SBIC는 직접 계산시키는 명령어가 없기 때문에 프로그램을 작성하여 계산하게 된다.

실증분석의 RATS 프로그램에 있어서는 제1단계의 예비적 분석과 제2단계인 모형의 식별이 대개 동시에 진행되므로 하나의 프로그램 상에서 처리하도록 하고 있다.

12.3 제3단계 : 모형의 추정

제2단계인 식별단계에서 선정된 시험적 모형의 파라메터를 추정한다. 시계열모형의 추정은 비선형 최적법에 의하여 반복계산법으로 실행된다. 모형의 추정은 다음 단계인 모형의 진단과 함께 고려되어야 되지만 여기서는 추정에 관련된 몇 가지 점에 관해서만 언급하기로 한다.

1. 일반적인 선형회귀모형에서와 같이 ARIMA 모형의 결정계수 R^2도 기본적으로는 모형의 설명력을 평가하는 기준이 된다. 그러나 특별한 성격도 가지고 있으므로 해석에 주의가 필요하다고 하겠다. 즉, 순수한 AR모형이나 MA모형에서 결정계수 R^2는 파라메터의 값과 밀접한 관계를 가지게 되는데, 파라메터의 값이 작을 때에는 R^2도 같이 작아지게 되어 설명력이 낮은 것처럼 보이게 된다는 것이다. 또 종속변수가 다른 모형들 간의 R^2의 비교는 적절하지 못하며, 특히 안정성을 확보하기 위한 다른 변환을 실시한 모형 간에는 R^2를 모형선택의 기준으로 사용하는 것은 잘못된 결정을 할 수 있으므로 주의를 요한다.
2. 추정된 파라메터에 대한 유의성 검정에 의해서도 모형의 적합성을 판단할 수 있다. 만약 모집단에서 파라메터가 0이라는 귀무가설이 기각되지 않는다면, 이는 모형이 적합하지 못한 것을 의미하므로 그 변수를 제외하고 나서 재 추정을 하여야 할 것이다.
3. 추정된 파라메터들 간의 상관계수가 높다면 그 변수들 중에서 하나를 모형에서 제거하는 편이 좋을 것이다. 왜냐하면 남은 변수가 제거된 변수의 기여분까지 나타낼 수 있기 때문이다.
4. 예측오차의 분산은 오차항의 분산에 의하여 결정된다. 그러므로 예측을 시계열분석의

중요한 목적으로 한다면 오차항의 분산의 추정치가 작은 편이 좋은 기준이 되므로, 이 값도 모형선택의 하나의 기준이 될 수 있다.

RATS에서 추정은 명령어 boxjenk에 의해서 실행된다. boxjenk에 의한 추정치는 Gauss-Newton방법에 의하여 파라메터가 일정한 수렴치를 얻을 때까지 반복계산에 의하여 구하여진다. boxjenk의 출력결과는 일반선형회귀모형에서 명령어 linreg에 의한 출력결과와 거의 같다. 그러므로 결정계수, 표준오차 등과 파라메터의 유의성 검정도 자동적으로 실행된다. 추정된 파라메터들 간의 상관계수는 명령어 boxjenk의 vcv옵션을 사용하면 행렬형태로 출력된다.

12.4 제4단계 : 모형의 진단

추정된 모형이 타당한 모형인지 아닌지를 판단하는 과정이 진단이다. 만약 타당한 모형이 아니라고 판정되면 다시 식별 · 추정 · 진단의 과정을 거쳐서 진단을 통과하는 모형이 선정될 때까지 이 과정을 반복하게 된다. 그러므로 진단과정에서는 추정에 있어서의 여러 가지 결과를 포함하여 모든 방법에 의한 결과를 비교함으로서 전체로서 최선의 모형을 선정하게 되는 것이다.

1. 진단과정에서의 기본적 방법은 추정된 모형의 잔차계열을 이용하여 모형의 오차항이 계열적으로 독립인지 아닌지를 통계적으로 검정을 행하는 것이다. 오차항의 독립성은 오차항의 자기상관이 모든 시차에 대해서 0이 되는 성질을 이용하는데, 잔차자기상관의 각 차수 k에 대해서 $\rho_k = 0$인 귀무가설을 t검정을 실시하여 검정한다. 유의수준을 0.05로 하면 잔차자기상관은 표준오차$(1/\sqrt{T})$의 약 2배 범위 내에 있어야 된다.
2. 잔차자기상관의 개별차수 k에 대해서 t검정을 실시하는 방법과 함께, 전체 차수에 대해서 동시에 검정하는 χ^2검정(portmanteau test)이 보다 유효한 방법으로 알려져 있다. 다음과 같이 정의된 Box-Pierce Q 통계량은 m개의 잔차자기상관으로부터 작성된 통계량으로 근사적으로 자유도 $m-p-q$의 χ^2분포에 따른다.

$$Q = T\sum_{k=1}^{m}\hat{\rho}_k^2$$

그러므로 유의수준 0.05에서의 검정방법은 $Q > \chi^2_{(m-p-q,\, 0.05)}$ 일 때

$$H_0 : \rho_1 = \rho_2 = \cdots = \rho_m = 0$$

의 가설을 기각한다.

3. 한편, Box-Pierce Q 통계량은 표본수 T가 클 때에는 χ^2분포에 따르는 것으로 알려져 있지만, T가 작을 때에는 반드시 좋은 근사를 나타내지 못한다. 그러므로 T가 작을 때에도 좋은 근사를 나타내어 주는 아래와 같이 정의된 Ljung-Box Q 통계량(수정된 Box-Pierce Q 통계량이라고도 한다)을 사용하여 검정한다.

$$Q = T(T+2)\left\{\sum_{k=1}^{m}\hat{\rho}_k^2 / (T-k)\right\}$$

이들 Q통계량들은 더하여지는 자기상관의 차수 m에 민감한 영향을 받는 것으로 알려져 있으므로 m을 변화시켜가면서 검정하기로 한다.

4. 시험적 모형에서 파라메터를 제거하여 모형을 평가해 보는 것도 유용한 방법이 된다. 만약 추정된 파라메터에 대한 t검정을 실시하여 파라메터가 0이라는 귀무가설을 기각할 수 없다면 그 파라메터를 모형으로부터 제거하여 단순화 시키는 것이 좋을 것이다. 또는, 최종적으로 선정된 모형에서 어떤 파라메터를 제외하여 재 추정하고 나서 원래의 모형과 비교해 보는 것도 좋은 방법이 된다.

5. 시험적 모형에서 파라메터를 추가하여 그 결과 원래의 모형과 비교하여 개선되었는지를 검토해보는 것도 유용한 방법이 된다. 만약 추가한 파라메터가 그다지 유의하지 아니하던가 다른 파라메터와의 사이에 높은 상관이 나타난다면 추가하지 않는 편이 좋다는 결론을 내릴 수 있을 것이다.

RATS에서 잔차자기상관에 대한 진단은 기본적으로 명령어 boxjenk와 correlate에 의하여 실행된다. 즉, boxjenk를 실행하여 잔차계열을 구하고 그 잔차에 대한 자기상관을 correlate로 계산시킨다. 그리고 잔차자기상관에 대한 검정은 다음과 같은 방법으로 검정한다.

첫째, 표본수에 의하여 일정하게 계산되는 잔차자기상관의 표준오차에 대한 2배의 범위 내에 시차 k의 개별 잔차자기상관이 포함되는지를 그래프를 이용하여 검정한다.

둘째, Ljung-Box Q 통계량은 명령어 correlate의 옵션 qstats를 사용하면 자동적으로 산출해 준다. 이때에 자유도를 조정하는 dfc옵션을 사용하면 조정된 자유도에서 χ^2 검정을 실시할 수 있다. m을 변경시켜 가면서 여러 개의 Q 통계량을 산출하여 검정하기 위해서는 span옵션이 그 역할을 하게 된다. 그러나 Box-Pierce Q 통계량은 자동적으로 산출되지 않으므로 프로그램을 작성하여 실행하게 될 것이다. 추정과 관련된 여러 지표들은 boxjenk의 실행결과로서 출력된다.

한편 실증분석에서는 추정과 진단이 서로 깊이 관련되어 있으므로 하나의 프로그램 상에서 처리하도록 하였다.

12.5 제5단계 : 예 측

여러 시험적 모형 중에서 진단을 통과한 최선의 모형이 선정되면 다음 단계는 예측이 된다. 시계열모형에 의한 분석의 가장 중요한 목적 중의 하나가 예측에 있으므로 예측의 정도가 떨어지면 아무리 진단을 잘 통과한 모형이라 하더라도 현실 적응력이라는 측면에서 유용한 모형이 될 수 없다.

진단은 모형이 여러 “통계적 성질”을 만족하는지 아닌지를 가리는 기준에 의하여 실시되는 것에 비하여, 예측은 “예측능력”이라고 하는 실제적인 기준에 근거하고 있다. 그런 의미로서 진단과 예측은 별개의 기준에 의하여 논의되지만 종국적으로는 “최선의 모형의 선정”이라는 공통목표를 가지고 있는 것이다. 그러므로 이 두 기준을 동시에 만족하는 모형이 우리들이 구하는 최선의 모형이라고 평가할 수 있을 것이다.

예측력을 평가하는 데는 예측치와 실제치(관측치)와의 차이가 얼마나 작은가에 따라서 측정되며, 여기서의 분석에서는 여러 지표 중에서 세 가지의 지표를 사용하여 측정하려고 한다.

1. 평균자승오차의 제곱근 (RMSE : Root Mean Square Error)

$$RMSE = \sqrt{\frac{1}{h}\sum_{t=1}^{h}(\hat{y_t} - y_t)^2} \qquad \text{단, } h\text{는 예측기간}$$

이 지표는 예측치($\hat{y_t}$)와 실제치(y_t)와의 차이의 자승에 대한 평균값으로 정의되어 있다.

2. 백분비 평균자승오차의 제곱근 (PRMSE : Percentage Root Mean Square Error)

$$PRMSE = 100 \times \sqrt{\frac{1}{h}\sum_{t=1}^{h}\left(\frac{\hat{y_t} - y_t}{y_t}\right)^2}$$

이 지표는 예측치와 실제치와의 차이를, 실제치를 기준으로 한 상대적 차이의 백분비로 나타내어 준다.

위의 두 지표 RMSE와 PRMSE는 작은 값을 가질수록 예측력이 높은 것을 나타내므로 다른 모형들 사이의 예측력을 비교할 때 유용하게 사용할 수 있다. 그러나 어떤 범위의 값을 가져야만 되는지에 관해서는 아무런 정보를 제공해 주지 못한다. 그러므로 모형의 예측력을 자체의 값에 의해서 검정할 수 있는 지표가 필요하게 된다.

3. 다음과 같이 정의된 z_1은 예측기간 동안의 예측치의 변동의 크기(RMSE)와 추정기간 동안의 오차의 변동의 크기($\hat{\sigma}$)를 대비시켜 예측의 성과를 검정할 수 있는 통계량이다.

$$z_1 = \frac{h(RMSE)^2}{\hat{\sigma}^2}$$

z_1은 자유도 h의 χ^2분포에 따르므로 유의수준 0.05에서 $z_1 > \chi^2_{(h,\ 0.05)}$ 이면

H_0 : 모형의 예측성과는 모형의 추정에서의 성과와 같다.
(예측력이 높다)

라는 귀무가설을 기각한다.

RATS에서 시계열모형의 예측을 실행시키는 명령어는 **forecast**이다. 추정을 실행시키는 명령어 **boxjenk**에서 추정된 식을 **define**이라는 옵션을 사용하여 예측식으로 정의한 후, **forecast**에서 원하는 기간 동안 예측을 실행시킨다. 예측력을 평가하는 세 지표는 **forecast**에서 자동적으로 산출해 주지 않기 때문에 프로그램을 작성하여 계산시키기로 한다.

Chapter 13

실증분석의 실례 1 : ARMA모형

여기서 분석하는 데이터는 어떤 화학생산품의 점도에 관한 데이터이다. <표 13.1>에 데이터가 나타나 있는데 데이터명을 series A로 하고, RATS를 실행시킬 때 사용하는 데이터만으로 구성된 파일명을 sample1.dat로 하기로 한다.

<표 13.1> 어떤 화학생산품의 점도에 관한 데이터

29.33	19.98	25.76	29.00	31.03	32.68	33.56	27.50
26.75	30.55	28.94	28.50	28.19	26.13	27.79	27.63
29.89	28.18	26.65	30.01	30.80	30.45	36.61	31.40
30.83	33.22	30.15	27.08	33.66	36.58	29.04	28.08
30.28	29.35	33.60	30.29	20.11	17.51	23.71	24.22
32.43	32.44	29.39	23.45	23.62	28.12	29.94	30.56
32.30	31.58	27.99	24.13	29.20	34.30	26.41	28.78
21.28	21.71	21.47	24.71	33.61	36.54	35.70	33.68
29.29	25.12	27.23	30.61	29.06	28.48	32.01	31.89
31.72	29.02	31.92	24.28	22.69	26.60	28.86	28.27
28.17	28.58	30.76	30.62	20.84	16.57	25.23	31.79
32.52	30.28	26.14	19.03	24.34	31.53	31.95	31.68
29.10	23.15	26.74	32.44				

자료 : Montgomery & Johnson (1976) p.213(series A, 데이터파일명 : sample1.dat)

13.1 예비적 분석

표본수 100의 이 데이터는 <그림 13.1>에서 보는 바와 같이 대략 28을 중심으로 그 주위를 상하 변동하고 있는데, 어떤 추세나 분산의 변동이 보이지 않기 때문에 직관적으로 판단할 때 안정성을 가지고 있다고 간주되어 진다. 통계적 방법으로 안정성을 검토하기 위해서 표본자기상관을 구하여 보기로 한다.

<그림 13.2>는 series A의 표본자기상관함수를 구하여 그래프로 나타낸 것이다. 그래프에 나타나 있는 것처럼 자기상관계수들은 시차(lag)가 증가함에 따라서 급속히 감소하고 있는 것을 알 수 있다. 자기상관의 표준오차의 약 2배로서, 모집단 자기상관이 0으로 간주될 수 있는 범위를 나타내는 상한(aupper)과 하한(alower)을 함께 고려한다면 시차 1, 3, 4 에서 범위를 벗어나 있는 것이 관찰되지만 이것은 자기상관이 0에 접근해 가는 과정으로 해석하는 편이 좋을 것이다. 그 이외의 모든 시차에서 자기상관계수들이 이 범위 내에 속하고 있는 것을 알 수 있기 때문에 이 데이터 series는 안정성을 가진다고 판단할 수 있을 것이다.

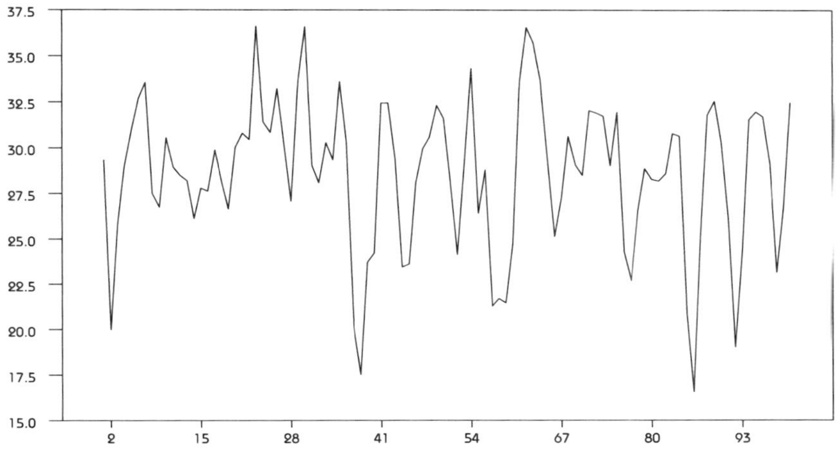

<그림 13.1> series A의 그래프

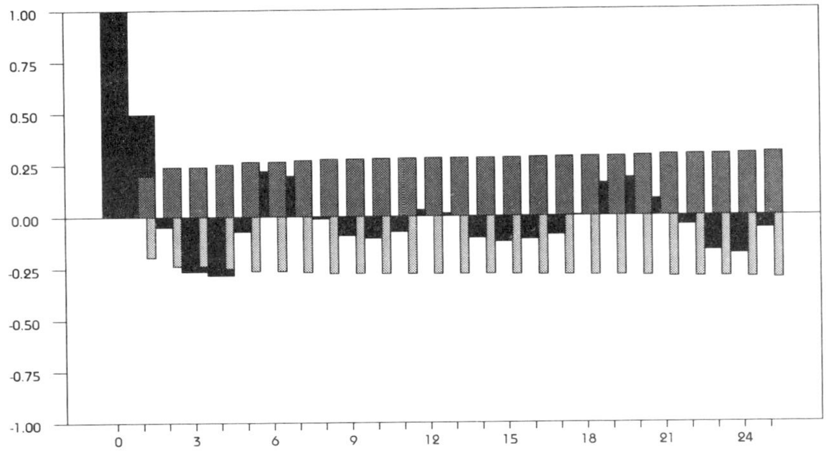

<그림 13.2> 자기상관함수의 그래프

13.2 모형의 식별

모형의 식별은 기본적으로 표본자기상관과 표본편자기상관에 의하여 행하여진다. <표 13.2>는 표본자기상관, 표본편자기상관을 계산시키고, 그래프로 나타내어 보임으로써 시계열모형을 식별하기 위한 기본적인 프로그램의 예이다.

<표 13.2> 자기상관과 편자기상관의 계산프로그램의 예

```
*       BOXJI1.PRG
*
all  100
open data e:\sample1.dat
data(org=var) / series
*
graph 1
# series
*
correlate(partial=pacf,number=25,stderrs=stderrs)    series /  acf
set aupper 1 26 = 2*stderrs
set alower 1 26 = -aupper
```

```
*
graph(style=bar,number=0,max=1.0,min=-1.0) 3
# acf
# aupper
# alower
*
set pupper 2 26 = 2/sqrt(%nobs)
set plower 2 26 = -pupper
graph(style=bar,number=0,max=1.0,min=-1.0) 3
# pacf
# pupper
# plower
*
```

(1) 프로그램의 해설

(1)

```
1 all 100
2 open data e:\sample1.dat
3 data(org=var) / series
```

1행은 series가 100개의 표본을 가지고 있음을 나타내고 있고, 2행은 데이터가 프로그램의 내부에 있지 않고 독립된 데이터파일로서 존재하고 있으며, e드라이브에 있는 이 데이터파일인 “sample1.dat”을 불러와서 사용하게 하고 있다. 3行은 2行에서 변수의 배열이 변수형(org=var)으로 되어 있는 것을 의미한다. 물론 변수형 배열은 default이므로 여기에서는 이 옵션을 생략해도 상관없다.

한편 데이터파일 sample1.dat는 <표 13.3>에서처럼 숫자만으로 구성된 파일이다. 데이터파일에는 변수명, entry, 연도 등 숫자 이외의 어떤 것도 포함되어서는 안 된다.

<표 13.3> 데이터파일(sample1.dat)의 자료배열

29.33	19.98	25.76	29.00	31.03	32.68	33.56	27.50
26.75	30.55	28.94	28.50	28.19	26.13	27.79	27.63
29.89	28.18	26.65	30.01	30.80	30.45	36.61	31.40
30.83	33.22	30.15	27.08	33.66	36.58	29.04	28.08
30.28	29.35	33.60	30.29	20.11	17.51	23.71	24.22
32.43	32.44	29.39	23.45	23.62	28.12	29.94	30.56
32.30	31.58	27.99	24.13	29.20	34.30	26.41	28.78
21.28	21.71	21.47	24.71	33.61	36.54	35.70	33.68

29.29	25.12	27.23	30.61	29.06	28.48	32.01	31.89
31.72	29.02	31.92	24.28	22.69	26.60	28.86	28.27
28.17	28.58	30.76	30.62	20.84	16.57	25.23	31.79
32.52	30.28	26.14	19.03	24.34	31.53	31.95	31.68
29.10	23.15	26.74	32.44				

(2)
```
4   graph 1
5   # series
```

series를 그래프로 나타내게 한다.

(3)
```
6   correlate(partial=pacf,number=25,stderrs=stderrs) series / acf
```

6행에서는 명령어 **correlate**에 의하여 자기상관함수(acf)와 편자기상관함수(partial=pacf)를, 시차 25까지 구하게 하여(number=25) 저장시키고, 자기상관의 표준오차(stderrs=stderrs)도 구하게 하여 stderrs명으로 저장시키고 있다.

(4)
```
7   set aupper 1 26 = 2*stderrs
8   set alower 1 26 = -aupper
```

7행은 저장된 자기상관의 표준오차(stderrs)를 이용하여, 자기상관의 표준오차에 2를 곱하여서 자기상관이 0이라는 귀무가설을 검정하기 위한 유의수준 0.05의 범위를 계산시켜 상한(aupper)으로 한다. 8행은 그 대칭으로서의 하한(alower)을 계산하게 한다.

여기서 한 가지 주의하여야 되는 것은 RATS 내의 자료의 배열순서를 나타내는 entry 수와 계산되어진 자기상관, 편자기상관, 자기상관의 표준오차 등의 시차의 수가 다르다는 것이다. 예를 들면 시차 1의 자기상관 $\hat{\rho_1}$, 시차 2의 자기상관 $\hat{\rho_2}$는 각각 entry 2, entry 3에 저장되며, 자기공분산을 분산으로 나눈 0기의 자기상관 $\hat{\rho}_0$(항상 1의 값을 가진다)이 entry 1에 저장된다는 것이다. 이런 이유는 entry 수는 0부터가 아니라 항상 1부터 시작해야 하는데, 시차 0의 자기상관 $\hat{\rho}_0$을 저장하는 장소를 entry 1에 두고 있기 때문이다.

그러므로 자기상관의 표준오차(stderrs)에 대해서도 시차 1에서 25까지 구한 것은 entry 2에서 entry 26까지 저장되며, entry 1에는 시차 0의 표준오차가 자동적으로 저장된다. 이러한 이유 때문에 시차 25까지의 검정구간을 계산시킬 때에 entry의 범위가 1에서 25까지가 아니라 2에서 26까지가 되는데, 편의상 계산과정에 entry 1에 있는 시차 0의 자기상관의 표준오차(=1)를 포함시킨다면 1에서 26까지가 된다.

(5)
```
graph(style=bar,number=0,max=1.0,min=-1.0) 3
# acf
# aupper
# alower
```

자기상관함수(acf)와 위에서 구한 검정구간의 상한(aupper) 및 하한(alower)을 한 화면에 동시에 그리게 한다. 이것들을 default인 선(line)으로 나타내지 않고 막대모양(style=bar)으로 나타내고, 최대치를 1.0, 최소치를 −1.0으로 대칭이 되도록 하고 있다. 만약, max=1.0, min=−1.0을 생략하면, 시차 0의 자기상관이 항상 1이고, 시차 k의 자기상관 $\widehat{\rho_k}$의 절대값이 1보다 작으므로 마이너스의 범위가 되는 그림의 아래 부분이 좁아지게 된다.

한편 number=0은 그림의 x축의 눈금(시차)의 시작을 0으로부터 시작하여 25까지 나타나게 한다. 그러므로 자기상관 acf는 물론 aupper과 alower의 시차 0(entry 1) 의 값을 눈금 0의 위치에 오게 하고 있으므로 시차의 수와 눈금의 수를 일치시키고 있다. 즉, entry 2의 acf, aupper, alower은 눈금 1의 위치에, entry 26의 각각의 값을 눈금 25의 위치에 나타나도록 지시하고 있는 것이다.

그런데 만약 number=0이 생략되면 number=1과 같은 효과가 나타나서 그래프의 x축의 눈금은 1부터 26까지로 나타나면서 시차 0의 자기상관이 눈금 1에 오고 시차 25의 자기상관의 값은 눈금 26에 나타나게 되어 시차와 자기상관이 일치하지 않아서 혼란을 초래하게 될 것이다. 그러므로 명령어 **correlate**에 의하여 계산된 자기상관, 편자기상관, 자기상관의 표준오차들을 그래프로 나타낼 때에는 주의를 요한다고 하겠다.

(6)
```
13  set pupper 2 26 = 2/sqrt(%nobs)
14  set plower 2 26 = -pupper
```

편자기상관이 0이라는 귀무가설을 검정하기 위한 유의수준 0.05의 범위를 구하는 식이다. 13행은 상한, 14행은 하한을 계산하는데, 편자기상관의 표준오차는 시차에 관계없이 같은 크기($1/\sqrt{T}$) 를 가지게 되고, 표준오차의 2배의 범위 이내에 있는 확률이 약 0.95가 된다는 것이다. 한편 편자기상관의 표준오차는 시차 1부터(entry=2) 계산하고 있다.

(7)
```
graph(style=bar,number=0,max=1.0,min=-1.0) 3
# pacf
# pupper
# plower
```

자기상관함수의 경우와 마찬가지로 편자기상관함수(pacf), 상한(pupper), 하한(plower)

을 한 화면에 동시에 그리게 하는데, <그림 13.3>이 그 결과이다.

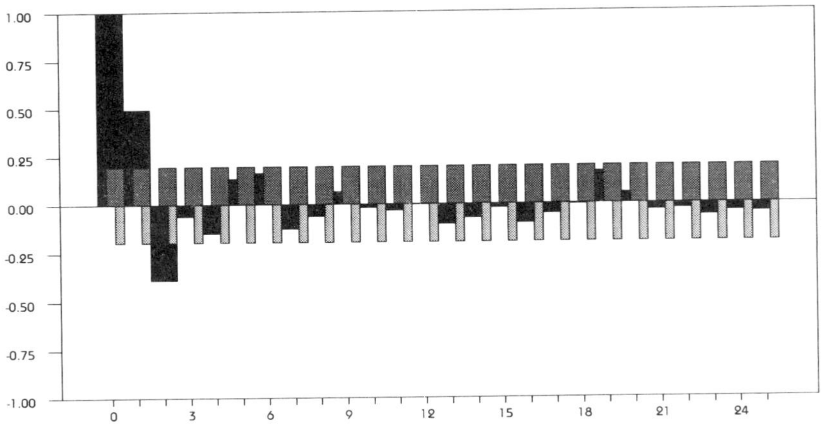

<그림 13.3> 편자기상관함수의 그래프

(2) 출력결과 및 해설

시계열모형의 이론적 성질로부터 표본자기상관은 MA의 차수를 결정하는데, 표본편자기상관은 AR의 차수를 결정하는데 이용될 수 있는 것을 보았다. <표 13.4>는 프로그램을 실행한 결과 얻은 표본자기상관, 표본편자기상관의 계산결과인데 이것을 이용하여 모형의 식별에 적용시켜 보기로 한다. 먼저 이 데이터의 표본자기상관은 앞 절에서 검토한 바와 같이 급속히 감소해가고 있는 상태를 보여주고 있다. 그래프에 의하면 어떤 시차에서 돌출된 값이 나타나지도 않고 있으며, 또한 절단되었다고 판단하기도 어렵다.

한편 표본편자기상관도 급속히 감소해 가고 있는 상태를 보여 주는데 시차 1의 값이 0.49, 시차 2의 값이 −0.39인데 비하여 시차 3 이후의 값들이 작으면서 0으로 간주될 수 있는 범위에 포함되고 있으므로, 이것을 시차 3에서 편자기상관이 절단되었다고 해석한다면 AR의 차수는 2가 예상된다. 즉 이 데이터 series를 생성한 시계열모형은 AR(2) 모형이 가장 적합한 것으로 판단된다.

<표 13.4> 자기상관, 편자기상관의 출력결과

Correlations of Series SERIES

Autocorrelations

1	2	3	4	5	6	7	8	9	10
0.49618	−0.06657	−0.28403	−0.28408	−0.04699	0.25896	0.22010	−0.03485	−0.14037	−0.12847
11	12	13	14	15	16	17	18	19	20
−0.06376	0.07777	0.03964	−0.14579	−0.19474	−0.16398	−0.07971	0.06433	0.21028	0.17682
21	22	23	24	25					
0.03245	−0.07560	−0.15498	−0.17289	−0.04778					

Partial Autocorrelations

1	2	3	4	5	6	7	8	9	10
0.49618	−0.41491	−0.05036	−0.14602	0.15856	0.17506	−0.13633	−0.08451	0.06739	−0.00733
11	12	13	14	15	16	17	18	19	20
−0.03657	0.02033	−0.15086	−0.09843	−0.02494	−0.12627	−0.01595	−0.00983	0.16976	0.05154
21	22	23	24	25					
−0.02423	−0.00591	−0.05958	−0.11841	−0.02538					

한편 <표 13.4>에서 출력된 표본자기상관(Autocorreltions)과 표본편자기상관(Partial Autocorrelations)의 값의 앞에 나타나 있는 수 1, 2, 3, 은 entry의 수가 아니라 시차의 수이다. 즉 표본자기상관의 출력결과로부터 해석한다면 각각

$\hat{\rho_1} = 0.49618$, $\hat{\rho_2} = -0.06657$, $\hat{\rho_3} = -0.28403$을 의미한다.

(3) 정보량기준의 계산프로그램 및 해설

모형을 식별하기 위하여 자기상관, 편자기상관을 이용하지만 보조역할로서 정보량기준에 의한 방법도 널리 이용되고 있다. 이 방법은 여러 ARMA(p,q) 모형 중에서 정보량기준이 가장 작은 값을 가지는 것을 모형의 선정기준으로 하고 있다. 여기서는 대표적인 정보량기준인 Akaike의 AIC와 Schwarz의 SBIC를 계산해 보기로 한다. <표 13.5>는 두 정보량 기준을 계산하는 프로그램의 예이다.

<표 13.5> AKAIKE와 SCHWARZ의 계산프로그램의 예

```
*     BOXJI1A.PRG
*
all 100
open data e:\sample1.dat
data /  series
*
display @3 ' AR lags ' @13 ' MA lags ' @26 ' AKAIKE ' @36  $
        ' SCHWARZ ' @47 ' SEESQ ' @58 ' RSS '
do arlags = 0,3
 do malags = 0,3
  boxjenk(constant,ar=arlags,ma=malags,noprint,iter=50)  $
        series  /  resid
  compute akaike  = %nobs*log(%rss) + 2.*%nreg
  compute schwarz = %nobs*log(%rss) + log(%nobs)*%nreg
  display @5 ## arlags @15 ## malags @25 ####.### akaike $
       @35 ####.###  schwarz  @45 #####.## %seesq  @55 ######.## %rss
 end do
end do
*
```

(1)

```
1  do arlags = 0, 3
2   do malags = 0, 3
3     boxjenk(constant,ar=arlags,ma=malags,noprint,iter=50) $
4           series / resid
5     compute akaike  = %nobs*log(%rss) + 2.*%nreg
6     compute schwarz = %nobs*log(%rss) + log(%nobs)*%nreg
7     display @5 ## arlags @15 ## malags @25 ####.### akaike  $
8    @35 ####.###  schwarz  @45 #####.### %seesq  @55 ######.## %rss
9   end do
10 end do
```

3행과 4행은 정수항이 포함된 ARMA(p,q) 모형을 추정하게 하고, 그때 얻어지는 잔차의 자승합(%rss)과 표본수(%nobs), 추정 파라메터의 수(%nreg)를 이용하여 5, 6행에서 AIC와 SBIC를 계산하는데 이용하고 있다. 추정에 있어서 반복계산 횟수를 최대 50회(iter=50)까지로 하고 추정결과는 출력시키지 않게(noprint) 하고 있다. 5행과 6행은 각각 Akaike(AIC)와 Schwarz(SBIC)의 통계량을 계산하는 식으로 다음과 같이 정의된 식을 사용하고 있다.

$$AIC = T^* \log(\sigma_k^2) + 2^* K$$

$$SIBC = T^* \log(\sigma_k^2) + K^* \log(T)$$

여기서 T는 표본수(%nobs)이고, K는 명령어 boxjenk의 추정에 이용된 AR, MA의 파라메터의 수에 정수항을 포함한 수이고, σ_k^2는 그때의 분산이다. 그런데 실제의 계산에서는 RATS의 메뉴얼에서 두 정보량기준을 계산하는 예제 프로그램에서와 같이 분산을 그대로 사용하지 않고 대용통계량으로서 잔차의 자승합(%rss)을 사용하고 있다.

이렇게 정의된 두 통계량들이 AR의 차수를 0에서 3까지, MA의 차수를 0에서 3까지 변화시켜가면서 얻는 반복계산은 1, 10행의 do와 2, 9행의 do명령어에 의해서 반복 실행된다. 그러므로 시계열모형에 있어서 AR과 MA의 차수에 대한 16가지 경우의 조합에 대한 정보량기준이 각각 계산되는 것이다.

<표 13.6> AKAIKE와 SCHWARZ의 출력결과

AR lags	MA lags	AKAIKE	SCHWARZ	SEESQ	RSS
0	0	745.281	747.886	17.08	1690.55
0	1	707.825	713.035	11.63	1139.39
0	2	707.570	715.385	11.48	1113.98
0	3	708.566	718.987	11.49	1102.86
1	0	711.833	717.024	13.13	1273.89
1	1	700.389	708.174	11.58	1112.13
1	2	699.474	709.854	11.37	1079.86
1	3	691.869	704.845	10.43	980.02
2	0	681.652	689.406	10.39	986.74
2	1	683.613	693.953	10.49	986.35
2	2	685.174	698.099	10.56	981.94
2	3	685.238	700.748	10.46	962.73
3	0	675.221	685.520	10.44	971.23
3	1	677.049	689.923	10.54	969.51
3	2	677.775	693.223	10.51	956.86
3	3	676.510	694.533	10.28	925.19

<표 13.6>에서는 Akaike와 Schwarz의 계산결과가 나타나있다. 참고로 하기 위해서 분산(SEESQ)과 잔차의 자승합(RSS)도 함께 출력시켜 보았다. 이에 의하면 Akaike의 최소값은 AR=3, MA=0의 경우로서 675.221이고, Schwarz의 최소값도 AR=3, MR=0 일 때의 685.520으로 나타나 있어, 이 경우 AR과 MA의 차수가 서로 일치하고 있다. 한편

자기상관과 편자기상관의 분석에 의하면 AR(2)의 모형이 가장 적합한 것으로 판명되었기 때문에, 두 경우(AR(2), AR(3))를 검토대상의 시험적 모형으로 삼기로 한다.

13.3 모형의 추정

앞에서 검토대상의 시험적 모형으로 선정된 두 가지 모형을 각각 추정한다. 모형의 진단에서는 추정결과에 기초하여 모형의 적합성 여부를 종합적으로 판단해야 하므로 추정과 진단을 하나의 프로그램에서 실행시키고 그 해설은 진단단계에서 실시하기로 한다.

AR(2) 모형의 추정 및 진단에 이용된 프로그램의 예가 <표 13.7>에 주어져 있다.

<표 13.7> 추정 및 진단 프로그램의 예

```
*    BOXJE1.PRG
*
all 100
open data e:\sample1.dat
data /  series
*
boxjenk(constant,ar=2,ma=0)  series  /  resid
*
correlate(qstats,number=25,stderrs=stderrs,dfc=2)  resid  /  racf
set upper 2 26 = 2/sqrt(%nobs)
set lower 2 26 = -upper
graph(style=bar,number=1,max=1.0,min=-1.0)  3
# racf  2 26
# upper
# lower
*
*    Chisq Test of Box-Pierce Q statistic
*
set racfsq 2 26 = racf**2
acc racfsq 2 26 aracfsq
compute bpq = %nobs*aracfsq(26)
display ' Box-Pierce Q-Statistic '
cdf chisq bpq 23
*
```

(1) 프로그램의 해설

(1)
```
1  boxjenk(constant,ar=2)  series  /  resid
```

이 경우는 정수항(constant)이 있는 AR(2)를 추정하고(ar=2), 잔차(resid)를 저장시킨다. 만약 정수항이 있는 ARMA(3,2)를 추정하려면 옵션에서 (constant,ar=3,ma=2)로 하면 된다.

(2)
```
2  correlate(qstats,number=25,dfc=2)  resid  /  racf
```

1행에서 추정된 모형에서 얻어진 잔차(resid)에 대해서 자기상관을 시차 25까지 계산시켜 저장시킨다(racf). 또한, Ljung-Box 통계량 Q를 계산하게 하는데(qstats), 추정하는 AR의 차수가 2이므로 자유도가 2가 줄어(dfc=2) 23(25-2)이 되어 검정에 적용된다.

(3)
```
3  set upper 2 26 = 2/sqrt(%nobs)
4  set lower 2 26 = -upper
5  graph (style=bar,number=1,max=1,0,min=-1,0) 3
6  # racf  2 26
7  # upper
8  # lower
```

잔차의 자기상관이 0으로 간주되는 상한(upper)과 하한(lower)의 범위를 계산시키고(3,4행), 그것을 그래프(<그림 13.4>)로 나타낸다(5~8행). 6행의 racf의 범위를 2 26으로 한 것은 상한과 하한의 범위와 같게 하기 위해서이다.

(4)
```
9   set racfsq 2 26 = racf**2
10  acc racfsq 2 26 aracfsq
11  compute bpq = %nobs*aracfsq(26)
12  display ' Box-Pierce Q Statistic '
13  cdf chisq bpq 23
```

9행은 잔차자기상관을 시차 1의 자기상관 $\widehat{\rho_1}$(entry 2)으로부터 시차 25의 자기상관 $\widehat{\rho_{25}}$(entry 26)까지 모두 제곱하여 racfsq명으로 저장시킨다. 10행은 제곱된 잔차자기상관의 누적합을 계산하여 aracfsq명으로 저장시킨다.

11행은 시차 1에서 25까지의 제곱된 잔차자기상관의 누적합에 표본수를 곱하여 Box-Pierce Q 통계량을 만들어 bpq명으로 저장하게 한다. 즉

$$bpq = T\sum_{k=1}^{25}\hat{\rho}_k^2 = T(\hat{\rho}_1^2 + \ldots + \hat{\rho}_{25}^2)$$

12행은 "Box-Pierce Q Statistic"라는 문자열을 그대로(' ') 출력하도록 한다. 13행은 Box-Pierce Q 통계량인 bpq를 자유도 23에서 χ^2 검정을 실행하게 한다.

(2) 출력결과

1) AR(2) 모형의 경우

먼저, <표 13.7>의 프로그램을 그대로 실행시키면 <표 13.8>의 출력결과를 얻는다. 여기서는 잔차에 대한 자기상관의 출력결과는 제외되어 있다.

<표 13.8> AR(2) 모형의 추정 및 진단 프로그램의 출력결과

```
Box-Jenkins - Estimation by LS Gauss-Newton
Convergence in     5 Iterations. Final criterion was  0.0000000 <=  0.0000100
Dependent Variable SERIES
Usable Observations                        98
Degrees of Freedom                         95
Centered R^2                        0.3892349
R-Bar^2                             0.3763767
Uncentered R^2                      0.9879737
Mean of Dependent Variable       28.648571429
Std Error of Dependent Variable   4.081104560
Standard Error of Estimate        3.222841151
Sum of Squared Residuals         986.73698287
Regression F(2,95)                    30.2713
Significance Level of F             0.0000000
Log Likelihood                      -252.2183
Durbin-Watson Statistic                1.9686
Q(24-2)                               20.9302
Significance Level of Q             0.5250559

   Variable                  Coeff       Std Error      T-Stat      Signif
*******************************************************************************
1.  CONSTANT             28.71862848   0.46628496   61.59030  0.00000000
2.  AR{1}                 0.70667232   0.09112457    7.75501  0.00000000
3.  AR{2}                -0.40579799   0.09119506   -4.44978  0.00002338
```

```
Ljung-Box Q-Statistics
     Lags  Statistic Signif Lvl
       25      27.034    0.254531

Box-Pierce Q-Statistic
Chi-Squared(23)=      23.023332 with Significance Level 0.45940911
```

2) AR(3) 모형의 경우

<표 13.9> AR(3) 모형의 추정 및 진단 프로그램의 출력결과

```
Box-Jenkins - Estimation by LS Gauss-Newton
Convergence in      4 Iterations. Final criterion was  0.0000000 <=  0.0000100
Dependent Variable SERIES
Usable Observations                          97
Degrees of Freedom                           93
Centered R^2                          0.3956792
R-Bar^2                               0.3761849
Uncentered R^2                        0.9880661
Mean of Dependent Variable         28.678350515
Std Error of Dependent Variable     4.091588597
Standard Error of Estimate          3.231617002
Sum of Squared Residuals          971.23140575
Regression F(3,93)                      20.2973
Significance Level of F               0.0000000
Log Likelihood                        -249.3739
Durbin-Watson Statistic                  1.9974
Q(24-3)                                 20.9964
Significance Level of Q               0.4591629

    Variable                  Coeff       Std Error      T-Stat       Signif
*****************************************************************************
1.  CONSTANT               28.66715958    0.45423647    63.11065    0.00000000
2.  AR{1}                   0.71279784    0.10331883     6.89901    0.00000000
3.  AR{2}                  -0.38580715    0.11684451    -3.30189    0.00136347
4.  AR{3}                  -0.04968953    0.10083990    -0.49276    0.62334594

Ljung-Box Q-Statistics
     Lags  Statistic Signif Lvl
       25      26.488    0.231319

Box-Pierce Q-Statistic
Chi-Squared(22)=      22.657086 with Significance Level 0.42130394
```

<표 13.9>의 출력결과는 <표 13.7>의 프로그램에서 다른 부분은 그대로 이고 명령어 **boxjenk**와 **correlate**, 그리고 **cdf**를 다음과 같이 바꾸어 줌으로써 얻은 결과이다.

```
boxjenk(constant,ar=3) series / resid
correlate(qstats,number=25,dfc=3) resid / racf
 : :
cdf chisq bpq 22
```

13.4 모형의 진단

(1) AR(2) 모형의 경우

1) 잔차자기상관의 t 검정

모형이 잘 설정되었다면 오차항은 계열적으로 독립이 되어야 된다. 그러므로 잔차의 자기상관이 각 차수 k에 대해서 $\rho_k = 0$으로 되는 귀무가설을 검정하면 된다.

<그림 13.4>는 시차 25까지의 잔차의 자기상관과 0으로 간주될 수 있는 범위를 나타내어 주고 있다. 이 그림에 의하면 시차 25까지의 잔차자기상관은 모두 표준오차의 두 배의 범위에 포함되므로 0으로 간주될 수 있을 것이다. 그러므로 귀무가설을 기각할 수가 없기 때문에 검정을 통과하고 있다.

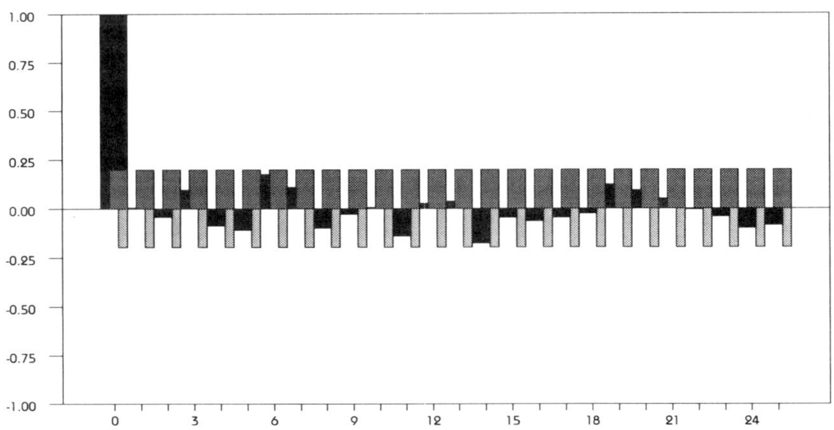

<그림 13.4> 추정된 AR(2) 모형의 잔차자기상관함수의 그래프

2) 잔차자기상관의 χ^2 검정

잔차자기상관의 t 검정이 개별 시차에 있어서 잔차자기상관에 대해서 검정하는 방법임에 비해서, χ^2 검정은 오차항의 독립성 여부를 전체적으로 검정하는 방법이다.

RATS에서는 잔차자기상관의 전체검정의 통계량으로서 Ljung-Box Q 통계량은 옵션 qstats를 사용하면 자동적으로 계산된다. 이 통계량 Q가 자유도 $m-p-q$의 χ^2 분포에 따르므로, 유의수준 0.05의 검정에 있어서는

$$Q > \chi^2_{(m-p-q,\,0.05)}$$

가 될 때, $\rho_1 = \rho_2 = \cdots = \rho_m = 0$이 되는 귀무가설을 기각하게 된다. 여기서 m은 Q통계량을 계산할 때의 잔차자기상관의 시차의 수이고 p, q는 각각 AR, MA의 차수이다.

<표 13.8>에 의하면, RATS에 의하여 출력된 Q통계량이 27.03인데 자유도 23(계산에 도입된 잔차자기상관의 차수(25)-AR의 차수(2))의 유의수준 0.05는 수표에서 찾으면 임계치는 35.17이 된다. 그러므로

$$Q = 27.03 < \chi^2_{(23,\,0.05)} = 35.17$$

이 되어 귀무가설이 기각되지 못한다.

프로그램의 작성에 의하여 계산된 Box-Pierce Q 통계량은 그 값이 23.02이므로, 이 또한 귀무가설을 기각할 수 없다. 즉 자기상관이 존재하지 않는다.

3) 파라메터의 유의성 검정 및 기타 사항

추정된 AR(2) 모형의 파라메터에 대한 유의성 검정을 실시해 보면, y_{t-1}, y_{t-2}의 파라메터와 정수항의 t값이 각각 7.76, −4.45, 61.59로서 모두 모집단에서 파라메터가 0이라는 귀무가설을 기각하고 있으므로 통계적으로 유의한 것으로 나타났다. 이상의 결과들로부터 AR(2) 모형은 적합한 모형이라고 판정할 수 있겠다.

(2) AR(3) 모형의 경우

1) 잔차자기상관의 t 검정

잔차자기상관의 개별 t 검정에 대해서 그래프를 통해서 살펴보면, <그림 13.5>에 나타나

있는 바와 같이 모든 차수의 잔차자기상관이 0으로 간주되는 범위에 포함되어 있는 것을 알 수 있다. 그러므로 귀무가설을 기각할 수 없기 때문에 검정을 통과하고 있다.

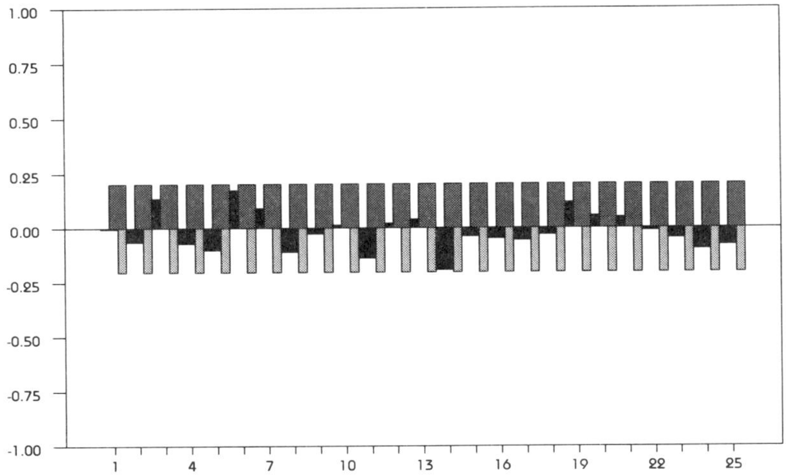

<그림 13.5> 추정된 AR(3) 모형의 잔차자기상관함수의 그래프

2) 잔차자기상관의 χ^2 검정

전체검정으로서의 χ^2 검정에서 Ljung-Box 통계량 Q가 26.49인데 자유도 22(25-3)에서의 임계치가 33.92이므로, 귀무가설이 기각되지 못하고 있는 것을 알 수 있다. 또한 Box-Pierce Q 통계량도 22.66으로 이 또한 귀무가설을 기각할 수가 없다. 그러므로 잔차자기상관에 의한 t 검정, χ^2 검정의 결과에 의하면 모형이 잘 설정되어 있는 것으로 판정할 수 있다.

3) 파라메터의 유의성 검정 및 기타사항

추정된 파라메터에 대한 유의성 검정에서는 y_{t-3}의 파라메터에 대한 t값이 -0.49가 되어 유의수준이 0.62가 되므로 통계적으로 유의하지 못한 것을 알 수 있다. 이것은 y_{t-3}의 변수가 모형에 포함되는 것이 적합하지 못하다는 것을 의미하므로 이 AR(3) 모형은 AR(2) 모형에 비하여 적합성이 떨어진다고 판단된다.

이상 두 시험적모형인 AR(2)와 AR(3)에 대한 진단을 실시해 보았다. 그러면 series A의 데이터를 생성한 시계열모형으로서 어느 모형이 가장 적합하다고 판정할 수 있을까?

먼저 잔차자기상관의 t검정, χ^2 검정을 실시하여 보았지만 두 모형 모두 검정을 통과하였다. 그러나 AR(3) 모형의 y_{t-3} 변수의 계수에 대한 유의성 검정에서 이를 통과하지 못하고 있으므로, 결과적으로 AR(2) 모형이 가장 적합한 모형이라고 할 수 있겠다.

13.5 예 측

진단에 의해서 모형이 확정되어 추정이 실행되고 나면, 그 다음 단계는 예측을 실행하는 것이다. <표 13.10>은 진단에 의하여 최종적으로 선정된 AR(2) 모형을 이용하여 예측을 행하는 기본적인 프로그램의 예이다.

<표 13.10> 예측 프로그램의 예

```
*   BOXJF1.PRG
*
all 110
open data e:\sample1.dat
data  1 100  series
*
boxjenk(noprint,constant,ar=2,define=foreeq)  series  /  resid
forecast(print)  1  10  101
# foreeq  predict
*
graph(key=loright,style=symbol) 2
# series  91  100
# predict 101 110
*
```

(1) 프로그램의 해설

(1) 1 `all 110`

예측이 표본관측기간을 넘는 경우 그 예측치들이 저장될 공간을 미리 마련해 두어야 된다. 여기서는 all(allocate)의 길이에서 100대신 110을 취함으로서 10개의 예측치가 저장될 공간을 마련해 두고 있다.

(2)

```
boxjenk(noprint,constant,ar=2,define=foreeg) series / resid
```

정수항을 가지는 2차의 자기회귀모형(AR(2))을 추정하고(constant,ar=2), define =foreeg의 옵션을 취함으로써, 예측에 이용하기 위해서 추정된 시계열식을 foreeg의 이름으로 저장시키고 있다. 즉 예측에 이용되는 식 foreeg는 다음식이 된다.

$$y_t = 20.037 + 0.707y_{t-1} - 0.406y_{t-2} + u_t$$

한편 추정결과를 프린트시키지 않고(noprint) 있다.

(3)

```
forecast(print) 1 10 101
# foreeg predict
```

추정된 식 foreeg를 이용하여 101기로 부터 10기 후의 110기 까지의 예측한 결과들을 predict라는 이름으로 저장시키고, 그 결과를 출력(print)시킨다.

(4)

```
graph(key=loright,style=symbol) 2
# series 91 100
# predict 101 110
```

91기부터 100기까지의 series의 실제의 관측치와 101기부터 110기까지의 예측값(predict)을 함께 나타나게 하는데, <그림 13.6>이 그 결과이다. 옵션의 style=symbol은 예측치들을 쉽게 구별하기 위해서 심볼 표시를 달리하여 나타나게 하고 있으며, key=loright는 이들의 “보기 표”(key)를 하단(lower)의 오른쪽(right)에 둘 것을 지시하고 있다.

(2) 예측결과의 해석

여기에서 예측에 사용된 예측식(foreeq)은 추정된 파라메터를 가지는 2차의 AR모형이므로 일반적인 형태로 나타내면 다음의 (13.1)식과 같다.

$$y_t = 20.037 + 0.707y_{t-1} - 0.406y_{t-2} + u_t \tag{13.1}$$

이 예측식에서 정수항이 출력결과에 나와 있는 28.719가 아니라 20.037로 되어 있는 것은, 원래 RATS에서의 추정식이 (13.2)식과 같기 때문이다.

$$y_t = \alpha + \frac{1}{(1-\phi_1 L - \phi_2 L^2)} u_t \tag{13.2}$$

추정된 정수항의 값 28.719는 α에 대한 추정치이다. 그러므로 양변에 $(1-\phi_1 L - \phi_2 L^2)$을 곱하여 정리하면 다음과 같이

$$y_t = \alpha(1-\phi_1 L - \phi_2 L^2) + \phi_1 y_{t-1} + \phi_2 y_{t-2} + u_t \tag{13.3}$$

되기 때문에 일반적인 형태의 정수항은 28.719*(1−0.717+0.406)=20.037이 되는 것이다.

그러므로 101기의 예측치 $\hat{y}_{101}$은 다음 식으로 구한다.

$$\hat{y}_{101} = 20.037 + 0.707 y_{100} - 0.406 y_{99} + u_{101} \tag{13.4}$$

그런데 y_{100}, y_{99}는 표본으로부터 구할 수 있는 기지이지만 예측시점에서의 오차항 u_{101}은 미지이다. 그러나 예측시점에서의 오차항의 기대치가 0이라는 가정($E[u_{101}]=0$)을 이용하여 $u_{101}=0$으로 두면, 최적예측치는 다음과 같이 얻어 진다.

$$\hat{y}_{101} = 20.037 + 0.707(32.44) - 0.406(26.74) = 32.151 \tag{13.5}$$

또 102기에서의 y의 예측치 $\hat{y}_{102}$ 는 다음 식에서 구하는데,

$$\hat{y}_{102} = 20.037 + 0.707 y_{101} - 0.406 y_{100} + u_{102} \tag{13.6}$$

y_{101}은 표본에 없는 미지이기 때문에 예측치 $\hat{y}_{101}$로 대체하고, 예측시점의 오차항도 그 기대치가 0이라는 가정을 이용하면 $\hat{y}_{102}$=29.634가 얻어진다. 즉

$$\hat{y}_{102} = 20.037 + 0.707(32.151) - 0.406(32.44) = 29.634 \tag{13.7}$$

이다. 이후 $\hat{y}_{110}$까지의 예측치가 이와 같은 방법으로 순차 구하여 진다.

<표 13.11>은 명령어 **forecast**를 실행하여 101기부터 110기까지의 예측치를 구한 결과표이고, 그것을 관측치의 일부(91-100)와 함께 나타낸 그래프가 <그림 13.6>이다. 이 그래프에 의하면 예측치는 y_t의 평균치에 빠른 속도로 수렴해 가는 것을 알 수 있다. 그러므로 ARIMA모형에 의한 시계열분석은 단기예측에 적합한 방법이라고 할 수 있겠다.

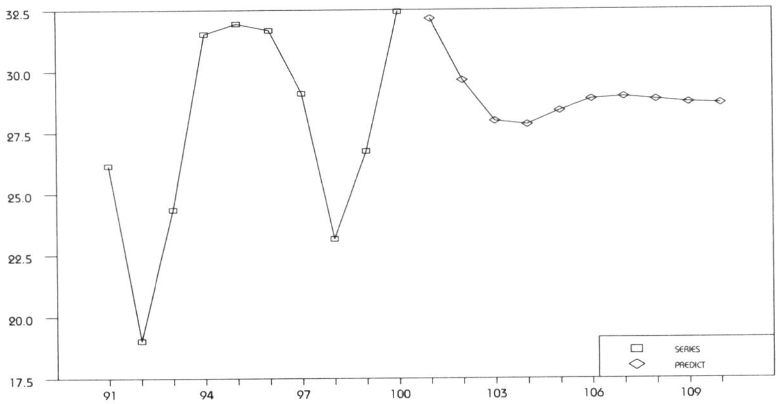

<그림 13.6> AR(2) 모형에 의한 예측치의 그래프

<표 13.11> AR(2) 모형에 의한 예측의 출력결과

Entry	SERIES
101	32.15134216
102	29.63430714
103	27.97272494
104	27.81993854
105	28.38623534
106	28.84842201
107	28.94523445
108	28.82609469
109	28.70261563
110	28.66370307

Chapter 14

실증분석의 실례 2 : ARIMA모형

여기서 분석하는 데이터는 어떤 화학품 생산과정의 매 1분당 온도에 관한 측정 자료이다. <표 14.1>에 데이터가 나타나 있는데, 데이터명을 series G라 하고, RATS에서 사용하는 데이터파일명을 sample7.dat로 하기로 한다.

<표 14.1> 어떤 화학품 생산과정의 매 1분당 측정온도

26.6	27.0	27.1	27.1	27.1	27.1	26.9	26.8	26.7	26.4
26.0	25.8	25.6	25.2	25.0	24.6	24.2	24.0	23.7	23.4
23.1	22.9	22.8	22.7	22.6	22.4	22.2	22.0	21.8	21.4
20.9	20.3	19.7	19.4	19.3	19.2	19.1	19.0	18.9	18.9
19.2	19.3	19.3	19.4	19.5	19.6	19.6	19.6	19.6	19.6
19.7	19.9	20.0	20.1	20.2	20.3	20.6	21.6	21.9	21.7
21.3	21.2	21.4	21.7	22.2	23.0	23.8	24.6	25.1	25.6
25.8	26.1	26.3	26.3	26.2	26.0	25.8	25.6	25.4	25.2
24.9	24.7	24.5	24.4	24.4	24.4	24.4	24.4	24.3	24.4
24.4	24.4	24.4	24.4	24.5	24.5	24.4	24.3	24.2	24.2
24.0	23.9	23.7	23.6	23.5	23.5	23.5	23.5	23.5	23.7
23.8	23.8	23.9	23.9	23.8	23.7	23.6	23.4	23.2	23.0
22.8	22.6	22.4	22.0	21.6	21.3	21.2	21.2	21.1	21.0
20.9	21.0	21.0	21.1	21.2	21.1	20.9	20.8	20.8	20.8
20.8	20.9	20.8	20.8	20.7	20.7	20.8	20.9	21.2	21.4
21.7	21.8	21.9	22.2	22.5	22.8	23.1	23.4	23.8	24.1
24.6	24.9	24.9	25.1	25.0	25.0	25.0	25.0	24.9	24.8
24.7	24.6	24.5	24.5	24.5	24.5	24.5	24.5	24.5	24.4
24.4	24.2	24.2	24.1	24.1	24.0	24.0	24.0	23.9	23.8

23.8	23.7	23.7	23.6	23.7	23.6	23.6	23.6	23.5	23.5
23.4	23.3	23.3	23.3	23.4	23.4	23.3	23.2	23.3	23.3
23.2	23.1	22.9	22.8	22.6	22.4	22.2	21.8	21.3	20.8
20.2	19.7	19.3	19.1	19.0	18.8				

자료 : Box-Jenkins (1976) p.528 (series G , 데이터파일명 : sample7.dat)

14.1 예비적 분석

표본수 226의 이 데이터는 <그림 14.1>에서 보는 바와 같이 어떤 싸이클을 나타내 보이면서 변화하고 있는 것을 알 수 있기 때문에 직관적으로 볼 때 안정시계열이라고 판단할 수 없다. <그림 14.2>, <그림 14.3>은 이 데이터의 표본자기상관함수, 표본편자기상관함수를 구하여 그래프로 나타낸 것이다.

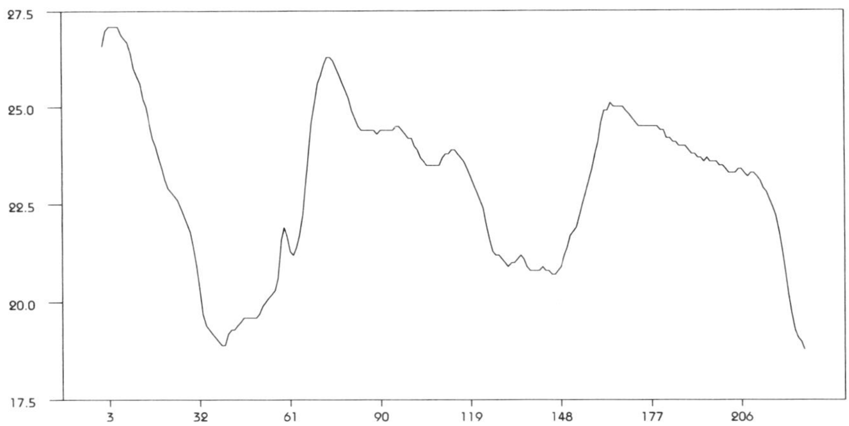

<그림 14.1> series G(y_t)의 그래프

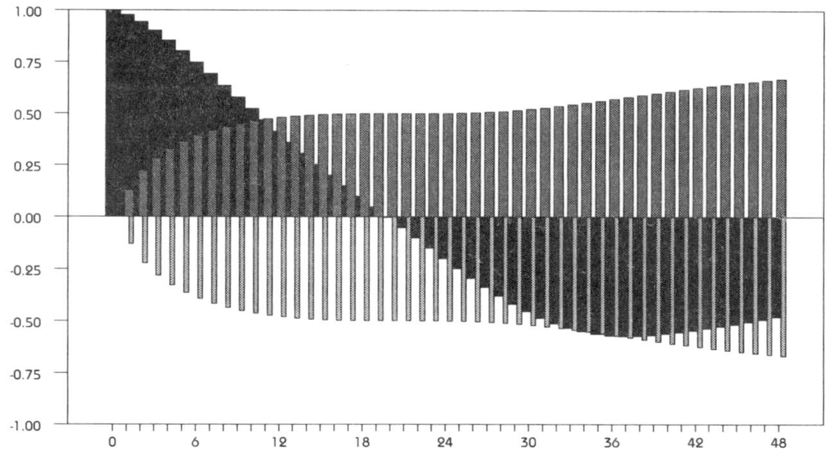

<그림 14.2> y_t 의 표본자기상관함수의 그래프

<그림 14.2>의 표본자기상관함수는 아주 느린 속도로 0에 접근하면서 감소하고 있고, 시차 11에서부터 자기상관이 0이라고 간주되는 근사적 95% 구간에 들어가고 있다. <그림 14.3>의 표본편자기상관함수는 표본자기상관함수보다는 빨리, 시차 4에서부터 근사적 95% 구간에 들어가지만, 시차 1에서 1에 가까운 값을 가지고 있으므로, 이 데이터를 생성시킨 확률과정이 안정시계열이라고 판단할 수는 없다고 하겠다. 그러므로 안정화를 위한 차분이 필요하다고 판단된다.

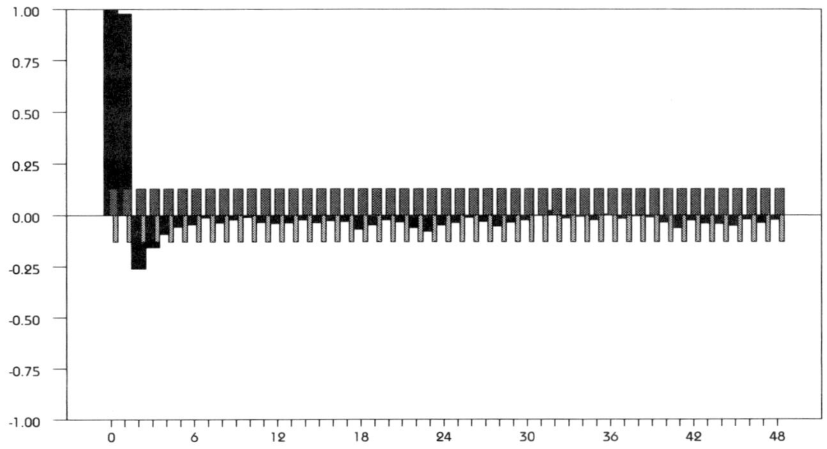

<그림 14.3> y_t 의 표본편자기상관함수의 그래프

14.2 모형의 식별

(1) 시계열 ∇y_t

Box-Jenkins의 방법에 의한 시계열(ARIMA) 분석에서는 불안정시계열을 안정시계열로 변환시켜주는 가장 일반적인 방법이 차분을 통하는 방법이다. 원래의 시계열(y_t)에서 1차 차분를 취한 시계열(∇y_t)이 <그림 14.4>에 나타나 있다. 이 그래프에 의하면 원래의 시계열에서 나타났던 싸이클적인 변동성이 없어지고, 어떤 추세를 나타내지도 않으면서 0을 중심으로 변동하고 있는 것을 알 수 있다.

한편, 1차 차분된 시계열의 표본자기상관함수와 표본편자기함수를 보면, 표본자기상관함수(<그림 14.5>)는 빠른 속도로 감소하는데, 시차 35에서 약간 돌출된 것을 제외한다면 시차 7이후 48까지 근사적 95% 구간의 범위 내에서 변동하고 있는 것을 알 수 있다. 표본편자기상관함수(<그림 14.6>)는 시차 1의 값이 약 0.8로서 큰 값을 가지나 나머지 모든 시차의 편자기상관은 작은 값을 가지고 있다.

위의 사실들을 종합적으로 판단한다면, 1차 차분된 시계열(∇y_t)은 안정성을 가지고 있을 가능성이 있기 때문에 적절한 모형을 설정하여 추정하고 나서 적합성을 진단하여 보기토 한다. 그리고 검토대상의 시험적 모형의 차수에 대해서는, 표본편자기상관함수에 의하면 시차 11과 33을 무시하면 시차 2에서 절단되었다고 판단되므로, AR의 차수가 1이 되는 것이 예상된다.

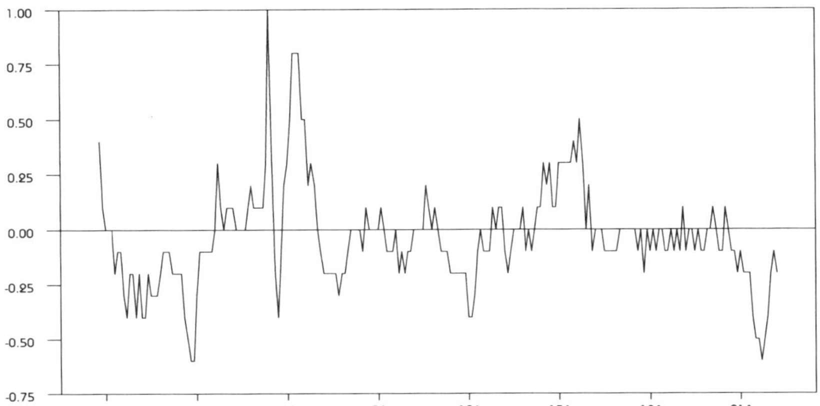

<그림 14.4> ∇y_t의 그래프

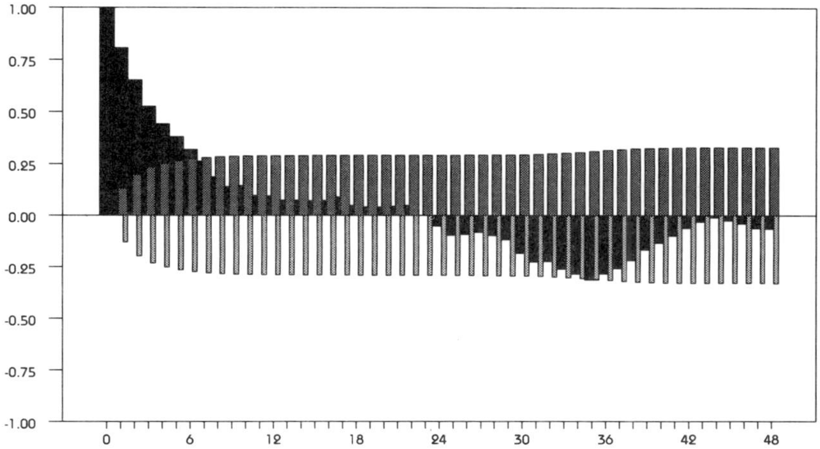

<그림 14.5> ∇y_t의 표본자기상관함수의 그래프

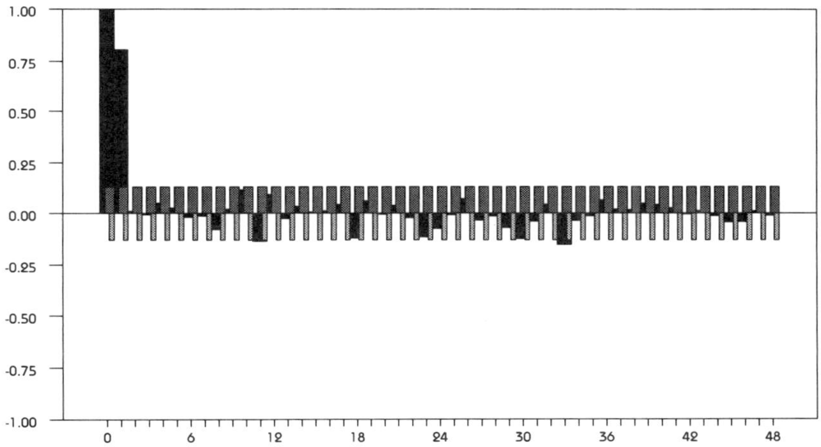

<그림 14.6> ∇y_t의 표본편자기상관함수의 그래프

(2) 시계열 $\nabla^2 y_t$

한편 2차 차분의 시계열($\nabla^2 y_t$)도 검토해 보기로 한다. <그림 14.7>은 $\nabla^2 y_t$의 그래프인데, 58과 59번의 값을 제외하고는 대부분 0.3에서 −0.3사이에서 변동하고 있고, 특별한 규칙성이나 추세도 나타나지 않으므로 안정성을 가진다고 판단할 수 있다. 그러나 과도한 차분의 가능성도 배제할 수 없다고 본다.

<그림 14.8>은 $\nabla^2 y_t$의 표본자기상관함수를 나타낸 것이다. 이 그래프에 의하면 시차 17에서 근사적 95% 구간을 벗어나 있을 뿐, 모두 신뢰구간의 범위 내에 있는 것을 알 수

있다. 표본편자기상관(<그림 14.9>)도 시차 3, 9, 11에서 약간 돌출해 있고, 다른 시차의 값은 모두 신뢰구간의 범위 내에 들어 있다.

이상의 결과로부터 $\nabla^2 y_t$도 ∇y_t와 같이 안정성을 가진다고 볼 수 있다. 그러므로 이후의 분석에서는 ∇y_t와 $\nabla^2 y_t$에서 각각 후보모형을 설정하여 추정하고, 진단을 통하여 적합한 모형을 선정하기로 한다.

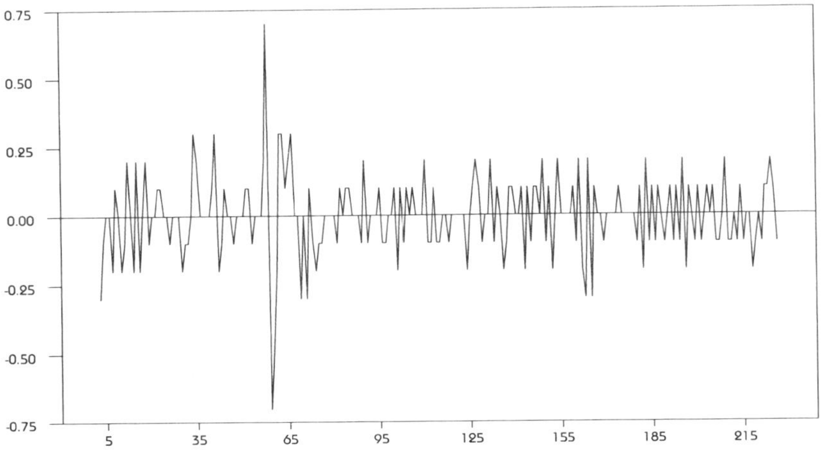

<그림 14.7> $\nabla^2 y_t$의 그래프

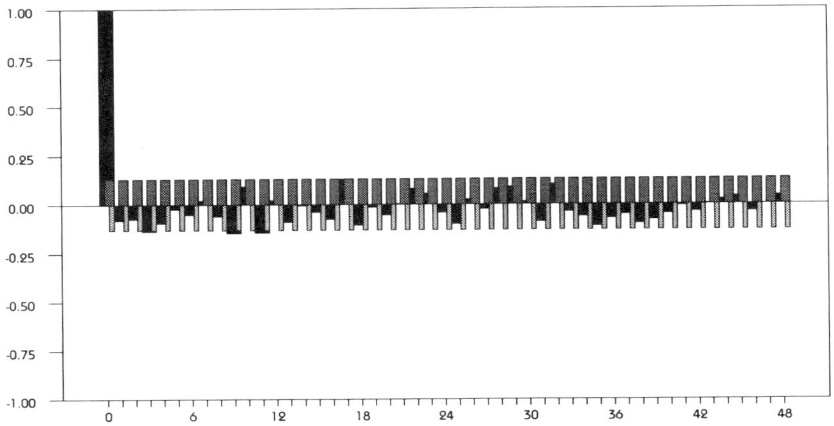

<그림 14.8> $\nabla^2 y_t$의 표본자기상관함수의 그래프

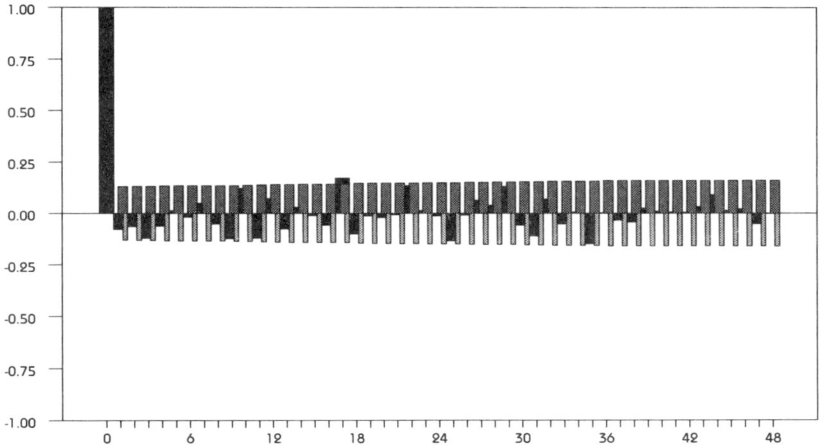

<그림 14.9> $\nabla^2 y_t$의 표본편자기상관함수의 그래프

한편 1차 차분(∇y_t)과 2차 차분($\nabla^2 y_t$)을 구하는 방법과 자기상관, 편자기상관을 구하는 프로그램의 예가 <표 14.2>에 나타나 있다.

<표 14.2> ∇y_t의 자기상관과 편자기상관의 계산프로그램의 예

```
*        BOXJI7.PRG
*
all 226
open data e:\sample7.dat
data(org=var) / series
*
diff(diff=1) series / dseries
graph 1
# dseries
*
correlate(partial=pacf,number=48,stderrs=stderrs) dseries /  acf
*
set aupper 2 49 = 2*stderrs
set alower 2 49 = -aupper
graph(style=bar,number=1,max=1.0,min=-1.0) 3
# acf  2 49
# aupper
# alower
*
set pupper 2 49 = 2/sqrt(%nobs)
```

```
set plower 2 49 = -pupper
graph(style=bar,number=1,max=1.0,min=-1.0) 3
# pacf  2 49
# pupper
# plower
*
```

(3) 프로그램의 해설

이 프로그램의 해설은 "실증분석의 실례 1"에서 이미 기본적인 사항을 해설하였기 때문에, 여기서는 달라진 점을 중심으로 설명하기로 한다.

(1)
```
1  all 266
2  open data e:\sample7.dat
3  data(org=var) / series
```

1행은 series가 226개의 표본을 가지고 있음을 나타내고, 2행은 A드라이브에 있는 데이터파일인 "sample7.dat"를 불러와서 사용하는데, 변수의 배열이 변수형(org=var)으로 되어있는 것을 나타낸다(3행).

(2)
```
4  diff(diff=1) series / dseries
```

4행의 명령어 diff는 차분을 취할 때 가장 많이 사용하는 명령어이다. 옵션내의 diff=1은 한 번 차분을 취한다는 의미이며, 파라메터영역이 의미하는 바는, 차분의 대상이 되는 원데이터는 series(y_t)이고, 차분은 전표본기간에서 실시하여(/) 1차 차분된 데이터의 series명을 dseries(∇y_t)로 저장하게 하는 내용이다.

<표 14.2>의 프로그램에서 그 이외의 프로그램의 내용은 "실증분석의 실례 1"에서와 같다. 다만 명령어 **correlate**의 옵션에서 "number=48"로 하여 표본자기상관을 시차 48까지 구하고 있기 때문에, 자기상관과 편자기상관의 유의 수준의 상한과 하한을 구할 때 entry의 범위를 (2 49)로 해주는 점이 다를 뿐이다. 한편 2차 차분의 시계열 $\nabla^2 y_t$를 구하기 위해서는 다음과 같이 명령어 **diff** 부분만 바꾸어주면 된다.

```
diff(diff=2)  series  /  dseries
```

(4) 정보량기준의 계산프로그램 및 해설

식별의 단계에서 ∇y_t와 $\nabla^2 y_t$의 표본자기상관과 표본편자기상관을 계산하여 AR과 MR의 차수를 검토하여 보았다. 여기서는 식별을 위한 보조역할로서의 Akaike와 Schwarz의 정보량기준을 계산해 보기로 한다.

<표 14.3>은 ∇y_t에 있어서 두 정보량기준을 계산하는 프로그램의 예이다. 프로그램의 내용은 기본적으로 "실증분석의 실례 1"에서와 같으므로 상세한 해설은 생략하기로 한다.

<표 14.3> ∇y_t의 AKAIKE와 SCHWARZ의 계산프로그램의 예

```
*     BOXJI7A.PRG
*
all 226
open data e:\sample7.dat
data /  series
*
diff(diff=1)  series / dseries
*
display @3 ' AR lags ' @13 ' MA lags ' @26 ' AKAIKE ' $
        @36 ' SCHWARZ ' @47 ' SEESQ ' @58 ' RSS '
do arlags = 0,2
 do malags = 0,2
  boxjenk(ar=arlags,ma=malags,noprint,iter=50)  dseries  /  resid
  compute akaike    = %nobs*log(%rss) + 2.*%nreg
  compute schwarz   = %nobs*log(%rss) + log(%nobs)*%nreg
  display @5 ## arlags @15 ## malags @25 ####.### akaike  $
         @36 ####.###  schwarz    @45 #####.## %seesq @54 ######.## %rss
 end do
end do
*
```

이 프로그램에서는 AR과 MA의 차수를 각각 0에서 2까지 변화시켜 가면서 두 정보량기준을 계산하고 있다. 그런데 ∇y_t가 추세를 가지지 않고 평균이 0에 가까웠기 때문에 명령어 **boxjenk**의 옵션에서 "constant"가 생략되어 있다. 한편 $\nabla^2 y_t$에 대한 두 정보통계량의 계산을 위해서는 명령어 **diff**만 다음과 같이 변경시키면 된다.

```
diff(diff=2)  series  /  dseries
```

<표 14.4> AKAIKE와 SCHWARZ의 출력결과

		Diff=1의 경우			
AR lags	MA lags	AKAIKE	SCHWARZ	SEESQ	RSS
0	0	563.560	563.560	0.05	12.24
0	1	427.476	430.892	0.03	6.63
0	2	370.188	377.020	0.02	5.09
1	0	313.307	316.719	0.02	4.01
1	1	315.241	322.064	0.02	4.01
1	2	317.065	327.300	0.02	4.01
2	0	311.027	317.841	0.02	3.96
2	1	312.131	322.352	0.02	3.95
2	2	313.741	327.370	0.02	3.94
		Diff=2의 경우			
AR lags	MA lags	AKAIKE	SCHWARZ	SEESQ	RSS
0	0	333.907	333.907	0.02	4.44
0	1	334.235	337.647	0.02	4.41
0	2	333.915	340.738	0.02	4.36
1	0	328.427	331.834	0.02	4.32
1	1	318.430	325.245	0.02	4.10
1	2	318.812	329.033	0.02	4.07
2	0	326.957	333.762	0.02	4.28
2	1	314.555	324.763	0.02	4.01
2	2	298.295	311.906	0.02	3.70

한편 <표 14.4>는 ∇y_t와 $\nabla^2 y_t$에 대해서 각각 두 정보량기준을 구한 결과이다. 먼저 ∇y_t의 경우(diff=1)에 있어서는 AIC는 AR=2, MA=0일 때 311.027로 가장 작으며 AR=1, MA=0일 때 313.307로 그 다음으로 작은 것을 알 수 있다. 그런데, SBIC는 AIC와는 달리 AR=1, MA=0일 때 316.719로 가장 작고 그 다음이 AR=2, MA=0일 때 317.841이었다. 그러므로 ARIMA(1,1,0)과 ARIMA(2,1,0)의 두 모형을 검토대상의 시험적 모형으로 정하기로 한다.

다음으로 $\nabla^2 y_t$의 경우(diff=2)에서는 AIC와 SBIC 모두 같은 결과를 얻었다. 즉 AR=2, MA=1일 때 두 정보량기준이 가장 작았기 때문에 ARIMA(2,2,1)모형을 시험적 모형으로 정하기로 한다.

14.3 모형의 추정

여기에서는 앞에서 검토 대상으로 선정된 세 시험적 모형에 대해서 추정을 실행한다. 앞 장에서와 마찬가지로 추정과 진단을 하나의 프로그램에서 실행시키고, 추정결과에 대한 해석과 여러 검정의 결과는 진단에서 실시하기로 한다.

<표 14.5>는 세 모형 중의 하나인 ARIMA(1,1,0) 모형을 추정하고 그 잔차에 대한 χ^2 검정을 행하게 하는 프로그램이다.

<표 14.5> ARIMA(1,1,0) 모형의 추정 및 진단프로그램의 예

```
*   BOXJE7.PRG
*
all 226
open data e:\sample7.dat
data / series
*
diff(diff=1) series / dseries
boxjenk(ar=1,ma=0)  dseries  /  resid
correlate(qstats,number=48,span=12,dfc=1)  resid  /  racf
set upper 2 49 = 2/sqrt(%nobs)
set lower 2 49 = -upper
graph(style=bar,number=1,max=1.0,min=-1.0)  3
# racf  2 49
# upper
# lower
*
*   Chisq Test of Box-Pierce Q statistic
*
set racfsq 2 49 = racf**2
acc racfsq 2 49 aracfsq
compute bpq12 = %nobs*aracfsq(13)
compute bpq24 = %nobs*aracfsq(25)
compute bpq36 = %nobs*aracfsq(37)
compute bpq48 = %nobs*aracfsq(49)
display ' Box-Pierce Q-Statistic '
cdf chisq bpq12 11
cdf chisq bpq24 23
cdf chisq bpq36 35
cdf chisq bpq48 47
*
```

(1) 프로그램의 해설

(1)
```
1  diff(diff=1)  series  /  dseries
2  boxjenk(ar=1,ma=0)  dseries  / resid
3  correlate(qstats,number=48,span=12,dfc=1)  resid  /  racf
```

1행은 원 시계열(y_t)인 series를 일반차분을 1회 실시하고(diff=1), 그 결과로 얻어지는 차분된 시계열(∇y_t)을 dseries라는 이름으로 저장하도록 하고 있다. 2행은 ∇y_t에서 AR의 차수가 1(ar=1)인 시계열을 추정하고, 그 잔차를 resid라는 이름으로 저장할 것을 지시하고 있다. 그 결과 다음 모형이 추정될 것이다.

$$(1-\phi_1 L)\nabla y_t = u_t \quad \text{또는} \quad \nabla y_t = \phi_1 \nabla y_{t-1} + u_t$$

3행은 추정에 의해서 얻어진 잔차(resid)에 대해서 시차 48(number=48)까지의 자기상관을 구하고, 그것을 이용하여 Ljung-Box Q 통계량을 구하게 하는데(qstats), 단일의 Q통계량을 구하지 않고 자유도가 12만큼 차이가 나는 여러 개(여기서는 4개)의 Q통계량을 구하게 하고 있다. 그렇게 지시하는 것은 옵션에서 span=12로 지정해주면 Ljung-Box Q 통계량을 m(계산에 사용되는 자기상관의 수)의 수를 12로부터 시작하여 48이 될 때까지 12만큼씩 변하여 12, 24, 36, 48의 각각의 경우에 대해서 계산시킨다. 그런데 이렇게 구한 Q통계량에 대한 유의수준을 계산할 때의 자유도는 m이 아니고 $m-p-q$이기 때문에, $p+q$의 값을 조정해 주어야 하며, 옵션에서 dfc=$p+q$로 해주면 된다.

이 ARIMA(1,1,0) 모형에서는 추정해야 될 파라메터가 1차의 AR밖에 없기 때문에 dfc=1이 되며, m=12일 때 자유도는 $m-p-q$=12−1−0이므로 11이 된다. 즉, 처음의 시차 12까지의 자기상관을 사용하여 Q통계량을 계산하지만 유의수준은 자유도 11에서 계산된다. 그리고 나머지 시차 24, 36, 48까지의 자기상관에 의한 Q통계량의 자유도도 각각 dfc=1만큼 줄어든 23, 35, 47이 된다.

(2)

```
 4  set racfsq 2 49 = racf**2
 5  acc racfsq 2 49 aracfsq
 6  compute bpq12 = %nobs*aracfsq(13)
 7  compute bpq24 = %nobs*aracfsq(25)
 8  compute bpq36 = %nobs*aracfsq(37)
 9  compute bpq48 = %nobs*aracfsq(49)
10  display ' Box-Pierce Q-Statistic '
11  cdf chisq bpq12 11
12  cdf chisq bpq24 23
13  cdf chisq bpq36 35
14  cdf chisq bpq48 47
```

4행은 시차 1에서 48까지 구하여진 잔차자기상관을 모두 자승하여 racfsq명으로 저장하게 한다. 5행은 자승된 잔차자기상관에 대한 누적합을 계산하여 aracfsq명으로 저장시킨다.

6행에서 9행까지는 시차를 1부터 12, 24, 36, 48까지의 자승된 잔차자기상관의 누적합을 이용하여, 네 개의 Box-Pierce Q 통계량을 만들어 각각 bpq12, bpq24, bpq36, bpq48명으로 저장하게 한다. 10행은 "Box-Pierce Q-Statistic"라는 문자열을 그대로 출력시킨다.

11행에서 14행까지는 앞에서 정의된 네 개의 Box-Pierce Q 통계량을 각각 자유도가 11, 23, 35, 47에서 χ^2검정을 실행하게 한다.

한편 2차 차분된 시계열($\nabla^2 y_t$)에서 ARIMA(2,2,1)의 모형을 추정하고 검정하기 위해서는 다음과 같이 변경해주면 된다.

```
diff(diff=2)  series  /  dseries
boxjenk(ar=2,ma=1)  dseries  /  resid
correlate(qstats,number=48,span=12,dfc=3)  resid  /  racf
```

다른 모형도 차분의 횟수와 추정할 파라메터에 따라서, 1행의 옵션에서 "diff= "의 값과 2행의 옵션에서 "ar= ", "ma= "의 값, 그리고 3행의 옵션에서 "dfc= "의 값만 조정해주면 된다.

이 프로그램에서 차분을 명령어 **boxjenk**의 옵션에서 처리할 수도 있다. 그때는 차분을 실행하는 명령어 **diff**는 사용하지 않고 **boxjenk**를 다음과 같이 변경해 주면 되는데, 추정 대상의 시계열은 dseries가 아니고 원래의 시계열인 series가 된다.

```
boxjenk(diffs=1,ar=1,ma=0) series / resid
```

(2) 출력결과

1) ARIMA(1,1,0) 모형의 경우

<표 14.5>의 프로그램을 실행시키면 <표 14.6>의 출력결과를 얻는다.

<표 14.6> ARIMA(1,1,0) 모형의 추정결과

```
Box-Jenkins - Estimation by LS Gauss-Newton
Convergence in     2 Iterations. Final criterion was  0.0000000 <=  0.0000100
Dependent Variable DSERIES
Usable Observations                           224
Degrees of Freedom                            223
Centered R^2                            0.6592562
R-Bar^2                                 0.6592562
Uncentered R^2                          0.6677234
Mean of Dependent Variable           -0.036607143
Std Error of Dependent Variable       0.229835401
Standard Error of Estimate            0.134162435
Sum of Squared Residuals             4.0139016393
Log Likelihood                           132.6086
Durbin-Watson Statistic                    1.9552
Q(36-1)                                   49.5510
Significance Level of Q                 0.0525008

   Variable                     Coeff        Std Error       T-Stat      Signif
*******************************************************************************
1.  AR{1}                   0.8131147541   0.0384105934    21.16902   0.00000000


Ljung-Box Q-Statistics
   Lags  Statistic  Signif Lvl
     12     13.134   0.284649
     24     29.944   0.151029
     36     55.544   0.015028
     48     62.004   0.070075


Box-Pierce Q-Statistic
Chi-Squared(11)=     12.484250 with Significance Level 0.32836498
Chi-Squared(23)=     27.787345 with Significance Level 0.22393019
Chi-Squared(35)=     49.640879 with Significance Level 0.05159289
Chi-Squared(47)=     54.854404 with Significance Level 0.20133542
```

2) ARIMA(2,1,0) 모형의 경우

<표 14.7> ARIMA(2,1,0) 모형의 추정결과

```
Box-Jenkins - Estimation by LS Gauss-Newton
Convergence in     2 Iterations. Final criterion was  0.0000000 <=  0.0000100
Dependent Variable DSERIES
Usable Observations                       223
Degrees of Freedom                        221
Centered R^2                        0.6631084
R-Bar^2                             0.6615840
Uncentered R^2                      0.6717309
Mean of Dependent Variable       −0.037219731
Std Error of Dependent Variable   0.230169114
Standard Error of Estimate        0.133897502
Sum of Squared Residuals         3.9622075738
Log Likelihood                       132.9630
Durbin-Watson Statistic                2.0041
Q(36-2)                               50.9872
Significance Level of Q             0.0307653

   Variable                     Coeff        Std Error       T-Stat       Signif
**********************************************************************************
1.  AR{1}                    0.827485356   0.066950399    12.35968     0.00000000
2.  AR{2}                   -0.008376130   0.066537206    -0.12589     0.89993629


Ljung-Box Q-Statistics
   Lags  Statistic  Signif Lvl
     12     14.248    0.161975
     24     31.947    0.078304
     36     57.497    0.007127
     48     62.740    0.050793


Box-Pierce Q-Statistic
Chi-Squared(10)=    13.528261 with Significance Level 0.19561639
Chi-Squared(22)=    29.643413 with Significance Level 0.12739198
Chi-Squared(34)=    51.419444 with Significance Level 0.02808748
Chi-Squared(46)=    55.627994 with Significance Level 0.15632617
```

3) ARIMA(2,2,1) 모형의 경우

<표 14.8> ARIMA(2,2,1) 모형의 추정결과

```
Box-Jenkins - Estimation by LS Gauss-Newton
Convergence in     16 Iterations. Final criterion was  0.0000085 <=  0.0000100
Dependent Variable DSERIES
Usable Observations                      222
Degrees of Freedom                       219
Centered R^2                       0.0749864
R-Bar^2                            0.0665388
Uncentered R^2                     0.0750248
Mean of Dependent Variable      -0.000900901
Std Error of Dependent Variable  0.140132772
Standard Error of Estimate       0.135390392
Sum of Squared Residuals        4.0143922419
Log Likelihood                      130.4155
Durbin-Watson Statistic               2.0098
Q(36-3)                              49.7681
Significance Level of Q            0.0306952

    Variable                        Coeff        Std Error      T-Stat      Signif
*********************************************************************************
1.  AR{1}                        0.790304080   0.075307021    10.49443    0.00000000
2.  AR{2}                       -0.038697608   0.060089565    -0.64400    0.52025009
3.  MA{1}                       -0.946954318   0.031193923   -30.35701    0.00000000


Ljung-Box Q-Statistics
    Lags  Statistic Signif Lvl
      12     14.103   0.118700
      24     31.659   0.063371
      36     56.606   0.006455
      48     63.293   0.037237


Box-Pierce Q-Statistic
Chi-Squared(9)=       13.379644 with Significance Level 0.14616668
Chi-Squared(21)=      29.369400 with Significance Level 0.10541157
Chi-Squared(33)=      50.617329 with Significance Level 0.02559014
Chi-Squared(45)=      55.967342 with Significance Level 0.12660132
```

14.4 모형의 진단

(1) ARIMA(1,1,0) 모형의 경우

1) 잔차자기상관의 t 검정

이 모형의 잔차자기상관이 <그림 14.10>에 나타나 있다. 이에 의하면 시차 17과 35에서만 5%의 유의수준의 범위에 들어 있어, 이 두 시차에서는 잔차자기상관이 0이라는 귀무가설을 기각하고 있다. 반면 다른 시차에서는 모두 귀무가설을 기각하지 못하고 있다.

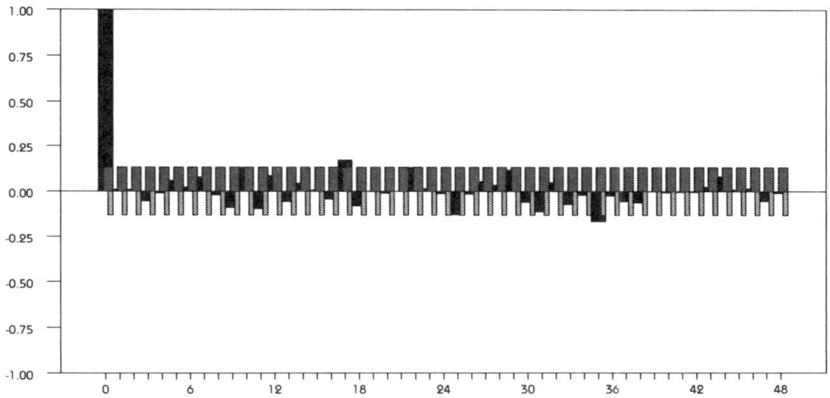

<그림 14.10> ARIMA(1,1,0) 모형의 잔차자기상관함수의 그래프

2) 잔차자기상관의 χ^2 검정

잔차자기상관에 대해 χ^2 검정을 하기 위해서 네 개의 Ljung-Box Q 통계량을 계산하고 있다. 첫 번째 Q통계량은 m=12로서 처음의 12개의 잔차자기상관으로부터 계산된 값이 13.13이며, 자유도 11(12-1)에서의 확률이 0.28로 되어 귀무가설이 기각되지 못하므로 χ^2 검정을 통과하고 있다. m=24, 48에서의 Q통계량은 자유도가 23, 47에서 확률이 각각 0.15, 0.07로서 0.05의 유의수준에서 귀무가설을 기각하지 못하고 있으나, m=36에서 자유도가 35의 경우는 확률이 0.02이므로 0.05의 유의수준에서 귀무가설을 기각하고 있다.

계산된 Box-Pierce Q 통계량은 m=12, 24, 36, 48일 때의 값이 각각 12.48, 27.79, 49.64, 54.85이고 자유도 11, 23, 35, 47에서의 확률이 각각 0.33, 0.22, 0.052, 0.20이다. 그러므로 네 통계량 모두 유의수준 0.05에서 귀무가설을 기각하지 못하므로, 검정을 통과하고 있는 것을 알 수 있다.

이상의 결과로부터 종합적으로 평가한다면, ARIMA(1,1,0) 모형은 적절한 모형이라고 판단된다.

3) 파라메터의 유의성 검정 및 기타사항

한편 추정된 파라메터의 유의성 검정에서도 ∇y_{t-1}의 파라메터(AR{1})에 대한 t값이 21.17이 되어 유의 수준이 0.00이 되므로 유의한 것으로 나타났다. 이상의 결과로부터 판단한다면 이 모형은 series G에 대한 모형으로 적절하다고 판단된다.

(2) ARIMA(2,1,0) 모형의 경우

1) 잔차자기상관의 t검정

이 모형의 잔차자기상관이 <그림 14.11>에 나타나 있다. 이에 의하면 앞의 ARIMA (1,1,0) 모형과 같이 시차 17과 35에서 유의수준의 범위에 들어 있어 잔차자기상관의 귀무가설을 기각하고 있는데, 반면 다른 시차의 경우는 모두 귀무가설을 기각할 수 없는 것을 알 수 있다.

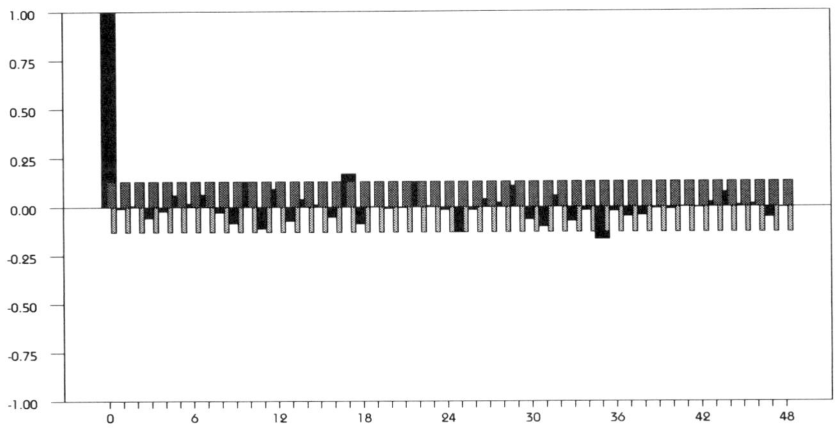

<그림 14.11> ARIMA(2,1,0) 모형의 잔차자기상관함수의 그래프

2) 잔차자기상관의 χ^2 검정

잔차자기상관에 대한 χ^2 검정을 위해 계산되어진 네 개의 Ljung-Box Q 통계량을 보면, m=12, 24, 48의 경우는 Q값이 각각 14.25, 31.95, 62.74로 자유도가 각각 10, 22, 46이 되어, 그때의 확률이 각각 0.16, 0.08, 0.051이기 때문에 유의수준 0.05에서 귀무가설을 기각하지 못하는 것을 알 수 있다. 그런데, m=36의 경우는 Q=57.50로서 자유도 34에서 확률이 0.01을 나타내고 있어 유의수준 0.05에서 귀무가설이 기각되고 있는 것을 알 수 있다.

계산된 Box-Pierce Q 통계량은 m=12, 24, 48일 때의 값이 각각 13.53, 29.64, 55.63이고 자유도 10, 22, 46에서의 확률이 0.20, 0.13, 0.16이다. 그러므로 0.05의 유의수준에서 귀무가설을 기각하지 못하고 있다.

그러나 m=36의 경우는 Ljung-Box Q 통계량의 경우와 같이 Q=51.42로서 자유도 34에서 확률이 0.03을 나타내고 있어 유의수준 0.05에서 귀무가설이 기각되고 있는 것을 알 수 있다.

3) 파라메터의 유의성 검정 및 기타 사항

추정된 파라메터의 유의성 검정에서는 ∇y_{t-2}의 파라메터(AR{2})의 t값이 −0.13이 되어 확률이 0.90이 되므로 아주 유의하지 못한 것을 알 수 있다. 따라서 이 파라메터를 제외하는 편이 적절하다고 판단되므로, 1차 차분의 모형에서는 이 모형은 적합하지 못하고, ARIMA(1,1,0) 모형이 보다 적합한 모형이라고 할 수 있겠다.

(3) ARIMA(2,2,1) 모형의 경우

1) 잔차자기상관의 t 검정

이 모형의 잔차자기상관이 <그림 14.12>에 나타나 있다. 이에 의하면 앞에서 검토한 두 모형의 경우와 마찬가지로, 시차 17과 35에서 유의수준의 범위를 벗어나고 있어 잔차자기상관의 귀무가설을 기각하고 있다. 그러나 다른 시차의 경우는 모두 귀무가설을 기각할 수 없어서 진단을 통과하고 있다.

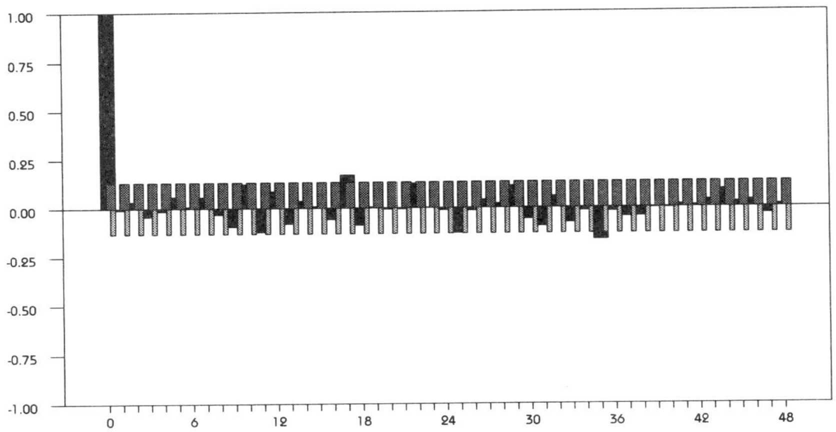

<그림 14.12> ARIMA(2,2,1) 모형의 잔차자기상관함수의 그래프

2) 잔차자기상관의 χ^2 검정

잔차자기상관에 대한 χ^2 검정을 위해서 계산된 네 개의 Ljung-Box Q 통계량을 보면 m =12, 24의 경우는 Q 값이 각각 14.10, 31.66으로서 자유도가 각각 9, 21이 되어, 그때의 확률이 각각 0.12, 0.06이기 때문에 유의수준 0.05에서 귀무가설을 기각하지 못하는 것을 알 수 있다. 즉 오차항의 독립성의 가정이 기각되지 못하고 있는 것이다. 그런데 m=36, 48의 경우는 Q 값이 각각 56.61, 63.29로서 자유도 33, 45에서 확률이 0.01, 0.04를 나타내고 있어, 0.05의 유의수준에서 귀무가설이 기각되고 있는 것을 알 수 있다.

프로그램에 의해서 계산된 Box-Pierce Q 통계량은 m=12, 24, 48일 때의 값이 각각 13.38, 29.37, 55.97이고 자유도 9, 21, 45에서의 확률이 각각 0.15, 0.11, 0.13이다. 그러므로 0.05의 유의수준에서 귀무가설을 기각하지 못하고 있다. 그러나 m=36의 경우는 Q 값이 50.62로서 자유도 33에서 확률이 0.03으로 나타내고 있어, 0.05의 유의수준에서 귀무가설이 기각되고 있는 것을 알 수 있다.

3) 파라메터의 유의성 검정 및 기타사항

추정된 파라메터의 유의성 검정에서는 y_{t-2}의 파라메터(AR{2})의 t값이 −0.64가 되어 확률이 0.52가 되므로 유의하지 못한 것을 알 수 있다. 그러므로 이 모형에서는 y_{t-2}변수를 제외하는 편이 좋은 것으로 판단된다. 한편 y_{t-2}를 제외하여 ARIMA(1,2,1) 모형을 추정해 본 결과, ARIMA(2,2,1) 모형보다는 모든 면에서 개선되었으나 파라메터들 사이의 상관관계가 여전히 높게 나타났다. 그러므로 이 모형은 적합한 모형이라고 판정할 수가 없다고 하겠다.

이상과 같은 진단결과를 종합적으로 판단한다면, series G의 데이터를 잘 나타낼 수 있는 모형으로서는 ARIMA(1,1,0) 모형이 가장 적합하다고 판단된다.

14.5 예 측

진단에 의하여 최종적으로 선정된 ARIMA(1,1,0) 모형을 이용하여 예측을 실행해 보기로 한다. <표 14.9>는 이 모형의 예측을 위한 프로그램의 예이다.

<표 14.9> ARIMA(1,1,0) 모형의 예측프로그램의 예

```
*    BOXJF7.PRG
*
all 266
open data e:\sample7.dat
data 1 226 series
*
boxjenk(noprint,diffs=1,ar=1,define=foreeq)   series   /   resid
forecast(print)   1   40   227
# foreeq   predict
*
graph(key=upright,style=symbol) 2
# series   140 226
# predict 227 266
*
```

(1) 프로그램의 해설

(1) 1 `all 266`

이 series의 데이터는 226개인데, 명령어 **all**의 길이를 266으로 정함으로서 40개의 예측치를 저장할 공간을 마련해 두고 있다.

(2)
```
2  open data e:\sample7.dat
3  data 1 226 series
```

e 드라이브에 있는 데이터파일인 sample7.dat를 작업영역으로 불러오고, 226개의 데이터로 되어있는 파일의 변수 명이 series로서 변수의 배열은 변수형 (default) 으로 되어 있다.

(3)
```
4  boxjenk(noprint,diffs=1,ar=1,define=foreeg) series / resid
```

series(y_t)에 대한 차분을 식별의 프로그램에서처럼 명령어 **difference**에서 따로 실행하지 않고 추정을 위한 명령어 **boxjenk**내의 옵션(diffs=1)에서 지시하고 있다. 그리고 차분된 시계열(∇y_t)에 대한 1차의 자기회귀(ar=1)모형을 추정하고, 그 추정식을 예측에 이용하기 위해서 foreeq(define=foreeq)명으로 지정하고 있다.

(4)
```
5  forecast(print) 1 40 227
6  #  foreeq predict
```

추정식 foreeq를 이용하여 227기부터 266기까지, 40기 앞의 예측을 실행하여 그 결과를 predict라는 이름으로 저장시키고 프린트시킨다(print).

(5)
```
7  graph(key=upright,style=symbol) 2
8  #  series  140 226
9  #  predict 227 266
```

7행의 명령어 **graph**의 옵션에서 style=symbol에 의하여 심볼 표시를 하고, key=upright는 구별된 "보기 표"(key)를 상단(up)의 오른쪽(right)에 위치시킨다.

(2) 예측결과의 해석

<표 14.9>의 예측프로그램에 의하여 구하여진 40기의 예측치와 불규칙적인 한 주기를 나타낼 수 있는 표본의 마지막 86개의 관측치를 동시에 나타낸 것이 <그림 14.13>이다. 여기서도 예측치가 빠른 속도로 어떤 값에 수렴해 가는 것을 볼 수 있다. 이 현상은 1차의 AR모형의 예측에서는 최근의 한 개의 관측치(예측시점부터는 예측치로 대체)와 파라메터 $\hat{\phi}$만에 의해서 예측치가 구하여지기 때문이다. 그러므로 장기예측에는 예측오차가 크게 되므로 주의를 요한다고 하겠다.

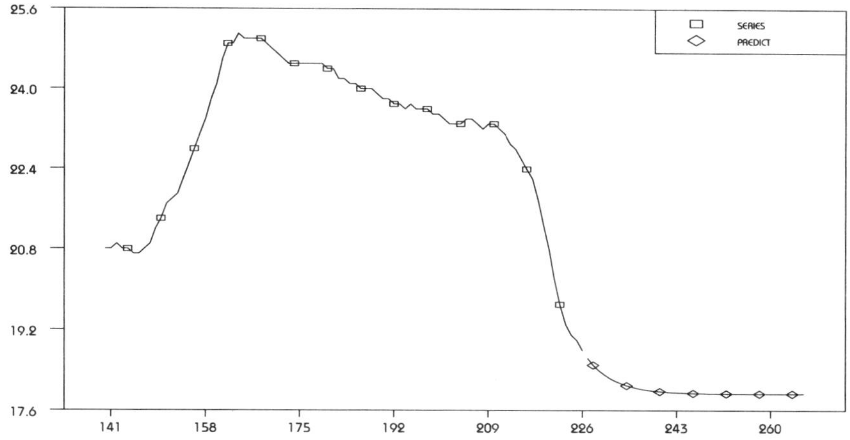

<그림 14.13> ARIMA(1,1,0) 모형에 의한 예측치의 그래프

한편 <표 14.9>의 프로그램에서 명령어 **boxjenk**에 의하여 추정된 식은 $(1-0.813)\nabla y_t = u_t$이며, 따라서 예측치는 (14.1)식에 의하여 구하여진다.

$$\nabla y_t = 0.813\nabla y_{t-1} + u_t \tag{14.1}$$

이 예측식에 의한 예측치는 차분된 형태(∇y_t)로 얻어지기 때문에 원래의 수준변수(y_t)의 예측값을 얻기 위해서는 차분에 대한 역변환이 필요하다. 그런데 <표 13.9>의 프로그램에서와 같이 차분을 명령어 **boxjenk**의 옵션에서 처리하면, 예측치는 차분의 역변환이 자동적으로 처리되어 산출되는 장점이 있다. 만약 차분을 명령어 **boxjenk**의 옵션에서 실행시키지 않고, 사전에 명령어 **difference**를 통해서 실시한 후에 **boxjenk**로 추정하여 예측을 실행시키면, 그 결과는 어떻게 다른가를 비교해 보기로 한다. 즉 차분, 추정, 예측을 다음과 같이 변경해 본다.

```
diffs series / dseries
boxjenk(noprint,ar=1,define=dforeeq) dseries / dresid
forecast(print) 1 40 227
#  dforeeq dpredict
```

이 경우 추정되어 예측에 이용되는 예측식은 (14.2)식(dpredict)이 되며, 예측치는 z_t (dseries)로서 얻어진다.

$$z_t = 0.813 z_{t-1} + u_t \qquad 단,\ z_t = \nabla y_t \tag{14.2}$$

여기서 $z_t = \nabla y_t$를 (14.2)식에 대입하면 (14.1)식과 같은 것을 알 수 있다. 즉, 명령어 boxjenk에 의하여 추정된 결과는 같은 것이다. 그러나 예측치를 계산할 때 boxjenk의 옵션에서 차분을 실행하는 경우, (14.1)식에서 ∇y_t를 먼저 예측하고 나서 다시 내부에서 자동적으로 y_t로 역 변환시켜 예측치를 산출한다. 이에 비하여 미리 차분을 실시하고 나서 차분된 시계열(z_t)에 대해서 추정하여, (14.2)식과 같이 예측을 하게 되면 z_t에 대한 예측치 만을 계산하게 된다. 그러므로 이 경우는 원래의 수준변수를 구하기 위해서는 프로그램 상에서 역 변환을 시켜주어야 한다.

이상의 두 경우에 대한 예측결과는 <표 14.10>에 정리되어 있다.

<표 14.10>에서 $t = 227$일 때의 예측치($\hat{y}_{227}$) 18.637은, 먼저 ∇y_{227}을 예측식으로 구하고 나서 역 변환하여 얻는다. 즉, $\nabla y_{227} = 0.813 \nabla y_{226}$에서 ∇y_{226}은 $y_{226} - y_{225}$이므로 표본의 데이터로부터 $18.8 - 19.0 = -0.2$가 된다.

그러므로 $\nabla y_{227} = 0.813(-0.2) = -0.163$이 얻어지고, 따라서 $\hat{y}_{227} = y_{226} - 0.163 = 18.637$이 얻어지는 것이다.

<표 14.10> y_t와 z_t의 예측치의 비교

t	$z_t = \nabla y_t$	$\hat{y}_t$
227	-0.163	18.637
228	-0.132	18.505
229	-0.087	18.397
.	.	.
.	.	.
.	.	.

한편 원래의 변수를 대수변환하여 사용할 때에는 명령어 boxjenk의 옵션에서는 이를 실행시키는 옵션이 없기 때문에, 미리 변환을 실시하고 나서 (명령어 log 또는 set를 사용하여) 추정과 예측을 실시하고, 예측치를 다시 역 변환시켜 주어야만 원래의 수준변수에 대한 예측치를 얻을 수 있다.

Chapter 15

실증분석의 실례 3 : 계절ARIMA모형

여기서 분석하는 시계열데이터(<표 15.1>)는 미국의 비농업 신규주택건설데이터이다. 1947년 1월부터 1968년 12월까지의 월별 데이터로서 현재가격(백만 달러)으로 표시되어 있으며, 계절조정되어 있지 않는 자료이다. 지금까지의 제13장과 제14장의 두 예에서와는 달리, 계절변동을 가진 자료이기 때문에 일반 AR, MA파라메터(ϕ, θ) 뿐만 아니라 계절 AR, MA파라메터(Φ, Θ)도 함께 가지는 계절변동 ARIMA모형의 분석이 된다. 한편 여기에서의 자료와 분석방법은 W.Vandaele(1983)에서의 분석방법을 많이 참조하고 있다.

15.1 예비적 분석

(1) 시계열 y_t

<그림 15.1>은 <표 15.1>에서 주어진 1947년 1월부터 1968년 12월까지의 미국의 월별 비농업 신규주택건설 데이터를 그래프로 나타낸 것이다. 이 그래프를 보면 두 가지 특징적인 현상을 알 수 있다. 첫째는, 어떤 상승추세를 가지고 있는 것이고, 둘째는 계절변동이 명확하게 나타나 있는 점이다. 즉, 어떤 정점과 저점이 대략 1년(12의 배수)을 주기로 나타나 있는 것을 알 수 있다. 그리고 전 기간을 통해서 데이터의 변동이 비교적 일정한 폭을 가지고 있으므로 분산을 안정화시키기 위해 어떤 조치(대수변환 등)를 할 필요가 없는 것도

시사해 준다. 그러므로 데이터의 특징으로부터 규칙적인 계절변동을 제거하기 위해서 계절차분을 취해줄 필요가 있으며, 경우에 따라서는 추세를 제거하기 위해서 일반차분도 필요하다고 생각된다.

<표 15.1> 미국의 비농업 신규주택건설 데이터(y_t)

	1	2	3	4	5	6	7	8	9	10	11	12
1947	556	528	545	607	701	785	874	950	1006	1093	1135	1070
48	891	757	874	1028	1168	1257	1294	1305	1273	1203	1100	978
49	846	731	763	844	981	1086	1147	1171	1207	1238	1241	1173
1950	1077	1031	1089	1276	1499	1703	1827	1898	1900	1785	1614	1427
51	1289	1188	1229	1288	1324	1399	1428	1409	1400	1397	1330	1200
52	1015	963	1149	1234	1346	1437	1472	1486	1473	1481	1438	1309
53	1131	1057	1206	1363	1431	1570	1577	1550	1514	1481	1420	1294
54	1104	1029	1167	1347	1517	1627	1717	1770	1783	1759	1717	1650
55	1473	1379	1562	1753	1925	2064	2098	2082	2051	1983	1851	1656
56	1392	1305	1457	1618	1753	1884	1908	1895	1860	1798	1741	1567
57	1324	1206	1350	1486	1604	1718	1767	1796	1787	1761	1694	1513
58	1292	1192	1302	1421	1550	1702	1804	1876	1907	1954	1957	1832
59	1606	1493	1676	1907	2091	2253	2350	2358	2310	2232	2092	1883
1960	1588	1408	1613	1804	1935	2112	2039	1982	1931	1860	1790	1644
61	1378	1221	1459	1720	1860	2059	2053	2053	2055	2041	1974	1807
62	1543	1368	1605	1906	2141	2377	2357	2377	2330	2210	2113	1965
63	1686	1492	1666	1950	2206	2421	2517	2553	2516	2500	2450	2230
64	1867	1678	1866	2068	2191	2385	2518	2541	2439	2327	2260	2118
65	1834	1639	1782	2000	2203	2429	2550	2561	2473	2377	2284	2136
66	1848	1644	1781	1979	2124	2287	2378	2351	2202	1978	1785	1614
67	1368	1248	1405	1613	1836	2107	2336	2471	2446	2375	2340	2191
68	1859	1655	1885	2262	2518	2628	2721	2790	2780	2678	2593	2454

자료 : Vandaele (1983) Table A.7
series J 데이터파일명 : sample10.dat

y_t의 자기상관함수와 편자기상관함수를 나타낸 것이 <그림 15.2>와 <그림 15.3>이다. <그림 15.2>에 의하면, y_t의 자기상관이 12의 주기를 가지면서 서서히 감소하는 현상이 반복되고 있는 것을 확실히 알 수 있기 때문에, 안정성을 가지지 못하고 있는 것이 명확하다고 하겠다. 이런 모양은 계절성이 있는 자료에서 나타나는 전형적인 특징인데 분기별 자료일 때는 주기가 4가 되면서 나타나게 된다.

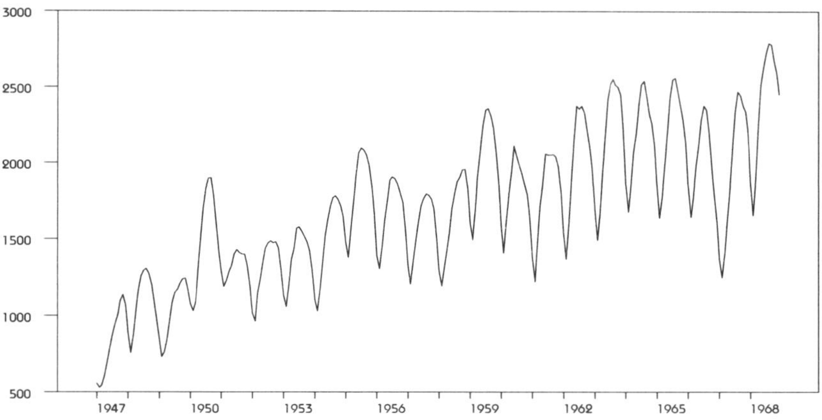

<그림 15.1> y_t 의 그래프

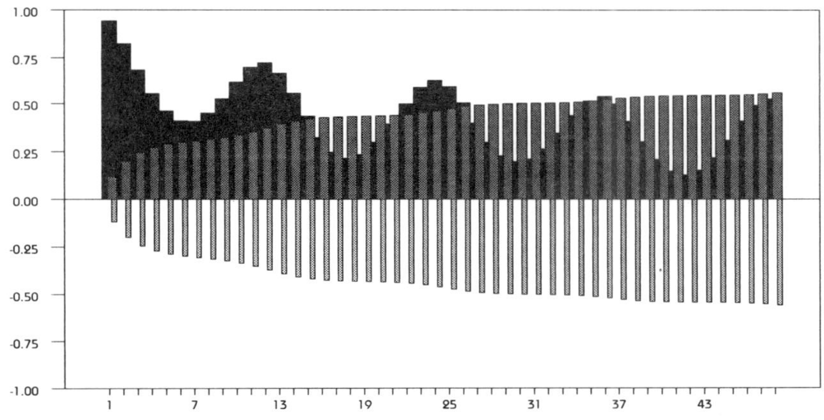

<그림 15.2> y_t 의 자기상관함수의 그래프

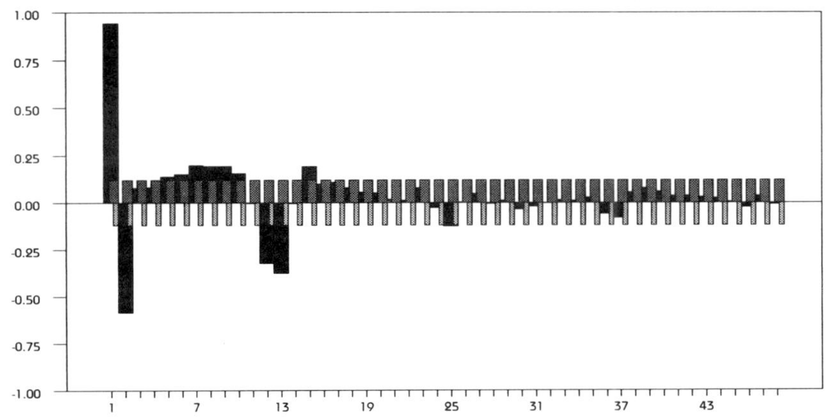

<그림 15.3> y_t 의 편자기상관함수의 그래프

<그림 15.3>의 편자기상관함수도 12기를 주기로 하는 주기적 변동이 보이고 있으며, 초기의 여러 시차에 있어서 표준오차의 2배(근사적인 95% 신뢰구간)의 범위를 벗어나 있는 것을 알 수 있다.

y_t를 안정시계열로 만들기 위해서 계절차분($\nabla_{12} = 1 - L^{12}$)과 일반차분($\nabla = 1 - L$)을 취하게 되는데, 다음과 같은 세 가지 방법($\nabla_{12}y_t, \nabla\nabla_{12}y_t$, $\nabla^2\nabla_{12}y_t$)을 실시해 보기로 한다.

15.2 모형의 식별

(1) 시계열 $\nabla_{12}y_t$

시계열 y_t에서 계절변동이 명확히 관찰되었기 때문에 계절변동을 제거하기 위해서 y_t에 계절차분 ∇_{12}를 취한 것이 $\nabla_{12}y_t$이다. 이 시계열$\nabla_{12}y_t$는 <그림 15.4>에서 보는 바와 같이, 직관적으로는 주기적 변동과 우상향으로의 추세가 제거된 것처럼 보이지만, 아직 안정시계열이라고 확신할 수는 없다고 하겠다. 한편 $\nabla_{12}y_t$의 자기상관함수(<그림 15.5>)를 보면, 서서히 감소와 진동을 하면서 0에 접근해 가고 있는 것을 알 수 있고, 더욱이 시차 1에서의 자기상관이 0.96으로 1에 가까운 값을 가지고 있기 때문에 안정시계열로는 보기 어렵다.

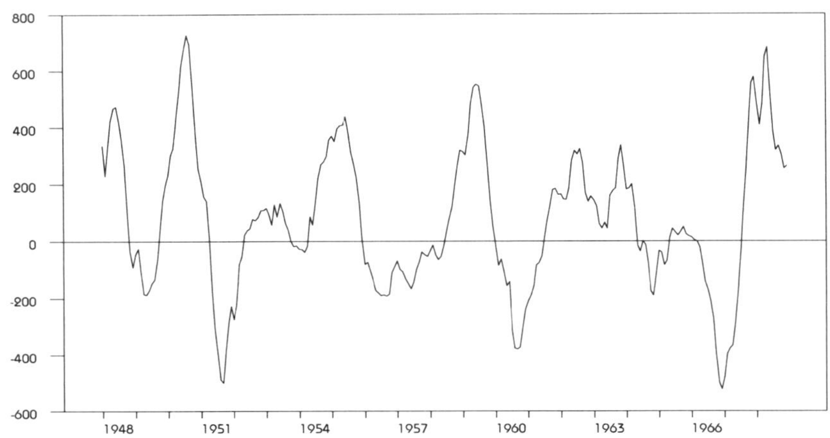

<그림 15.4> $\nabla_{12}y_t$의 그래프

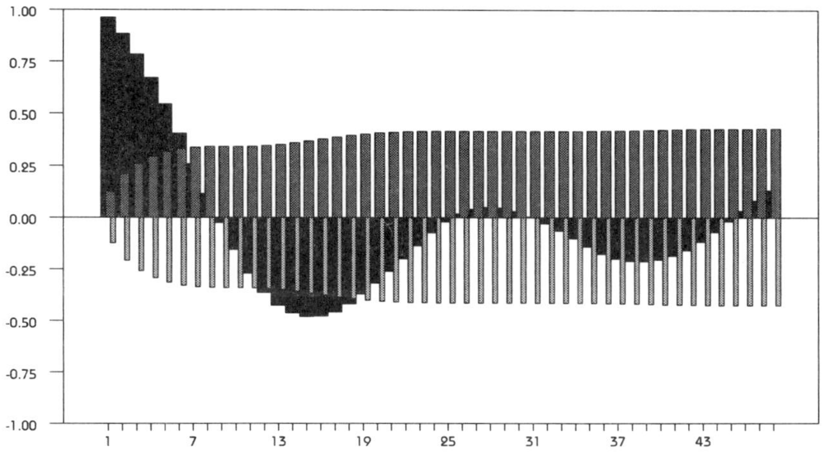

<그림 15.5> $\nabla_{12} y_t$ 의 자기상관함수의 그래프

그리고 편자기상관함수(<그림 15.6>)에서는 시차 1과 2에서 큰 값을 가지고 있고 시차 13, 26 등에서도 근사적인 95% 신뢰구간을 벗어나 있으므로 아직 추가적인 차분이 필요한 것으로 판단할 수 있다.

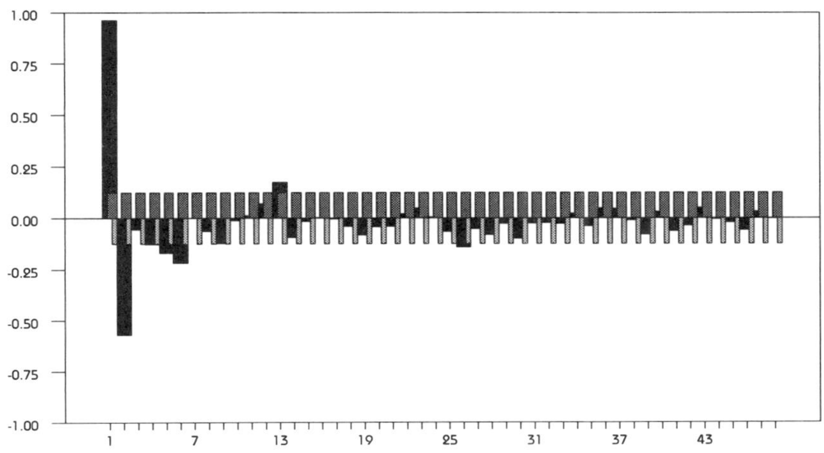

<그림 15.6> $\nabla_{12} y_t$ 의 편자기상관함수의 그래프

(2) 시계열 $\nabla\nabla_{12}y_t$

시계열 $\nabla_{12}y_t$에 일반차분을 한번 더 추가적으로 실시한 것이 시계열 $\nabla\nabla_{12}y_t$이고, <그림 15.7>이 그 그래프이다. <그림 15.8>은 $\nabla\nabla_{12}y_t$의 자기상관함수의 그래프인데, 시차 1, 2, 11, 12, 13에서 95% 신뢰구간을 벗어난 것이 관찰된다. 이 특징을 모형의 선정에 이용하려고 할 때, 만약 시차 2를 무시한다면 계절 파라메터와 일반 파라메터를 가지는 이동평균모형을 설정해 볼 수 있을 것이다.

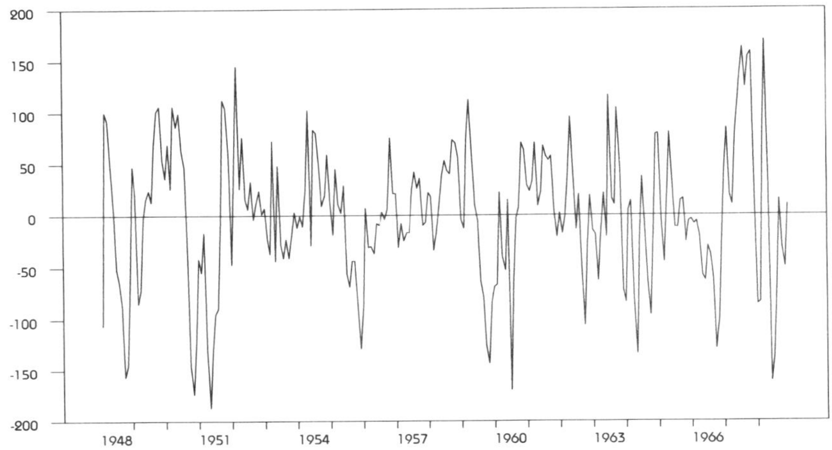

<그림 15.7> $\nabla\nabla_{12}y_t$의 그래프

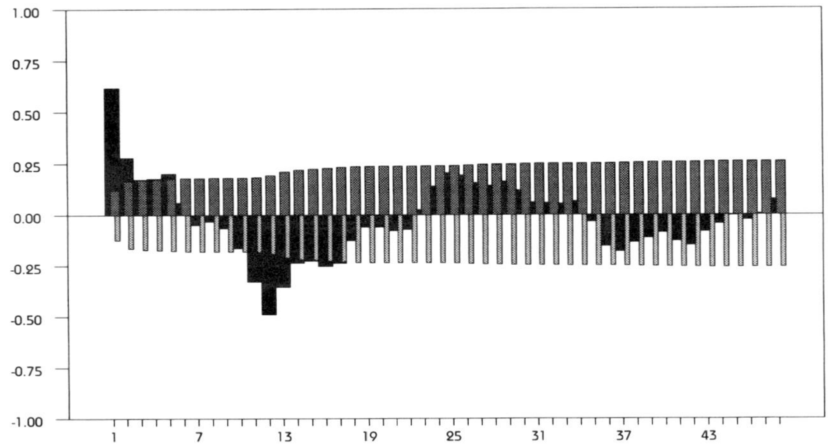

<그림 15.8> $\nabla\nabla_{12}y_t$의 자기상관함수의 그래프

<그림 15.9>는 $\nabla\nabla_{12}y_t$의 편자기상관함수로서 시차 1에서 큰 값을 가지고 2, 6, 11, 12, 13에서 상대적으로 작은 값을 가지면서 신뢰구간을 벗어나 있다. 여기서는 시차 6을 무시한다면 계절 파라메터와 일반 파라메터를 가지는 자기회귀모형을 설정해 볼 수도 있다. 단지 편자기상관의 시차 1의 값이 다른 것에 비하여 큰 값을 가지고 있으므로, 이것을 시차 2에서 절단되어 있다고 판정한다면 1차의 AR 파라메터를 포함한다고 볼 수도 있다. 즉, 다음과 같은 두 모형이 설정될 수 있을 것이다.

$$(1-\phi_1 L)\nabla\nabla_{12}y_t = (1-\theta_1 L)(1-\Theta_1 L^{12})u_t$$
$$(1-\phi_1 L)(1-\Phi_1 L^{12})\nabla\nabla_{12}y_t = (1-\theta_1 L)(1-\Theta_1 L^{12})u_t$$

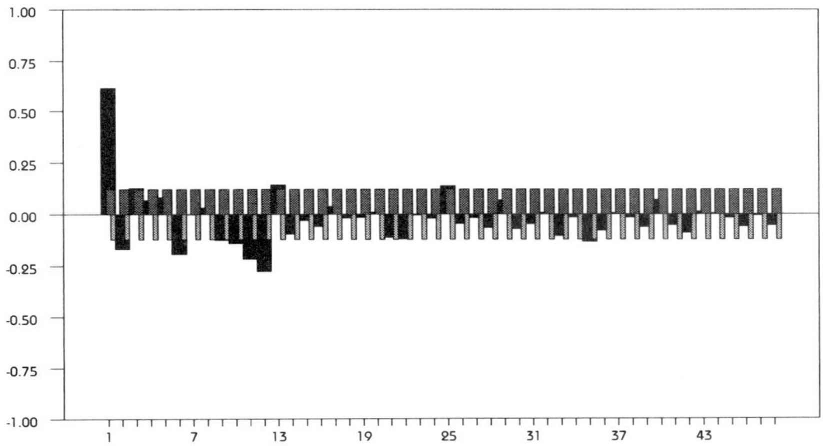

<그림 15.9> $\nabla\nabla_{12}y_t$의 편자기상관함수의 그래프

(3) 시계열 $\nabla^2\nabla_{12}y_t$

시계열 $\nabla\nabla_{12}y_t$에 일반차분을 한번 더 실시한 것이 $\nabla^2\nabla_{12}y_t$이다. 이 시계열의 그래프는 <그림 15.10>에서 보는 바와 같이 0을 중심으로 일정한 범위 내에서 고르게 변하고 있으므로 직관적으로 보아 안정시계열이라고 생각할 수 있다. 그러나 $\nabla\nabla_{12}y_t$가 안정성을 가지면서 적합한 모형이 진단을 통과하여 최선의 모형으로 선정된다면, 이 시계열은 과도차분을 가진 결과가 될지도 모른다.

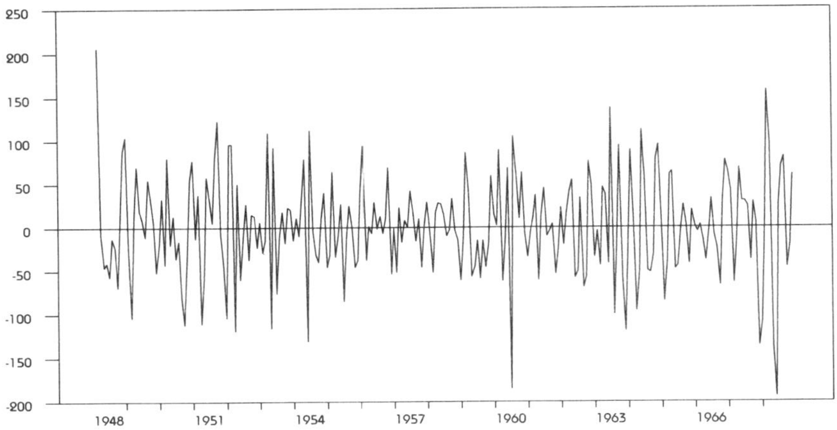

<그림 15.10> $\nabla^2 \nabla_{12} y_t$ 의 그래프

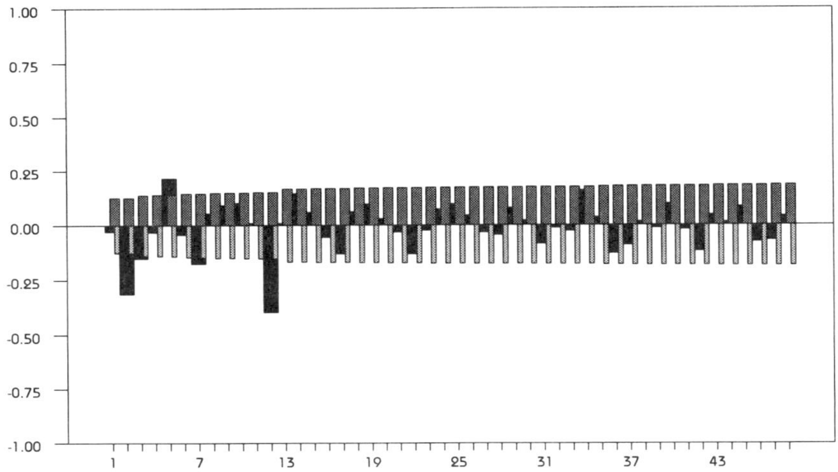

<그림 15.11> $\nabla^2 \nabla_{12} y_t$ 의 자기상관함수의 그래프

<그림 15.11>은 $\nabla^2 \nabla_{12} y_t$의 자기상관함수의 그래프이고, <그림 15.12>는 편자기상관함수의 그래프이다. 두 그림에 의하면 자기상관함수는 시차 2와 12에서 큰 값을 가지고 있으며, 편자기상관함수에서는 시차 2에서 신뢰구간의 범위를 벗어나 있고, 또한 12, 24와 같이 12의 배수의 시차에서 서서히 감소해가고 있는 것을 알 수 있다. 자기상관함수와 편자기상관함수에서 시차 2의 값을 무시한다면, 아직까지 불규칙적인 계절변동이 남아 있기 때문에 이를 계절차수로서 가지는 모형을 설정해 볼 수 있을 것이다.

$$\nabla^2 \nabla_{12} y_t = (1 - \Theta_1 L^{12}) u_t$$
$$(1 - \Theta_1 L^{12}) \nabla^2 \nabla_{12} y_t = (1 - \Theta_1^{12}) u_t$$

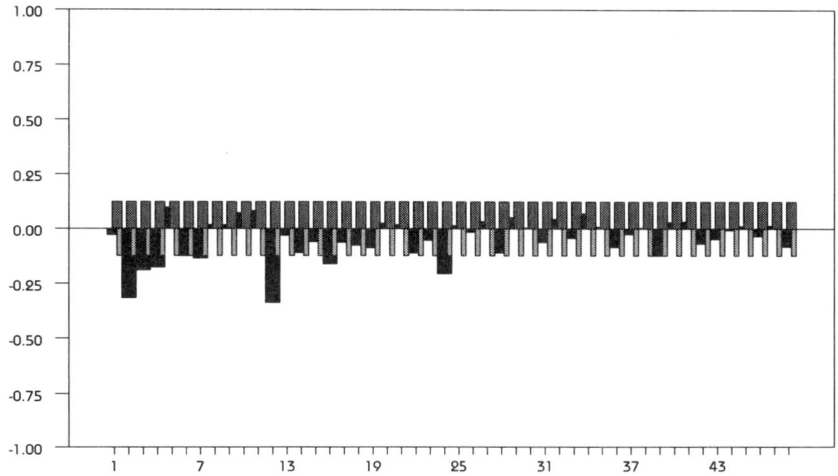

<그림 15.12> $\nabla^2 \nabla_{12} y_t$의 편자기상관함수의 그래프

이상 세 시계열 $\nabla_{12} y_t$, $\nabla \nabla_{12} y_t$, $\nabla^2 \nabla_{12} y_t$를 비교하여 보았는데, 여기서는 시계열 $\nabla \nabla_{12} y_t$만을 가지고 모형을 설정해 분석해 보기로 한다.

한편 시계열 $\nabla \nabla_{12} y_t$의 그래프와 자기상관함수, 편자기상관함수를 구하는 프로그램이 <표 15.2>에 주어져 있다.

<표 15.2> $\nabla \nabla_{12} y_t$의 자기상관과 편자기상관의 계산프로그램의 예

```
*   BOXJI10.PRG
*
cal 1947 1 12
all 1968:12
open data e:\sample10.dat
data / series
*
diff(diffs=1,sdiffs=1,span=12) series / dseries
graph 1
# dseries
*
```

```
correlate(partial=pacf,stderrs=stderrs,number=48) dseries / acf
set aupper 2 49 = 2*stderrs
set alower 2 49 = -aupper
graph(style=bar,number=1,max=1.0,min=-1.0) 3
# acf     2 49
# aupper 2 49
# alower 2 49
*
set pupper  2 49 = 2/sqrt(%nobs)
set plower  2 49 = -pupper
graph(style=bar,number=1,max=1.0.min=-1.0) 3
# pacf      2 49
# pupper    2 49
# plower    2 49
*
```

(4) 프로그램의 해설

(1)
```
1  cal 1947 1 12
2  all 1968:12
3  open data e:\sample10.dat
4  data / series
```

1행은 이 데이터가 월별자료로서(12) 데이터의 시작이 1947년 1월부터 임을 의미하고, 2행은 데이터의 길이가 1968년 12월까지임을 나타낸다. 3행은 E 드라이브에 있는 데이터 파일(sample10.dat)을 불러와서 사용하는데, 변수형으로 배열되어 있는 이 데이터의 이름을 series라고 명명하고 있다.

(2)
```
5  diff(diffs=1,sdiffs=1,span=12) series / dseries
6  graph 1
7  # dseries
```

5행은 series를 4행의 data에서 정의된 전체기간(/)에 걸쳐서 변환시키는데, 그 방법으로서는 일반차분을 1회(diffs=1) 실시하고 계절차분을 1회(sdiffs=1) 실시하며, 그때의 계절차분의 주기가 12(span=12)로서 변환된 새로운 데이터를 dseries로 명명하고 있다. 즉 series를 y_t 라고 하고 새로 변환된 dseries를 z_t 라 하면 다음과 같이 변환되는 것을 의미한다.

$$z_t = (1-L)(1-L^{12})y_t = \nabla \nabla_{12} y_t$$

6행과 7행은 변환된 시계열 dseries를 그래프로 나타나게 하고 있다.

(3)

```
8   correlate(partial=pacf,stderrs=stderrs,number=48) dseries / acf
9   set aupper 2 49 = 2*stderrs
10  set alower 2 49 = -aupper
```

8행은 명령어 **correlate**와 옵션에 의해서 변환된 시계열 dseries에 대한 자기상관함수(acf)와 편자기상관함수(partial=pacf), 그리고 자기상관의 표준오차(stderrs=stderrs)를 시차수 1에서 48(number=48)까지 구하게 하고 있다.

9행에서는 각 시차에 있어서 자기상관의 근사적 95% 신뢰구간을 구하기 위해서, 자기상관의 표준오차에 2배를 곱하여 상한(aupper)으로 하고, 10행은 그의 대칭이 되는 값을 구하여 하한(alower)으로 하고 있다.

9행과 10행에서 상한(aupper)과 하한(alower)의 계산 범위가 2에서 49까지로 되어 있는 것은, 자기상관의 표준오차는 시차 1에서 48까지가 entry 2에서 49까지 RATS내부에 지정되어 있기 때문이다. 즉, entry 1에 해당되는 시차 0의 자기상관의 표준오차는 신뢰구간의 범위에 대한 계산에서 제외되어 있다.

(4)

```
11  graph(style=bar,number=1,max=1,0,min=-1,0) 3
12  # acf      2 49
13  # aupper   2 49
14  # alower   2 49
```

앞에서 구한 자기상관함수(acf)와 상한(aupper), 하한(alower)을 한 그래프에 동시에 그리게 하고 있다. 여기서 명령어 **graph**의 옵션에서 number=1의 의미는 X축의 눈금(이 경우는 시차가 된다)을 1에서부터 시작하게 하는 것으로, 세 변량의 범위가 entry 2에서 49까지는 1에서 48까지의 눈금으로 나타나게 하고 있다. 이렇게 하면 항상 1의 값을 가졌던 시차 0의 자기상관($\widehat{\rho_0}=1$)이 그래프에서 나타나지 않게 되고, 자기상관의 경우 $\widehat{\rho_1}, \widehat{\rho_2}, \cdots \widehat{\rho_{48}}$이 자신의 시차와 같은 눈금 위에 나타나게 된다. 이 방법은 다음의 그래프인 편자기상관(pacf)과 그의 검정구간(pupper, plower)에도 그대로 적용된다.

(5) 시계열 $\nabla\nabla_{12}y_t$의 식별을 위한 정보량기준의 계산

시계열 $\nabla\nabla_{12}y_t$의 자기상관함수와 편자기상관함수로부터 두 시험적모형을 선정하였다.

여기서는 Akaike와 Schwarz의 정보량기준을 구하여 적합한 모형의 선정에 적용시켜 보기로 한다. <표 15.3>은 $\nabla\nabla_{12}y_t$에 있어서 두 정보량기준을 계산하는 프로그램이다. 기본적으로는 "실례 2"에서의 프로그램과 같으나 계절AR 및 MA의 차수를 선정하기 위해서 이 부분이 추가되어 있다.

<표 15.3> $\nabla\nabla_{12}y_t$의 AKAIKE와 SCHWARZ의 계산프로그램의 예

```
*    BOXJI10A.PRG
*
cal 1947 1 12
all 1968:12
open data e:\sample10.dat
data /  series
*
diff(diffs=1,sdiffs=1,span=12) series / dseries
*
display @1 'arlags' @9 'malags' @17 'sarlags' @25 'smalags'  $
        @36 'akaike' @45 'schwarz'  @57 'seesq' @67 'rss'
do arlags = 0,2
 do malags = 0,2
  do sarlags = 0,1
   do smalags = 0,1
    boxjenk(ar=arlags,ma=malags,sar=sarlags,sma=smalags, $
          noprint,iter=50)  dseries  /  dresid
    compute akaike  = %nobs*log(%rss) + 2.*%nreg
    compute schwarz = %nobs*log(%rss) + log(%nobs)*%nreg
    display @3 ## arlags @11 ## malags @19 sarlags @27 smalags  $
          @35 ####.## akaike  @45 ####.##  schwarz          $
          @55 #####.## %seesq @65 ######.## %rss
   end do
  end do
 end do
end do
*
```

즉, AR과 MA의 차수를 0에서 2까지, 그리고 계절AR과 계절MA의 차수를 0에서 1까지 변화시켜가면서 얻는 두 정보량기준은 네 가지 경우(do - end do)에 의해서 반복 실행되도록 되어 있다. 그러므로 모두 서른여섯 가지의 예상모형으로부터 두 정보량기준이 얻어지게 된다. <표 15.4>는 두 정보량기준 인 Akaike와 Schwarz의 계산결과이다.

<표 15.4> $\nabla\nabla_{12}y_t$의 여러 모형에 대한 AKAIKE와 SCHWARZ의 출력결과

arlags	malags	sarlags	smalags	akaike	schwarz	seesq	rss
0	0	0	0	3492.67	3492.67	4400.83	1104608.00
0	0	0	1	3404.79	3408.32	3088.63	772157.19
0	0	1	0	3223.88	3227.35	3006.05	715440.08
0	0	1	1	3205.92	3212.87	2776.91	658127.78
0	1	0	0	3379.20	3382.73	2789.26	697315.51
0	1	0	1	3305.96	3313.01	2075.13	516708.26
0	1	1	0	3125.44	3132.40	1983.00	469971.84
0	1	1	1	3110.44	3120.87	1854.64	437694.86
0	2	0	0	3370.86	3377.91	2687.39	669161.26
0	2	0	1	3301.46	3312.04	2030.24	503499.18
0	2	1	0	3122.69	3133.12	1952.17	460712.52
0	2	1	1	3109.24	3123.14	1837.75	431871.89
1	0	0	0	3356.56	3360.09	2699.45	672162.71
1	0	0	1	3288.88	3295.92	2051.01	508650.66
1	0	1	0	3116.17	3123.11	2023.35	477511.00
1	0	1	1	3106.95	3117.37	1938.39	455520.56
1	1	0	0	3343.17	3350.21	2548.44	632012.42
1	1	0	1	3269.14	3279.71	1887.84	466297.33
1	1	1	0	3106.94	3117.36	1938.32	455504.29
1	1	1	1	3094.56	3108.45	1832.48	428800.39
1	2	0	0	3345.04	3355.60	2557.43	631686.09
1	2	0	1	3269.87	3283.96	1885.88	463925.73
1	2	1	0	3107.00	3120.89	1930.82	451811.56
1	2	1	1	3095.86	3113.22	1834.90	427531.21
2	0	0	0	3325.32	3332.36	2513.04	620720.35
2	0	0	1	3254.32	3264.87	1882.08	462990.74
2	0	1	0	3096.90	3107.30	1971.31	461286.85
2	0	1	1	3081.67	3095.54	1840.93	428935.86
2	1	0	0	3324.86	3335.41	2498.47	614622.93
2	1	0	1	3254.56	3268.63	1876.42	459722.82
2	1	1	0	3093.55	3107.42	1935.55	450983.21
2	1	1	1	3085.19	3102.53	1860.76	431695.88
2	2	0	0	3324.55	3338.62	2485.49	608945.29
2	2	0	1	3254.31	3271.89	1867.16	455587.20
2	2	1	0	3096.06	3113.40	1948.08	451955.72
2	2	1	1	3081.31	3102.11	1823.01	421114.37

이 계산 결과로부터 판단한다면 Akaike와 Schwarz의 값이 작은 모형으로서는 AR=2, MA=0, SAR=1, SMA=1의 경우가 적절한 것으로 생각된다. 그러나 앞에서 자기상관함수와 편자기상관함수에 의해서 선정된 모형도 포함하여, 다음의 세 모형을 시험적 모형으로 정하기로 한다.

model 1: $(1-\phi_1 L)\nabla\nabla_{12}y_t = (1-\theta_1 L)(1-\Theta_1 L^{12})u_t$

model 2: $(1-\phi_1 L)(1-\Phi_1 L^{12})\nabla\nabla_{12}y_t = (1-\theta_1 L)(1-\Theta_1 L^{12})u_t$

model 3: $(1-\phi_1 L-\phi_2 L^2)(1-\Phi_1 L^{12})\nabla\nabla_{12}y_t = (1-\Theta_1 L^{12})u_t$

15.3 모형의 추정

여기에서는 앞에서 선정된 세 시험적모형에 대해서 추정을 실행한다. 앞의 장에서와 마찬가지로 추정과 진단을 하나의 프로그램에서 실행시키고, 추정결과에 대한 해석과 여러 검정의 결과는 진단의 단계에서 실시하기로 한다. <표 15.5>는 <model 1>의 추정과 진단을 위한 프로그램의 예이다.

<표 15.5> <model 1> 모형의 추정 및 진단프로그램의 예

```
*    BOXJE10.PRG
*
*
cal 1947 1 12
all 1968:12
open data e:\sample10.dat
data / series
*
boxjenk(diffs=1,sdiffs=1,ar=1,ma=1,sar=0,sma=1) series / resid
correlate(qstats,span=12,number=48,dfc=3) resid / racf
*
set upper 2 49 = 2/sqrt(%nobs)
set lower 2 49 = -upper
graph(style=bar,number=1,max=1.0,min=-1.0) 3
# racf  2 49
# upper 2 49
# lower 2 49
```

```
*
*   Chisq Test of Box-Pierce Q statistic
*
set racfsq 2 49 = racf**2
acc racfsq 2 49 aracfsq
compute bpq12 = %nobs*aracfsq(13)
compute bpq24 = %nobs*aracfsq(25)
compute bpq36 = %nobs*aracfsq(37)
compute bpq48 = %nobs*aracfsq(49)
display ' Box-Pierce Q-Statistic '
cdf chisq bpq12  9
cdf chisq bpq24 21
cdf chisq bpq36 33
cdf chisq bpq48 45
*
```

(1) 프로그램의 해설

```
(1) 1   boxjenk(diffs=1,sdiffs=1,ar=1,ma=1,sar=0,sma=1)  series / resid
    2   correlate(qstats,span=12,number=48,dfc=3)  resid / racf
```

기본적으로는 "실증분석의 실례 2"의 추정 및 진단프로그램과 같은데, 추정을 실행시키는 명령어 **boxjenk**의 옵션에서 일반차분(diffs=1) 뿐만 아니라 계절차분(sdiffs=1)도 실행시키고 있다. 옵션에서 계절차분의 주기가 12라고 하는 "span=12"이 함께 있어야 되지만 명령어 **cal**에서 월별자료라는 것이 이미 지적되어 있기 때문에 이때에는 생략해도 무방하다.

명령어 **correlate**의 옵션에서는 잔차자기상관(racf)의 독립성에 대한 검정을 실시하기 위해서 네 개의 Ljung-Box 통계량 Q(12), Q(24), Q(36), Q(48)을 구하여(qstats, span=12, number=48) 각각 자유도(dfc=3 에 의하여 조정된다) 9, 21, 33, 45에서 검정한다. 옵션에서 "span=12"는, 여기서는 계절주기를 나타내는 것이 아니고 여러 Q통계량을 만들 때의 자기상관을 도입하는 계산주기이다.

(2)

```
3   set racfsq 2 49 = racf**2
4   acc racfsq 2 49 aracfsq
5   compute bpq12 = %nobs*aracfsq(13)
6   compute bpq24 = %nobs*aracfsq(25)
7   compute bpq36 = %nobs*aracfsq(37)
8   compute bpq48 = %nobs*aracfsq(49)
9   display ' Box-Pierce Q-Statistic '
10  cdf chisq bpq12  9
11  cdf chisq bpq24 21
12  cdf chisq bpq36 33
13  cdf chisq bpq48 45
```

3행은 시차 1에서 48까지 구하여진 잔차자기상관을 모두 제곱하여 racfsq명으로 저장하게 한다. 4행은 제곱된 잔차자기상관에 대한 누적합을 계산하여 aracfsq명으로 저장시킨다.

5행에서 8행까지는 차수를 1부터 12, 24, 36, 48까지의 제곱된 잔차자기상관의 누적합을 이용하여 네 개의 Box-Pierce Q 통계량을 만들어 각각 bpq12, bpq24, bpq36, bpq48로 명명하여 저장하게 한다.

9행은 "Box-Pierce Q-statistic"라는 문자열을 그대로 출력시킨다. 10행에서 13행까지는 앞에서 정의된 네 개의 Box-Pierce Q 통계량을 각각 자유도가 9, 21, 33, 45에서 χ^2 검정을 실행하게 한다.

한편 <model 2>와 <model 3>의 추정과 진단을 위해서는 <표 15.5>의 프로그램에서 명령어 **boxjenk**와 **correlate**만 각각 다음과 같이 대체하면 된다.

```
boxjenk(diffs=1,sdiffs=1,ar=1,ma=1,sar=1,sma=1)  series / resid
correlate(qstats,span=12,number=48,dfc=%nreg)  resid / racf
```

```
boxjenk(diffs=1,sdiffs=1,ar=2,ma=0,sar=1,sma=1)  series / resid
correlate(qstats, span=12, number=48, dfc=%nreg)  resid / racf
```

이 세 모형의 추정에는 정수항이 없으므로 자유도를 조정해 주는 dfc의 옵션은 추정해야 될 파라메터의 수(%nreg)와 일치한다. 그러므로 세 모형 모두에서 구체적인 숫자를 기술하지 않고 "(dfc=%nreg)"와 같이 처리해주어도 된다.

(2) 출력결과

1) 〈model 1〉의 경우

<표 15.6> <model 1>의 추정 및 진단결과

```
Box-Jenkins - Estimation by LS Gauss-Newton
Convergence in    10 Iterations. Final criterion was  0.0000059 <=  0.0000100
Dependent Variable SERIES
Monthly Data From 1948:03 To 1968:12
Usable Observations                        250
Degrees of Freedom                         247
Centered R^2                         0.9908849
R-Bar^2                              0.9908111
Uncentered R^2                       0.9994267
Mean of Dependent Variable        1746.0840000
Std Error of Dependent Variable    453.2643458
Standard Error of Estimate          43.4493202
Sum of Squared Residuals          466297.32571
Log Likelihood                      -1296.1244
Durbin-Watson Statistic                 1.9330
Q(36-3)                                34.7502
Significance Level of Q              0.3845474

    Variable                Coeff       Std Error      T-Stat     Signif
*******************************************************************************
1.  AR{1}                0.245573345  0.090560611    2.71170   0.00716403
2.  MA{1}                0.504771250  0.082738681    6.10079   0.00000000
3.  SMA{12}             -0.617081414  0.053259799  -11.58625   0.00000000

Ljung-Box Q-Statistics
    Lags  Statistic Signif Lvl
      12    11.128   0.267029
      24    29.567   0.101043
      36    42.857   0.116954
      48    60.605   0.060048

Box-Pierce Q-Statistic
Chi-Squared(9)=      10.758447 with Significance Level 0.29263027
Chi-Squared(21)=     27.720661 with Significance Level 0.14825300
Chi-Squared(33)=     39.340345 with Significance Level 0.20714949
Chi-Squared(45)=     53.976050 with Significance Level 0.16879529
```

2) 〈model 2〉의 경우

<표 15.7> <model 2>의 추정 및 진단결과

```
Box-Jenkins - Estimation by LS Gauss-Newton
Convergence in     12 Iterations. Final criterion was  0.0000038 <=  0.0000100
Dependent Variable SERIES
Monthly Data From 1949:03 To 1968:12
Usable Observations                          238
Degrees of Freedom                           234
Centered R^2                           0.9905299
R-Bar^2                                0.9904085
Uncentered R^2                         0.9994631
Mean of Dependent Variable          1779.2605042
Std Error of Dependent Variable      437.0961130
Standard Error of Estimate            42.8074797
Sum of Squared Residuals          428800.39380
Log Likelihood                       -1229.7880
Durbin-Watson Statistic                   1.9964
Q(36-4)                                  34.7592
Significance Level of Q                0.3378532

    Variable                    Coeff        Std Error       T-Stat      Signif
********************************************************************************
1.  AR{1}                  0.252862136    0.100753726      2.50971   0.01275986
2.  SAR{12}               -0.116784187    0.091949169     -1.27010   0.20531224
3.  MA{1}                  0.460453573    0.091669997      5.02295   0.00000101
4.  SMA{12}               -0.583746963    0.079530871     -7.33988   0.00000000


Ljung-Box Q-Statistics
    Lags  Statistic  Signif Lvl
      12     13.251    0.103511
      24     30.888    0.056683
      36     41.440    0.122586
      48     56.874    0.092231


Box-Pierce Q-Statistic
Chi-Squared(8)=       12.723406 with Significance Level 0.12172734
Chi-Squared(20)=      28.834488 with Significance Level 0.09106985
Chi-Squared(32)=      37.894566 with Significance Level 0.21824182
Chi-Squared(44)=      50.458689 with Significance Level 0.23338481
```

3) 〈model 3〉의 경우

<표 15.8> 〈model 3〉의 추정 및 진단결과

```
Box-Jenkins - Estimation by LS Gauss-Newton
Convergence in     10 Iterations. Final criterion was  0.0000029 <=  0.0000100
Dependent Variable SERIES
Monthly Data From 1949:04 To 1968:12
Usable Observations                         237
Degrees of Freedom                          233
Centered R^2                          0.9903049
R-Bar^2                               0.9901800
Uncentered R^2                        0.9994626
Mean of Dependent Variable         1783.5485232
Std Error of Dependent Variable     432.9756163
Standard Error of Estimate           42.9060189
Sum of Squared Residuals         428935.86493
Log Likelihood                       -1225.1572
Durbin-Watson Statistic                  1.9430
Q(36-4)                                 36.6467
Significance Level of Q               0.2619385

    Variable                  Coeff        Std Error      T-Stat      Signif
*******************************************************************************
1.  AR{1}                  0.687318456   0.063947369   10.74819   0.00000000
2.  AR{2}                 -0.213054647   0.063652921   -3.34713   0.00095188
3.  SAR{12}               -0.092518404   0.096414772   -0.95959   0.33825759
4.  SMA{12}               -0.587242257   0.082548325   -7.11392   0.00000000


Ljung-Box Q-Statistics
    Lags  Statistic Signif Lvl
      12     16.332   0.037863
      24     34.639   0.022115
      36     43.978   0.077212
      48     61.722   0.039946


Box-Pierce Q-Statistic
Chi-Squared(8)=      15.749937 with Significance Level 0.04610238
Chi-Squared(20)=     32.464659 with Significance Level 0.03859188
Chi-Squared(32)=     40.485777 with Significance Level 0.14434589
Chi-Squared(44)=     54.911690 with Significance Level 0.12533834
```

15.4 모형의 진단

(1) 〈model 1〉의 경우

1) 잔차자기상관의 t 검정

<model 1>의 잔차자기상관함수를 나타낸 <그림 15.13>에 근거한다면, 시차 5, 16, 42에서 잔차의 자기상관이 약간 크게 나와 있지만, 전체적으로 보아 잔차는 기본적으로 독립성의 성질을 가지고 있다고 볼 수 있다.

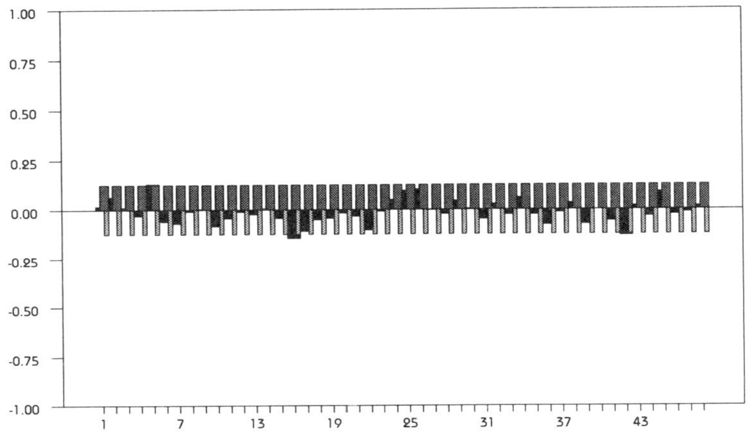

<그림 15.13> <model 1>의 잔차자기상관함수의 그래프

2) 잔차자기상관의 χ^2 검정

Ljung-Box의 Q 통계량에서 자유도를 달리하는 네 가지 통계량 Q(12-3), Q(24-3), Q(36-3), Q(48-3) 모두 독립성의 귀무가설을 기각하지 못하고 있기 때문에 χ^2 검정을 통과하고 있다.

Box-Pierce Q 통계량도 네 가지 통계량 모두 χ^2 검정을 통과하고 있다. 그러므로 잔차자기상관의 기준에 의한다면, 이 모형은 대단히 적절하게 미국의 주택건설 자료를 표현하고 있는 것으로 판단된다.

3) 파라메터의 유의성 검정 및 기타사항

세 파라메터의 유의성 검정에서도 모두 귀무가설을 기각하고 있어 유의함을 나타내고 있으며, 전체적으로 보아 적합한 모형이라고 판단된다.

(2) 〈model 2〉의 경우

1) 잔차자기상관의 t 검정

<model 2>의 잔차의 자기상관함수를 나타낸 <그림 15.14>에 근거한다면, 이 모형도 적절하다고 생각된다. 시차 5, 16, 22에서 약간 돌출된 값을 가지지만 전체적으로 보아 검정을 통과한 것으로 판단된다.

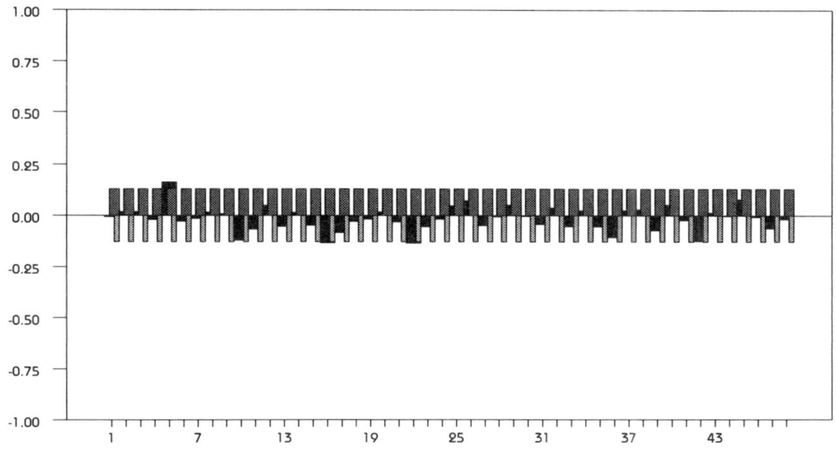

<그림 15.14> 〈model 2〉의 잔차자기상관함수의 그래프

2) 잔차자기상관의 χ^2 검정

Ljung-Box의 Q 통계량에 의한 검정에서는 오차항의 독립성가설이 기각되지 못하고 있다. Box-Pierce의 네 통계량도 모두 0.05의 유의수준에서 검정을 통과하고 있다.

3) 파라메터의 유의성 검정 및 기타사항

파라메터의 유의성 검정에서 계절AR의 t값이 −1.27이 되어 유의하지 못함을 알 수 있다. 이것은 이 계절AR의 변수가 <model 2>에서 유용하지 못하므로 제거되는 편이 좋은 것을 의미하는데, 그렇게 된 모형이 <model 1>이 된다.

(3) 〈model 3〉의 경우

1) 잔차자기상관의 t 검정

<model 3>의 잔차의 자기상관을 나타낸 <그림 15.15>는, <model 1>과 <model 2>의 경우에 비하여 크게 차이는 없으며 검정을 통과하고 있는 것으로 판단된다.

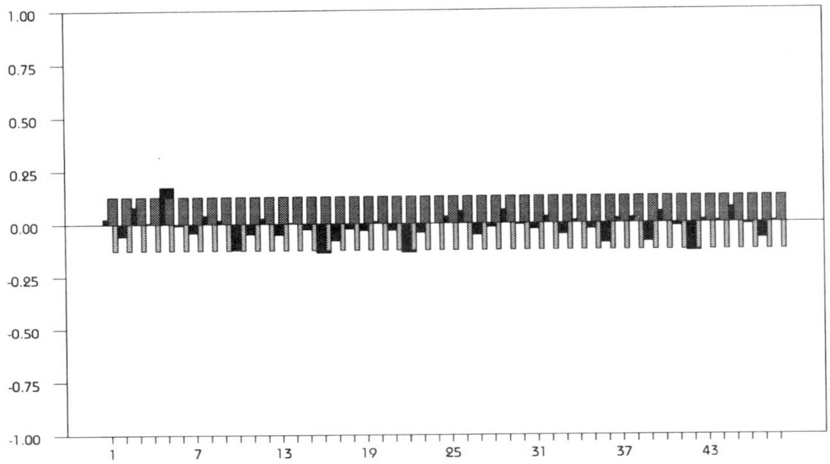

<그림 15.15> <model 3>의 잔차자기상관함수의 그래프

2) 잔차자기상관의 χ^2 검정

Ljung-Box 통계량 Q에 있어서는 Q(36-4)의 경우를 제외하고는 모두 귀무가설을 기각하는 결과를 보여주고 있다. 즉, Q(12-4), Q(24-4), Q(48-4)의 확률이 각각 0.038, 0.022, 0.040이 되어 0.05의 유의수준에서 잔차의 오차항의 독립성에 대한 귀무가설을 기각하고 있는 것을 알 수 있다. Box-Pierce Q 통계량에 있어서는 Q(12-4)와 Q(24-4)의 두 경우에 0.05의 유의수준에서 기무가설이 기각되고 있는 것을 알 수 있다.

3) 파라메터의 유의성 검정 및 기타사항

계절AR의 파라메터에 대한 t값이 -0.96으로서 유의하지 못하고, 계절AR의 파라메터와 계절MA의 파라메터 사이에 높은 상관관계가 존재하므로, 이 <model 3>은 적절한 모형이라 할 수 없다고 하겠다. 이 모형에 대한 검토를 계속하려면 파라메터의 유의성 검정에서 유의하지 못한 것이 판명된 계절AR변수를 제외한 모형을 재 추정하여 진단해 보는 것이 좋은 방법이 된다.

이상 세 가지의 시험적 모형인 <model 1>, <model 2>, <model 3>에 대한 진단을 실시해 보았다. 그러면 series J의 데이터를 가장 잘 나타내는 시계열모형은 어느 것이 적합하다고 판정할 수 있는가?

세 모형 모두 잔차자기상관에 대한 t검정은 비슷한 결과를 얻었으나 χ^2검정에서는 <model 3>은 좋은 결과를 얻지 못하였다. 그리고 <model 2>, <model 3>에서는 파라메터의 유의성 검정에서 귀무가설을 기각하지 못하는 파라메터가 존재하였다.

이상과 같은 진단결과를 종합적으로 판단한다면, series J의 데이터를 잘 나타내어 주고 있는 모형으로서는 <model 1>이 가장 적합하다고 할 수 있을 것이다.

15.5 예 측

지금까지 어떤 시계열을 생성시킨 가장 적합한 확률모형을 선정하는데 있어서 진단과정에서 여러 통계적 검정을 통과하여 선정된 모형을 최선의 모형이라고 가정하였다. 그리고 그 모형을 예측에 이용하여 예측치를 구하였다. 그러나 여러 통계적 검정을 통과하여 선정된 모형이라 하더라도 예측능력이 떨어지면 그 모형은 실용성이라는 측면에서 문제가 있다고 하겠다. 그러므로 진단과정에서의 여러 통계적 검정의 통과라고 하는 기준 이외에 "예측의 정확도(accuracy)"라고 하는 척도가 모형선택의 다른 하나의 조건이 되며, 이 조건까지도 만족하는 모형이야말로 시계열분석에서 가장 최선의 모형이 되는 것이다.

그런데 예측의 정확도를 평가하기 위해서는 예측치에 대응되는 실제치가 있어야 된다. 여기에서는 진단에 의해서 최종적으로 선정된 <model 1>을 이용하여 예측을 실행해 보는데, 미국의 신규주택건설에 관한 2년간의 자료(1969.1-1970.12)를 추가적으로 사용하여 예측의 정확도의 평가를 시도해 보기로 한다. <표 15.9>는 <model 1>모형의 예측프로그램의 예이다.

<표 15.9> 〈model 1〉 모형의 예측프로그램의 예

```
* BOXJF10.PRG
*
cal 1947 1 12
all 1970:12
open data e:\sample10.dat
data 47:1 68:12 series
*
boxjenk(noprint,diffs=1,sdiffs=1,span=12,ar=1,ma=1,sma=1,define=foreeq)  $
        series  /  resid
forecast  1  24  69:1
# foreeq  fseries
*
data(unit=input) 1969:1 1970:12 series
2133 1940 2195 2540 2810 2962 2974 2880 2763 2648 2482 2288
1961 1765 1986 2297 2485 2592 2650 2707 2721 2747 2735 2627
*
graph(key=loright,style=symbol)  2
# series   68:1  70:12
# fseries  69:1  70:12
*
*   PRMSE
*
set ferrp   69:1 70:12 = (fseries-series)/series
set ferrpsq 69:1 70:12 = ferrp**2
accumulate ferrpsq 69:1 70:12 aferrpsq
compute prmse = 100*sqrt(aferrpsq(70:12)/24)
display  ' PRMSE = ' prmse
*
*   RMSE
*
set ferrsq  69:1 70:12 = (fseries-series)**2
accumulate ferrsq 69:1 70:12 aferrsq
compute rmse = sqrt(aferrsq(70:12)/24)
display  ' RMSE  = ' rmse
*
* z1
*
compute z1=24*rmse**2/%seesq
cdf chisq z1 24
*
print 69:1 70:12 fseries series  ferrp
*
```

(1) 예측프로그램의 해설

(1)

```
1  cal 1947 1 12
2  all 1970:12
3  open data e:\sample10.dat
4  data 47:1 68:12 series
```

1행의 명령어 **calendar**는 이 시계열자료가 월별데이터(12)이며 시작이 1947년 1월부터라는 것을 의미하고, 2행의 명령어 **allocate**는 예측치가 저장될 수 있는 기간까지를 포함하여 이 자료의 기간을 1970년 12월까지로 정하고 있다. 4행에서 이 시계열자료를 series로 명명하고 기간이 1947년 1월부터 1968년 12월까지인 것을 나타내고 있기 때문에, 1969년 1월부터 1970년 12월까지는 series의 예측치가 저장되는 기간이 된다.

(2)

```
5  boxjenk(noprint,diffs=1,sdiffs=1,ar=1,ma=1,sma=1,define=foreeq) $
6              series / resid
```

시계열 series(y_t)를 전체표본기간(/)에 대해서 일반차분을 1회(diffs=1), 계절차분을 1회(sdiffs=1) 실시하는데, 계절의 주기(span=12)는 12로 하고 있다. 이렇게 차분된 시계열($\nabla\nabla_{12}y_t$)에 대해서 다음 모형을 추정하게 된다.

$$(1-\phi_1 L)\nabla\nabla_{12}y_t = (1-\theta_1 L)(1-\Theta_1 L^{12})u_t$$

추정치 $\hat{\phi}_1$, $\hat{\theta}_1$, $\hat{\Theta}_1$를 가지는 예측식을 foreeq로 명하며 그 잔차를 resid로 저장시킨다. 한편 5행의 끝에 있는 $는 행이 다음 행으로 계속되고 있다는 의미이다.

(3)

```
7  forecast  1  24  69:1
8  # foreeq   fseries
```

예측식 foreeq를 이용하여 1969년 1월부터 24기간까지, 즉 1970년 12월까지를 예측하게 하고 그 예측치를 fseries명으로 저장시킨다.

(4)

```
9   data(unit=input) 69:1 70:12 series
10  2133 1940 2195 2540 2810 2962 2974 2880 2763 2648 2482 2288
11  1961 1765 1986 2297 2485 2592 2650 2707 2721 2747 2735 2627
```

예측치와의 비교 및 평가를 위해서 1969년 1월부터 1970년 12월까지의 series의 데이터를 명령어 **data** 다음 행부터 프로그램 내에 입력시킨다(unit=input). 24개의 데이터가 10행과 11행까지 순서대로 입력된다.

(5)
```
12  graph(key=loright,style=symbol)  2
13  #  series    68:1  70:12
14  #  fseries   69:1  70:12
```

실제의 관측치 series는 표본기간을 일부 포함하여 1968년 1월부터 1970년 12월까지, 그리고 예측치인 fseries는 예측기간인 1969년 1월부터 1970년 12월까지가 동시에 그려진다. 구별된 심볼 표시를 가진 두 시계열의 "보기표"(key)는 오른쪽 하단(loright)에 위치하게 된다.

(6)
```
15  set  ferrp    69:1  70:12  =  (fseries-series)/series
16  set  ferrpsq   69:1  70:12  =  ferrp**2
17  accumulate  ferrpsq   69:1  70:12  aferrpsq
18  compute  prmse  =  100*sqrt(aferrpsq(70:12)/24.)
19  display  '  prmse  =  '  prmse
```

예측의 정확도를 측정하는 지표로서는 여러 가지가 있으나, 여기에서는 다음과 같이 정의된 백분비 평균자승오차의 제곱근(PRMSE : percentage root mean square error)이라는 지표로서 측정하도록 한다.

$$PRMSE = 100 \times \sqrt{\frac{1}{h}\sum_{t=1}^{h}\left(\frac{\hat{y_t} - y_t}{y_t}\right)^2}$$

단, $\hat{y}$는 예측치이고 y_t는 관측치이며 h는 예측기간을 나타낸다.

15행은 ferrp $= (\hat{y_t} - y_t)/y_t$을 산출한다. 즉, 각 예측시점에서 예측치와 관측치 사이의 차이를 관측치로 나누어, 관측치로부터의 상대적 괴리의 정도를 나타낸다.

16행은 ferrpsq $= ((\hat{y_t} - y_t)/y_t)^2$ 을 산출한다.

17행은 aferrpsq $= \sum_{t=1}^{h}((\hat{y_t} - y_t)/y_t)^2$을 산출한다. 이 산출은 누적합을 실행시키는 명령어 **accumulate**에 의하여 실행되는데, ferrpsq의 누적합을 aferrpsq로 정의하고 있다. 예측기간 전체의 누적합을 구하기 위해서는 aferrpsq(70:12) 하면 얻어진다.

18행은 PRMSE를 계산하고 있고, 19행은 그것을 화면상에 나타나도록 하고 있다.

(7)
```
20  set ferrsq  69:1 70:12 = (fseries-series)**2
21  accumulate ferrsq 69:1 70:12 aferrsq
22  compute rmse = sqrt(aferrsq(70:12)/24)
23  display  ' RMSE  = ' rmse
```

예측의 정확도를 측정하는 두 번째 지표로서, 다음과 같이 정의된 평균자승오차의 제곱근(rmse : root mean square error)을 계산한다.

$$RMSE = \sqrt{\frac{1}{h}\sum_{t=1}^{h}\left(\hat{y_t} - y_t\right)^2}$$

20행은 ferrsq $=(\hat{y_t} - y_t)^2$를 산출한다.

21행은 aferrpsq $=\sum(\hat{y_t} - y_t)^2$를 산출한다.

22행은 정의된 RMSE를 계산하고 23행은 rmse를 화면상에 나타나도록 한다.

(8)
```
24  compute z1 = 24*rmse**2/%seesq
25  cdf chisq z1 24
```

24행은 예측기간 동안의 예측치의 변동의 크기를 추정기간에 대비시켜 예측의 성과를 검정하는, 다음과 같이 정의된 통계량 z1을 계산시킨다.

$$z_1 = \frac{h(\text{SE})^2}{\hat{\sigma}^2}$$

25행은 이 통계량을 자유도 24(예측기간)에서 χ^2검정을 하게 한다.

(10)
```
26  print 69:1 70:12 fseries series  ferrp
```

26행은 예측기간 동안의 예측치, 관측치, 예측치의 관측치로부터의 상대적 괴리의 정도를 출력시킨다.

(2) 예측결과의 해석

<그림 15.16>은 <model 1>모형을 이용하여 구한 예측치와 관측치의 그래프이다. 이 그림에 의하면 예측치가 계절변동을 잘 반영하면서 전체적으로 관측치와 같은 움직임을 보이고 있는 것을 알 수 있다. 그러나 예측시점이 표본기간으로부터 멀어져감에 따라서 그

차이가 커지는 경향이 보이는데, 특히 대략 8기 이후의 예측에서 이러한 현상이 더욱 뚜렷해지는 것을 알 수 있다.

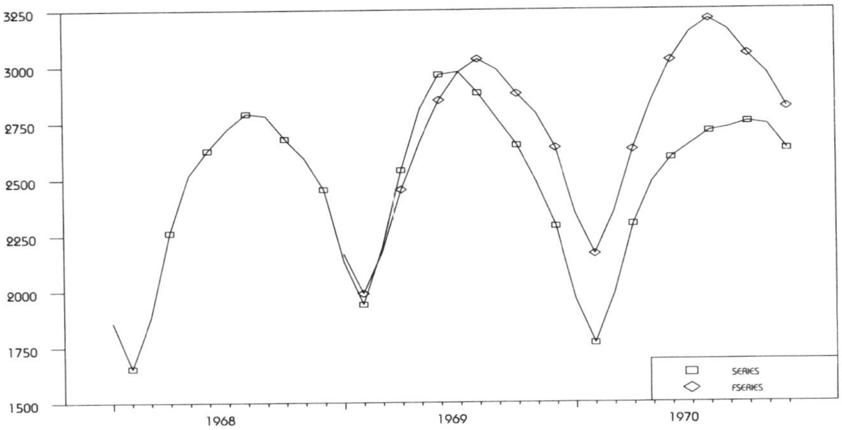

<그림 15.16> 〈model 1〉 모형에 의한 예측치와 관측치의 그래프

이러한 괴리의 정도를 나타내어 주는 지표가 예측치의 관측치에 대한 상대적 괴리비로서 정의되어, ferrp 명으로 <표 15.10>에 출력되어 있다. 이에 의하면, 예측 후 일곱 달 동안까지인 1969년 7월까지는 상대적 괴리비가 비교적 좋은 예측력을 나타내 보이나, 1969년 8월 이후부터 조금씩 증가해서 1969년 11월부터 1970년 10월까지는 대개 10%를 넘고 있는 것을 알 수 있다.

한편 이 상대적 괴리비에 대한 전체 예측기간에서의 평균값으로 볼 수 있는 PRMSE는 12.45264로 출력되어 있다. 이것이 의미하는 바는 전체적으로 평가하면 예측력이 12.45%의 상대적 괴리비를 나타낸다는 것이다.

예측력 평가에 대한 또 하나의 지표인 RMSE는 296.4009의 값을 나타내고 있다. 그런데 이 값 자체는 어떤 크기로서 어떤 예측의 성과를 나타내는지 알 수가 없다. 그러나 다른 모형의 RMSE와 비교해 본다면 상대적 예측성과를 비교할 수는 있다.

<표 15.10> 〈model 1〉 모형에 의한 예측의 출력결과

PRMSE = 12.45264
RMSE = 296.40861
Chi-Squared(24)= 1116.932433 with Significance Level 0.00000000

ENTRY	FSERIES	SERIES	FERRP
1969:01	2166.6310538221	2133.0000000000	0.015767020076
1969:02	1989.5081196139	1940.0000000000	0.025519649286
1969:03	2176.2315590436	2195.0000000000	−0.008550542577
1969:04	2452.8799535087	2540.0000000000	−0.034299230902
1969:05	2668.4512707459	2810.0000000000	−0.050373213258
1969:06	2847.7396820368	2962.0000000000	−0.038575394316
1969:07	2972.2106445559	2974.0000000000	−0.000601666256
1969:08	3030.3732034436	2880.0000000000	0.052212917862
1969:09	2982.4557154575	2763.0000000000	0.079426607115
1969:10	2874.8264079424	2648.0000000000	0.085659519616
1969:11	2787.5407117800	2482.0000000000	0.123102623602
1969:12	2636.7240254758	2288.0000000000	0.152414346799
1970:01	2343.5087571058	1961.0000000000	0.195058009743
1970:02	2164.9501506755	1765.0000000000	0.226600651941
1970:03	2351.3210343168	1986.0000000000	0.183948154238
1970:04	2627.8828522067	2297.0000000000	0.144050000961
1970:05	2843.4329089694	2485.0000000000	0.144238595159
1970:06	3022.7160993588	2592.0000000000	0.166171334629
1970:07	3147.1857797893	2650.0000000000	0.187617275392
1970:08	3205.3480238364	2707.0000000000	0.184096056090
1970:09	3157.4304585355	2721.0000000000	0.160393406297
1970:10	3049.8011320342	2747.0000000000	0.110229753198
1970:11	2962.5154312094	2735.0000000000	0.083186629327
1970:12	2811.6987437604	2627.0000000000	0.070307858302

다음으로 추정기간 동안의 변동에 대한 예측치의 변동비로서 예측력을 평가하는 통계량 z1의 χ^2검정에서는 24개월의 전체 예측기간 동안의 예측력은 유의수준이 0.000으로 나타나 예측력이 전혀 없는 것처럼 보인다.

시계열 모형에 의한 예측은 원래 단기예측에 적합하고 장기예측에는 적합하지 않다. 그러므로 예측기간을 변화시켜 가면서 예측력의 변화를 구해보기로 한다.

<표 15.11>은 예측기간을 1기(월별 자료이므로 1개월)부터 변화시켜 가면서 <model 1>의 예측력을 검토해보기 위해서 PRMSE와 RMSE를 구한 결과이다. 아울러 비교를 위하여 <model 2>와 <model 3>의 경우도 함께 구하였다.

이 표에 의하면 <model 1>의 1기 후(69:1)의 예측과 3기 이후까지(69:-69:3)의 예측에서 PRMSE와 RMSE의 값이 작았으며, 특히 PRMSE에 의하면 상대적 오차가 1%대에 있는 것을 알 수 있다. 그리고 6기후까지의 경우도 PRMSE가 3.208로서 전체적으로 약 3.21%의 상대적 오차를 나타내고 있으므로, 이 예측기간까지는 비교적 좋은 예측력을 가진다고 판단된다. <model 2>와 <model 3>의 경우도 <model 1>에 비해서는 예측력이 약간 떨어지나 비슷한 결과를 보여주고 있다.

<표 15.11> PRMSE와 RMST에 의한 예측력 비교

예측기간	〈model 1〉		〈model 2〉		〈model 3〉	
(69:1~)	PRMSE	RMSE	PRMSE	RMSE	PRMSE	RMSE
69:1	1.577	33.631	1.799	38.382	1.861	39.498
69:2	2.121	42.321	2.479	49.407	2.553	50.893
69:3	1.801	36.214	2.072	41.492	2.118	42.347
69:4	2.318	53.676	2.657	61.371	2.608	59.704
69:5	3.062	79.448	3.466	89.665	3.367	86.840
69:6	3.208	86.232	3.572	95.456	3.472	92.407
69:12	7.126	178.374	7.151	179.322	7.198	180.321
70:6	11.863	262.997	11.764	261.186	11.892	263.851
70:12	12.453	296.409	12.397	295.693	12.526	298.597

한편 추정기간동안의 변동에 대한 예측기간 동안의 예측치의 변동비로서 예측력을 검정하는 z1에 대한 결과도 <표 15.12>에 정리되어 있다. 이 표에 의하면 <model 1>의 경우 4기 후(69:1-69:3)까지의 예측기간 동안의 z1이 6.104로서 확률 값이 0.191이 되어 예측력이 가장 좋은 기간인 것을 알 수 있다. 그러나 5기 후의 예측부터는 유의수준 1%에서도 귀무가설이 기각되므로, 이 기준에 의한다면 <model 1>의 유효한 예측기간은 4기까지가 적합하다고 판단된다.

<표 15.12> z1통계량에 의한 예측력 비교

예측기간 (69:1~)	⟨model 1⟩	⟨model 2⟩	⟨model 3⟩
69:1	0.599(0.439)	0.804(0.370)	0.856(0.355)
69:2	1.897(0.387)	2.664(0.264)	2.814(0.245)
69:3	2.084(0.555)	2.818(0.420)	2.922(0.404)
69:4	6.104(0.191)	8.221(0.084)	7.745(0.101)
69:5	16.718(0.005)	21.937(0.001)	20.388(0.001)
69:6	23.633(0.001)	29.834(0.000)	27.831(0.000)

( )안은 통계량 z1의 유의수준.

제6부
RATS사용법의 기초

시계열모형의 실증분석을 실시하기 위해서는 통계패키지의 사용이 필수적이다. 이 책에서 사용하는 RATS(Regression Analysis of Time Series)는 이름 그대로 시계열분석을 중심으로 한 경제 · 경영분석을 목적으로 만들어진 통계분석 패키지이다. 따라서 RATS는 이 책에서 다루고 있는 1변량시계열(ARIMA) 뿐만 아니라 다변량시계열(VAR)의 분석에서 다른 통계패키지에 비하여 강력한 기능을 가지고 있다고 평가받고 있다.

제6부에서는 이러한 RATS를 사용하는데 있어서 필요한 기본적인 사항을 배우게 된다. 보다 자세한 사용방법에 대해서는 RATS 메뉴얼을 이용하기 바란다.

제16장에서는 RATS의 시작과 끝내기의 순서와 방법에 관해서 기본적인 사항을 배우고, 제17장에서는 RATS의 기본적인 구조와 필수적인 명령어들의 사용법을 배우게 된다. 그리고 제18장에서는 시계열분석에 필요한 RATS의 명령어들을 모아놓았다.

Chapter 16

개략적인 RATS의 사용법

16.1 RATS란 무엇인가

RATS란 Regression Analysis of Time Series의 약자로서 계량경제학, 예측, 통계적 분석을 위한 컴퓨터 패캐지이다. RATS를 사용하여 분석할 수 있는 내용으로는 여러 종류의 회귀분석, 가설검정, 1변량시계열분석(ARIMA), 다변량자기회귀모형(VAR), Spectral Analysis(주파수영역분석), Kalman filtering(상태공간분석) 등 계량경제학과 시계열의 모든 범위를 커버하고 있다. 그리고 그래픽의 기능이 다양하고 고해상도의 그래프를 산출할 수 있기 때문에 분석결과를 시각적으로 잘 나타내어준다.

RATS는 개발된 이후 계속적인 발전을 해오고 있는데, 2010년에는 8.0 version을 발표하고 있다.

16.2 RATS의 시작하기와 끝내기

RATS를 실행시키기 위해서는 아래와 같은 순서에 따라서 행하면 된다. 다음의 방법은 RATS V8.0에서 WinRATS를 실행하는 것을 예로 들어 설명하기로 한다. Window에서는 설명되는 해당 항목을 마우스로 클릭 하면 된다.

1) RATS 시작하기

WinRATS를 클릭하면 초기 화면이 나타난다. 초기화면에서는 다음의 창(NONAME00.TXT{io})이 나타나 있다.

<그림 16.1> RATS의 초기화면

2) 새로운 File의 생성(New)

여기서 새로운 파일(프로그램)을 생성하려면, [File] 메뉴의 하부메뉴 {New}에서 (Editor/Text Window)를 선택한다. 그러면 초기화면에서 이미 나타나 있는 (NONAME00.TXT{io})의 창 위에 다음과 같은 새로운 (NONAME01.TXT) 창이 나타나는데, 여기에 파일을 작성하면 된다.

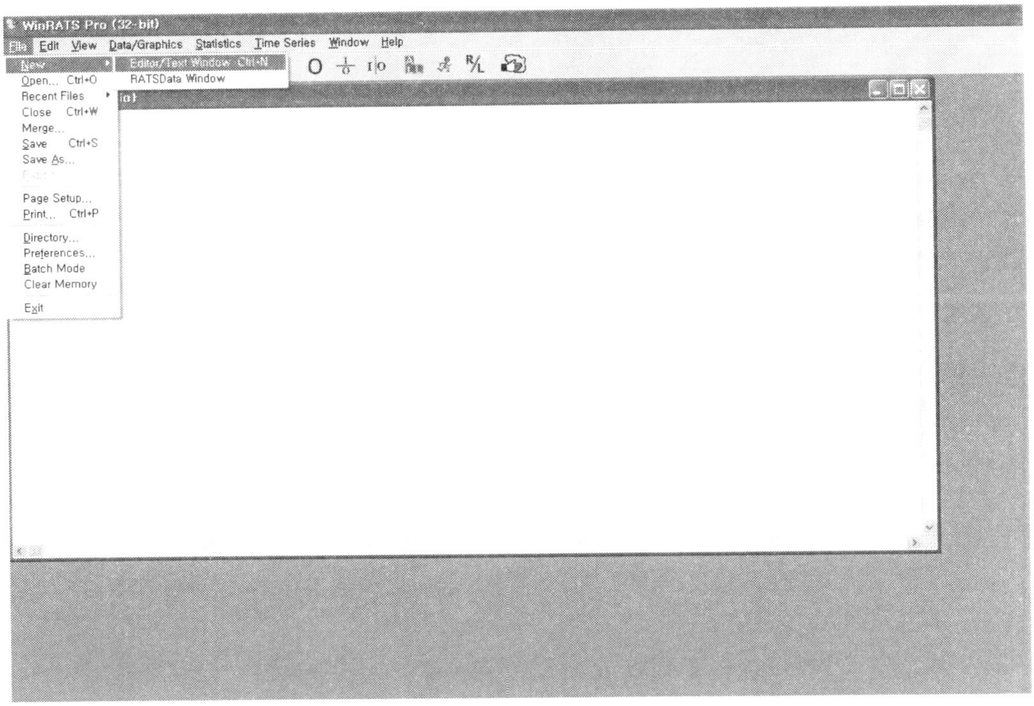

<그림 16.2> 새로운 File의 작성

<그림 16.3> 새로운 파일의 작성을 위한 화면

3) 작성된 File의 저장(Save As)

새로운 파일을 작성하고 나서 이것을 PROG1.PRG의 이름으로 E 드라이브에 저장하려고 한다면 다음과 같이 하면 된다. 즉 [File] 메뉴에서 하부메뉴 {Save As}를 선택하면 [Save As] 창이 나타난다. 여기서 창 속의 **[저장 위치(I)]**에 E 드라이브를 지정하고, 아래쪽의 **[파일 이름(N)]** 란에 PROG1.PRG의 파일이름을 입력하여 **[저장(S)]**을 클릭하면, E 드라이브에 파일이 저장된다.

그러면 창의 이름이 (NONAME01.TXT)에서 (E:/PROG1.PRG)로 바뀌게 된다.

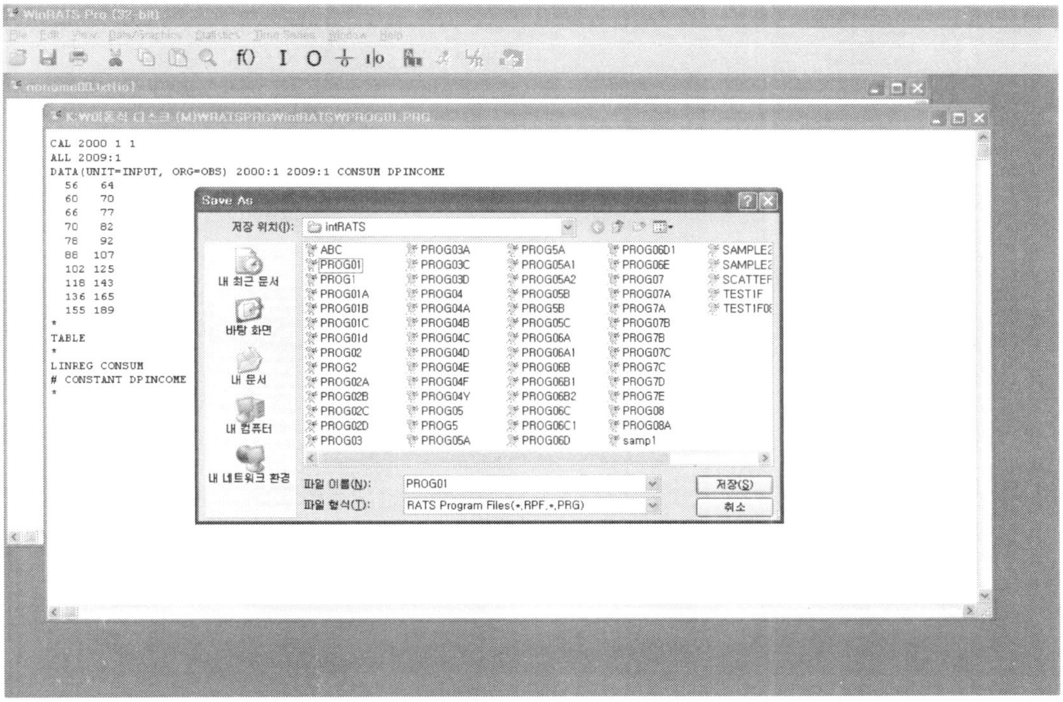

<그림 16.4> 파일의 저장을 위한 화면

4) 저장된 File 부르기(Open)

저장된 파일을 부르기 위해서는, [File] 메뉴에서 {Open}을 선택하면 [Open Text File] 창이 나타난다. 여기서 **[찾는 위치(I)]**에 E 드라이브를 지정하고, 아래 쪽의 **[파일 이름(N)]**에 파일이름을 입력하여 **[열기(O)]**를 클릭하면 파일이 나타난다.

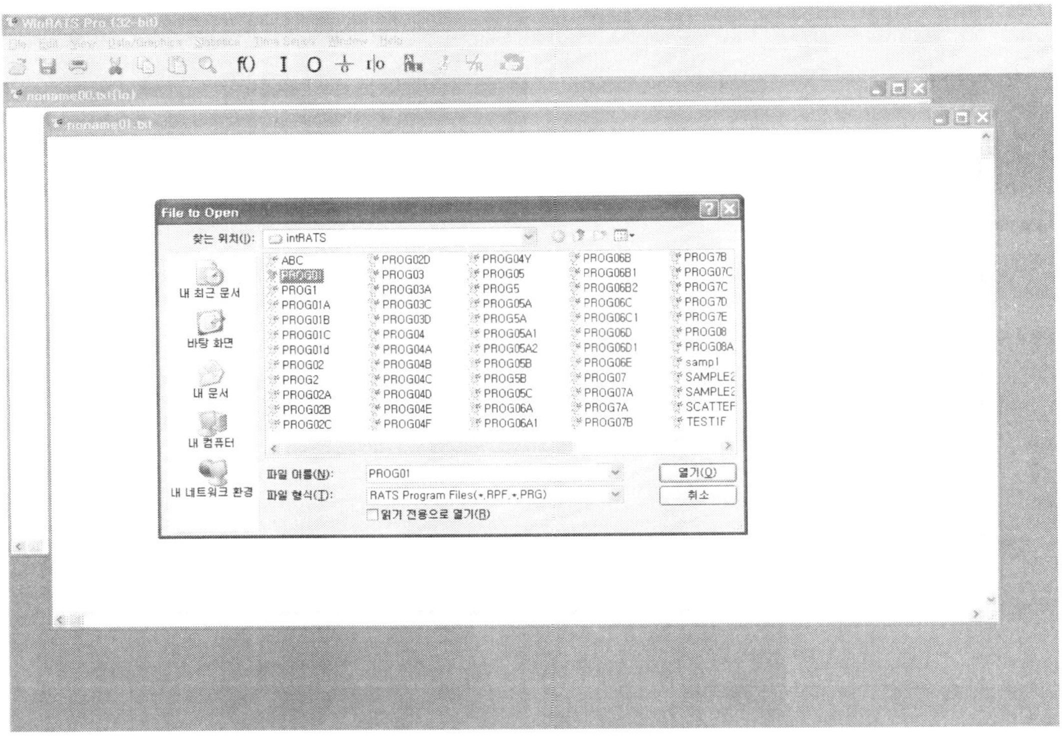

<그림 16.5> 저장된 파일을 부르는 화면

5) 프로그램 파일을 실행하기

프로그램 파일을 작성하고 난 다음, 프로그램을 실행하려고 할 때는 다음과 같이 하면 된다. 즉 [Window] 메뉴에서 하부메뉴 {Use for Input}를 선택하면, 창의 이름이 (E:/PROG1.PRG)에서 (E:/PROG1.PRG{i})로 바뀌게 된다. 여기서 확장자 뒤의 {i}는 이 창이 Input 전용이라는 것을 의미한다. 즉 이 표시는 현재의 창이 언제든지 실행할 수 있는 상태라는 것을 나타낸다.

프로그램을 실행하는 방법은 커서를 1행 1열로 이동시키고 나서, 〈Enter〉 키를 계속해서 누르면, 커서가 아래로 이동하면서 그에 대응되는 명령어가 순서대로 실행된다.

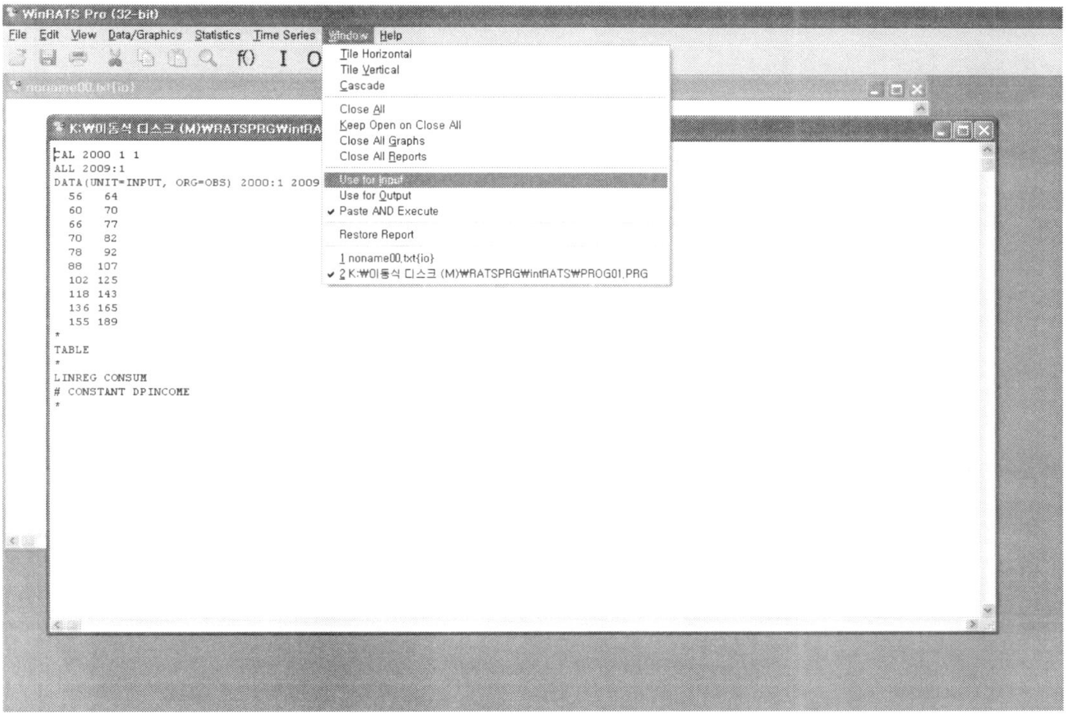

<그림 16.6> 프로그램 파일을 실행하기 위한 화면

6) 실행된 결과 보기

실행된 결과는 (NONAME00.TXT{o}) 창에 저장되어 있으므로, 이 창을 클릭하면 결과를 볼 수 있다. 또는 [Window] 메뉴에서 이 파일을 클릭해도 된다. 여기서 확장자 뒤의 {o}는 이 창이 Output 전용이라는 것을 의미한다. 즉 이 표시는 현재의 창이 실행할 수 있는 상태가 아니라는 것을 나타낸다.

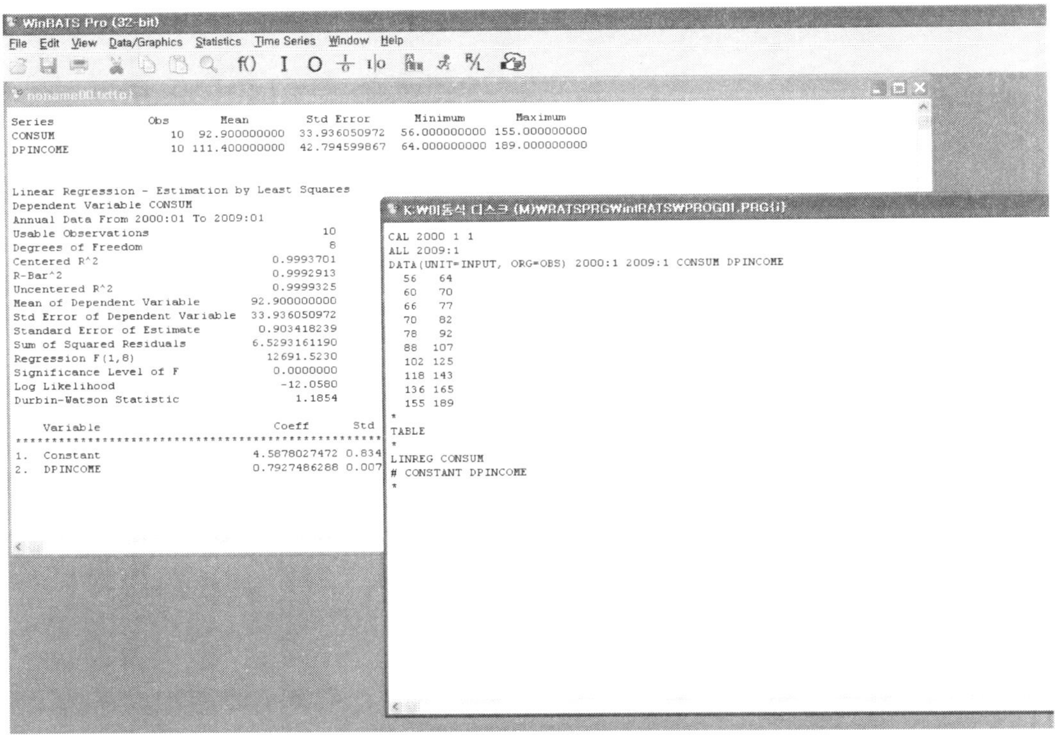

<그림 16.7> 실행결과 화면

7) RATS 끝내기

작업이 끝나서 RATS로부터 빠져 나오려고 할 때는, [File] 메뉴에서 {Exit}을 선택하면 실행된 결과를 저장할 것인가를 물어보는 화면이 나오는데, 특별히 저장하고 싶지 않으면 [아니오(N)]를 선택하면 된다.

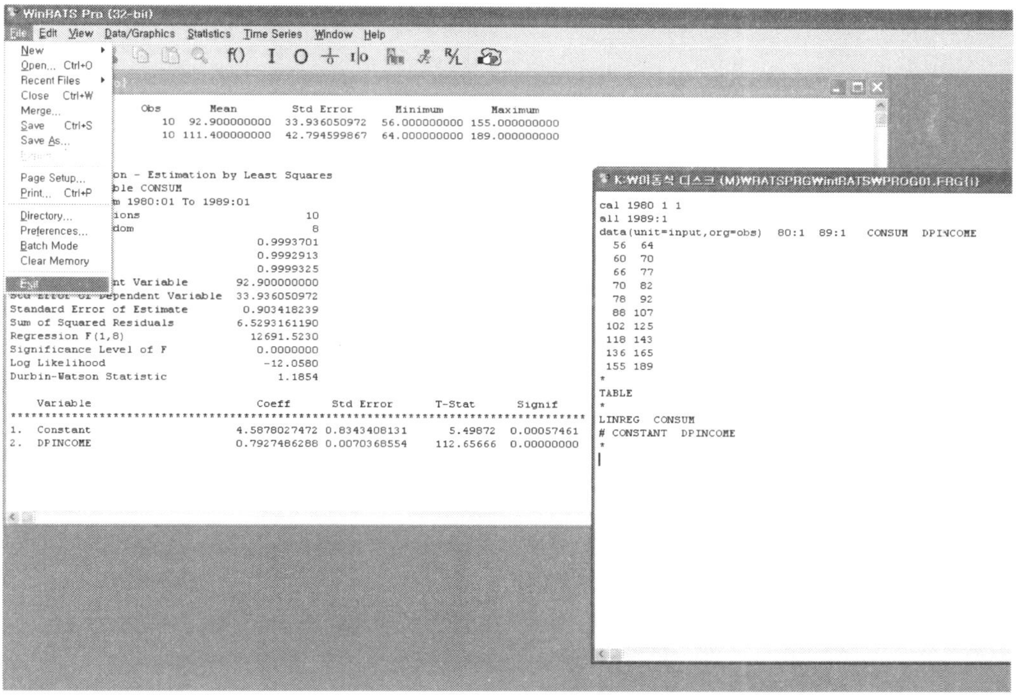

<그림 16.8> RATS를 끝내기 위한 화면

16.3 도구상자의 아이콘 사용하기

WinRATS V8.0에는 도구상자(Toolbar) 안에 아이콘이 모두 16개 있다. 여기서는 그 중에서 자주 사용하는 몇 가지에 대해서 설명하기로 한다.

<그림 16.9> 여러 아이콘 화면

1) 파일 부르기(Open) 아이콘

작업하려는 파일을 불러오는 아이콘. 이것은 [File] 메뉴에서 {Open}을 선택하는 것과 같다.

2) 파일 저장(Save) 아이콘

화면상에 작성된 프로그램을 파일로 저장하는 아이콘. 이것은 [File] 메뉴에서 {Save}를 선택하는 것과 같다.

3) 프린트하기(Print) 아이콘

화면상의 파일을 프린트하게 하는 아이콘. 이것은 [File] 메뉴에서 {Print}를 선택하는 것과 같다.

4) 파일 전체를 선택하는(ALL) 아이콘

활성화된 화면상의 파일 전체를 불럭으로 설정하는 아이콘.

5) 파일 실행(Run) 아이콘

아이콘 (ALL)을 선택하여 불럭으로 설정된 파일을 실행하게 하는 아이콘. 이것은 [Window] 메뉴에서 {Use for input}를 선택하여 커서를 사용하여 실행하는 것과 같다.

6) Ready모드와 Local모드의 변환(Ready/Local) 아이콘

현재의 화면상태가 실행상태(Ready)인지 편집상태(Local)인지를 나타내어 주는 아이콘. 현재의 활성창이 (Input 모드)일 때만 변환할 수 있다.

7) Input 모드로 변환하는 아이콘

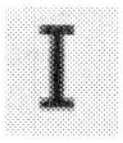

편집상태에서 작성된 프로그램을 실행을 위한 상태로 변환하는 아이콘. 이것은 [Window] 메뉴에서 {Use for input}를 선택하는 것과 같다.

8) 작업영역을 청소하는 아이콘

프로그램을 실행하거나 수정하고 나서 재차 실행시키고 싶을 때 사용하는 아이콘. 이것은 [File] 메뉴에서 {Clear Memory}를 선택하는 것과 같다.

16.4 간단한 프로그램 파일의 예

1) 문제

2000년대의 소비와 가처분소득의 가상적인 자료가 다음과 같이 <표 16.1>로 얻어졌을 때, 각 변수들의 간단한 통계량과 소비함수를 추정하는 문제를 생각해보자.

<표 16.1> 소비와 가처분소득 자료

년 도	소 비	가처분소득
2000	56	64
2001	60	70
2002	66	77
2003	70	82
2004	78	92
2005	88	107
2006	102	125
2007	118	143
2008	136	165
2009	155	189

2) 작업 순서

(가) 새로운 프로그램 파일의 생성

[File] 메뉴에서 하부메뉴 {New}를 선택한다.

(나) 프로그램 파일의 입력

다음을 입력한다.

```
CAL 2000 1  1
ALL 2009:1
DATA(UNIT=INPUT,ORG=OBS) 2000:1 2009:1 CONSUM DPINCOME
       56   64
       60   70
       66   77
       70   82
       78   92
       88  107
      102  125
      118  143
      136  165
      155  189
*
TABLE
*
LINREG CONSUM
# CONSTANT DPINCOME
*
```

(다) 프로그램 파일의 저장

[File] 메뉴에서 하부메뉴 {Save As}를 선택하여 [Save As]화면이 나타나면, E 드라이브(현재 사용하고 있는 드라이브)를 지정한다. 그리고 파일이름 란에 PROG1.PRG의 파일이름을 입력하고 [저장]을 클릭하면, E 드라이브에 파일이 저장된다.

여기서 드라이브 E를 지정해주지 않으면 RATS가 있는 C 드라이브에 저장된다.

(라) 프로그램 파일의 실행

[Window] 메뉴에서 하부메뉴 {Use for Input}를 선택하여, 창의 이름이 있는 확장자에

{i}가 나타났는지를 확인한다. 그리고 커서를 프로그램 파일의 1행 1열로 이동시키고, 순서대로 〈Enter〉 키를 누르면 프로그램 파일이 실행된다.

(마) 실행결과 보기

실행된 결과를 보기 위해서는 (NONAME00.TXT{o}) 창을 클릭하면 된다. 이 실행결과 파일은 RATS가 자동적으로 지정한 이름이므로, 다른 이름으로 저장해 두고 싶으면 [File] 메뉴에서 하부메뉴 {Save As}를 선택하여 지정하면 된다. 이 때 파일 이름은 그대로 두고 확장자는 OUT로 통일하는 것이 관리하기에 편리하다.

다음은 예제 프로그램의 출력결과이다.

Series	Obs	Mean	Std Error	Minimum	Maximum
CONSUM	10	92.900000000	33.936050972	56.000000000	155.000000000
DPINCOME	10	111.400000000	42.794599867	64.000000000	189.000000000

Linear Regression - Estimation by Least Squares
Dependent Variable CONSUM
Annual Data From 2000:01 To 2009:01

Usable Observations	10
Degrees of Freedom	8
Centered R^2	0.9993701
R-Bar^2	0.9992913
Uncentered R^2	0.9999325
Mean of Dependent Variable	92.900000000
Std Error of Dependent Variable	33.936050972
Standard Error of Estimate	0.903418239
Sum of Squared Residuals	6.5293161190
Regression F(1,8)	12691.5230
Significance Level of F	0.0000000
Log Likelihood	−12.0580
Durbin-Watson Statistic	1.1854

Variable	Coeff	Std Error	T-Stat	Signif
1. Constant	4.5878027472	0.8343408131	5.49872	0.00057461
2. DPINCOME	0.7927486288	0.0070368554	112.65666	0.00000000

(바) 실행결과를 프린터하기

실행결과가 나타난 현재의 화면에서 실행한 결과를 프린트하고 싶다면, 먼저 프린트를 ON시키고 프린트버튼을 클릭하면 된다.

(사) 프로그램의 수정

만약 프로그램이 잘못되어 에라가 발생하였다면, 에라 발생에 대한 정보가 실행결과 창(NONAME00.TXT{o})에 나타난다. 여기서 프로그램을 수정하고 싶다면, 에라 발생에 대한 정보를 참조하면서 프로그램을 수정하면 되는데, 프로그램의 실행 창을 먼저 Local모드로 바꾸어 주어야 된다. 왜냐하면, RATS에서는 Local모드와 Ready모드가 있는데, Local모드는 편집 전용이고 Ready모드는 실행 전용이기 때문에 Ready모드에서 〈Enter〉 키를 누르면 프로그램 파일이 실행되기 때문이다. Ready모드와 Local모드의 변환은 R/L 버튼을 사용한다.

프로그램을 실행하거나 수정하고 나서 재차 실행시키고 싶을 때는, 먼저 [File] 메뉴에서 하부메뉴 {Clear Memory}를 선택한다. 이것은 앞에서 실행되었던 작업내용을 RATS 내부의 작업영역에서 깨끗하게 제거해 주는 것을 의미한다. 그리고 다시 Ready모드로 바꾸어서 실행하면 된다.

이렇게 실행상태(Ready모드)와 편집상태(Local모드)의 상호 변환방법은 R/L 버튼을 클릭하면 되는데, 이것을 클릭할 때마다 Ready와 Local이 번갈아 바뀌게 된다.

(아) RATS 끝내기

실행이 끝나고 실행결과를 OUT확장자의 파일명으로 저장하고 난 후에, [File] 메뉴에서 하부메뉴 {Exit}을 선택하여 RATS를 끝낸다.

16.5 예제프로그램의 내용에 대한 개략적인 설명

1)
```
CAL  2000  1  1
ALL  2009:1
```

입력되는 데이터가 연간 데이터로서 2000년부터 2009년까지의 10년간의 데이터임을 나타낸다. CAL은 CALENDAR, ALL은 ALLOCATE라는 명령어의 약자이다. 모든 명령어는 처음 3자로서 생략해서 쓸 수 있다.

2)
```
DATA(UNIT=INPUT,ORG=OBS) 2000:1 2009:1 CONSUM DPINCOME
 56    64
 60    70
  :     :
155   189
```

데이터의 입력 순서가 "관측치의 순서"라는 것과(ORG=OBS), DATA 다음에 바로 직접적으로 데이터가 입력된다는 것을 나타낸다(UNIT=INPUT).

그리고 2000:1 2009:1는 데이터의 시작과 끝을 나타내는데, 읽혀지는 데이터는 CONSUM이 56,60,…,155, 이고, DPINCOME이 64,70,…,189라는 것을 지시해준다.

3)
```
*
```

* 는 Comment문의 표시로서 실행에 영향을 주지 않는다.

4)
```
TABLE
```

두 변수인 CONSUM과 DPINCOME의 기본적인 통계량(평균, 분산, 표준편차 등)을 계산하게 하는 명령어.

5)
```
LINREG CONSUM
# CONSTANT DPINCOME
```

LINREG는 최소자승법(OLS)을 실행시키는 명령어인데, 종속변수가 CONSUM, 독립변수가 정수항(CONSTANT)과 DPINCOME이라는 것이다. 즉, 정수항이 있는 단순회귀모형을 의미한다.

일반적인 표기와 대비시켜 보면,

$$Y_t = \alpha + \beta X_t + u_t$$

의 모형에서 α, β를 추정하게 되는데, 그 식이

$$CONSUM_t = \alpha + \beta DPINCOME_t + u_t$$

가 된다.

Chapter 17

RATS의 기본적 요소와 명령어

17.1 명령어의 기본구조

RATS는 명령어 (INSTRUCTION) 들의 지시에 따라서 작업을 실행한다. 명령어에는 단순한 작업을 실행하는 것도 있고, 일련의 통계적 분석작업을 실행하는 것도 있다. 단순한 작업에는 명령어의 구조도 단순해도 되지만 일련의 통합적인 작업을 실행시키기 위해서는 명령어의 구조 속에 보조적인 역할을 하는 부분이 필요한 경우도 있다. RATS의 많은 명령어들은 일련의 통합적인 작업을 실행하고 있음으로, 대개의 경우 명령어와 함께 보조적인 역할을 수행하는 보조카드(supplementary cards)를 가지고 있다.

앞장의 프로그램에서 명령어의 예를 들어보면, 한 종류는

```
TABLE
```

와 같이 명령어 한 라인만으로 구성된 단순한 형태이며, 다른 한 종류는

```
LINREG CONSUM
# CONSTANT DPINCOME
```

와 같이 명령어와 하나 또는 둘 이상의 보조카드를 가지는 약간 복잡한 형태를 보이고 있다.

명령어구조를 형식화하면 다음과 같다.

```
명령어 이름(선택사양)  파라메터
# 〈 보조카드 〉
```

명령어 이름 명령어의 이름(Instruction name)은 첫 번째 열에서 시작해야 되고 처음 3자 만으로도 나타낼 수 있다. (예 : CALLENDAR →CAL, ALLOCATE →ALL등)

선택사양 선택사양(options)은 명령어의 지시에 따라 작업을 하는데 있어서 어떤 특정한 것을 수행시키거나 지정해 줄 때 등에 쓰인다. 선택사양 영역은 명령어의 바로 다음에 칸을 띄우지 않고 따라오는데, 양쪽으로 ( )로 묶인 형태이다. 복수의 선택사양이 사용될 때는 선택사양들 사이는 " , "로 구분해 주어야 된다. (예 : (UNIT=INPUT, ORG=OBS))

선택사양은 반드시 사용해야 되는 것은 아니고, 명령어에 의해서 RATS가 기본적으로 수행해 주는 작업(default) 만을 원할 때는 사용되지 않는다. (예 : 명령어 TABLE에도 선택사양이 있지만 앞 예의 TABLE에는 선택사양이 사용되지 않았다.)

선택사양 (option) 에는 3가지 타입이 있다.

(1) switch option : 둘 중 하나를 택하는 형태로서, 예를 들면 [PRINT]/NOPRINT와 같이 나타난다. [ ] 속의 print는 default이고, print를 원하지 않을 때만 NOPRINT를 선택하면 된다.

(2) choice option : 여러 가지 종류 중에서 하나를 택하는 형태. 예를 들면, STYLE=[LINE]/BAR/STEP/SYMBOL/VERTICAL의 경우가 있는데, 이것은 graph등에 있어서 연결을 어떻게 할 것인가를 지정해 줄 때 사용된다. LINE을 사용할 때는 default이므로 선택사양을 사용하지 않아도 되나, 만약 STEP을 사용하고 싶다면 STYLE=STEP으로 하면 된다. 앞장의 프로그램에서 예를 들면, DATA의 선택사양은 UNIT=[DATA]/INPUT 인데, 직접 data를 입력하기 위해서 UNIT=INPUT를 선택하였던 것이다.

(3) value option : 이것은 option name=상수 값, 변수이름, 또는 식 등을 쓰는 형태이다. 예 : NUMBER=o , SIGMA=v 등.

파라메터 파라메터(parameter)는 주로 명령어에 대한 변수(Series)명이나 변수의 기간범위를 나타내는 역할을 하는 것이 일반적이고, 선택사양영역 다음에 온다. 만약 선택사양영역이 생략될 때는 명령어 다음에 오게 된다. 파라메터는 하나가 있는 경우에서 여러 개 있는 경우도 있고, 어떤 때는 식(expressions)의 형태로 쓰일 때도 있다. 파라메터의 기본적인 나열 순서는 명령어의 대상(변수), 기간(시작과 끝), 그 결과의 처리(새로운 변수의 생성), 기타 등의 순서가 일반적이며, 명령어에 따라서는 빠지는 것도 있다. 앞장의 프로그램으로부터 예를 들면, 다음과 같은 순서와 뜻을 가진다.

```
DATA(UNIT=INPUT) 2000:1 2009:1 CONSUM DPINCOME
```

- 2000:1 2009:1 : 시작과 끝나는 기간
- COMSUM DPINCOME : DATA의 명령어에서 읽을 변수들의 list.

한편 아래의 예에서는 파라메터는 다음을 의미한다.

```
LINREG  CONSUM  /  RESID
```

LINREG가 명령어의 이름이고, CONSUM부터 RESID까지가 파라메터이다.

여기서는 선택사양은 생략되어 있다. 그러므로 명령어 LINREG에 의한 기본적인 작업을 실행하게 된다. LINREG의 파라메터는 다음과 같다.

- CONSUM : 회귀식의 종속변수
- / : 기간이 DATA 또는 앞의 표본기간(SMPL)에서 정의된 기간과 같다는 것.
- RESID : 회귀식을 추정한 결과 얻어 지는 잔차계열이 저장되는 변수명.

보조카드 어떤 명령어에서는 명령어의 그 자체라인(options, parameters) 만으로 충분한 작업지시를 할 수 없을 때에 특별한 추가적인 정보를 보조해 주기 위해서 보조카드(Supplementary cards)를 필요로 한다. 보조카드의 시작은 명령어 바로 밑의 첫 열에 " # "를 하고 두 번째 열은 빈칸으로 남기고 세 번째 열부터 시작한다. 예로서는 앞장의 프로그램에서 LINREG라는 명령어 밑에 있는 독립변수들의 list가 보조카드이다.

```
LINREG CONSUM
# CONSTANT DPINCOME
```

한편 보조카드가 복수 개 있는 경우의 예로는 다음과 같은 것이 있는데, 두 시계열 COMSUM과 DPINCOME을 한 화면에 그리게 하고 있다.

```
GRAPH  2
# CONSUM
# DPINCOME
```

17.2 문법적 요소

1) Series의 이름이나 다른 변수들의 이름에 대하여 다음과 같은 제한을 두고 있다.

a) 반드시 문자로 시작해야 되며, 숫자도 쓸 수 있다.

b) 쓸 수 있는 기호는 _, $와 %이다.

c) 16자 이내여야 한다.

예) M1, GNP72$, OLS_ROK 등

한편 이름은 유일해야 되며, RATS가 사용하는 명령어나 함수명 등은 사용할 수 없다.

2) 숫자

소수점의 사용에 있어서 0.23과 .23은 같으며, 또한 En, E-n와 같은 기호 등도 쓰인다.

3) 연속 행(line)

하나의 명령어와 그 구성요소가 한 행(80열)을 넘을 때에, 다음 행에도 같은 명령어가 계속된다는 표시로서 $를 사용한다. $는 처음 행의 끝에 두는데 적어도 하나의 빈칸을 두고 놓는다.

```
SET    GDP = CONSUM+INVEST+GOVERN+        $
              EXPORT-IMPORT
```

GDP는 소비지출(CONSUM), 투자지출(INVEST), 정부지출(GOVERN)과 순수출(EXPORT-IMPORT)의 합으로 나타내고 있는데, 순수출을 다음 행에 나타내고 있다.

4) 한 행에서 두 명령어의 사용

RATS에서는 한 행에는 하나의 명령어만 사용한다. 그러나 한 행에서 두 명령어를 사용할 수 있는데, 그 방법은 첫째 명령어의 끝에 " ; "를 하고 다른 명령어를 두면 된다.

```
SET GDP = LOG(GDP)  ;SET CPI = LOG(CPI)
GRAPH  1            ;* GRAPH OF RESIDUAL
# RESID
```

첫째 예는 한 행에서 GDP와 CPI에 자연대수를 취하게 하고 있고, 둘째 예는 그래프에 대한 설명으로 잔차(RESIDUAL)의 그래프라는 것이다.

5) Reserved Variable의 이용

RATS가 명령어를 실행할 때 내부에서 많은 변수가 계산되는데, 우리가 이용할 수 있는 변수를 Reserved Variable이라 한다. Reserved Variable의 첫 자는 " % "으로 시작되며, 명령어 마다 다르다. 명령어 LINREG의 경우를 예로 들면 다음과 같다.

예) %DURBIN : 더빈-왓슨 통계량.
%BETA : 벡터 형태의 추정파라메타.
%NOBS : 표본수

17.3 수학적 표현

1) 수학적 연산자

RATS의 수학적 표현은 일반적으로 쓰이는 다른 소프트웨어의 언어와 거의 같다. 수학적 연산자의 표현은 다음과 같다.

- + : 더하기
- - : 빼기 또는 마이너스
- * : 곱하기
- / : 나누기
- ** : 지수

여러 연산관계가 함께 쓰일 때, ( )는 실제의 계산에서와 마찬가지로 연산의 실행순서를 조정해 준다.

2) 함수

주요한 함수로는 다음과 같은 것이 있다.

- LOG(X) : 자연 log
- SQRT(X) : 제곱근
- EXP(X) : e^x
- ABS(X) : 절대값
- SIN(X) : 사인(라디안)
- COS(X) : 코사인(라디안)

사용 예

b^2-4ac 의 경우 b**2-4*a*c

$\log(1+w^2)$ log(1+w**2)

$1/(1+y^2)$ 1/(1+y**2)

3) 데이터 Series의 entry (요소의 순서)의 표현

RATS에 있어서 데이터의 기본단위는 Series라고 불리며, Series의 요소의 순서를 entry라고 한다. entry 번호는 1부터 시작한다. 그런데 시계열의 경우 entry 번호를 기간을 표시하여 나타낼 수도 있다. 앞장의 프로그램에서 예를 들면, CONSUM(2003:1)이라고 하면 CONSUM Series의 2003년의 entry를 의미하게 되고 그 값이 70이 된다.

모든 요소들에 대해서 연산을 시킬 경우 다음과 같은 표현법을 사용할 수 있다.

```
Set Growthc =  100.0*log(CONSUM/CONSUM{1})
```

위의 예는 Series인 CONSUM에 대해서, 대수 차분을 사용한 퍼센트 변화율을 모든 데이터의 기간에 걸쳐서 구하는 것을 의미한다. 위의 표현식을 우리가 흔히 사용하는 일반적 표현법으로 쓰면 다음과 같이 나타낼 수 있다.

$$Growthc_i = 100\log(CONSUM_i / CONSUM_{i-1}) \quad i = 2, \cdots, T$$

17.4 데이터의 기간

1) 명령어 CALENDAR

명령어 CALENDAR는 시계열데이터를 다루는 대부분의 프로그램에 있어서 제일 먼저 나오는 명령어가 될 것이다. CAL는 연차 데이터(annual : 1), 분기별 데이터(Quarterly : 4), 월별 데이터(monthly : 12)의 경우와 주(weekly), 1일(daily) 데이터의 경우로 나누어 나타낸다.

명령어 CALENDAR의 기본구조는 다음과 같다.

⇒ 년, 분기, 월 데이터의 경우

CALENDAR 시작 년도 시작 기 데이터의 구분

- 시작 연도 : 1980 또는 80과 같이 둘 다 사용된다.
- 데이터의 구분 : 연차 데이터 = 1, 분기별 = 4, 월별 = 12
- 시작 기 : 연차 데이터의 경우=1, 분기별 데이터의 경우 1-4분기 중 시작 분기, 월별 데이터의 경우 1-12월 중 시작 월

⇒ 주, 일일 데이터의 경우

CALENDAR(선택사양) 시작 년도 시작 월 시작일

한편 횡단면 데이터(cross section data)의 경우 CALENDAR는 사용하지 않는다. CALENDAR의 사용 예는 다음의 ALLOCATE에서 보여준다.

2) 명령어 ALLOCATE

명령어 ALLOCATE는 데이터(또는 Series)의 최대 길이를 표시해 주는데, 흔히 쓰이는 명령어의 기본구조는 다음과 같다.

```
ALLOCATE    데이터의 길이
```

여기서의 데이터의 길이는 최대의 길이를 의미한다. 일반적으로 사전적 예측을 하려고 한다면 원래 그 데이터의 기간뿐만 아니라 예측치의 추정기간까지 포함하는 길이가 된다. 데이터의 최종 길이의 표시에 있어서 마지막기의 구분은 " : "를 사용한다. 앞장의 예제 프로그램에서 1989년까지인 경우 연차 데이터였기 때문에 2009:1로 나타내었다. 만약 분기별 자료로서 2009년 3분기까지라면 2009:3이 될 것이다.

일반적인 시계열분석에서는 명령어 CALENDAR와 ALLOCATE는 하나의 쌍으로서 데이터의 시작과 길이를 나타내어 준다.

CAL, ALL의 사용 예

```
CAL  1947  1  4
ALL  1985:3
```

앞의 예는 분기별(첫째 줄 마지막의 4) 자료로서, 1947년 1/4분기(첫째 줄 세 번째의 1)로부터 1985년의 3/4분기(두 째 줄 마지막의 :3)까지를 의미한다.

```
CAL   47   1   1
ALL   85:1
```

연별 자료로서 1947년부터 1985년까지를 의미. CAL 47 과 85:1 처럼 줄여 쓸 수 있다.

```
CAL(DAILY) 1986  1  6
ALL  1986:3:10
```

1일 자료로서 1986년 1월 6일부터 1986년 3월 10일까지의 자료임을 의미한다.

```
ALL    1200
```

1200의 관측치를 의미 (횡단면 자료의 경우).

17.5 데이터의 읽기와 입력방식

명령어 DATA

1) 명령어 구조

데이터의 읽기와 입력방식을 정해주는 명령어는 DATA인데, 일반적인 형태는 다음과 같다.

```
DATA(선택사양)  시작 기   끝 기   series의 리스트
```

파라메터

- 시작 기 (start) 끝 기 (end) : 읽어 들이는 데이터의 시작과 끝. 앞에서 지정된 기간과 같을 때는 " / "를 사용한다.
- series의 리스트 : 읽어 들이는 데이터의 리스트

선택사양

- ORG=[VAR]/OBS : VAR는 한 변수를 읽고 나서 다음 변수를 읽는 방식이며, OBS는 여러 변수를 entry 순서로 읽는 방식이다.
- UNIT=[DATA]/INPUT : INPUT는 명령어인 DATA 다음에 바로 입력하는 형식이고, DATA는 데이터파일을 따로 두고 불러 쓰는 방식이다. 이 경우 DATA명령어 이전에 OPEN DATA라는 명령어가 필요하다.
- FORMAT=[FREE]/(FORTRAN format) : default로서 데이터의 입력위치는 제한되지 않고 순서가 중요하다.

2) 데이터의 나열방식

데이터를 읽기 위해서 나열하는 방식(ORGanization)으로는 2가지가 있다. 한 가지는 변수형(VARiable)으로, 한 데이터 series를 먼저 읽고 그 다음 데이터 serise를 읽는 방식이다. 다른 한 방식은 관측치형(OBServation)으로, 여러 데이터 serise의 관측치의 entry 순으로 동시에 읽는 방법이다. 변수형의 경우가 default로 되어 있다.

앞장의 두 변수(CONSUM, DPINCOME)의 예에서는, 선택사양이 (ORG=OBS)이므로 관측치형이었기 때문에, 다음과 같이 entry=1일 때 CONSUM=56을 읽고 나서 DPINCOME=64를 읽어 들이게 된다.

entry	CONSUM	DPINCOME
1	56	64
2	60	70
3	66	77
4	70	82
5	78	92
6	88	107
7	102	125
8	118	143
9	136	165
10	155	189

반면 만약 선택사양에서(ORG=VAR)로 한다면 두 변수의 입력방식은 다음과 같이 되어야 될 것이다.

```
56  60  66  …  155
64  70  77  …  189
```

즉, 앞의 순서로부터 10개의 데이터를 CONSUM으로, 그 다음의 나머지 10개의 데이터를 DPINCOME으로 읽어 들이는 것이다. 만약 관측치형으로 나열해 놓고 ORG=VAR로 옵션을 두면, CONSUM을 (56 64 60 70 … 78 92)로 인식하고, DPINCOME를 (88 107 … 155 189)로 읽어 들이는 결과를 초래한다.

3) 데이터의 입력방식

데이터를 입력하는 방식에는 프로그램내의 명령어 DATA 다음에 바로 입력하는 방법

(UNIT=INPUT)이 있고, 데이터 파일을 따로 만들어서 입력하는 방법(UNIT=DATA)이 있다. 만약 앞장의 두 데이터 serise를 E 드라이브에 " CON_INC.DAT "의 이름으로 저장하고 있다면 다음과 같이 하면 된다. (나열형식은 ORG=OBS로서 같다고 할 때)

```
OPEN DATA   E:\CON_INC.DAT
DATA(UNIT=DATA,ORG=OBS) / CONSUM DPINCOME
```

즉, DATA를 읽기 전에 " OPEN DATA " 해줌으로서 E 드라이브에 있는 데이터파일 CON_INC.DAT를 먼저 작업영역으로 불러 놓아야 된다.

17.6 데이터 Series의 생성과 변환

명령어 SET

1) 명령어 구조

RATS에 있어서 가장 일반적인 데이터의 변환은 명령어 SET에 의해서 이루어진다. SET의 일반적인 형태는 다음과 같다.

```
SET(선택사양)  Series 시작 기  끝 기  =  funtion
```

- Series : SET에 의해서 만들어지는 series명.
- 시작 기, 끝 기 : 변환의 기간. 만약 변환이 원래의 series기간과 같다면 생략될 수 있다.
- funtion : series로 변환되는 식을 나타낸다. “ = ”의 앞 뒤쪽에 서 적어도 하나의 빈칸이 필요하다.

SET의 사용 예

```
SET SUM = CONSUM + DPINCOME
SET LCON 2000:1  2005:1 = LOG(CONSUM)
```

첫 번째 예는 기간이 생략되어 있기 때문에 앞에서 정의된 기간인 2000년부터 2009년까지의 CONSUM과 DPINCOME을 각각 더하여 SUM이라는 series를 새로이 만들게 한다. 두 번째 예는 2000년부터 2005년까지 CONSUM을 자연대수 값으로 변환하게 하여 그것을 LCON이라는 이름의 series로 새로이 만들게 하고 있다.

명령어 SET는 단일의 어떤 값으로 변환해 주는 것이 아니라, 하나의 series를 만들어 주는 명령어이다.

2) Trend (시차추세)

SET를 이용하여 회귀분석 등에 쓰이는 TREND 변수들을 entry T를 이용 하여 만들 수 있다. SET의 " = "의 오른 쪽에 T가 오면 이것은 자연수를 의미한다.

```
SET TREND = T
SET TRENDSQ = T**2
```

첫 번째 예에서 만들어지는 TREND라는 Series와 두 번째 예에서 만들어지는 TRENDSQ라는 Series에는 다음과 같은 값이 각각 저장된다.

entry	1	2	3	4	·····
TREND	1	2	3	4	·····
TRENDSQ	1	4	9	16	·····

17.7 데이터 Series의 출력

명령어 PRINT

PRINT는 데이터 Series를 출력시키기 위한 가장 간단한 명령어이다. 일반식은 다음과 같다.

```
PRINT(선택사양) 시작 기  끝 기   series의 리스트
```

파라메터

- 시작 기, 끝 기 : 앞에서 지정된 경우 " / "를 사용한다.

- series의 리스트 : 출력시키고 싶은 series 의 리스트. 선택사양
- [DATES]/NODATES : NODATES를 사용하면 entry number가 표시된다.

PRINT의 사용 예

```
PRINT / CONSUM DPINCOME
```

위의 예에서는 다음과 같이 프린트되는데, NODATES의 옵션을 사용하면, entry number가 1 2 …와 같이 번호순으로 표시된다.

ENTRY	CONSUM	DPINCOME
2000:1	56.000	64.000
2001:1	60.000	70.000
:	:	:
:	:	:
2009:1	155.000	189.000

17.8 단일 값의 생성

명령어 COMPUTE

SET가 한 series를 생성시키는 명령어인데 비해서, 하나의 값을 만드는 명령어로서 COMPUTE가 있다. 기본구조는 다음과 같다.

```
COMPUTE 변수이름 = 식 또는 값
```

COMPUTE의 사용 예.

```
COMPUTE FSTAT=((RSSR-RSSU)/Q)/(RSSU/NDF)
COMPUTE DPINCOME(2010:1)=201.0
COMPUTE FILL=0
```

COMPUTE의 첫 번째 예는 F통계량을 만드는 식이며, 두 번째 예는 2010년의 DPINCOME을 201.0으로 하게 한다. 세 번째 예는 FILL이라는 값을 0으로 두라는 것인데 주로 DO를 사용하는 반복계산에 많이 이용된다.

17.9 데이터 Series의 그래프 그리기

명령어 GRAPH

GRAPH는 고해상도의 그래프를 그리게 해 준다. 기본적인 형식은 다음과 같으나 보다 많은 선택사양에 의하여 다양한 그래픽을 만들 수도 있다. 그러나 여기서는 기본적인 사용의 경우만을 예로 들겠다.

```
GRAPH(선택사양)  series의 수
# 〈 보조카드 〉  series  시작 기  끝 기
```

- series의 수 : 한 화면에 그래프 되는 series의 수
- 보조카드 : 사전에 기간이 재 지정되어 있거나 CAL, ALL에서 정의된 기간일 경우는 시작 기와 끝 기는 생략될 수 있으며, 한 Series에 하나씩의 보조카드가 필요하다.
- 선택사양 :

STYLE=[LINE]/STEP/BAR/VERTICAL. 연결방식의 선택

HEADER= ´ ´. " ´ ´ " 속에 표제어를 삽입.

VLABEL= ´ ´. " ´ ´ " 속에 수직축의 설명문을 삽입

HEADER= ´ ´. " ´ ´ " 속에 수평축의 설명문을 삽입.

MAX= 최대값. 수직축의 최대값

MIN= 최소값. 수직축의 최소값

NUMBER= 첫 번째 entry가 시작되는 lag. 자기상관을 계산할 때 분산은 RATS내부에서는 Lag=1로 저장되고 시차 1의 자기상관은 Lag=2로 저장된다. 그러므로 바르게 표시하기 위해서 Lag를 한자리씩 앞당길 필요가 있고, 그럴 경우 등에 쓴다.

GRAPH의 사용 예

```
LINREG CONSUM / RESID
# CONSTANT DPINCOME
GRAPH(HEADER= ' GRAPH of RESIDUAL ') 1
# RESID
```

이 예는 앞장에서의 소비함수에서 잔차를 계산하고(RESID) 그것을 그래프로 그리게 해준다. 또한 그래프의 상단에 표제어도 들어간다(HEADER).

```
CORR GNP / 20 GNPCOR
GRAPH(NUMBER=0,MAX=1.0,MIN=-1.0) 1
# GNPCOR
```

위의 예는 시계열분석(ARIMA)에서 Series(GNP)의 자기상관(CORR)을 20기까지 계산시키고(GNPCOR), 그것을 lag=0(entry 1의 값이 lag=0의 위치에서 나타나도록 하기 위해서, NUMBER=0로 둔다)로부터 시작되도록 한다.

17.10 예제

앞장의 예제의 데이터를 사용하여 CONSUM과 DPINCOME의 증가함수를 명령어 SET를 이용하여 생성하고, 증가율함수로 변환된 GROWCOM과 GROWDPI을 하나의 그래프에 그려본다. 그리고 4개의 series를 명령어 PRINT를 사용하여 출력시켜 본다.

<표 17.1> 예제 프로그램

```
* PROG02A.PRG
CAL 2000 1 1
ALL 2009:1
DATA(UNIT=INPUT,ORG=OBS) / CONSUM DPINCOME
   56   64
   60   70
   66   77
   70   82
```

```
  78   92
  88  107
 102  125
 118  143
 136  165
 155  189
*
SET GROWCON = LOG(CONSUM)-LOG(CONSUM{1})
SET GROWDPI = LOG(DPINCOME)-LOG(DPINCOME{1})
PRINT / CONSUM  DPINCOME  GROWCON  GROWDPI
GRAPH  2
# GROWCON
# GROWDPI
*
```

다음은 PRINT를 실행시킨 출력결과와 PROG02A.PRG를 실행시켜 구한 그래프이다.

<표 17.2> PROG02.PRG의 출력결과

ENTRY	CONSUM	DPINCOME	GROWCON	GROWDPI
1980:01	56.00000000000	64.00000000000	NA	NA
1981:01	60.00000000000	70.00000000000	0.0689928714870	0.0896121586897
1982:01	66.00000000000	77.00000000000	0.0953101798043	0.0953101798043
1983:01	70.00000000000	82.00000000000	0.0588405000229	0.0629138254106
1984:01	78.00000000000	92.00000000000	0.1082135846402	0.1150693297848
1985:01	88.00000000000	107.00000000000	0.1206279877886	0.1510402574129
1986:01	102.00000000000	125.00000000000	0.1476359988061	0.1554849028404
1987:01	118.00000000000	143.00000000000	0.1457118111814	0.1345308929576
1988:01	136.00000000000	165.00000000000	0.1419702612704	0.1431008436407
1989:01	155.00000000000	189.00000000000	0.1307702311832	0.1358015411591

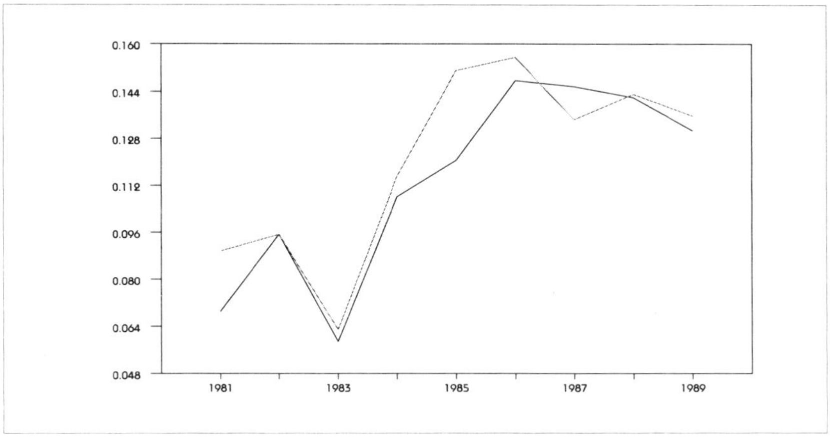

<그림 17.1> 소비지출과 가처분소득의 증가율함수

Chapter 18

시계열분석에 사용되는 RATS 명령어

이 장에서는 RATS의 명령어 중에서 시계열분석에 사용되는 명령어들을 모아 설명하기로 한다. RATS에서 시계열분석을 위하여 준비된 기본적인 명령어로서는 식별을 위한 **correlate**, 추정을 위한 **boxjenk**, 예측을 위한 **forecast**가 있다. 이 세 명령어와 명령어들의 옵션만으로도 기본적인 분석은 가능하다. 그러나 보다 더 세밀한 분석을 위해서는 RATS의 다른 명령어도 이용하여 프로그램을 작성하여 분석할 필요가 있다. 앞의 "실증분석의 실례 1, 2, 3"에 나오는 여러 프로그램에서도 상기의 기본적인 명령어 이외에 **difference**, **accumulate**, **cdf**, **display** 등을 이용하여 프로그램을 작성하여 사용하였다.

한편, RATS에서는 명령어들을 잘 이해하지 못하더라도 필요한 분석을 쉽게 할 수 있도록 여러 명령어들로 구성된 일종의 프로그램인 PROCEDURE가 준비되어 있다. 이 PROCEDURE를 잘 이용하고 출력결과를 이해할 수 있으면 초보자라 하더라도 큰 어려움 없이 복잡한 분석도 할 수 있도록 되어 있다. 시계열분석을 위한 PROCEDURE로서는 식별을 위한 BJIDENT, 추정을 위한 BJEST, 예측을 위한 BJFORE가 준비되어 있다.

18.1 기본적인 명령어

1) correlate

시계열모형의 식별과 진단에 있어서 가장 중요한 역할을 하는 명령어 중의 하나인 correlate는 자기상관, 편자기상관, 역자기상관, 자기상관의 표준오차, Ljung-Box Q 통계량 등을 계산해 주는데, 기본구조는 다음과 같다.

correlate(options) series start end

■ parameters

- series : 분석 대상이 되는 series명.
- start end : 계산이 되는 자료의 범위. 앞에서 정의된 기간과 같을 때에는 " / "하면 된다.

■ options

- covariance / [nocovariance] 자기상관 대신에 자기공분산을 계산해 준다.
- number = 계산하고 싶은 자기상관의 시차(lag)의 수. default로서는 관측치의 25%에 해당하는 수만큼 계산해 준다.
- partial = 편자기상관의 series명. 필요없을 때에는 생략하면 된다.[none]
- stderrs = 자기상관의 표준오차의 series명.[none]
- qstats / [noqstats] 자기상관이 0이라는 귀무가설의 검정을 위한 Ljung-Box Q통계량을 계산한다. 이때 Q통계량을 계산하기 위하여 사용되는 자기상관의 시차의 수는 number에서 지정되는 수이다. 만약 number가 생략되어 있을 때에는 관측치의 25%에 해당되는 수가 된다.
- span = qstats 옵션과 함께 쓰이며 Ljung-Box Q 통계량을 하나가 아니고 여러 개 계산시킨다. 첫번째 검정통계량 Q는 span의 수 만큼의 자기상관을 가지고 만들고, 또 그 수만큼씩 증가시켜 가면서 number의 수가 될 때까지 Q통계량을 만든다. 만약, span이 생략되면 단일의 Q통계량을 계산한다.

- dfc = 검정시 교정되는 자유도의 크기 [0]. 모형의 진단을 위해서 잔차에 대한 자기상관을 계산할 때 쓰이며, 원래의 자유도에서 dfc의 수만큼 줄어든 자유도에서 검정하게 된다. dfc의 크기는 ARMA 모형에서 추정파라메터의 수 (p+q)를 쓰면 된다.
- [print]/noprint

■ 기술적 관계

- 자기상관의 표준오차 : $Var(\rho_k) \approx (1/T)(1+2\sum_{j<k}\hat{\rho}_j^2)$. 단, T는 표본수.
- Q 통계량 : $Q = T(T+2)\sum_{j \le M}\frac{1}{T-j}\hat{\rho}_j^2$. 단, M은 계산에 사용되는 시차(lag)의 수.

■ correlate에서 정의된 변수들

- %nobs 표본수. (정수)
- %cdstat 마지막 Q테스트를 위한 검정통계량.
- %signif 마지막 Q테스트의 확률. (한계 유의수준)

■ 출력결과의 예

다음은 correlate의 사용과 출력결과의 예로서 "실증분석의 실례 1"로부터 옮겨온 것이다. 자기상관(acf)과 편자기상관(pacf)을 25차까지 출력시킨다.

```
correlate(partial=pacf,number=25)    series  /  acf
```

```
Correlations of Series SERIES

Autocorrelations
       1        2        3        4        5        6        7        8        9       10
 0.49618 -0.06657 -0.28403 -0.28408 -0.04699  0.25896  0.22010 -0.03485 -0.14037 -0.12847
      11       12       13       14       15       16       17       18       19       20
-0.06376  0.07777  0.03964 -0.14579 -0.19474 -0.16398 -0.07971  0.06433  0.21028  0.17682
      21       22       23       24       25
 0.03245 -0.07560 -0.15498 -0.17289 -0.04778
```

Partial Autocorrelations

1	2	3	4	5	6	7	8	9	10
0.49618	-0.41491	-0.05036	-0.14602	0.15856	0.17506	-0.13633	-0.08451	0.06739	-0.00733
11	12	13	14	15	16	17	18	19	20
-0.03657	0.02033	-0.15086	-0.09843	-0.02494	-0.12627	-0.01595	-0.00983	0.16976	0.05154
21	22	23	24	25					
-0.02423	-0.00591	-0.05958	-0.11841	-0.02538					

출력된 자기상관(Autocorrelations : acf)과 편자기상관(Partial Autocorrelations : pacf)의 값의 위에 나타나 있는 수 1, 2, 3,… 은 entry의 수가 아니라 시차(lag)의 수이다. 즉, 자기상관의 출력결과로부터 해석한다면, $\widehat{\rho_1} = 0.49618$, $\hat{\rho}_2 = -0.06657$, … , $\hat{\rho}_{25} = -0.04778$를 의미한다.

2) boxjenk

ARIMA모형의 추정을 실행시키는 기본적인 명령어는 **boxjenk**이다. 이 명령어는 ARIMA 모형뿐만 아니라 계절ARIMA 모형, 전달함수(transfer function), 간섭모형(intervention model) 등의 추정에도 이용되는데, 여기서는 ARIMA모형의 추정을 중심으로 살펴보기로 한다.

```
boxjenk(options) depvar start end residuals
```

■ parameters

- depvar : 종속변수로서 추정되는 series명.
- start end : 추정의 범위.
- residuals : 저장되는 잔차의 series명. 예측을 하기 위해서는 반드시 있어야 되는데, 그렇지 않을 경우 생략할 수도 있다.

■ options

- constant/[noconstant] 상수항도 포함시킬 때 사용한다.
- span = 계절 ARMA에 있어서의 계절주기. 월별 자료일 때는 12, 분기별 자료일 때는 4.

- diffs = 일반차분의 수. [0]
- sdiffs = 계절차분의 수. [0]
- ar = 자기회귀 계수의 수 또는 리스트. [0]
- ma = 이동평균 계수의 수 또는 리스트. [0]
- sar = 계절자기회귀 계수의 수 또는 리스트. [0]
- sma = 계절이동평균 계수의 수 또는 리스트. [0]
- [print]/noprint 추정결과를 자동적으로 프린트 시킨다.
- dfc = 자유도를 조정할 때 조정해 주는 수. ARMA(p,q)의 경우 $p+q$만큼 마이나스 해주면 된다.
- iterations = 반복계산의 최대횟수. [20회]
- trace/[notrace] 중간계산의 결과를 출력시킬 때 사용.
- define = 추정에 의하면 얻어진 파라메터의 값을 처음 설정된 모형에 대입한 식의 이름. 즉 추정된 식의 이름을 정한 것으로 이 경우 parameter 영역에서 잔차(residuals)도 미리 저장 되어 있어야 한다. 이것은 만약 예측을 실행하려고 한다면 반드시 설정해야 된다.
- vcv : 회귀계수의 분산공분산행열과 상관행렬을 출력시킨다.

■ 기술적 관계

boxjenk는 다음 식에 근거하여 추정한다.

$$(1-L)^d(1-L^s)^D y_t = \alpha + \frac{(1+\theta_1 L+\cdots+\theta_q L^q)(1+\Theta_1 L^s+\cdots+\Theta_\ell L^{sl})}{(1-\phi_1 L-\cdots\ \phi_p L^p)(1-\Phi_1 L^s-\cdots-\Phi_m L^{sm})} u_t$$

단, d : 일반차분의 수. s : 계절주기. D : 계절차분의 수. α : 정수항.

q : 이동평균(MA) 계수의 수. l : 계절이동평균(SMR) 계수의 수.

p : 자기회기(AR) 계수의 수. m : 계절자기회귀(SAR) 계수의 수.

θ : 이동평균(MA)의 계수. Θ : 계절이동평균(SMA)의 계수.

ϕ : 자기회귀(AR)의 계수. Φ : 계절자기회귀(SAR)의 계수.

■ **출력결과**

명령어 **boxjenk**의 출력양식은 최소자승추정을 실행시키는 명령어 **linreg**의 출력양식과 기본적으로 같다. 아래의 예는 "실증분석의 실례 3"에서 <model 1>의 추정결과를 나타낸 것이다.

```
cal 1947 1 12
all 1968:12
open data e:\sample10.dat
data / series
*
boxjenk(diffs=1,sdiffs=1,ar=1,ma=1,sar=0,sma=1) series / resid
```

```
a) Box-Jenkins - Estimation by LS Gauss-Newton
b) Convergence in    10 Iterations. Final criterion was  0.0000059 <=  0.0000100
c) Dependent Variable SERIES
d) Monthly Data From 1948:03 To 1968:12
e) Usable Observations                     250
f) Degrees of Freedom                      247
g) Centered R^2                      0.9908849
h) R-Bar^2                           0.9908111
i) Uncentered R^2                    0.9994267
j) Mean of Dependent Variable     1746.0840000
k) Std Error of Dependent Variable 453.2643458
l) Standard Error of Estimate       43.4493202
m) Sum of Squared Residuals       466297.32571
n) Log Likelihood                   -1296.1244
o) Durbin-Watson Statistic              1.9330
p) Q(36-3)                             34.7502
q) Significance Level of Q           0.3845474

  r) Variable                s) Coeff     t) Std Error  u) T-Stat  w) Signif
*******************************************************************************
1.  AR{1}                  0.245573345  0.090560611    2.71170  0.00716403
2.  MA{1}                  0.504771250  0.082738681    6.10079  0.00000000
3.  SMA{12}               -0.617081414  0.053259799  -11.58625  0.00000000
```

a) 추정방법

b) 추정치를 얻기까지의 반복계산 횟수.

c) 종속변수명.

d) 추정에 사용된 데이터의 기간. 시작기간이 1948:03 부터인 것은, 계절차분(12)+일반차분(1)+AR{1}(1)=14 기간의 처음의 자료가 제외되었기 때문이다.

e) 유효한 자료의 수(기간). 22년동안의 총 264개(기간)에서 14개를 제외하면 250개가 남는다.

f) 자유도. 추정 파라메터의 수가 3개이므로 250−3=247 이 된다.

g) 평균에 대한 편차로 계측된 결정계수.

h) 자유도수정 결정계수.

i) 원 자료에 의한 결정계수.

j) 종속변수의 평균.

k) 종속변수의 표준오차.

l) 표본표준오차.

m) 잔차의 자승합.

n) 우도함수의 자연대수

o) Durbin-Watson 통계량.

p) 잔차자기상관에 대한 Ljung-Box Q 통계량. 36시차의 잔차자기상관계수에 의하여 계산된 Q통계량을 자유도 33(시차수(36)−추정파라메터수 (3)에서 χ^2검정을 한다.

q) Q통계량의 확률(한계 유의수준).

r) 설명변수명.

s) 파라메터의 추정치.

t) 추정계수의 표준오차.

u) 추정계수의 t값.

w) t값에 대한 확률(유의수준).

■ **연속시차가 아닐 경우의 추정**

제15장에서 미국의 신규주택건설데이터를 위한 모형은 다음과 같았다.

$$\textbf{model 1}: \; (1-\phi_1 L)\nabla\nabla_{12}y_t = (1-\theta_1 L)(1-\theta_1 L^{12})u_t$$

이모형을 추정하기 위해서 <표15.5>에서는 다음과 같이 명령어 boxjenk를 사용하였다.

```
boxjenk(diffs=1,sdiffs=1,ar=1,ma=1,sar=0,sma=1)  series  /  resid
```

그런데 model 1을 풀어 쓰면 다음과 같이 된다.

$$(1-\phi_1 L)\nabla\nabla_{12}y_t = (1-\theta_1 L-\theta_{12}L^{12}-\theta_{13}L^{13})u_t$$

이 경우 추정해야 될 이동평균의 파라메타는 1에서 13까지 연속되어 있지 않고, 1, 12, 13의 3개 밖에 없다. 이런 경우는 ma=|| 1, 12, 13 ||와 같이 해당 시차를 " || ||" 내에 표시하여 사용하면 된다.

[프로그램의 예]

$$(1-\phi_1 L)\nabla\nabla_{12}y_t = (1-\theta_1 L-\theta_{12}L^{12}-\Theta_{13}L^{13})u_t \text{ 의 추정}$$

<표15.5>의 프로그램 BOXJENKE10.PRG에서 명령어 boxjenk를 다음과 같이 바꾸어 주면 된다.

```
boxjenk(diffs=1,sdiffs=1,ar=1,ma=|| 1, 12, 13 ||)  series  /  resid
```

3) forecast

시계열 모형의 예측에 가장 많이 이용되는 명령어 forecast의 기본구조는 다음과 같다.

```
forecast(options)  equations  steps  start
# <supp. card>  equation  forecasts newstart
```

(one for each equation)

■ parameters

- equations : 예측방정식 체계에 있어서 방적식의 수. 이 수 만큼의 보조카드가 필요하다.
- steps : 예측하는 기의 수.
- start : 예측을 시작하는 기.

■ supplement cards

- equation : 예측에 이용되는 방정식.
- forecasts : 예측된 결과가 저장되는 series명.
- newstart : 예측치를 위한 시작 기. 생략하면 parameter 영역에서의 start와 같은 것으로 인식한다.

■ options

- iters = 해를 구하는 과정에서 반복 계산하는 최대 횟수. [50]
- cvcrit = 수렴을 위한 판정기준 값. [0.0001]
- print/[noprint]

Vertion 8.0에서는 **parameters**의 steps과 start를 **options**에서 사용하도록 하고 있다.

18.2 계산프로그램에 사용된 명령어

1) difference

명령어 **difference**는 일반차분은 물론 계절차분까지를 실행시켜 주는데 그 기본구조는 다음과 같다.

difference(options) series start end newseries newstart

■ parameters

- series : 차분의 대상이 되는 series명(y_t).
- start end : 차분이 실행되는 자료의 범위. 특별히 범위를 지정하지 않으면 원래의 series가 가지는 최대의 범위에서 실행된다.
- newseries : series로부터 차분되어 저장되는 series명. 1차 차분일 경우 ∇y_t가 된다.
- newstart : newseries의 시작 entry. 생략하면 start=newstart가 된다.

■ options

- difference = 일반차분의 횟수. 계절차분(sdiff)이 없을 때 이 옵션이 생략되면 차분의 횟수는 1로 간주된다.
- sdifference = 계절차분의 횟수.
- span = 계절차분을 사용할 때 계절의 간격. 분기별 자료일 때는 4, 월별 자료일 때는 12가 된다.

■ 기술적 표현

d = 일반차분의 횟수, D = 계절차분의 횟수, s = span. 그리고 L을 lag 연산자라 하면 **diff**는 다음을 계산시킨다. 단, y_t는 원시계열, w_t는 새로운 시계열을 의미한다.

$$w_t = (1-L)^d(1-L^s)^D y_t$$

2) accumulate

누적 합을 산출하는 명령어 **accumulate**의 기본구조는 다음과 같다.

```
accumulate(option)  series  start  end  newseries  newstart
```

■ parameters

- series : 누적합 산출의 대상이 되는 series명.
- start end : 시작과 끝. 앞에서 정의된 series의 기간과 같을 때에는 " / " 기호로

대체해 표기할 수 있다.

- newseries : 실행된 결과가 저장되는 series명. 생략하면 원래의 series 명으로 대신 한다.
- newstart : newseries의 시작. 생략하면 newstart=start가 된다.

3) display

명령어 **display**는 계산된 값의 표시를 위하여 가장 일반적으로 많이 쓰는 명령어인데 그 기본구조는 다음과 같다.

```
display(options) variable strings picture codes position codes
```

■ parameters

- variable : 변수 또는 compute 등에 의하여 계산된 것과 같은 평가된 표현.
- strings : 단일 인용부호 (' … ') 로 둘러싸인 부분이 그대로 프린트 된다.
- picture codes : 정수의 경우 ###와 같은 형태로, 실수의 경우 ###.##와 같은 형태로 해주면 계산된 값이 이 형태에 따라서 프린트 된다.
- position codes : @n으로 해줌으로서 어떤 값 또는 문자를 n열에서 부터 프린트하도록 해준다.

■ options

store = string variable 이것은 명령어 **display** 다음에 바로 프린트 시키지 않고 저장해 둘 때 사용한다.

■ display의 사용예

```
display ' FSTAT STATISTIC IS ' FSTAT
display ' DEGREES OF FREEDOM ARE ' %NREG-1 ' AND ' %NDF
display  @10 ' TOTAL VARIATION '  @28 ######.#### TSS
```

이 결과는 다음과 같다. 단, FSTAT와 TSS는 단일 값으로 정의되어 있다.

```
FSTAT STATISTIC IS    2513.52
DEGREES OF FREEDOM ARE   2 AND 12
TOTAL VARIATION   83021.3333
```

4) cdf

명령어 **cdf**는 4개의 확률분포(F분포, t분포, χ^2분포, 정규분포) 중 하나로부터 통계량의 한계 유의수준(p값)을 계산한다. 그 기본 구조는 다음과 같다.

cdf(options) distribution statistic degree1 degree2

■ **parameters**

- distribution : 검정을 위하여 선택되어지는 분포로서 FTEST, TTEST(양쪽검정), CHISQUARED, NORMAL(양쪽검정)중에서 하나를 선택한다.
- statistic : 검정되는 통계량
- degree1 degree2 : t분포와 χ^2분포의 경우 자유도 1(degree1)만 사용하고, F분포의 경우 degree1은 분자의 자유도, degree 2는 분모의 자유도를 가리킨다. 정규분포의 경우는 degree가 필요 없다.

■ **options**

[print]/[noprint]

■ **cdf에 의하여 정의된 변수**

- %cdstat : 계산된 검정통계량(실수).
- %signif : 한계 유의도(실수).

18.3 RATS Procedure

Procedure를 사용하기 위해서는 먼저 사용하려고 하는 대상 Porcedure를 프로그램내에 불러와야 한다. 가장 일반적인 방법은 SRC라는 확장자를 가지는 Procedure의 파일 이름을 SOURCE 와 함께 쓰는 방법이다.

```
SOURCE Procedure의 파일이름
```

한편 불러온 Procedure를 실행시키기 위해서는 다음과 같이 하면 된다.

```
@Procedure name(options)  parameter
#  <supplemintary cards>
```

일반명령어와 Porcedure의 다른 점은 Procedure의 이름 앞에 반드시 "@"를 두는 것과 약자를 쓸 수 없다는 점이다.

1) BJIDENT

■ **기본구조**

```
@BJIDENT(options)  series
```

■ **parameters**

- series : 식별대상이 되는 series명.

■ **options**

- diffs = 일반차분의 최대 횟수.[0]
- sdiffs = 계절차분의 최대 횟수.[0]
- trans = [none]/log/root
- [graph]/nograph

■ 해설

식별을 위한 BJIDENT는 일반차분(diffs)과 계절차분(sdiffs)의 모든 경우의 수에 대해서 자기상관과 편자기상관을 한 화면에 그려서 나타내어 준다. 예를 들면, 옵션에서 (diffs=2,sdiffs=1) 이면 (0,0), (0,1), (1,0), (1,1), (2,0), (2,1) 의 6 경우의 그래프가 만들어진다. 한편 명령어 correlate와는 달리 옵션 내에서 log변환 등도 실행시킬 수 있다.

■ 프로그램의 예

```
*    BJIDENT.PRG
*
cal 1947 1 12
all 1968:12
open data e:\sample10.dat
data / series
*
source(noecho) c:\winrats\bjident.src
@bjident(diff=2,sdiffs=1) series
*
```

■ 출력결과

series를 y_t 라 하면 아래와 같은 여섯 경우의 시계열에 대해서, 자기상관과 편자기상관을 하나의 화면에 나타내는 여섯 개의 그래프파일을 만든다.

$$y_t,\ \nabla_{12} y_t,\ \nabla y_t,\ \nabla \nabla_{12} y_t,\ \nabla^2 y_t,\ \nabla^2 \nabla_{12} y_t,$$

이 중에서 $\nabla \nabla_{12} y_t$ 의 자기상관과 편자기상관의 그래프를 나타낸 것이 <그림 18.1>이다.

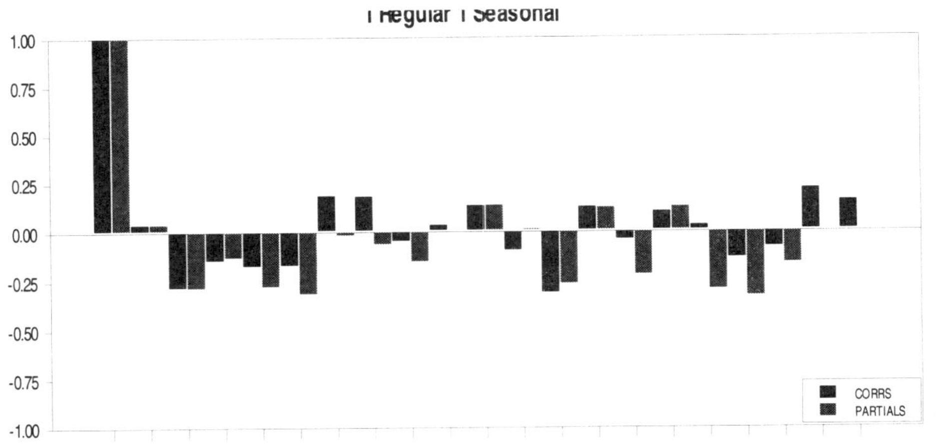

<그림 18.1> @BJIDENT Procedure에 의하여 출력된 그래프

2) BJEST

■ 기본구조

```
@BJEST(options)   series   start   end
```

■ Parameters

- series : 추정대상의 시계열.
- start end : 추정기간. 앞에서 정의된 기간과 같으면 생략할 수 있다.

■ options

- diffs = 일반차분의 횟수.[0]
- sdiffs = 계절차분의 횟수.[0]
- ars = 자기회귀 계수의 수.[0]
- mas = 이동평균 계수의 수.[0]
- sar = 계절자기회귀 계수의 수.[0]
- sma = 계절이동평균 계수의 수.[0]
- trans = [none] / log / root
- [constant]/noconstant

■ 해설

추정을 위한 BJEST는 명령어 boxjenk의 기능과 같은데, 정수항(constant)이 포함되는 것이 default로 되어 있고, 대수변환 등도 가능하게 되어 있다.

■ 프로그램의 예

```
*   BJEST.PRG
*
cal 1947 1 12
all 1968:12
open data e:\sample10.dat
data / series
*
source(noecho) c:\winrats\bjest.src
@bjest(diff=1,sdiffs=1,noconstant,ars=1,mas=1,sma=1) series
*
```

■ 출력결과

이 프로그램은 "실증분석의 실례 3"의 <model 1>의 추정프로그램과 같은 결과를 출력시킨다. 단지 옵션에서 noconstant를 사용하여 상수항을 제외시키고 있다.

```
Box-Jenkins - Estimation by LS Gauss-Newton
Convergence in    10 Iterations. Final criterion was  0.0000059 <=  0.0000100
Dependent Variable TRANSFRM
Monthly Data From 1948:03 To 1968:12
Usable Observations                        250
Degrees of Freedom                         247
Centered R^2                         0.9908849
R-Bar^2                              0.9908111
Uncentered R^2                       0.9994267
Mean of Dependent Variable        1746.0840000
Std Error of Dependent Variable    453.2643458
Standard Error of Estimate          43.4493202
Sum of Squared Residuals          466297.32571
Log Likelihood                      -1296.1244
Durbin-Watson Statistic                 1.9330
Q(36-3)                                34.7502
Significance Level of Q              0.3845474
```

```
    Variable                          Coeff       Std Error      T-Stat      Signif
*******************************************************************************
1.  AR{1}                       0.245573345  0.090560611     2.71170  0.00716403
2.  MA{1}                       0.504771250  0.082738681     6.10079  0.00000000
3.  SMA{12}                    -0.617081414  0.053259799   -11.58625  0.00000000


Correlations of Series RESIDS
Monthly Data From 1948:03 To 1968:12

Autocorrelations
     1         2        3        4        5        6        7        8        9       10
 0.01661  0.06489  0.01081 -0.02966  0.13155 -0.06165 -0.07280 -0.01559  0.00298 -0.08964
    11        12       13       14       15       16       17       18       19       20
-0.05209 -0.01200 -0.01816  0.01208 -0.04188 -0.16136 -0.12257 -0.05450 -0.04262 -0.02505
    21        22       23       24       25       26       27       28       29       30
-0.04168 -0.11842 -0.00849  0.05753  0.10600  0.10560  0.00085 -0.02114  0.05874  0.02028
    31
-0.05695
```

다음은 자동적으로 출력된 잔차자기상관의 그래프다.

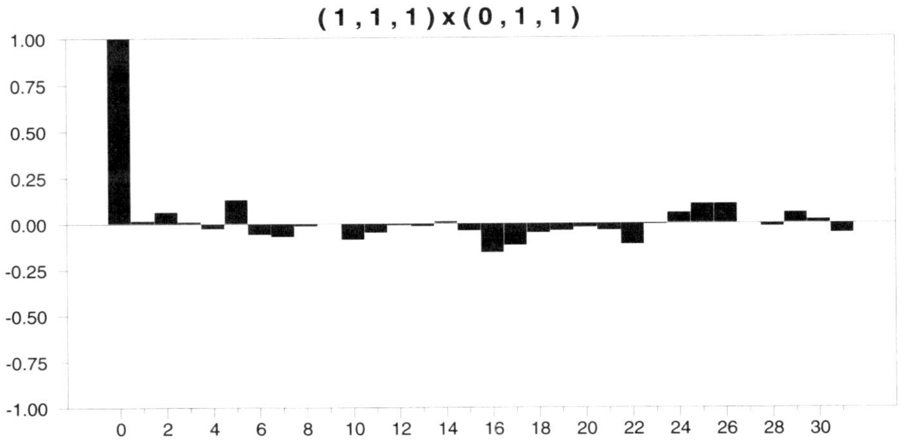

<그림 18.2> @BJEST Procedure에 의하여 출력된 그래프

3) BJFORE

■ **기본구조**

```
@BJFORE(options)   series   start  end  forecast
```

■ **Parameters**

- series　　: 예측의 대상이 되는 series명.
- start end : 예측의 범위.
- forecast　: 예측치가 저장되는 series명.

■ **options**

- diffs = 일반차분의 횟수.[0]
- sdiffs = 계절차분의 횟수.[0]
- ars = 자기회귀 계수의 수.[0]
- mas = 이동평균 계수의 수.[0]
- sar = 계절자기회귀 계수의 수.[0]
- sma = 계절이동평균 계수의 수.[0]
- trans = [none] / log / root
- [constant]/noconstant

■ **해설**

예측을 위한 BJFORE는 명령어 forecast와 동일한 기능을 하는데, 프로그램 자체만으로는 예측결과를 출력시키지 않는다. 계산된 예측치 forecast는 명령어 print를 사용하여 출력시키든지, 명령어 graph를 사용하여 그래프로 출력시킬 수 있다. 아래의 프로그램은 "실증분석의 실례 3"의 <model 1>의 예측 프로그램에서와 같은 내용을 실행시키는데, 예측치의 그래프는 <그림 15.16>과 동일하므로 생략한다.

■ 프로그램의 예

```
*    BJFORE.PRG
*
cal 1947 1 12
all 1970:12
open data e:\sample10.dat
data 47:1 68:12 series
*
source(noecho) c:\winrats\bjfore.src
@bjfore(diff=1,sdiffs=1,noconstant,ars=1,mas=1,sma=1) series     $
          69:1 70:12   forecast
*
data(unit=input) 1969:1 1970:12 series
2133 1940 2195 2540 2810 2962 2974 2880 2763 2648 2482 2288
1961 1765 1986 2297 2485 2592 2650 2707 2721 2747 2735 2627
*
graph(key=loright)  2
# series     68:1   70:12
# forecast 69:1   70:12
*
```

부록

Appendix A 시계열데이터 모음

Series A 화학생산품의 점도

29.33	19.98	25.76	29.00	31.03	32.68	33.56	27.50
26.75	30.55	28.94	28.50	28.19	26.13	27.79	27.63
29.89	28.18	26.65	30.01	30.80	30.45	36.61	31.40
30.83	33.22	30.15	27.08	33.66	36.58	29.04	28.08
30.28	29.35	33.60	30.29	20.11	17.51	23.71	24.22
32.43	32.44	29.39	23.45	23.62	28.12	29.94	30.56
32.30	31.58	27.99	24.13	29.20	34.30	26.41	28.78
21.28	21.71	21.47	24.71	33.61	36.54	35.70	33.68
29.29	25.12	27.23	30.61	29.06	28.48	32.01	31.89
31.72	29.02	31.92	24.28	22.69	26.60	28.86	28.27
28.17	28.58	30.76	30.62	20.84	16.57	25.23	31.79
32.52	30.28	26.14	19.03	24.34	31.53	31.95	31.68
29.10	23.15	26.74	32.44				

데이터 출처 : Montgomery & Johnson (1976) p213
데이터파일명 : sample1.dat

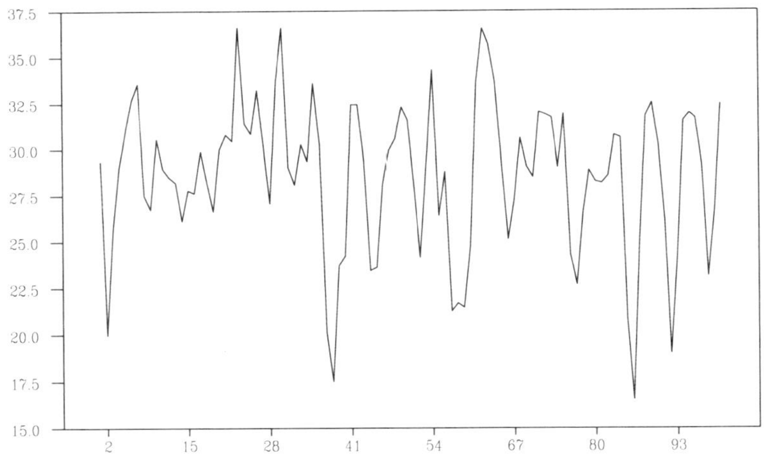

〈Series A의 그래프〉

Series B : 화학제품 생산량 자료

47	64	23	71	38	64	55	41	59	48
71	35	57	40	58	44	80	55	37	74
51	57	50	60	45	57	50	45	25	59
50	71	56	74	50	58	45	54	36	54
48	55	45	57	50	62	44	64	43	52
38	59	55	41	53	49	34	35	54	45
68	38	50	60	39	59	40	57	54	23

데이터 출처 : Box-Jenkins (1976) p530 Series F
데이터파일명 : sample2.dat

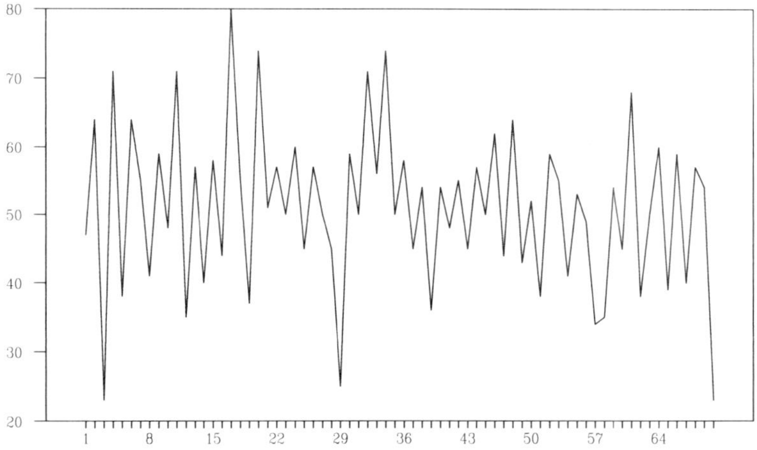

〈Series B의 그래프〉

Series C : MA(1) 과정의 실현치 : $y_t = u_t + 0.6u_{t-1}$

-1.23	0.03	-0.10	-0.50	0.26	1.62	-1.21	-0.57	1.34	-1.75
-0.23	0.63	0.48	-0.83	-0.03	1.31	0.86	-1.28	0.00	-0.63
0.08	-1.30	1.48	-0.28	-0.79	1.86	0.07	0.09	-0.20	-0.21
0.91	-0.36	0.48	0.61	-1.38	-0.04	0.90	1.79	-0.37	0.40
-1.19	0.98	-1.51	0.90	-1.56	2.18	-1.93	1.87	-0.97	0.46
2.12	-2.11	0.70	0.69	-0.24	0.34	0.60	0.15	-0.02	0.46
-0.54	0.89	1.07	0.20	-0.97	0.83	-0.33	0.91	-1.13	2.22
0.80	-1.95	2.61	0.59	0.71	-0.84	-0.11	1.27	-0.80	-0.76
1.58	-0.38	0.10	-0.62	2.27	-0.62	0.74	-0.16	1.34	-1.83
0.31	1.13	-0.87	1.45	-1.95	-0.51	-0.41	0.49	1.54	-0.69

데이터 출처 : Anderson (1976) p161 Series G
데이터파일명 : sample3.dat

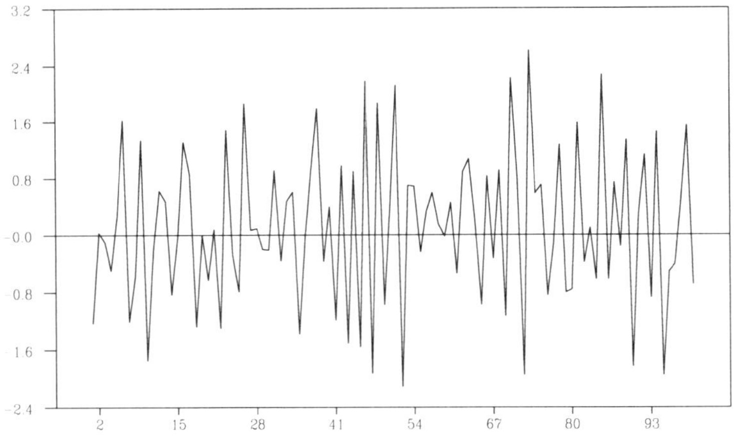

<Series C의 그래프>

Series D : MA(1) 과정의 실현치 : $y_t = u_t - 0.5u_{t-1}$

-0.16	1.26	2.64	1.84	-0.10	-0.71	0.25	0.45	0.78	0.61
1.21	-0.55	-0.12	1.60	1.23	-2.39	-0.68	-3.02	-3.22	-1.68
1.12	0.72	0.10	2.00	-0.10	-2.50	-1.04	-2.07	-1.54	0.69
0.08	0.84	0.21	0.00	0.07	-1.58	-1.23	1.24	0.70	-0.36
1.00	-1.27	-0.43	-0.33	0.49	1.10	-0.15	0.32	-0.17	0.24

데이터 출처 : Granger (1980) p69 Series F
데이터파일명 : sample4.dat

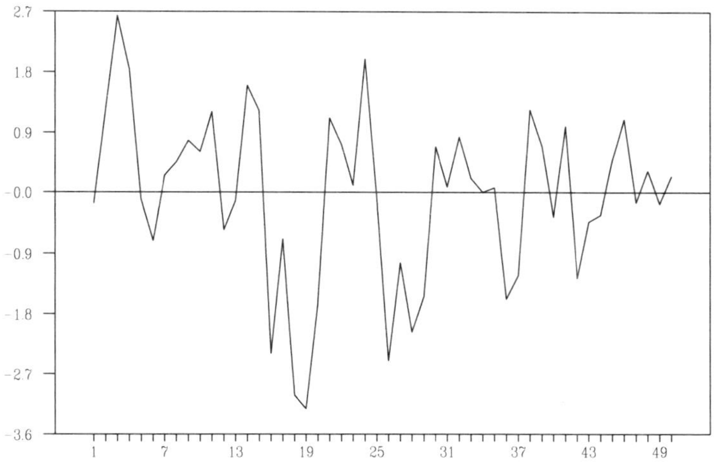

〈Series D의 그래프〉

Series E : 매 두 시간당 화학생산과정의 농도 측정치

17.0	16.6	16.3	16.1	17.1	16.9	16.8	17.4	17.1	17.0
16.7	17.4	17.2	17.4	17.4	17.0	17.3	17.2	17.4	16.8
17.1	17.4	17.4	17.5	17.4	17.6	17.4	17.3	17.0	17.8
17.5	18.1	17.5	17.4	17.4	17.1	17.6	17.7	17.4	17.8
17.6	17.5	16.5	17.8	17.3	17.3	17.1	17.4	16.9	17.3
17.6	16.9	16.7	16.8	16.8	17.2	16.8	17.6	17.2	16.6
17.1	16.9	16.6	18.0	17.2	17.3	17.0	16.9	17.3	16.8
17.3	17.4	17.7	16.8	16.9	17.0	16.9	17.0	16.6	16.7
16.8	16.7	16.4	16.5	16.4	16.6	16.5	16.7	16.4	16.4
16.2	16.4	16.3	16.4	17.0	16.9	17.1	17.1	16.7	16.9
16.5	17.2	16.4	17.0	17.0	16.7	16.2	16.6	16.9	16.5
16.6	16.6	17.0	17.1	17.1	16.7	16.8	16.3	16.6	16.8
16.9	17.1	16.8	17.0	17.2	17.3	17.2	17.3	17.2	17.2
17.5	16.9	16.9	16.9	17.0	16.5	16.7	16.8	16.7	16.7
16.6	16.5	17.0	16.7	16.7	16.9	17.4	17.1	17.0	16.8
17.2	17.2	17.4	17.2	16.9	16.8	17.0	17.4	17.2	17.2
17.1	17.1	17.1	17.4	17.2	16.9	16.9	17.0	16.7	16.9
17.3	17.8	17.8	17.6	17.5	17.0	16.9	17.1	17.2	17.4
17.5	17.9	17.0	17.0	17.0	17.2	17.3	17.4	17.4	17.0
18.0	18.2	17.6	17.8	17.7	17.2	17.4			

데이터 출처 : Box-Jenkins (1976) p525 Series A
데이터파일명 : sample5.dat

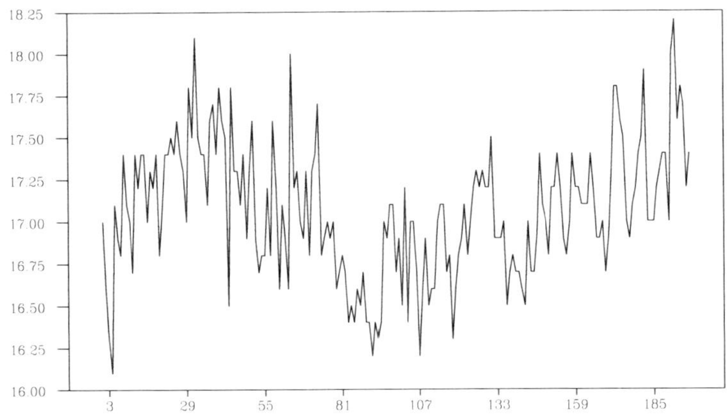

〈Series E의 그래프〉

Series F : 연간 태양흑점 수

1770-1779	101	82	66	35	31	7	20	92	154	125
1780-1789	85	68	38	23	10	24	83	132	131	118
1790-1799	90	67	60	47	41	21	16	6	4	7
1800-1809	14	34	45	43	48	42	28	10	8	2
1810-1819	0	1	5	12	14	35	46	41	30	24
1820-1829	16	7	4	2	8	17	36	50	62	67
1830-1839	71	48	28	8	13	57	122	138	103	86
1840-1849	63	37	24	11	15	40	62	98	124	96
1850-1859	66	64	54	39	21	7	4	23	55	94
1860-1869	96	77	59	44	47	30	16	7	37	74
1870-1879	139	111	102	66	45	17	11	12	3	6
1980-1889	32	54	60	64	64	52	25	13	7	6

데이터 출처 : Anderson (1976) p162 Series K
데이터파일명 : sample6.dat

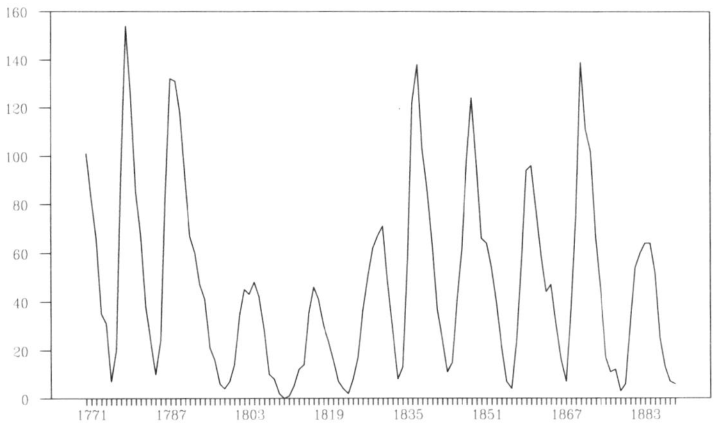

〈Series F의 그래프〉

Series G : 매 1분당 화학생산과정의 온도 측정치

26.6	27.0	27.1	27.1	27.1	27.1	26.9	26.8	26.7	26.4
26.0	25.8	25.6	25.2	25.0	24.6	24.2	24.0	23.7	23.4
23.1	22.9	22.8	22.7	22.6	22.4	22.2	22.0	21.8	21.4
20.9	20.3	19.7	19.4	19.3	19.2	19.1	19.0	18.9	18.9
19.2	19.3	19.3	19.4	19.5	19.6	19.6	19.6	19.6	19.6
19.7	19.9	20.0	20.1	20.2	20.3	20.6	21.6	21.9	21.7
21.3	21.2	21.4	21.7	22.2	23.0	23.8	24.6	25.1	25.6
25.8	26.1	26.3	26.3	26.2	26.0	25.8	25.6	25.4	25.2
24.9	24.7	24.5	24.4	24.4	24.4	24.4	24.4	24.3	24.4
24.4	24.4	24.4	24.4	24.5	24.5	24.4	24.3	24.2	24.2
24.0	23.9	23.7	23.6	23.5	23.5	23.5	23.5	23.5	23.7
23.8	23.8	23.9	23.9	23.8	23.7	23.6	23.4	23.2	23.0
22.8	22.6	22.4	22.0	21.6	21.3	21.2	21.2	21.1	21.0
20.9	21.0	21.0	21.1	21.2	21.1	20.9	20.8	20.8	20.8
20.8	20.9	20.8	20.8	20.7	20.7	20.8	20.9	21.2	21.4
21.7	21.8	21.9	22.2	22.5	22.8	23.1	23.4	23.8	24.1
24.6	24.9	24.9	25.1	25.0	25.0	25.0	25.0	24.9	24.8
24.7	24.6	24.5	24.5	24.5	24.5	24.5	24.5	24.5	24.4
24.4	24.2	24.2	24.1	24.1	24.0	24.0	24.0	23.9	23.8
23.8	23.7	23.7	23.6	23.7	23.6	23.6	23.6	23.5	23.5
23.4	23.3	23.3	23.3	23.4	23.4	23.3	23.2	23.3	23.3
23.2	23.1	22.9	22.8	22.6	22.4	22.2	21.8	21.3	20.8
20.2	19.7	19.3	19.1	19.0	18.8				

데이터 출처 : Box-Jenkins (1976) p528 Series C
데이터파일명 : sample7.dat

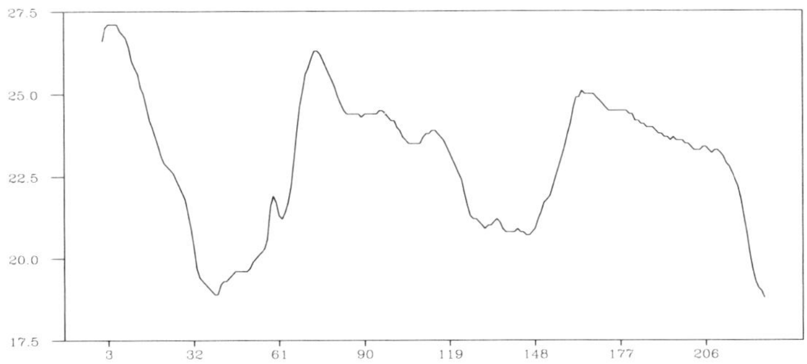

〈Series G의 그래프〉

Series H : ARIMA(0,1,1) 과정의 실현치 : $y_t - y_{t-1} = u_t + 0.6u_{t-1}$

26.15	26.37	25.00	24.78	24.71	25.16	24.17	22.37	21.09	19.69
16.99	14.93	13.26	11.56	11.11	10.72	.66	.85	10.97	.39
6.58	.30	.33	.87	.08	.43	.89	.59	.82	.14
7.35	.74	.57	.61	.56	.03	10.24	10.91	10.21	.35
8.07	.86	.41	.40	.71	.86	.05	.76	.36	.77

데이터 출처 : Granger (1980) p69 Series J

데이터파일명 : sample8.dat

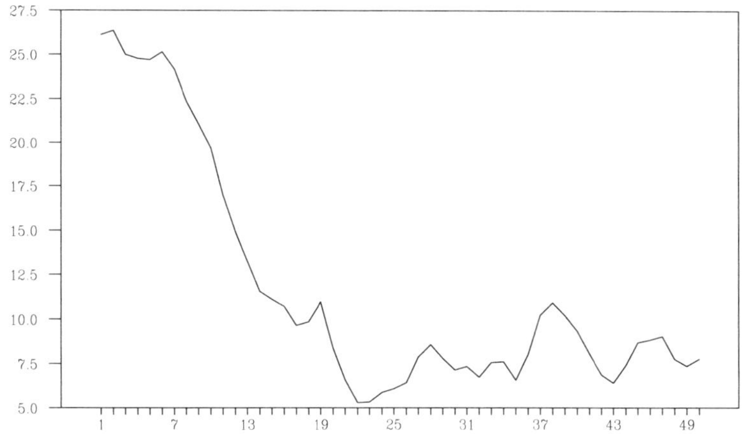

〈Series H의 그래프〉

Series I : 다우존스 유티리티 주가지수 (1972. 8. 28 - 12. 18)

110.94	110.69	110.43	110.56	110.75	110.84	110.46	110.56	110.46	110.05
109.60	109.31	109.31	109.25	109.02	108.54	108.77	109.02	109.44	109.38
109.53	109.89	110.56	110.56	110.72	111.23	111.48	111.58	111.90	112.19
112.06	111.96	111.68	111.36	111.42	112.00	112.22	112.70	113.15	114.36
114.65	115.06	115.86	116.40	116.44	116.88	118.07	118.51	119.28	119.79
119.70	119.28	119.66	120.14	120.97	121.13	121.55	121.96	122.26	123.79
124.11	124.14	123.37	123.02	122.86	123.02	123.11	123.05	123.05	122.83
123.18	122.67	122.73	122.86	122.67	122.09	122.00	121.23		

데이터 출처 : Anderson (1976) p163 Series L
데이터파일명 : sample9.dat

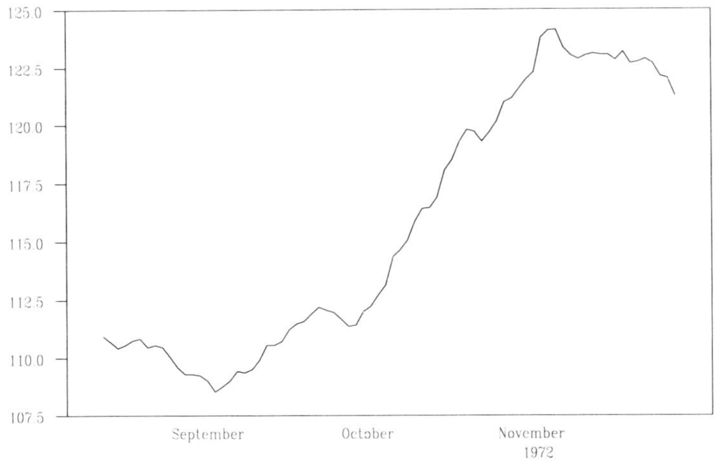

〈Series I의 그래프〉

Series J : 미국의 비농업 신규주택건설 데이터 (단위 : 100만 $)

	1	2	3	4	5	6	7	8	9	10	11	12
1947	556	528	545	607	701	785	874	950	1006	1093	1135	1070
48	891	757	874	1028	1168	1257	1294	1305	1273	1203	1100	978
49	846	731	763	844	981	1086	1147	1171	1207	1238	1241	1173
1950	1077	1031	1089	1276	1499	1703	1827	1898	1900	1785	1614	1427
51	1289	1188	1229	1288	1324	1399	1428	1409	1400	1397	1330	1200
52	1015	963	1149	1234	1346	1437	1472	1486	1473	1481	1438	1309
53	1131	1057	1206	1363	1431	1570	1577	1550	1514	1481	1420	1294
54	1104	1029	1167	1347	1517	1627	1717	1770	1783	1759	1717	1650
55	1473	1379	1562	1753	1925	2064	2098	2082	2051	1983	1851	1656
56	1392	1305	1457	1618	1753	1884	1908	1895	1860	1798	1741	1567
57	1324	1206	1350	1486	1604	1718	1767	1796	1787	1761	1694	1513
58	1292	1192	1302	1421	1550	1702	1804	1876	1907	1954	1957	1832
59	1606	1493	1676	1907	2091	2253	2350	2358	2310	2232	2092	1883
1960	1588	1408	1613	1804	1935	2112	2039	1982	1931	1860	1790	1644
61	1378	1221	1459	1720	1860	2059	2053	2053	2055	2041	1974	1807
62	1543	1368	1605	1906	2141	2377	2357	2377	2330	2210	2113	1965
63	1686	1492	1666	1950	2206	2421	2517	2553	2516	2500	2450	2230
64	1867	1678	1866	2068	2191	2385	2518	2541	2439	2327	2260	2118
65	1834	1639	1782	2000	2203	2429	2550	2561	2473	2377	2284	2136
66	1848	1644	1781	1979	2124	2287	2378	2351	2202	1978	1785	1614
67	1368	1248	1405	1613	1836	2107	2336	2471	2446	2375	2340	2191
68	1859	1655	1885	2262	2518	2628	2721	2790	2780	2678	2593	2454

데이터 출처 : Vandaele (1983) Table A.7
데이터파일명 : sample10.dat

<Series J의 그래프>는 제15장의 <그림 15.1>에 나타나 있다.

Series K : 국제 항공여객 수

(단위 : 천명)

	1	2	3	4	5	6	7	8	9	10	11	12
1949	112	118	132	129	121	135	148	148	136	119	104	118
1950	115	126	141	135	125	149	170	170	158	133	114	140
1951	145	150	178	163	172	178	199	199	184	162	146	166
1952	171	180	193	181	183	218	230	242	209	191	172	194
1953	196	196	236	235	229	243	264	272	237	211	180	201
1954	204	188	235	227	234	264	302	293	259	229	203	229
1955	242	233	267	269	270	315	364	347	312	274	237	278
1956	284	277	317	313	318	374	413	405	355	306	271	306
1957	315	301	356	348	355	422	465	467	404	347	305	336
1958	340	318	362	348	363	435	491	505	404	359	310	337
1959	360	342	406	396	420	472	548	559	463	407	362	405
1960	417	391	419	461	472	535	622	606	508	461	390	432

데이터 출처 : Box-Jenkins (1976) p531 Series J
데이터파일명 : sample11.dat

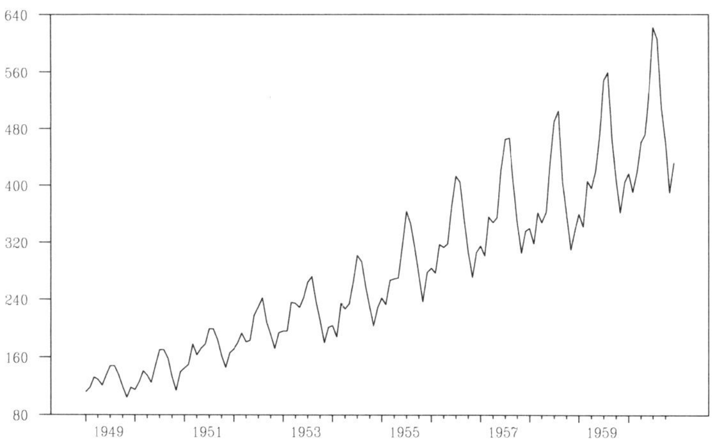

〈Series K의 그래프〉

Series L : 영국의 여성 실업자 수 (Jan.1967 - July 1972)

96.4	104.1	102.0	100.3	96.4	87.3	85.1	87.9	89.8	96.3
99.5	95.6	97.3	97.8	94.5	90.2	85.6	77.5	73.4	76.6
76.8	85.3	85.9	82.9	84.5	84.5	82.3	78.3	74.6	68.7
71.9	74.1	74.9	82.4	83.3	80.1	80.5	83.0	82.7	81.5
78.3	71.6	75.4	78.6	79.8	84.8	87.5	86.5	92.0	98.8
104.9	104.8	99.2	91.7	100.6	106.1	110.3	117.0	123.1	122.9
127.5	128.4	129.5	131.9	120.1	109.1	118.3			

데이터 출처 : Anderson (1976) p161 Series E

데이터파일명 : sample12.dat

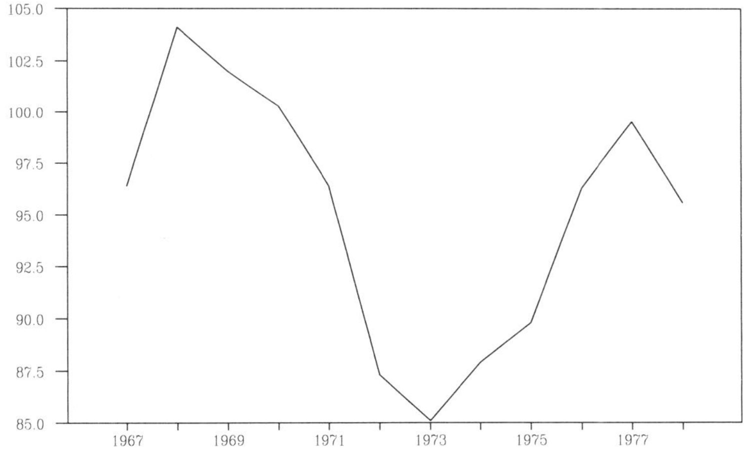

〈Series L의 그래프〉

Appendix B 각종통계표

1. 정규분포표

Pr(0 ≤ Z ≤ 1.96) = 0.4750
Pr(Z ≥ 1.96) = 0.5 − 0.4750 = 0.025

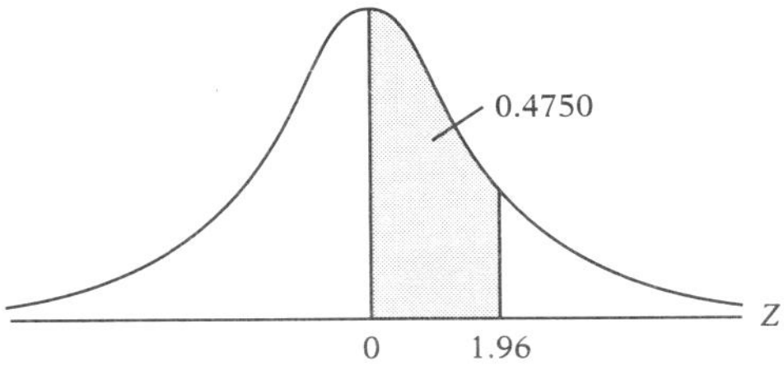

Z	.00	.01	.02	.03	.04	.05	.06	.07	.08	.09
0.0	.0000	.0040	.0080	.0120	.0160	.0199	.0239	.0279	.0319	.0359
0.1	.0398	.0438	.0478	.0517	.0557	.0596	.0636	.0675	.0714	.0753
0.2	.0793	.0832	.0871	.0910	.0948	.0987	.1026	.1064	.1103	.1141
0.3	.1179	.1217	.1255	.1293	.1331	.1368	.1406	.1443	.1480	.1517
0.4	.1554	.1591	.1628	.1664	.1700	.1736	.1772	.1808	.1844	.1879
0.5	.1915	.1950	.1985	.2019	.2054	.2088	.2123	.2157	.2190	.2224
0.6	.2257	.2291	.2324	.2357	.2389	.2422	.2454	.2486	.2517	.2549
0.7	.2580	.2611	.2642	.2673	.2704	.2734	.2764	.2794	.2823	.2852
0.8	.2881	.2910	.2939	.2967	.2995	.3023	.3051	.3078	.3106	.3133
0.9	.3159	.3186	.3212	.3238	.3264	.3289	.3315	.3340	.3365	.3389
1.0	.3413	.3438	.3461	.3485	.3508	.3531	.3554	.3577	.3599	.3621
1.1	.3643	.3665	.3686	.3708	.3729	.3749	.3770	.3790	.3810	.3830
1.2	.3849	.3869	.3888	.3907	.3925	.3944	.3962	.3980	.3997	.4015
1.3	.4032	.4049	.4066	.4082	.4099	.4115	.4131	.4147	.4162	.4177
1.4	.4192	.4207	.4222	.4236	.4251	.4265	.4279	.4292	.4306	.4319
1.5	.4332	.4345	.4357	.4370	.4382	.4394	.4406	.4418	.4429	.4441
1.6	.4452	.4463	.4474	.4484	.4495	.4505	.4515	.4525	.4535	.4545
1.7	.4454	.4564	.4573	.4582	.4591	.4599	.4608	.4616	.4625	.4633
1.8	.4641	.4649	.4656	.4664	.4671	.4678	.4686	.4693	.4699	.4706
1.9	.4713	.4719	.4726	.4732	.4738	.4744	.4750	.4756	.4761	.4767
2.0	.4772	.4778	.4783	.4788	.4793	.4798	.4803	.4808	.4812	.4817
2.1	.4821	.4826	.4830	.4834	.4838	.4842	.4846	.4850	.4854	.4857
2.2	.4861	.4864	.4868	.4871	.4875	.4878	.4881	.4884	.4887	.4890
2.3	.4893	.4896	.4898	.4901	.4904	.4906	.4909	.4911	.4913	.4916
2.4	.4918	.4920	.4922	.4925	.4927	.4929	.4931	.4932	.4934	.4936
2.5	.4938	.4940	.4941	.4943	.4945	.4946	.4948	.4949	.4951	.4952
2.6	.4953	.4955	.4956	.4957	.4959	.4960	.4961	.4962	.4963	.4964
2.7	.4965	.4966	.4967	.4968	.4969	.4970	.4971	.4972	.4973	.4974
2.8	.4974	.4975	.4976	.4977	.4977	.4978	.4979	.4979	.4980	.4981
2.9	.4981	.4982	.4982	.4983	.4984	.4984	.4985	.4985	.4986	.4986
3.0	.4987	.4987	.4987	.4988	.4988	.4989	.4989	.4989	.4990	.4990

주 : 이 표는 분포의 우측절반 면적 가운데서 빗금친 면적을 표시하고 있다(즉, $z \geq -0$).
그러나 정규분포는 $Z=0$에서 좌우대칭이기 때문에 좌측절반의 면적은 우측절반의 면적과 동일하다.
예를 들어서 P($-1.96 \leq z \leq 0$) = 0.4750, 그러므로 P($-1.96 \leq Z \leq 1.96$) = 2(0.4750) = 0.95.

2. t 분포표

$Pr(t > 2.086) = 0.025$
$Pr(t > 1.725) = 0.05$ for df = 20
$Pr(|t| > 1.725) = 0.10$

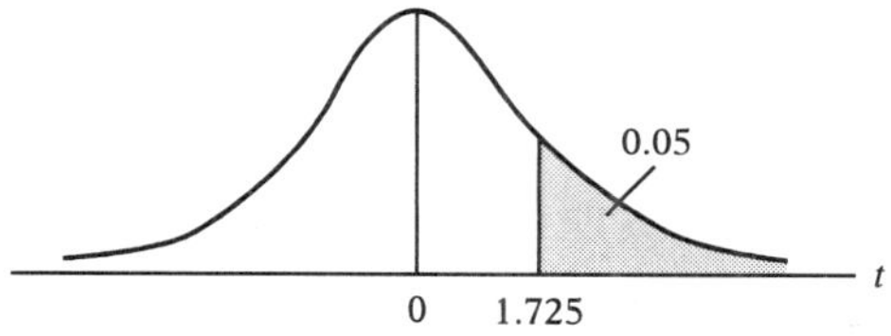

df \ Pr	0.25	0.10	0.05	0.025	0.01	0.005	0.001
	0.50	0.20	0.10	0.05	0.02	0.010	0.002
1	1.000	3.078	6.314	12.706	31.821	63.657	318.31
2	0.816	1.886	2.920	4.303	6.965	9.925	22.327
3	0.765	1.638	2.353	3.182	4.541	5.841	10.214
4	0.741	1.533	2.132	2.776	3.747	4.604	7.173
5	0.727	1.476	2.015	2.571	3.365	4.032	5.893
6	0.718	1.440	1.943	2.447	3.143	3.707	5.208
7	0.711	1.415	1.895	2.365	2.998	3.499	4.785
8	0.706	1.397	1.860	2.306	2.896	3.355	4.501
9	0.703	1.383	1.833	2.262	2.821	3.250	4.297
10	0.700	1.372	1.812	2.228	2.764	3.169	4.144
11	0.697	1.363	1.796	2.201	2.718	3.106	4.025
12	0.695	1.356	1.782	2.179	2.681	3.055	3.930
13	0.694	1.350	1.771	2.160	2.650	3.012	3.852
14	0.692	1.345	1.761	2.145	2.624	2.977	3.787
15	0.691	1.341	1.753	2.131	2.602	2.947	3.733
16	0.690	1.337	1.746	2.120	2.583	2.921	3.686
17	0.689	1.333	1.740	2.110	2.567	2.898	3.646
18	0.688	1.330	1.734	2.101	2.552	2.878	3.610
19	0.688	1.328	1.729	2.093	2.539	2.861	3.579
20	0.687	1.325	1.725	2.086	2.528	2.845	3.552
21	0.686	1.323	1.721	2.080	2.518	2.831	3.527
22	0.686	1.321	1.717	2.074	2.508	2.819	3.505
23	0.685	1.319	1.714	2.069	2.500	2.807	3.485
24	0.685	1.318	1.711	2.064	2.492	2.797	3.467
25	0.684	1.316	1.708	2.060	2.485	2.787	3.450
26	0.684	1.315	1.706	2.056	2.479	2.779	3.435
27	0.684	1.314	1.703	2.052	2.473	2.771	3.421
28	0.683	1.313	1.701	2.048	2.467	2.763	3.408
29	0.683	1.311	1.699	2.045	2.462	2.756	3.396
30	0.683	1.310	1.697	2.042	2.457	2.750	3.385
40	0.681	1.303	1.684	2.021	2.423	2.704	3.307
60	0.679	1.296	1.671	2.000	2.390	2.660	3.232
120	0.677	1.289	1.658	1.980	2.358	2.617	3.160
∞	0.674	1.282	1.645	1.960	2.326	2.576	3.090

주 : 각 열의 상단에 나타나는 더 적은 확률값은 한쪽 절반의 꼬리면적을 나타내며, 더 큰 확률 값은 양쪽절반의 꼬리면적을 동시에 나타내는 것이다.

출처 : E. S. Pearson, H.O. Hartley. eds, *Biometrika Tables for Statiscians*, Vol.1, 3d ed., table 12, Cambridge University Press, New York. 1966. *Biometrika*의 편집자들로부터 허락을 취득 후 재인용.

3. χ^2 분포표

$Pr(\chi^2 > 10.85) = 0.95$
$Pr(\chi^2 > 23.83) = 0.25$
$Pr(\chi^2 > 31.41) = 0.05$

20

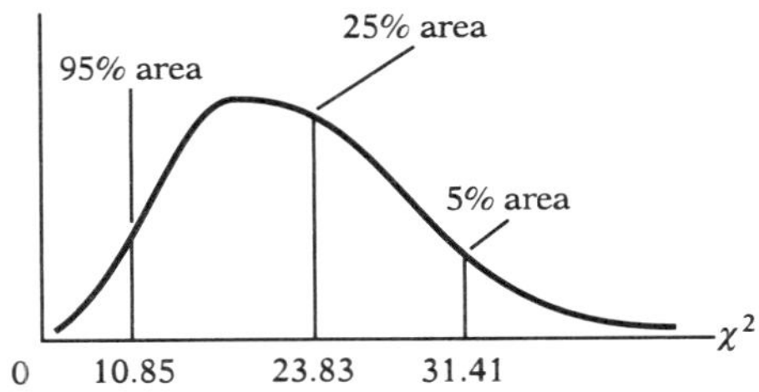

Degrees of freedom \ Pr	.995	.990	.975	.950	.900
1	392704×10^{-10}	157088×10^{-9}	982069×10^{-9}	393214×10^{-8}	.0157908
2	.0100251	.0201007	.0506356	.102587	.210720
3	.0717212	.114832	.215795	.351846	.584375
4	.206990	.297110	.484419	.710721	1.063623
5	.411740	.554300	.831211	1.145476	1.61031
6	.675727	.872085	1.237347	1.63539	2.20413
7	.989265	1.239043	1.68987	2.16735	2.83311
8	1.344419	1.646482	2.17973	2.73264	3.48954
9	1.734926	2.087912	2.70039	3.32511	4.16816
10	2.15585	2.55821	3.24697	3.94030	4.86518
11	2.60321	3.05347	3.81575	4.57481	5.57779
12	3.07382	3.57056	4.40379	5.22603	6.30380
13	3.56503	4.10691	5.00874	5.89186	7.04150
14	4.07468	4.66043	5.62872	6.57063	7.78953
15	4.60094	5.22935	6.26214	7.26094	8.54675
16	5.14224	5.81221	6.90766	7.96164	9.31223
17	5.69724	6.40776	7.56418	8.67176	10.0852
18	6.26481	7.01491	8.23075	9.39046	10.8649
19	6.84398	7.63273	8.90655	10.1170	11.6509
20	7.43386	8.26040	9.59083	10.8508	12.4426
21	8.03366	8.89720	10.28293	11.5913	13.2396
22	8.64272	9.54249	10.9823	12.3380	14.0415
23	9.26042	10.19567	11.6885	13.0905	14.8479
24	9.88623	10.8564	12.4011	13.8484	15.6587
25	10.5197	11.5240	13.1197	14.6114	16.4734
26	11.1603	12.1981	13.8439	15.3791	17.2919
27	11.8076	12.8786	14.5733	16.1513	18.1138
28	12.4613	13.5648	15.3079	16.9279	18.9392
29	13.1211	14.2565	16.0471	17.7083	19.7677
30	13.7867	14.9535	16.7908	18.4926	20.5992
40	20.7065	22.1643	24.4331	26.5093	29.0505
50	27.9907	29.7067	32.3574	34.7642	37.6886
60	35.5346	37.4848	40.4817	43.1879	46.4589
70	43.2752	45.4418	48.7576	51.7393	55.3290
80	51.1720	53.5400	57.1532	60.3915	64.2778
90	59.1963	61.7541	65.6466	69.1260	73.2912
100*	67.3276	70.0648	74.2219	77.9295	82.3581

주 : 100보다 더 큰 자유도에 대해해서는 루트 $\sqrt{2\chi^2} - \sqrt{(2k-1)} = Z$ 표준정구화정규분포를 따른다. 수식에서 k는 자유도를 나타낸다.

.750	.500	.250	.100	.050	.025	.010	.005
.1015308	.454937	1.32330	2.70554	3.84146	5.02389	6.63490	7.87944
.575364	1.38629	2.77259	4.60517	5.99147	7.37776	9.21034	10.5966
1.212534	2.36597	4.10835	6.25139	7.81473	9.34840	11.3449	12.8381
1.92255	3.35670	5.38527	7.77944	9.48773	11.1433	13.2767	14.8602
2.67460	4.35146	6.62568	9.23635	11.0705	12.8325	15.0863	16.7496
3.45460	5.34812	7.84080	10.6446	12.5916	14.4494	16.8119	18.5476
4.25485	6.34581	9.03715	12.0170	14.0671	16.0128	18.4753	20.2777
5.07064	7.34412	10.2188	13.3616	15.5073	17.5346	20.0902	21.9550
5.89883	8.34283	11.3887	14.6837	16.9190	19.0228	21.6660	23.5893
6.73720	9.34182	12.5489	15.9871	18.3070	20.4831	23.2093	25.1882
7.58412	10.3410	13.7007	17.2750	19.6751	21.9200	24.7250	26.7569
8.43842	11.3403	14.8454	18.5494	21.0261	23.3367	26.2170	28.2995
9.29906	12.3398	15.9839	19.8119	22.3621	24.7356	27.6883	29.8194
10.1653	13.3393	17.1170	21.0642	23.6848	26.1190	29.1413	31.3193
11.0365	14.3389	18.2451	22.3072	24.9958	27.4884	30.5779	32.8013
11.9122	15.3385	19.3688	23.5418	26.2962	28.8454	31.9999	34.2672
12.7919	16.3381	20.4887	24.7690	27.5871	30.1910	33.4087	35.7185
13.6753	17.3379	21.6049	25.9894	28.8693	31.5264	34.8053	37.1564
14.5620	18.3376	22.7178	27.2036	30.1435	32.8523	36.1908	38.5822
15.4518	19.3374	23.8277	28.4120	31.4104	34.1696	37.5662	39.9968
16.3444	20.3372	24.9348	29.6151	32.6705	35.4789	38.9321	41.4010
17.2396	21.3370	26.0393	30.8133	33.9244	36.7807	40.2894	42.7956
18.1373	22.3369	27.1413	32.0069	35.1725	38.0757	41.6384	44.1813
19.0372	23.3367	28.2412	33.1963	36.4151	39.3641	42.9798	45.5585
19.9393	24.3366	29.3389	34.3816	37.6525	40.6465	44.3141	46.9278
20.8434	25.3364	30.4345	35.5631	38.8852	41.9232	45.6417	48.2899
21.7494	26.3363	31.5284	36.7412	40.1133	43.1944	46.9630	49.6449
22.6572	27.3363	32.6205	37.9159	41.3372	44.4607	48.2782	50.9933
23.5666	28.3362	33.7109	39.0875	42.5569	45.7222	49.5879	52.3356
24.4776	29.3360	34.7998	40.2560	43.7729	46.9792	50.8922	53.6720
33.6603	39.3354	45.6160	51.8050	55.7585	59.3417	63.6907	66.7659
42.9421	49.3349	56.3336	63.1671	67.5048	71.4202	76.1539	79.4900
52.2938	59.3347	66.9814	74.3970	79.0819	83.2976	88.3794	91.9517
61.6983	69.3344	77.5766	85.5271	90.5312	95.0231	100.425	104.215
71.1445	79.3343	88.1303	96.5782	101.879	106.629	112.329	116.321
80.6247	89.3342	98.6499	107.565	113.145	118.136	124.116	128.299
90.1332	99.3341	109.141	118.498	124.342	129.561	135.807	140.169

출처 : E. S. Pearson, H.O. Hartley. eds, *Biometrika Tables for Statiscians*, Vol.1, 3d ed., table 8, Cambridge University Press, New York. 1966. *Biometrika*의 편집자들로부터 허락을 취득 후 재인용.

4. F 분포표

$\Pr(F > 1.59) = 0.25$
$\Pr(F > 2.42) = 0.10$ 자유도 $N_1 = 10$
$\Pr(F > 3.14) = 0.05$ $N_2 = 9$ 일 때
$\Pr(F > 5.26) = 0.01$

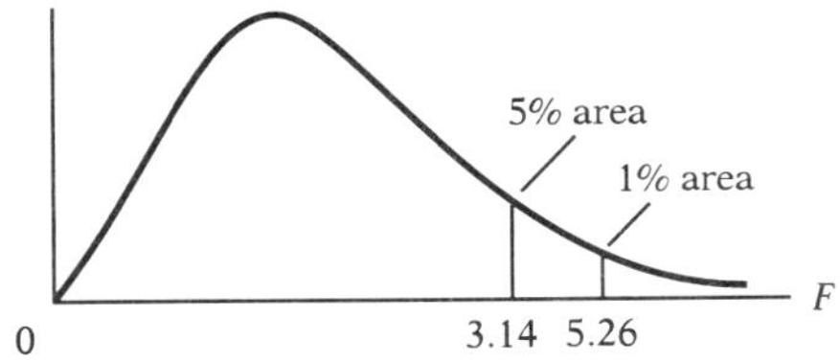

분모의 자유도 N_2	분자의 자유도 N_1												
	Pr	1	2	3	4	5	6	7	8	9	10	11	12
1	.25	5.83	7.50	8.20	8.58	8.82	8.98	9.10	9.19	9.26	9.32	9.36	9.41
	.10	39.9	49.5	53.6	55.8	57.2	58.2	58.9	59.4	59.9	60.2	60.5	60.7
	.05	161	200	216	225	230	234	237	239	241	242	243	244
2	.25	2.57	3.00	3.15	3.23	3.28	3.31	3.34	3.35	3.37	3.38	3.39	3.39
	.10	8.53	9.00	9.16	9.24	9.29	9.33	9.35	9.37	9.38	9.39	9.40	9.41
	.05	18.5	19.0	19.2	19.2	19.3	19.3	19.4	19.4	19.4	19.4	19.4	19.4
	.01	98.5	99.0	99.2	99.2	99.3	99.3	99.4	99.4	99.4	99.4	99.4	99.4
3	.25	2.02	2.28	2.36	2.39	2.41	2.42	2.43	2.44	2.44	2.44	2.45	2.45
	.10	5.54	5.46	5.39	5.34	5.31	5.28	5.27	5.25	5.24	5.23	5.22	5.22
	.05	10.1	9.55	9.28	9.12	9.01	8.94	8.89	8.85	8.81	8.79	8.76	8.74
	.01	34.1	30.8	29.5	28.7	28.2	27.9	27.7	27.5	27.3	27.2	27.1	27.1
4	.25	1.81	2.00	2.05	2.06	2.07	2.08	2.08	2.08	2.08	2.08	2.08	2.08
	.10	4.54	4.32	4.19	4.11	4.05	4.01	3.98	3.95	3.94	3.92	3.91	3.90
	.05	7.71	6.94	6.59	6.39	6.26	6.16	6.09	6.04	6.00	5.96	5.94	5.91
	.01	21.2	18.0	16.7	16.0	15.5	15.2	15.0	14.8	14.7	14.5	14.4	14.4
5	.25	1.69	1.85	1.88	1.89	1.89	1.89	1.89	1.89	1.89	1.89	1.89	1.89
	.10	4.06	3.78	3.62	3.52	3.45	3.40	3.37	3.34	3.32	3.30	3.28	3.27
	.05	6.61	5.79	5.41	5.19	5.05	4.95	4.88	4.82	4.77	4.74	4.71	4.68
	.01	16.3	13.3	12.1	11.4	11.0	10.7	10.5	10.3	10.2	10.1	9.96	9.89
6	.25	1.62	1.76	1.78	1.79	1.79	1.78	1.78	1.78	1.77	1.77	1.77	1.77
	.10	3.78	3.46	3.29	3.18	3.11	3.05	3.01	2.98	2.96	2.94	2.92	2.90
	.05	5.99	5.14	4.76	4.53	4.39	4.28	4.21	4.15	4.10	4.06	4.03	4.00
	.01	13.7	10.9	9.78	9.15	8.75	8.47	8.26	8.10	7.98	7.87	7.79	7.72
7	.25	1.57	1.70	1.72	1.72	1.71	1.71	1.70	1.70	1.69	1.69	1.69	1.68
	.10	3.59	3.26	3.07	2.96	2.88	2.83	2.78	2.75	2.72	2.70	2.68	2.67
	.05	5.59	4.74	4.35	4.12	3.97	3.87	3.79	3.73	3.68	3.64	3.60	3.57
	.01	12.2	9.55	8.45	7.85	7.46	7.19	6.99	6.84	6.72	6.62	6.54	6.47
8	.25	1.54	1.66	1.67	1.66	1.66	1.65	1.64	1.64	1.63	1.63	1.63	1.62
	.10	3.46	3.11	2.92	2.81	2.73	2.67	2.62	2.59	2.56	2.54	2.52	2.50
	.05	5.32	4.46	4.07	3.84	3.69	3.58	3.50	3.44	3.39	3.35	3.31	3.28
	.01	11.3	8.65	7.59	7.01	6.63	6.37	6.18	6.03	5.91	5.81	5.73	5.67
9	.25	1.51	1.62	1.63	1.63	1.62	1.61	1.60	1.60	1.59	1.59	1.58	1.58
	.10	3.36	3.01	2.81	2.69	2.61	2.55	2.51	2.47	2.44	2.42	2.40	2.38
	.05	5.12	4.26	3.86	3.63	3.48	3.37	3.29	3.23	3.18	3.14	3.10	3.07
	.01	10.6	8.02	6.99	6.42	6.06	5.80	5.61	5.47	5.35	5.26	5.18	5.11

출처 : E. S. Pearson, H.O. Hartley. eds, *Biometrika Tables for Statiscians*, Vol.1, 3d ed., table 18, Cambridge University Press, New York. 1966. *Biometrika*의 편집자들로부터 허락을 취득 후 재인용.

분자의 자유도 N_1													분모의 자유도 N_2
15	20	24	30	40	50	60	100	120	200	500	∞	Pr	
9.49	9.58	9.63	9.67	9.71	9.74	9.76	9.78	9.80	9.82	9.84	9.85	.25	1
61.2	61.7	62.0	62.3	62.5	62.7	62.8	63.0	63.1	63.2	63.3	63.3	.10	
246	248	249	250	251	252	252	253	253	254	254	254	.05	
3.41	3.43	3.43	3.44	3.45	3.45	3.46	3.47	3.47	3.48	3.48	3.48	.25	2
9.42	9.44	9.45	9.46	9.47	9.47	9.47	9.48	9.48	9.49	9.49	9.49	.10	
19.4	19.4	19.5	19.5	19.5	19.5	19.5	19.5	19.5	19.5	19.5	19.5	.05	
99.4	99.4	99.5	99.5	99.5	99.5	99.5	99.5	99.5	99.5	99.5	99.5	.01	
2.46	2.46	2.46	2.47	2.47	2.47	2.47	2.47	2.47	2.47	2.47	2.47	.25	3
5.20	5.18	5.18	5.17	5.16	5.15	5.15	5.14	5.14	5.14	5.14	5.13	.10	
8.70	8.66	8.64	8.62	8.59	8.58	8.57	8.55	8.55	8.54	8.53	8.53	.05	
26.9	26.7	26.6	26.5	26.4	26.4	26.3	26.2	26.2	26.2	26.1	26.1	.01	
2.08	2.08	2.08	2.08	2.08	2.08	2.08	2.08	2.08	2.08	2.08	2.08	.25	4
3.87	3.84	3.83	3.82	3.80	3.80	3.79	3.78	3.78	3.77	3.76	3.76	.10	
5.86	5.80	5.77	5.75	5.72	5.70	5.69	5.66	5.66	5.65	5.64	5.63	.05	
14.2	14.0	13.9	13.8	13.7	13.7	13.7	13.6	13.6	13.5	13.5	13.5	.01	
1.89	1.88	1.88	1.88	1.88	1.88	1.87	1.87	1.87	1.87	1.87	1.87	.25	5
3.24	3.21	3.19	3.17	3.16	3.15	3.14	3.13	3.12	3.12	3.11	3.10	.10	
4.62	4.56	4.53	4.50	4.46	4.44	4.43	4.41	4.40	4.39	4.37	4.36	.05	
9.72	9.55	9.47	9.38	9.29	9.24	9.20	9.13	9.11	9.08	9.04	9.02	.01	
1.76	1.76	1.75	1.75	1.75	1.75	1.74	1.74	1.74	1.74	1.74	1.74	.25	6
2.87	2.84	2.82	2.80	2.78	2.77	2.76	2.75	2.74	2.73	2.73	2.72	.10	
3.94	3.87	3.84	3.81	3.77	3.75	3.74	3.71	3.70	3.69	3.68	3.67	.05	
7.56	7.40	7.31	7.23	7.14	7.09	7.06	6.99	6.97	6.93	6.90	6.88	.01	
1.68	1.67	1.67	1.66	1.66	1.66	1.65	1.65	1.65	1.65	1.65	1.65	.25	7
2.63	2.59	2.58	2.56	2.54	2.52	2.51	2.50	2.49	2.48	2.48	2.47	.10	
3.51	3.44	3.41	3.38	3.34	3.32	3.30	3.27	3.27	3.25	3.24	3.23	.05	
6.31	6.16	6.07	5.99	5.91	5.86	5.82	5.75	5.74	5.70	5.67	5.65	.01	
1.62	1.61	1.60	1.60	1.59	1.59	1.59	1.58	1.58	1.58	1.58	1.58	.25	8
2.46	2.42	2.40	2.38	2.36	2.35	2.34	2.32	2.32	2.31	2.30	2.29	.10	
3.22	3.15	3.12	3.08	3.04	2.02	3.01	2.97	2.97	2.95	2.94	2.93	.05	
5.52	5.36	5.28	5.20	5.12	5.07	5.03	4.96	4.95	4.91	4.88	4.86	.01	
1.57	1.56	1.56	1.55	1.55	1.54	1.54	1.53	1.53	1.53	1.53	1.53	.25	9
2.34	2.30	2.28	2.25	2.23	2.22	2.21	2.19	2.18	2.17	2.17	2.16	.10	
3.01	2.94	2.90	2.86	2.83	2.80	2.79	2.76	2.75	2.73	2.72	2.71	.05	
4.96	4.81	4.73	4.65	4.57	4.52	4.48	4.42	4.40	4.36	4.33	4.31	.01	

(계속)

분모의 자유도 N_2	분자의 자유도 N_1												
	Pr	1	2	3	4	5	6	7	8	9	10	11	12
10	.25	1.49	1.60	1.60	1.59	1.59	1.58	1.57	1.56	1.56	1.55	1.55	1.54
	.10	3.29	2.92	2.73	2.61	2.52	2.46	2.41	2.38	2.35	2.32	2.30	2.28
	.05	4.96	4.10	3.71	3.48	3.33	3.22	3.14	3.07	3.02	2.98	2.94	2.91
	.01	10.0	7.56	6.55	5.99	5.64	5.39	5.20	5.06	4.94	4.85	4.77	4.71
11	.25	1.47	1.58	1.58	1.57	1.56	1.55	1.54	1.53	1.53	1.52	1.52	1.51
	.10	3.23	2.86	2.66	2.54	2.45	2.39	2.34	2.30	2.27	2.25	2.23	2.21
	.05	4.84	3.98	3.59	3.36	3.20	3.09	3.01	2.95	2.90	2.85	2.82	2.79
	.01	9.65	7.21	6.22	5.67	5.32	5.07	4.89	4.74	4.63	4.54	4.46	4.40
12	.25	1.46	1.56	1.56	1.55	1.54	1.53	1.52	1.51	1.51	1.50	1.50	1.49
	.10	3.18	2.81	2.61	2.48	2.39	2.33	2.28	2.24	2.21	2.19	2.17	2.15
	.05	4.75	3.89	3.49	3.26	3.11	3.00	2.91	2.85	2.80	2.75	2.72	2.69
	.01	9.33	6.93	5.95	5.41	5.06	4.82	4.64	4.50	4.39	4.30	4.22	4.16
13	.25	1.45	1.55	1.55	1.53	1.52	1.51	1.50	1.49	1.49	1.48	1.47	1.47
	.10	3.14	2.76	2.56	2.43	2.35	2.28	2.23	2.20	2.16	2.14	2.12	2.10
	.05	4.67	3.81	3.41	3.18	3.03	2.92	2.83	2.77	2.71	2.67	2.63	2.60
	.01	9.07	6.70	5.74	5.21	4.86	4.62	4.44	4.30	4.19	4.10	4.02	3.96
14	.25	1.44	1.53	1.53	1.52	1.51	1.50	1.49	1.48	1.47	1.46	1.46	1.45
	.10	3.10	2.73	2.52	2.39	2.31	2.24	2.19	2.15	2.12	2.10	2.08	2.05
	.05	4.60	3.74	3.34	3.11	2.96	2.85	2.76	2.70	2.65	2.60	2.57	2.53
	.01	8.86	6.51	5.56	5.04	4.69	4.46	4.28	4.14	4.03	3.94	3.86	3.80
15	.25	1.43	1.52	1.52	1.51	1.49	1.48	1.47	1.46	1.46	1.45	1.44	1.44
	.10	3.07	2.70	2.49	2.36	2.27	2.21	2.16	2.12	2.09	2.06	2.04	2.02
	.05	4.54	3.68	3.29	3.06	2.90	2.79	2.71	2.64	2.59	2.54	2.51	2.48
	.01	8.68	6.36	5.42	4.89	4.56	4.32	4.14	4.00	3.89	3.80	3.73	3.67
16	.25	1.42	1.51	1.51	1.50	1.48	1.47	1.46	1.45	1.44	1.44	1.44	1.43
	.10	3.05	2.67	2.46	2.33	2.24	2.18	2.13	2.09	2.06	2.03	2.01	1.99
	.05	4.49	3.63	3.24	3.01	2.85	2.74	2.66	2.59	2.54	2.49	2.46	2.42
	.01	8.53	6.23	5.29	4.77	4.44	4.20	4.03	3.89	3.78	3.69	3.62	3.55
17	.25	1.42	1.51	1.50	1.49	1.47	1.46	1.45	1.44	1.43	1.43	1.42	1.41
	.10	3.03	2.64	2.44	2.31	2.22	2.15	2.10	2.06	2.03	2.00	1.98	1.96
	.05	4.45	3.59	3.20	2.96	2.81	2.70	2.61	2.55	2.49	2.45	2.41	2.38
	.01	8.40	6.11	5.18	4.67	4.34	4.10	3.93	3.79	3.68	3.59	3.52	3.46
18	.25	1.41	1.50	1.49	1.48	1.46	1.45	1.44	1.43	1.42	1.42	1.41	1.40
	.10	3.01	2.62	2.42	2.29	2.20	2.13	2.08	2.04	2.00	1.98	1.96	1.93
	.05	4.41	3.55	3.16	2.93	2.77	2.66	2.58	2.51	2.46	2.41	2.37	2.34
	.01	8.29	6.01	5.09	4.58	4.25	4.01	3.84	3.71	3.60	3.51	3.43	3.37
19	.25	1.41	1.49	1.49	1.47	1.46	1.44	1.43	1.42	1.41	1.41	1.40	1.40
	.10	2.99	2.61	2.40	2.27	2.18	2.11	2.06	2.02	1.98	1.96	1.94	1.91
	.05	4.38	3.52	3.13	2.90	2.74	2.63	2.54	2.48	2.42	2.38	2.34	2.31
	.01	8.18	5.93	5.01	4.50	4.17	3.94	3.77	3.63	3.52	3.43	3.36	3.30
20	.25	1.40	1.49	1.48	1.46	1.45	1.44	1.43	1.42	1.41	1.40	1.39	1.39
	.10	2.97	2.59	2.38	2.25	2.16	2.09	2.04	2.00	1.96	1.94	1.92	1.89
	.05	4.35	3.49	3.10	2.87	2.71	2.60	2.51	2.45	2.39	2.35	2.31	2.28
	.01	8.10	5.85	4.94	4.43	4.10	3.87	3.70	3.56	3.46	3.37	3.29	3.23

분자의 자유도 N_1													분모의 자유도 N_2
15	20	24	30	40	50	60	100	120	200	500	∞	Pr	
1.53	1.52	1.52	1.51	1.51	1.50	1.50	1.49	1.49	1.49	1.48	1.48	.25	
2.24	2.20	2.18	2.16	2.13	2.12	2.11	2.09	2.08	2.07	2.06	2.06	.10	10
2.85	2.77	2.74	2.70	2.66	2.64	2.62	2.59	2.58	2.56	2.55	2.54	.05	
4.56	4.41	4.33	4.25	4.17	4.12	4.08	4.01	4.00	3.96	3.93	3.91	.01	
1.50	1.49	1.49	1.48	1.47	1.47	1.47	1.46	1.46	1.46	1.45	1.45	.25	
2.17	2.12	2.10	2.08	2.05	2.04	2.03	2.00	2.00	1.99	1.98	1.97	.10	11
2.72	2.65	2.61	2.57	2.53	2.51	2.49	2.46	2.45	2.43	2.42	2.40	.05	
4.25	4.10	4.02	3.94	3.86	3.81	3.78	3.71	3.69	3.66	3.62	3.60	.01	
1.48	1.47	1.46	1.45	1.45	1.44	1.44	1.43	1.43	1.43	1.42	1.42	.25	
2.10	2.06	2.04	2.01	1.99	1.97	1.96	1.94	1.93	1.92	1.91	1.90	.10	12
2.62	2.54	2.51	2.47	2.43	2.40	2.38	2.35	2.34	2.32	2.31	2.30	.05	
4.01	3.86	3.78	3.70	3.62	3.57	3.54	3.47	3.45	3.41	3.38	3.36	.01	
1.46	1.45	1.44	1.43	1.42	1.42	1.42	1.41	1.41	1.40	1.40	1.40	.25	
2.05	2.01	1.98	1.96	1.93	1.92	1.90	1.88	1.88	1.86	1.85	1.85	.10	13
2.53	2.46	2.42	2.38	2.34	2.31	2.30	2.26	2.25	2.23	2.22	2.21	.05	
3.82	3.66	3.59	3.51	3.43	3.38	3.34	3.27	3.25	3.22	3.19	3.17	.01	
1.44	1.43	1.42	1.41	1.41	1.40	1.40	1.39	1.39	1.39	1.38	1.38	.25	
2.01	1.96	1.94	1.91	1.89	1.87	1.86	1.83	1.83	1.82	1.80	1.80	.10	14
2.46	2.39	2.35	2.31	2.27	2.24	2.22	2.19	2.18	2.16	2.14	2.13	.05	
3.66	3.51	3.43	3.35	3.27	3.22	3.18	3.11	3.09	3.06	3.03	3.00	.01	
1.43	1.41	1.41	1.40	1.39	1.39	1.38	1.38	1.37	1.37	1.36	1.36	.25	
1.97	1.92	1.90	1.87	1.85	1.83	1.82	1.79	1.79	1.77	1.76	1.76	.10	15
2.40	2.33	2.29	2.25	2.20	2.18	2.16	2.12	2.11	2.10	2.08	2.07	.05	
3.52	3.37	3.29	3.21	3.13	3.08	3.05	2.98	2.96	2.92	2.89	2.87	.01	
1.41	1.40	1.39	1.38	1.37	1.37	1.36	1.36	1.35	1.35	1.34	1.34	.25	
1.94	1.89	1.87	1.84	1.81	1.79	1.78	1.76	1.75	1.74	1.73	1.72	.10	16
2.35	2.28	2.24	2.19	2.15	2.12	2.11	2.07	2.06	2.04	2.02	2.01	.05	
3.41	3.26	3.18	3.10	3.02	2.97	2.93	2.86	2.84	2.81	2.78	2.75	.01	
1.40	1.39	1.38	1.37	1.36	1.35	1.35	1.34	1.34	1.34	1.33	1.33	.25	
1.91	1.86	1.84	1.81	1.78	1.76	1.75	1.73	1.72	1.71	1.69	1.69	.10	17
2.31	2.23	2.19	2.15	2.10	2.08	2.06	2.02	2.01	1.99	1.97	1.96	.05	
3.31	3.16	3.08	3.00	2.92	2.87	2.83	2.76	2.75	2.71	2.68	2.65	.01	
1.39	1.38	1.37	1.36	1.35	1.34	1.34	1.33	1.33	1.32	1.32	1.32	.25	
1.89	1.84	1.81	1.78	1.75	1.74	1.72	1.70	1.69	1.68	1.67	1.66	.10	18
2.27	2.19	2.15	2.11	2.06	2.04	2.02	1.98	1.97	1.95	1.93	1.92	.05	
3.23	3.08	3.00	2.92	2.84	2.78	2.75	2.68	2.66	2.62	2.59	2.57	.01	
1.38	1.37	1.36	1.35	1.34	1.33	1.33	1.32	1.32	1.31	1.31	1.30	.25	
1.86	1.81	1.79	1.76	1.73	1.71	1.70	1.67	1.67	1.65	1.64	1.63	.10	19
2.23	2.16	2.11	2.07	2.03	2.00	1.98	1.94	1.93	1.91	1.89	1.88	.05	
3.15	3.00	2.92	2.84	2.76	2.71	2.67	2.60	2.58	2.55	2.51	2.49	.01	
1.37	1.36	1.35	1.34	1.33	1.33	1.32	1.31	1.31	1.30	1.30	1.29	.25	
1.84	1.79	1.77	1.74	1.71	1.69	1.68	1.65	1.64	1.63	1.62	1.61	.10	20
2.20	2.12	2.08	2.04	1.99	1.97	1.95	1.91	1.90	1.88	1.86	1.84	.05	
3.09	2.94	2.86	2.78	2.69	2.64	2.61	2.54	2.52	2.48	2.44	2.42	.01	

(계속)

분모의 자유도 N_2	분자의 자유도 N_1												
	Pr	1	2	3	4	5	6	7	8	9	10	11	12
22	.25	1.40	1.48	1.47	1.45	1.44	1.42	1.41	1.40	1.39	1.39	1.38	1.37
	.10	2.95	2.56	2.35	2.22	2.13	2.06	2.01	1.97	1.93	1.90	1.88	1.86
	.05	4.30	3.44	3.05	2.82	2.66	2.55	2.46	2.40	2.34	2.30	2.26	2.23
	.01	7.95	5.72	4.82	4.31	3.99	3.76	3.59	3.45	3.35	3.26	3.18	3.12
24	.25	1.39	1.47	1.46	1.44	1.43	1.41	1.40	1.39	1.38	1.38	1.37	1.36
	.10	2.93	2.54	2.33	2.19	2.10	2.04	1.98	1.94	1.91	1.88	1.85	1.83
	.05	4.26	3.40	3.01	2.78	2.62	2.51	2.42	2.36	2.30	2.25	2.21	2.18
	.01	7.82	5.61	4.72	4.22	3.90	3.67	3.50	3.36	3.26	3.17	3.09	3.03
26	.25	1.38	1.46	1.45	1.44	1.42	1.41	1.39	1.38	1.37	1.37	1.36	1.35
	.10	2.91	2.52	2.31	2.17	2.08	2.01	1.96	1.92	1.88	1.86	1.84	1.81
	.05	4.23	3.37	2.98	2.74	2.59	2.47	2.39	2.32	2.27	2.22	2.18	2.15
	.01	7.72	5.53	4.64	4.14	3.82	3.59	3.42	3.29	3.18	3.09	3.02	2.96
28	.25	1.38	1.46	1.45	1.43	1.41	1.40	1.39	1.38	1.37	1.36	1.35	1.34
	.10	2.89	2.50	2.29	2.16	2.06	2.00	1.94	1.90	1.87	1.84	1.81	1.79
	.05	4.20	3.34	2.95	2.71	2.56	2.45	2.36	2.29	2.24	2.19	2.15	2.12
	.01	7.64	5.45	4.57	4.07	3.75	3.53	3.36	3.23	3.12	3.03	2.96	2.90
30	.25	1.38	1.45	1.44	1.42	1.41	1.39	1.38	1.37	1.36	1.35	1.35	1.34
	.10	2.88	2.49	2.28	2.14	2.05	1.98	1.93	1.88	1.85	1.82	1.79	1.77
	.05	4.17	3.32	2.92	2.69	2.53	2.42	2.33	2.27	2.21	2.16	2.13	2.09
	.01	7.56	5.39	4.51	4.02	3.70	3.47	3.30	3.17	3.07	2.98	2.91	2.84
40	.25	1.36	1.44	1.42	1.40	1.39	1.37	1.36	1.35	1.34	1.33	1.32	1.31
	.10	2.84	2.44	2.23	2.09	2.00	1.93	1.87	1.83	1.79	1.76	1.73	1.71
	.05	4.08	3.23	2.84	2.61	2.45	2.34	2.25	2.18	2.12	2.08	2.04	2.00
	.01	7.31	5.18	4.31	3.83	3.51	3.29	3.12	2.99	2.89	2.80	2.73	2.66
60	.25	1.35	1.42	1.41	1.38	1.37	1.35	1.33	1.32	1.31	1.30	1.29	1.29
	.10	2.79	2.39	2.18	2.04	1.95	1.87	1.82	1.77	1.74	1.71	1.68	1.66
	.05	4.00	3.15	2.76	2.53	2.37	2.25	2.17	2.10	2.04	1.99	1.95	1.92
	.01	7.08	4.98	4.13	3.65	3.34	3.12	2.95	2.82	2.72	2.63	2.56	2.50
120	.25	1.34	1.40	1.39	1.37	1.35	1.33	1.31	1.30	1.29	1.28	1.27	1.26
	.10	2.75	2.35	2.13	1.99	1.90	1.82	1.77	1.72	1.68	1.65	1.62	1.60
	.05	3.92	3.07	2.68	2.45	2.29	2.17	2.09	2.02	1.96	1.91	1.87	1.83
	.01	6.85	4.79	3.95	3.48	3.17	2.96	2.79	2.66	2.56	2.47	2.40	2.34
200	.25	1.33	1.39	1.38	1.36	1.34	1.32	1.31	1.29	1.28	1.27	1.26	1.25
	.10	2.73	2.33	2.11	1.97	1.88	1.80	1.75	1.70	1.66	1.63	1.60	1.57
	.05	3.89	3.04	2.65	2.42	2.26	2.14	2.06	1.98	1.93	1.88	1.84	1.80
	.01	6.76	4.71	3.88	3.41	3.11	2.89	2.73	2.60	2.50	2.41	2.34	2.27
∞	.25	1.32	1.39	1.37	1.35	1.33	1.31	1.29	1.28	1.27	1.25	1.24	1.24
	.10	2.71	2.30	2.08	1.94	1.85	1.77	1.72	1.67	1.63	1.60	1.57	1.55
	.05	3.84	3.00	2.60	2.37	2.21	2.10	2.01	1.94	1.88	1.83	1.79	1.75
	.01	6.63	4.61	3.78	3.32	3.02	2.80	2.64	2.51	2.41	2.32	2.25	2.18

분자의 자유도 N_1													분모의 자유도 N_2
15	**20**	**24**	**30**	**40**	**50**	**60**	**100**	**120**	**200**	**500**	∞	**Pr**	
1.36	1.34	1.33	1.32	1.31	1.31	1.30	1.30	1.30	1.29	1.29	1.28	.25	22
1.81	1.76	1.73	1.70	1.67	1.65	1.64	1.61	1.60	1.59	1.58	1.57	.10	
2.15	2.07	2.03	1.98	1.94	1.91	1.89	1.85	1.84	1.82	1.80	1.78	.05	
2.98	2.83	2.75	2.67	2.58	2.53	2.50	2.42	2.40	2.36	2.33	2.31	.01	
1.35	1.33	1.32	1.31	1.30	1.29	1.29	1.28	1.28	1.27	1.27	1.26	.25	24
1.78	1.73	1.70	1.67	1.64	1.62	1.61	1.58	1.57	1.56	1.54	1.53	.10	
2.11	2.03	1.98	1.94	1.89	1.86	1.84	1.80	1.79	1.77	1.75	1.73	.05	
2.89	2.74	2.66	2.58	2.49	2.44	2.40	2.33	2.31	2.27	2.24	2.21	.01	
1.34	1.32	1.31	1.30	1.29	1.28	1.28	1.26	1.26	1.26	1.25	1.25	.25	26
1.76	1.71	1.68	1.65	1.61	1.59	1.58	1.55	1.54	1.53	1.51	1.50	.10	
2.07	1.99	1.95	1.90	1.85	1.82	1.80	1.76	1.75	1.73	1.71	1.69	.05	
2.81	2.66	2.58	2.50	2.42	2.36	2.33	2.25	2.23	2.19	2.16	2.13	.01	
1.33	1.31	1.30	1.29	1.28	1.27	1.27	1.26	1.25	1.25	1.24	1.24	.25	28
1.74	1.69	1.66	1.63	1.59	1.57	1.56	1.53	1.52	1.50	1.49	1.48	.10	
2.04	1.96	1.91	1.87	1.82	1.79	1.77	1.73	1.71	1.69	1.67	1.65	.05	
2.75	2.60	2.52	2.44	2.35	2.30	2.26	2.19	2.17	2.13	2.09	2.06	.01	
1.32	1.30	1.29	1.28	1.27	1.26	1.26	1.25	1.24	1.24	1.23	1.23	.25	30
1.72	1.67	1.64	1.61	1.57	1.55	1.54	1.51	1.50	1.48	1.47	1.46	.10	
2.01	1.93	1.89	1.84	1.79	1.76	1.74	1.70	1.68	1.66	1.64	1.62	.05	
2.70	2.55	2.47	2.39	2.30	2.25	2.21	2.13	2.11	2.07	2.03	2.01	.01	
1.30	1.28	1.26	1.25	1.24	1.23	1.22	1.21	1.21	1.20	1.19	1.19	.25	40
1.66	1.61	1.57	1.54	1.51	1.48	1.47	1.43	1.42	1.41	1.39	1.38	.10	
1.92	1.84	1.79	1.74	1.69	1.66	1.64	1.59	1.58	1.55	1.53	1.51	.05	
2.52	2.37	2.29	2.20	2.11	2.06	2.02	1.94	1.92	1.87	1.83	1.80	.01	
1.27	1.25	1.24	1.22	1.21	1.20	1.19	1.17	1.17	1.16	1.15	1.15	.25	60
1.60	1.54	1.51	1.48	1.44	1.41	1.40	1.36	1.35	1.33	1.31	1.29	.10	
1.84	1.75	1.70	1.65	1.59	1.56	1.53	1.48	1.47	1.44	1.41	1.39	.05	
2.35	2.20	2.12	2.03	1.94	1.88	1.84	1.75	1.73	1.68	1.63	1.60	.01	
1.24	1.22	1.21	1.19	1.18	1.17	1.16	1.14	1.13	1.12	1.11	1.10	.25	120
1.55	1.48	1.45	1.41	1.37	1.34	1.32	1.27	1.26	1.24	1.21	1.19	.10	
1.75	1.66	1.61	1.55	1.50	1.46	1.43	1.37	1.35	1.32	1.28	1.25	.05	
2.19	2.03	1.95	1.86	1.76	1.70	1.66	1.56	1.53	1.48	1.42	1.38	.01	
1.23	1.21	1.20	1.18	1.16	1.14	1.12	1.11	1.10	1.09	1.08	1.06	.25	200
1.52	1.46	1.42	1.38	1.34	1.31	1.28	1.24	1.22	1.20	1.17	1.14	.10	
1.72	1.62	1.57	1.52	1.46	1.41	1.39	1.32	1.29	1.26	1.22	1.19	.05	
2.13	1.97	1.89	1.79	1.69	1.63	1.58	1.48	1.44	1.39	1.33	1.28	.01	
1.22	1.19	1.18	1.16	1.14	1.13	1.12	1.09	1.08	1.07	1.04	1.00	.25	∞
1.49	1.42	1.38	1.34	1.30	1.26	1.24	1.18	1.17	1.13	1.08	1.00	.10	
1.67	1.57	1.52	1.46	1.39	1.35	1.32	1.24	1.22	1.17	1.11	1.00	.05	
2.04	1.88	1.79	1.70	1.59	1.52	1.47	1.36	1.32	1.25	1.15	1.00	.01	

Appendix C 연습문제 해답

[연습문제 1]

[1].

$E(X) = 3.0,$

$Var(X) = 1$

[3].

(1). $P(2 \leq X \leq 4) = 0.3412$

(3). $P(-4 \leq X \leq 6) = 0.4987 + 0.4772 = 0.9759$

[5]

(a) $\widehat{\rho_1} = -0.250,\ \widehat{\rho_2} = 0.039$

(c) $\widehat{\gamma_1} = -0.900,\ \widehat{\gamma_2} = 0.140$

[연습문제 2]

[1]

(a) $Y_t = \alpha + \phi_1 Y_{t-1} + \mu_t$에서 평균 μ는 $E(Y_t) = \mu = \dfrac{\alpha}{1-\phi_1} = \dfrac{10}{1-0.5} = 20$

(b) $Var(Y_t) = \gamma_0 = \dfrac{\sigma_\mu^2}{1-\phi_1^2} = \dfrac{1}{1-(0.5)^2} = \dfrac{4}{3}$

(c) $\gamma_1 = \phi_1 \gamma_0$
$= (\dfrac{1}{2})(\dfrac{4}{3}) = \dfrac{2}{3}$

[2]

(a) $Y_t - 0.8\,Y_{t-1} - 0.3\,Y_{t-2} = \mu_t$
$(1-0.8L-0.3L^2)\,Y_t = \mu_t$

[3]

(a) $\phi_1 = 0.8, \phi_2 =- 0.3$ 이므로

$\phi_1 + \phi_2 = 0.8 - 0.3 = 0.5 < 1$

$\phi_2 - \phi_1 =- 0.3 - 0.8 =- 1.1 < 1$

$-1 < \phi_2 =- 0.3 < 1$이 성립

따라서 안정성의 조건이 성립한다.

[5]

(a) AR(1) 모형에서 평균을 나타내는 식(3.4)을 이용하면

$\alpha = (1-\phi_1)\mu$ 이다.

그러므로,

$$\begin{aligned} Z_t = Y_t - \mu &= (1-\phi_1)\mu + \phi_1 Y_{t-1} + \mu_t - \mu \\ &=- \phi_1\mu + \phi_1 Y_{t-1} + \mu_t \end{aligned}$$

따라서

$$\begin{aligned} E(Z_t) &= E[-\phi_1\mu + \phi_1 Y_{t-1} + \mu_t] \\ &= E[-\phi_1\mu] + E[\phi_1 Y_{t-1}] + E[\mu_t] \\ &= -\phi_1\mu + \phi_1 E[Y_{t-1}] + 0 \\ &= 0 \; (\because E(Y_{t-1}) = \mu\;) \end{aligned}$$

[연습문제 3]

[1].

(1)

k	1	2	3	4	5	6
$\widehat{\rho_k}$	−0.475	0.051	−0.004	0.063	−0.052	−0.106
$\hat{\sigma}_{\hat{\rho}_k}$	0.100	0.120	0.121	0.121	0.121	0.121
$t_{\hat{\rho}_k}$	−4.751	0.427	−0.031	0.525	−0.434	−0.872
$2\widehat{\sigma_{\hat{\rho}_k}}$	0.200	0.241	0.241	0.241	0.242	0.243
$-2\widehat{\sigma_{\hat{\rho}_k}}$	−0.200	−0.241	−0.241	−0.241	−0.242	−0.243

(3) 모형 1 : $MA(1)$

(a) Box-pierce $Q = 21.29$.
$\chi^2_{(24,\ 0.05)} = 36.42$이므로 귀무가설을 기각 할 수 없다.
한편, $Q = 21.30$의 확률은 0.62이다.

(b) Ljung-Box $Q = 24.88$.
$Q = 24.88 < \chi^2_{(24,\ 0.05)} = 36.42$ 이므로 귀무가설을 기각할 수 없다.
한편, $Q = 24.88$의 확률은 0.41이다.

(c) MA(1)의 θ_1에 대한 $t_0 = -5.24$는 임계치 $-t_{(120,\ 0.025)} = -1.98$보다 작으므로 5% 유의수준에서 $H_0 : \theta_1 = 0$의 귀무가설을 기각한다.

[2].

(1)

k	1	2	3	4	5	6
$\widehat{\rho_k}$	0.571	0.498	0.407	0.374	0.346	0.381
$\hat{\sigma}_{\hat{\rho}_k}$	0.071	0.092	0.104	0.112	0.118	0.123
$t_{\hat{\rho}_k}$	8.018	5.432	3.897	3.333	2.926	3.084
$2\hat{\sigma}_{\hat{\rho}_k}$	0.142	0.183	0.209	0.224	0.237	0 247
$-2\widehat{\sigma}_{\hat{\rho}_k}$	−0.142	−0.183	−0.209	−0.224	−0.237	−0 247

(3) 모형 1 : $AR(2)$

(a) Box-pierce $Q = 35.32$.
$\chi^2_{(23,\ 0.05)} = 35.17$이므로 귀무가설을 기각한다.

(b) Ljung-Box $Q = 38.20$.
귀무가설을 기각한다.

(c) ϕ_1, ϕ_2의 t값이 각각 6.13, 3.64이므로 모두 귀무가설을 기각한다.

[연습문제 4]

[2].

모형 1 : $ARIMA(1,1,0)$

(1) Box-Pierce $Q = 11.74$.
$\chi^2_{(11,\ 0.05)} = 19.68$이므로 귀무가설을 기각할 수 없다.

(2) Ljung-Box $Q = 14.52$.
귀무가설을 기각할 수 없다.

(3) AR의 계수 ϕ_1의 $t_0 = 4.44$이다. 그런데 $t_{(40,\ 0.025)} = 2.02$이므로 귀무가설을 기각한다.

[4].

모형 1 : $ARIMA(0,1,1)\times(0,1,1)_{12}$

(1) Box-Pierce 검정.

$Q(12-2)=8.79$, $Q(24-2)=30.83$.

그런데 $\chi^2_{(10,\ 0.05)}=18.31$, $\chi^2_{(22,\ 0.05)}=33.92$이므로 두 경우 모두 귀무가설을 기각할 수 없다.

(2) Ljung-Box 검정.

$Q(12-2)=8.27$, $Q(24-2)=26.58$.

그러므로 두 경우 모두 귀무가설을 기각할 수 없다.

(3) MA의 계수 θ_1의 $t_0=-4.60$이고, 계절 MA의 계수 Θ_1의 $t_0=-7.34$이다. 그러므로 두 경우 모두 귀무가설을 기각한다.

참고문헌

김명직외 (2003), 『금융시계열분석』, 경문사.

김해경 (2005), 『경제 및 금융자료를 위한 시계열분석』, 경문사.

노형진 (2011), 『SPSS EXCEL을 활용한 알기쉬운 시계열분석』, 학현사.

박준용외 (2004), 『경제시계열분석』, 경문사.

송근원 (2005), 『아리마 시계열분석』, 금정.

이성덕 (2006), 『SAS를 이용한 시계열 자료분석』, 탐진.

이종원 (2005), 『RATS를 이용한 계량경제분석』, 박영사.

이홍재외 (2005), 『EVIEWS를 이용한 금융경제 시계열분석』, 경문사.

조진섭 · 손영숙 (2009), 『SAS ETS를 이용한 시계열분석』, 율곡출판사.

최병선 (1992), 『단변량시계열분석』, 세경사.

山本拓 (1988), 『經濟の時系列分析』, 創文社.

Akaike, H. (1973), "Information Theory and an Extension of the Maximum Likelihood Principle," in 2nd *International Symposium on Information Theory*, ed. by B. N. Petrov and F. Csak, Academia Kiado, Budapest.

Anderson, O.D. (1976), *Time Series Analysis and Forecasting : The Box-Jenkins apporach*, Butterworths, London.

Bartlett, M. S. (1946), "On the Theoretical Specification of Sampling Properties of Autocorrelated Time series," *Journal of the Royal Statistical Society, Ser.* B,8, 27-41, 85-97, (Corrigennda, 10, 1948, 200).

Box, G. E. P., and G. M. Jenkins (1976), *Time Series Analysis : Forecasting and Control (2nd. ed), Holden-Day, San-Francisco.*

Box, G. E. P., and D. A. Pierce (1970), "Distribution of Residual Autocorrelation in Autoregressive Moving Average Time Series Models," *Journal of theAmerican Statistical Association*, 65, 1509 - 1526.

Fuller, W. A. (1976), *Introduction to Statistical Time Series*, John Wiley & Sons, New York.

Granger, C.W.J. (1980), *Forecasting in Business and Economics,* Academic Press, New York.

Griffiths, W.W., P.C. Hill, and G.G. Judge. (1993), *Learning and Practicing Econometrics*, John Wiley & Sons.

Gujarati, D.N., and D.C. Porter (2008), *Basic Econometrics* (5th. ed.), McGRAW-HILL.

Harvey, A. C. (1981), *Time Series Models*, Philip Allan, Oxford.

Harvey, A. C. (1981), *Econometric Analysis of Time Series*, Philip Allan, Oxford.

Ljung, G. M., and G. E. P. Box (1978), "On a Measure of Lack of Fit in Time Series Models," *Biometrika*, 66, 297-304.

Montgomery, D.C., and L.A. Johnson (1976), *Forecasting and Time Series Analysis*, McGRAW-HILL, New York.

Montgomery, D.C., and C.L. Jennings., M. Kulahai (2008), *Introduction to Time Series Analysis and Forecasting*, Wiley.

Pankratz, A. (2007), *Forecasting with univariate Box-Jenkins Models, John* Wiley & Sons.

Pindyck, R.S., and D.L. Rubinfeld (1991), *Econometric Model and Economic Forecasts* (3rd. ed.), McGRAW-HILL, New York.

Pokormy, M. (1992), *An Introduction to Econometrics, Blackwell,* Oxford.

Quenouille, M. H. (1949), "Approximate Tests of Correlation In Time Series," *journal of the Royal Statistical Society, Ser*. B, 11, 68-84.

Vandaele, W. (1983), *Applied Time Series and Box-Jenkins Model,* Academic press.

찾아보기

A

B

C

D

F

G

L

M

P

Q

저 자 약 력

- 연세대학교 수학과 졸업(이학사)
- 일본 메이지대학(明治大學) 대학원(경제학수사(修士), 경제학박사)
- 강원대학교 부설 산업경제연구소 소장 역임
- 일본 메이지대학 객원교수, 초빙교수 역임
- 한일경상학회 회장 역임
- 현재, 강원대학교 경제학과 교수
- 저서 : 『계량경제학의 기초』, 비앤엠북스, 2011.
  『경제경영수학』, 비앤엠북스, 2011.
- E-mail : yunbok@kangwon.ac.kr

RATS를 이용한 **기초경제시계열분석**

발 행 일: 2012년 2월 20일 초판 인쇄
저 자: 이 윤 복

발 행 처: (주)지필미디어
발 행 인: 고 현 희
등록번호: 제 312-1997-000043호 (1997년 07월 16일)
주 소: 서울시 서대문구 미근동 72-3호
전 화: (02) 362-4504
팩 스: (02) 393-4509
이 메 일: book@jiphil.co.kr
홈페이지: www.jiphil.co.kr
ISBN: 978-89-973940-2-9 (93320)

편 집: 우일미디어
인 쇄: 성신프린팅

가격 00,000원